AF452854

ENCYCLOPÉDIE DES TRAVAUX PUBLICS

Fondateur : M.-C. LECHALAS, 108, *rue de Rennes, PARIS.*
Volumes grand in-8°, avec de nombreuses figures.
Médaille d'or à l'Exposition universelle de 1889
Exposition de 1900 (Voir pages 3 et 4 de la couverture)

OUVRAGES DE PROFESSEURS A L'ÉCOLE DES PONTS ET CHAUSSÉES

M. Bechmann. *Distributions d'eau et Assainissement.* 2ᵉ édit., 2 vol. à 20 fr...... **40 fr.**

M. Bricka. *Cours de chemins de fer de l'École des ponts et chaussées.* 2 vol., 1343 pages et 514 figures... **40 fr.**

M. Colson. *Cours d'économie politique,* tome I............................... **10 fr.**

M. L. Durand-Claye. *Chimie appliquée à l'art de l'ingénieur,* en collaboration avec *MM. Derôme* et *Feret,* 2ᵉ édit. considérablement augmentée, 15 fr. — *Cours de routes de l'École des ponts et chaussées,* 606 pages et 234 figures, 2ᵉ édit., 20 fr. — *Lever des plans et nivellement,* en collaboration avec *MM. Pelletan* et *Lallemand.* 1 vol., 703 pages et 280 figures (cours des Écoles des ponts et chaussées et des mines, etc.)................... **25 fr.**

M. Flamant. *Mécanique générale (Cours de l'École centrale),* 1 vol. de 544 pages, avec 203 figures, 20 fr. — *Stabilité des constructions et résistance des matériaux.* 2ᵉ édit., 670 pages, avec 270 figures, 25 fr. — *Hydraulique (Cours de l'École des ponts et chaussées),* 1 vol., 2ᵉ éd. considérablement augmentée (Prix Montyon de mécanique).................... **25 fr.**

M. Gariel. *Traité de physique.* 2 vol., 448 figures..................... **20 fr.**

M. Hirsch. *Résumé du cours de machines à vapeur et locomotives.* 1 volume....... **18 fr.**

M. F. Laroche. *Travaux maritimes.* 1 vol. de 490 pages, avec 116 figures et un atlas de 46 grandes planches, 40 fr. — *Ports maritimes.* 2 vol. de 1006 pages, avec 524 figures et 2 atlas de 37 planches, double in-4° (*Cours de l'École des ponts et chaussées*)..... **50 fr.**

M. de Mas, Inspecteur général des ponts et chaussées. *Rivières à courant libre.* **17 fr. 50**

M. Nivoit, Inspecteur général des mines : *Cours de géologie,* 2ᵉ édition, 1 vol. avec carte géologique de la France.. **20 fr.**

M. M. d'Ocagne. *Géométrie descriptive et Géométrie infinitésimale* (cours de l'École des ponts et chaussées), 1 vol., 340 fig................................. **12 fr.**

M. de Préaudeau. *Procédés généraux de construction. Travaux d'art.* Tome I, avec 508 fig. **20 fr.**

M. J. Résal. *Traité des Ponts en maçonnerie,* en collaboration avec *M. Degrand.* 2 vol., avec 600 figures, 40 fr. — *Traité des Ponts métalliques* 2 vol., avec 500 figures, 40 fr. — *Constructions métalliques, élasticité et résistance des matériaux : fonte, fer et acier.* 1 vol. de 652 pages, avec 203 figures, 20 fr. — Le 1ᵉʳ volume des *Ponts métalliques* est à sa seconde édition (revue, corrigée et très augmentée) — *Cours de ponts,* professé à l'École des ponts et chaussées, 1 vol. de 410 pages, avec 284 figures (*Études générales et ponts en maçonnerie*), 14 fr. — *Cours de résistance des matériaux* (École des ponts et chaussées), 120 figures, 16 fr. — *Cours de stabilité des constructions,* 240 figures............ **20 fr.**

OUVRAGES DE PROFESSEURS A L'ÉCOLE CENTRALE DES ARTS ET MANUFACTURES

M. Deharme. *Chemins de fer. Superstructure* ; première partie du cours de chemins de fer de l'École centrale. 1 vol. de 696 pages, avec 310 figures et 1 atlas de 73 grandes planches in-4° doubles (voir *Encyclopédie industrielle* pour la suite de ce cours). **50 fr.** On vend séparément : *Texte,* 15 fr.; *Atlas,* 35 fr.

M. Denfer. *Architecture et constructions civiles.* Cours d'architecture de l'École centrale : *Maçonnerie.* 2 vol., avec 794 figures, 40 fr. — *Charpente en bois et menuiserie.* 1 vol., avec 680 figures, 25 fr. — *Couverture des édifices* 1 vol., avec 423 figures, 20 fr. — *Charpenterie métallique, menuiserie en fer et serrurerie.* 2 vol., avec 1.050 figures, 40 fr. — *Fumisterie (Chauffage et ventilation).* 1 vol. de 726 pages, avec 731 figures (numérotées de 1 à 373, l'auteur affectant chaque groupe de figures d'un numéro seulement). 25 fr. *Plomberie : Eau, Assainissement ; Gaz.* 1 vol. de 568 p. avec 391 fig. **20 fr.**

M. Dorion. *Cours d'Exploitation des mines.* 1 vol. de 692 pages, avec 1.100 figures. **25 fr.** Ce Cours, professé à l'École centrale, est suivi du recueil complet des documents officiels, actuellement en vigueur, relatifs à l'exploitation des mines (lois, ordonnances et décrets, circulaires).

M. Monnier. *Electricité industrielle,* cours professé à l'École centrale, 2ᵉ édit. (*sous presse*).

M. Mᵉˡ Pelletier. *Droit industriel,* cours professé à l'École centrale. 1 vol...... **15 fr.**

MM. E. Rouché et Brisse, anciens professeurs de géométrie descriptive à l'École centrale. *Coupe des pierres.* 1 vol. et un grand atlas...................... **25 fr.**

MM. C. Brisse, et H. Picquet. *Cours de géométrie descriptive de l'École centrale,* 1 vol. grand in-8° avec figures (Voir : *Encyclopédie industrielle*)................. **17 fr. 50**

OUVRAGE D'UN PROFESSEUR AU CONSERVATOIRE DES ARTS ET MÉTIERS

M. E. Rouché, membre de l'Institut. *Eléments de statique graphique.* 1 vol..... **12 fr. 50**

MM. Rouché et Lucien Lévy. *Calcul infinitésimal,* Tome I. (Voir : *Encyc. industr.*). **15 fr.**

OUVRAGES DE PROFESSEURS A L'ÉCOLE NATIONALE SUPÉRIEURE DES MINES

M. Aguillon. *Législation des mines, française et étrangère.* 3 vol................ **40 fr.**

M. Pelletan. *Lever des plans et nivellement souterrains* (Voir ci-dessus : *Durand-Claye*).

M. Chesneau. *Lois générales de la Chimie.* 1 vol. avec 37 figures .... **7 fr. 50**

M. Le Verrier. *Métallurgie générale. Procédés de chauffage,* 370 pages, 171 figures. **12 fr.**

OUVRAGE D'UN PROFESSEUR A L'ÉCOLE NATIONALE FORESTIÈRE

M. Thiéry. *Restauration des montagnes,* avec une *Introduction* par M. Lechalas père. Vol. de 442 pages, avec 173 figures.. **15 fr.**

(Voir la suite ci-après)

MÉTALLURGIE GÉNÉRALE

PROCÉDÉS DE CHAUFFAGE

ENCYCLOPÉDIE INDUSTRIELLE
Fondée par M.-C. Lechalas, Inspecteur général des Ponts et Chaussées en retraite

MÉTALLURGIE GÉNÉRALE

PROCÉDÉS DE CHAUFFAGE

PAR

U. LE VERRIER

Ingénieur en chef des Mines
Professeur au Conservatoire des Arts et Métiers

*COMBUSTIBLES SOLIDES. DESCRIPTION DES COMBUSTIBLES.
COMBUSTIBLES ARTIFICIELS. EMPLOI DES COMBUSTIBLES.
CHAUFFAGE PAR L'ÉLECTRICITÉ. MATÉRIAUX RÉFRACTAIRES.
ORGANISATION D'UNE USINE MÉTALLURGIQUE.
DONNÉES NUMÉRIQUES.*

PARIS

GAUTHIER-VILLARS, IMPRIMEUR-LIBRAIRE

DE L'ÉCOLE POLYTECHNIQUE, DU BUREAU DES LONGITUDES, ETC.
55, quai des Grands-Augustins

1902

ÉTUDE TECHNIQUE DE LA CHALEUR

PRÉLIMINAIRES

1. Mesure des températures. — On sait que la température d'une enceinte est définie et mesurée par le volume que prend un corps déterminé, plongé dans cette enceinte depuis un temps assez long pour que son volume soit devenu invariable. Le corps que l'on choisit pour réaliser l'expérience est en général le mercure, ou l'air.

La mesure des hautes températures offre des difficultés spéciales. Les thermomètres ordinaires ne conviennent que jusqu'à 300 degrés environ.

2. Pyromètre à air. — Le thermomètre à air, employé dans les recherches de physique pour les températures plus élevées, serait d'une application difficile dans l'industrie. On peut le rendre plus maniable en le constituant de la façon suivante : une boule en fer ou en porcelaine communiquant par un tube assez long et de petit diamètre avec un manomètre métallique. La boule sera placée dans l'enceinte dont on veut mesurer la température, et le tube refroidi au besoin pour que l'air arrive froid au manomètre. Soit P la pression observée et p celle que marque le manomètre quand la boule est à zéro ; on peut calculer approximativement la température par la formule :

$$t = 273 \times \frac{P - p}{p} \left(1 + \frac{P}{p} \cdot \frac{k}{a} \right).$$

Les quantités k et a représentent les coefficients de dilatation cubique de l'enveloppe et de l'air ; le rapport $\frac{k}{a}$ est égal à $\frac{1}{100}$ si la boule est en fer.

Pour des recherches précises, il vaudrait mieux graduer l'appareil par comparaison, en faisant quelques expériences sur les enceintes dont la température serait évaluée au moyen du procédé colorimétrique, par exemple, car le coefficient k peut être variable en dehors de certaines limites.

De nombreux pyromètres à air ont été construits sur le principe que nous venons d'indiquer. On peut les munir d'un manomètre enregistreur, de façon que les variations de la température s'inscrivent automatiquement. Ces appareils donnent des résultats assez réguliers jusqu'à 600° environ. Au rouge, tous les métaux deviennent perméables au gaz, il faut se servir de réservoirs en porcelaine. On a mesuré par ces moyens des températures allant jusqu'à 1400° ; mais la porcelaine s'altère et devient bientôt perméable, de sorte que l'appareil, par ces hautes températures, ne peut servir à des mesures fréquemment répétées.

Le pyromètre à air est le seul qui soit fondé sur la définition scientifique de la température ; il n'est pas employé dans les mesures courantes, mais il peut servir à étalonner les appareils industriels. En pratique, il a servi à déterminer un certain nombre de points fixes — température d'ébullition du soufre et du mercure, points de fusion des métaux — à l'aide desquels on a gradué empiriquement les autres pyromètres.

3. Pyromètres à dilatation. — On a construit beaucoup de pyromètres fondés sur la différence de dilatation de deux matières solides. L'un des meilleurs appareils dans ce genre était le pyromètre à graphite de Steinle et Hartung. Mais ils ne peuvent pas servir à mesurer des températures très élevées, parce que la constitution des métaux s'altère lorsqu'ils sont soumis à des alternatives répétées de chauffage et de refroidissement, et leur dilatation devient alors irrégulière. Ils ne sont plus employés aujourd'hui.

4. Procédés indirects. — On a cherché aussi à ramener l'observation d'une température à celle d'une autre température moins élevée, mais fonction de la première. Ainsi, au lieu de placer directement dans un four l'extrémité du pyromètre à graphite, on peut l'entourer d'un étui en fer : on peut aussi placer à demeure un tube en fer plongeant dans le four, et mesu-

rer la température qui se développe à l'intérieur de cet étui,
laquelle est en relation avec celle du four. On peut encore placer
dans le four un tube en fer parcouru par un courant d'air, ou
mieux par un courant d'eau. Si la vitesse du courant est constante, sa température à la sortie sera une fonction bien déterminée de celle du four. Si au contraire on ramène la température de l'eau à être constante, en faisant varier la vitesse, le débit
pourra servir de mesure à la température du four. Ce moyen
d'observation sera très exact si la température du four reste
assez longtemps stationnaire.

S'il s'agit de mesurer la température d'un courant de gaz, on
peut y pratiquer une dérivation par laquelle une partie du gaz
s'échappe et va passer dans un tube où il se mélange avec un
courant d'air froid ; la température du mélange peut être abaissée
de manière à pouvoir se mesurer avec un thermomètre, et elle
est fonction de la température primitive du gaz.

Dans tous ces procédés indirects, la fonction qui lie la température observée à la température réelle ne peut pas se déterminer par le calcul : il faut l'étudier expérimentalement. A cet
effet, on fera au même moment une mesure indirecte par l'un
des procédés que nous venons d'indiquer et une mesure directe
avec un bon pyromètre à air, plongé dans le four ou dans le
courant qu'il s'agit d'observer. On répétera cette expérience à
plusieurs températures différentes, et on pourra dresser une table
de corrections, qui permettra de calculer la température réelle
en fonction de la température réduite.

Ces expériences seront délicates, et la correction sera incer-
taine, si on ne prend pas de grandes précautions pour que les
conditions de l'expérience soient toujours les mêmes, car bien
des circonstances peuvent modifier la relation qui existe entre
les deux températures. Cette méthode serait donc compliquée si
on voulait obtenir des déterminations rigoureuses ; mais elle
sera simple et efficace si on veut se borner à contrôler la marche
d'un appareil, à constater la constance ou les variations de la
température. En d'autres termes, on n'obtiendra pas des mesures exactes, mais des mesures comparables, ce qui suffit souvent
pour les besoins de la pratique.

Ces procédés ont pu rendre service autrefois, mais ils n'ont
plus de raison d'être employés depuis que l'on a imaginé et
construit des pyromètres beaucoup plus exacts, dont nous allons
donner la description.

MESURES ÉLECTRIQUES

5. Pyromètre Le Chatelier, à couple. — Ce pyromètre est fondé sur la production de courants thermo-électriques dans une soudure réunissant deux métaux. On sait que, dans un circuit composé de deux métaux différents, si l'on chauffe l'une des soudures, l'autre étant maintenue froide, il naît un courant dont la force électro-motrice est fonction de la différence de température entre les deux soudures. Depuis longtemps on emploie ce procédé pour faire des thermomètres très sensibles, dans les recherches de physique. Le thermomètre de Melloni se compose d'une série de barreaux d'antimoine et de bismuth soudés ensemble et formant comme une sorte de serpentin. La moitié des soudures se présente sur une des faces de l'appareil et s'échauffe quand on expose cette face au rayonnement ; l'autre moitié est placée de l'autre côté et reste à la température ordinaire : on fait donc naître dans le circuit autant de forces électro-motrices qu'il y a de paires de barreaux, et l'on peut mesurer des différences de température très faibles.

Dans les pyromètres métalliques, on n'a pas besoin de multiplier ainsi l'effet, parce que la température est beaucoup plus forte ; on emploie un seul couple formé par deux fils longs, de manière à reculer la soudure froide loin du fourneau.

On ne peut former le couple qu'avec des métaux très fusibles ; la plupart de ceux qui ont été essayés d'abord se prêtent mal à la pyrométrie, parce que la force électro-motrice est loin de varier proportionnellement à la température. La fonction qui lie ces deux éléments est en général du second degré. Il y a des couples dont le sens s'inverse à une certaine température : certains métaux ont des points singuliers et subissent à des températures déterminées une transformation qui change leurs propriétés thermo-électriques. Ainsi le couple formé par un fil de fer et un fil de nickel, qui donne une force électro-motrice assez grande, subit une transformation entre 400° et 500°, et ses indications ne sont pas les mêmes suivant qu'on le fait fonctionner au chauffage ou au refroidissement.

M. Le Chatelier a découvert un couple dont la force élec-

tro-motrice est relativement faible, mais varie d'une manière
assez régulière, et qui paraît ne pas s'altérer par l'usage. Il est
constitué par un fil de platine pur fondu et un fil de platine
rhodié : la soudure peut être faite en tordant par exemple simplement ces fils l'un sur l'autre ; mais, pour mieux assurer la con-
tinuité, il est préférable d'enrouler autour de l'extrémité un fil
d'or dont on détermine la fusion et qui forme un alliage soudant
les deux métaux. La seconde extrémité des deux fils est reliée
par des fils de cuivre aux bornes d'un galvanomètre apériodi-
que et sensible (fig. 1).

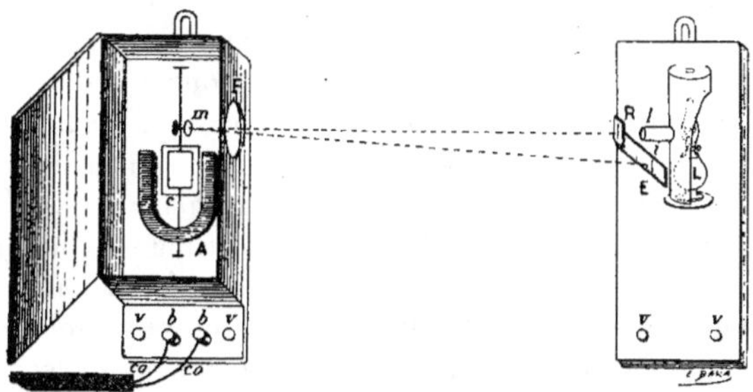

Fig. 1. — Pyromètre thermo-électrique Le Chatelier.

A, aimant permanent. — b, bornes. — c, cadre mobile fil maillechort. — co, co,
conducteurs. — E, réglette graduée transparente. — F, fenêtre — i, image
du réticule. — L, lampe à essence. — l, lentille. — m, miroir fixé au cadre c.
— R, réticule. — V, vis calantes.

La jonction avec les fils de cuivre doit être maintenue à une
distance suffisante pour rester à la température ambiante. Les
fils de platine, pour les fils qui forment le couple, doivent être
enveloppés d'un tube de terre réfractaire, de façon à ne se toucher
qu'à l'extrémité.

M. Carpentier fabrique une canne pyrométrique que l'on
peut tenir avec une poignée. Les fils y sont protégés par un
tube en fer ; la jonction avec les conducteurs en cuivre se fait
par de petites poulies placées dans la poignée, et permettant de
dérouler les fils du couple pour les faire ressortir à l'extrémité du
fil à mesure que la soudure s'use. La variation de la force électro-motrice peut être représentée par une parabole. Au début,
cette variation est lente, et jusqu'à 400° elle croît progressivement : au-dessus de 500°, on peut la considérer comme sensiblement proportionnelle à la température.

L'appareil doit être gradué empiriquement au moyen d'un certain nombre de points fixes : on peut déterminer, par exemple, les points d'ébullition du mercure, du soufre, de l'iode, ou les points de fusion de divers métaux. Lorsque le métal n'attaque pas le platine, cette détermination est très facile : on plonge la soudure dans le métal fondu, puis on laisse refroidir le creuset en suivant les indications du galvanomètre. La force électro-motrice baisse d'abord rapidement, puis elle reste stationnaire assez longtemps au moment de la fusion.

Dans l'appareil Desprez-d'Arsonval, la mesure est donnée par un index lumineux qui se déplace sur une échelle ; on suit le mouvement de cet index, qui s'arrête au moment où le métal se solidifie. On peut opérer de cette manière pour la fusion de l'aluminium, qui se fait à 625° et celle du cuivre, qui se fait à 1050, et réunir ces deux points par une droite que l'on prolonge.

Le point de fusion du cuivre ne paraissant pas très fixe, il vaut mieux déterminer celui de l'or. Ce métal ronge rapidement le platine. On opère alors autrement ; on enroule un fil très fin autour de la soudure, on chauffe dans un creuset rempli de sable et on suit l'ascension de l'index. Il y a un léger ralentissement au moment où le fil fond : on peut le saisir quand on sait à peu près à quel point il se trouve.

On peut déterminer le point de fusion du platine (1775°) en chauffant directement la soudure dans la flamme du chalumeau oxyhydrique. Le courant s'interrompt et l'index retombe juste au moment où le fil de platine, qui est le plus fusible, est coupé. On peut aussi se servir du point de fusion de différents sels qui présentent l'avantage de ne pas attaquer le couple, mais les temps d'arrêt sont beaucoup moins marqués ; il faut opérer sur une masse assez forte et surveiller le creuset pour bien saisir le moment où la surface du sel fondu se ternit et devient opaque.

Cette graduation rigoureuse n'a du reste pas grande importance au point de vue industriel, où il s'agit surtout de retrouver des températures données ; mais elle est indispensable pour comparer deux appareils, d'autant plus que l'alliage de platine et de rodium n'est pas toujours le même exactement, et que les soudures faites avec des fils différents n'ont pas toujours la même sensibilité. Ces pyromètres présentent l'avantage de donner des indications immédiates. On peut suivre des variations de température rapides, la masse de la soudure étant insignifiante. Nous en verrons des applications intéressantes dans l'étude de certains métaux.

6. Pyromètre Siemens à résistance. — D'autres appareils sont fondés sur un principe tout différent ; on y mesure la variation de résistance électrique d'un fil de platine. Cette résistance croit régulièrement avec la température et peut être représentée par la relation

$$t - p_1 = \delta\left[-\frac{t}{100} + \left(\frac{t}{100}\right)^2\right].$$

Ce mode de mesure a d'abord été étudié par Siemens, et amené par M. Callandar à une grande perfection. Le fil de platine est enroulé sur une feuille de mica volante et disposé à l'extrémité d'une canne ; on y fait passer le courant, et on mesure la résistance au moyen d'un pont de Wheatstone. Le courant se partage en deux branches dont l'une traverse le pyromètre, et l'autre des résistances connues et fixes. Ces deux circuits sont réunis au milieu de leur parcours par un pont, c'est-à-dire par un circuit transversal traversant un galvanomètre sensible. Lorsque l'appareil est à la même température, il est réglé de manière à ce que ce galvanomètre ne reçoive aucune dérivation et que son aiguille reste à zéro. Si l'on chauffe le fil de platine, la résistance augmente dans cette portion du réseau, la distribution des courants se modifie et le galvanomètre accuse un courant de plus en plus fort dans le pont.

Pour les mesures rapides, on peut observer la déviation du galvanomètre : elle s'accentue avec la température. Pour les mesures délicates, on opère autrement. On annule la déviation avec un compensateur, et on dispose dans une autre partie du courant une résistance variable.

Cette résistance est un fil de platine sur lequel se déplace un cavalier qui permet d'introduire à volonté dans le circuit une longueur quelconque de ce fil. En manœuvrant le cavalier, on maintient toujours l'aiguille du galvanomètre à zéro. Une règle graduée donne la longueur du fil qui a été introduite dans le circuit et permet de calculer la résistance.

L'appareil doit toujours être taré empiriquement pour faire connaître la température en fonction de la division de l'échelle où on arrête le cavalier. Ce dernier système permet de mesurer le dixième de degré, tandis que le pyromètre Le Chatelier ne donne guère qu'une approximation de 5°.

Les pyromètres électriques sont d'un emploi assez facile ; dans une usine, ils peuvent même servir à un contrôle permanent. On peut établir ainsi des pyromètres à demeure dans certaines parties des fours, par exemple dans les tuyères d'un haut-fourneau ; les communications aboutissent à un bureau où on peut mettre à volonté sur un galvanomètre tel ou tel couple et lire à chaque instant la température de chaque tuyère. On peut même placer sur chaque circuit un galvanomètre enregistreur qui trace automatiquement la courbe des variations de chaque température.

Le pyromètre Siemens est d'un maniement plus délicat que celui de Le Chatelier, et il semble plutôt approprié aux recherches de laboratoire qu'aux mesures dans les ateliers.

M. Ducretet construit un galvanomètre enregistreur très simple. Le cylindre mobile de l'appareil Desprez-d'Arsonval porte une aiguille avec un style ; cette aiguille tourne sous l'influence du courant, et un mécanisme vient à intervalle régulier abaisser la pointe élastique de l'aiguille, de manière à marquer un point sur un tambour mu par un mécanisme d'horlogerie.

MESURES OPTIQUES, ETC.

Dans beaucoup de cas, on apprécie la température des corps incandescents d'après leur éclat ou leur coloration ; ce procédé peut donner, avec un œil exercé, et à partir de 500 à 600 degrés, des résultats presque suffisants dans la pratique (1).

On a cherché à rendre ces mesures plus précises, et surtout plus sûres, au moyen d'appareils pouvant être facilement employés dans les usines ; nous allons donner la description des dispositifs utilisés dans ce but.

7. Lunette Mesuré et Nouel (fig. 2). — La lunette de Mesuré et Nouel est fondée sur un principe ingénieux, qui utilise les propriétés de la lumière polarisée. Quand les vibrations lumineuses traversent certains corps cristallisés, comme par exemple le spath d'Islande, elles y subissent une modification remarquable ; par suite de la résistance variable que le cristal offre dans

(1) Voir en appendice, aux données numériques, l'échelle approximative des températures correspondantes

les diverses directions, les vibrations s'orientent dans des plans
déterminés : on dit alors que le rayon est polarisé.

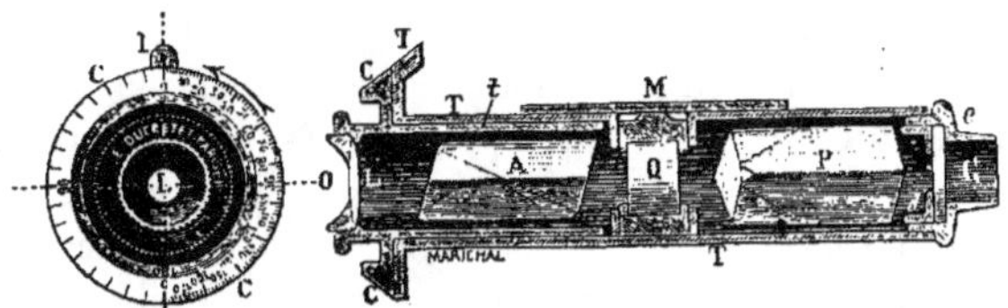

Fig. 2. — Lunette Mesuré et Nouel.

CC, disque mobile divisé en degrés. — I, index. — O, oculaire. — L, lentille.
— A, analyseur Nicol. — Q, lame de quartz. — P, polariseur Nicol. — M, mon-
ture. — G, ouverture munie d'un verre dépoli.

Un Nicol est un prisme de spath qui polarise les rayons lumineux dans un plan parallèle à son plan diagonal. Il ne
laisse passer que les vibrations polarisées dans ce plan ; si le
rayon qui a traversé un premier nicol tombe sur un second, et
que l'on tourne ce dernier à 90° du premier, aucune vibration ne
pourra plus passer. Le second nicol prend alors le nom d'analyseur, parce qu'il permet de constater si la lumière qu'il reçoit
était ou non polarisée. Deux nicols croisés, c'est-à-dire à 90° l'un
de l'autre, ne laissent donc passer aucune lumière, toutes les
vibrations qui ont traversé le premier étant arrêtées par le
second.

Si, maintenant, on intercale entre ces deux nicols certains corps,
comme par exemple une lame épaisse de quartz, on voit la lumière reparaître, et, pour l'éteindre, il faut tourner l'analyseur
d'un certain angle α. On doit donc admettre qu'en traversant
le quartz, le plan de polarisation du rayon avait lui-même tourné
de cet angle α. On reconnaît que cet angle augmente proportionnellement à l'épaisseur du quartz traversé.

Tels sont les phénomènes que l'on observerait avec de la lumière monochromatique ; avec de la lumière blanche, il n'en
est pas de même. L'énergie rotatoire du quartz varie suivant la couleur de la lumière employée : l'angle α ne sera pas le même
pour les différents rayons du spectre.

Les rayons violets, par exemple, auront leur plan de polarisation plus dévié que les rayons rouges Il en résulte qu'en
tournant l'analyseur on ne pourra pas éteindre toutes les cou-

leurs à la fois, et, au lieu d'obtenir l'obscurité par un angle convenable, on verra apparaître des couleurs changeantes, à mesure que l'on éteindra à son tour chaque rayon du spectre. On voit le champ de la lunette passer du rouge au vert ; entre ces deux couleurs, on obtient pour un certain angle une teinte jaune citron qui est assez sensible, c'est-à-dire que par une très légère rotation elle vire, suivant le sens, au jaune verdâtre ou au jaune orange. C'est à ce moment qu'on s'arrête ; cela veut dire que l'analyseur a tourné de manière à se trouver entre les positions qu'il lui faudrait prendre pour éteindre d'un côté les rayons rouges, de l'autre les rayons bleus, et il affaiblit à peu près également ces rayons dans des proportions convenables pour que leur effet se neutralise.

A mesure que la température d'un corps s'élève, la lumière qu'il émet passe progressivement du rouge au blanc, c'est-à-dire qu'il va s'enrichissant en rayons bleus. Par suite, il faudra tourner l'analyseur d'un plus grand angle pour se rapprocher de l'orientation où il éteindrait ces rayons bleus, de plus en plus prédominants. L'angle de rotation qui donne la teinte jaune sensible est donc une mesure empirique de la constitution de la lumière, de la proportion dans laquelle y figurent les différentes couleurs.

Pour faire une détermination, on vise le corps incandescent, puis on tourne l'analyseur jusqu'à la teinte sensible et on lit sur un limbe gradué l'angle qu'il a décrit. Une table empirique donnera la température en fonction de cet angle.

Cet appareil ne fait que traduire par un chiffre l'analyse de la lumière que l'œil fait spontanément quand on évalue la température d'un corps chaud d'après sa couleur. Il n'est pas beaucoup plus sensible qu'un œil exercé, mais il est peut-être plus sûr quand on a pris l'habitude de le manier. L'appréciation sera moins sujette à varier suivant le degré d'éclairage ou d'obscurité de l'atelier, ou suivant toutes les circonstances physiques qui peuvent modifier l'impression de l'œil. Un bon observateur devra toujours retrouver à peu près le même angle pour une température donnée, mais deux observateurs ne liront pas toujours de la même manière, chacun s'arrêtant à une teinte à laquelle son œil se trouve plus sensible.

Cette lunette a été employée avec un certain succès pour déterminer les températures de trempe.

8. Pyromètre optique Le Chatelier. — Le pyromètre optique Le Chatelier est plus précis, mais moins facile à manier ; il mesure directement l'intensité de la lumière reçue : c'est un photomètre du système Cornu (fig. 3).

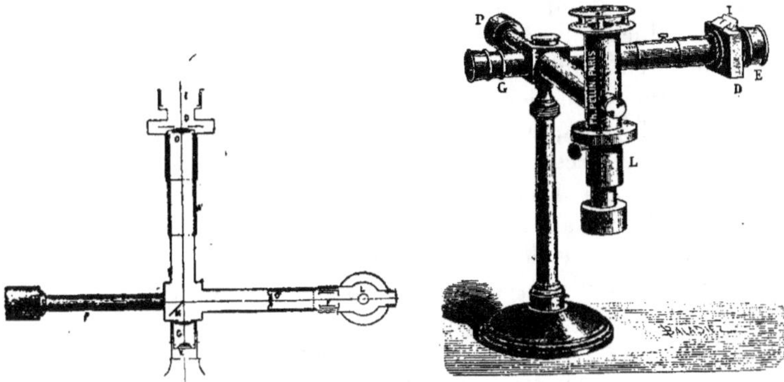

Fig. 3. — Pyromètre optique Le Chatelier.

D, Diaphragme extensible. — E, objectif. — G, oculaire. — L, lampe à essence. — M, miroir. — P, contre-poids.

On vise l'objet avec une lunette dont le champ est divisé en deux parties par un prisme à réflexion totale. Sur la moitié du champ, ce prisme fait voir par réflexion la flamme d'une petite lampe à essence de pétrole, placée dans un tube latéral ; l'autre moitié est éclairée par l'objet que l'on vise. On égalise l'éclairement des deux parties en manœuvrant un diaphragme mobile qui obture l'orifice du tube principal et modifie à volonté la quantité de lumière reçue. Ce diaphragme a la forme d'un rectangle constitué par deux obturateurs rectangulaires, qu'on peut faire coulisser l'un sur l'autre ; on les manœuvre avec une vis, et une échelle graduée donne les dimensions du diaphragme. Il permet de calculer le degré d'intensité des deux lumières, qui est en raison inverse de la surface laissée libre.

Il faudrait tenir compte de la distance, et la lunette est munie de lentilles avec lesquelles on met l'objet au point ; à partir d'une distance de quelques mètres, on est au point à l'infini : la variation de distance n'a plus qu'un effet insensible.

Les deux lumières doivent traverser les verres rouges de manière à identifier leurs couleurs ; quand on vise des objets très éclatants, il faut employer plusieurs verres et tenir compte empiriquement de leur absorption.

Le pouvoir rayonnant des différents corps varie avec la température, et pour traduire rigoureusement les indications du pyromètre, il faudrait avoir étudié la loi du rayonnement pour chacun des corps que l'on vise. En pratique, dans les forges, lorsque l'on vise des groupes de fer, ils sont toujours recouverts d'une mince pellicule oxydée, et l'on peut appliquer les formules de rayonnement établies pour l'oxyde de fer magnétique. D'ailleurs, comme pour tous les pyromètres optiques, l'appareil ne sera réellement utile que pour retrouver avec précision des températures déterminées ; on ne lui demandera pas des indications absolues, mais des mesures qui seront comparables si l'on opère toujours dans les mêmes conditions.

On a imaginé encore beaucoup d'autres espèces de pyromètres ; ceux dont nous avons parlé paraissent être les seuls qui puissent présenter un intérêt industriel.

En raison de la variation extrêmement rapide des radiations rouges émises par les corps incandescents (entre 600 et 1800°, températures extrêmes que l'on a d'ordinaire à apprécier dans la pratique, cette intensité varie dans le rapport de 1 à 1.000.000), cet appareil permet d'obtenir des déterminations très exactes avec des mesures photométriques d'une précision moyenne effectuées rapidement. Quelques précautions sont seulement à prendre pour que la lampe donne une lumière bien constante dès le début de l'opération ; le coefficient d'absorption des verres absorbants doit être aussi exactement déterminé à l'avance, ainsi que l'ouverture du diaphragme, qui doit être telle qu'il y ait égalité complète entre la flamme de la bougie étalon et celle de la lampe.

Les températures suivantes ont été déterminées au moyen de cet appareil (1).

Haut fourneau en fonte Bessemer, devant les tuyères	1930° C
Coulée de la fonte du haut fourneau ci dessus, de 1400 à	1570 —
Coulée d'acier Bessemer ou Siemens-Martin, de 1550 à	1650 —
Fusion et affinage du verre	1350 —
Cuisson de la porcelaine dure	1370 —
Cuisson des briques rouges	1100 —

9. Méthode calorimétrique. — On peut encore évaluer la température, d'une manière détournée, par la méthode calori-

(1) *L'industrie électrique*, 10 avril 1892.

métrique dont nous parlerons tout à l'heure. Ce procédé, bien appliqué, peut rendre certains services dans les usines.

10. Pyroscopes. — Aucun des procédés que nous venons de signaler n'est tout à fait satisfaisant, et l'on peut dire qu'au-delà de 600 degrés environ les températures ne sont plus rigoureusement définies. Il n'y a donc pas grand intérêt à les mesurer, et dans la pratique, on se contente presque toujours de les apprécier à l'aide de certains caractères extérieurs. Les appareils employés à cet effet se nomment pyroscopes.

Le procédé pyroscopique le plus employé en métallurgie est celui des alliages fusibles. On cherche si la température à évaluer est inférieure ou supérieure à celle d'un métal ou d'un alliage connu. A cet effet, on emploie une série de fragments de métaux ou d'alliages rangés dans l'ordre de fusibilité. Si l'un de ces fragments, placé dans l'enceinte en question, résiste et que celui qui vient après lui dans la série fonde, on sait que la température est comprise entre les températures de fusion de ces deux corps. On peut faire l'expérience rapidement en donnant aux alliages la forme de rondelles enfilées dans un ordre convenable sur une barre de fer.

Jusqu'à 1000° environ, les métaux simples (étain, plomb, zinc, argent, cuivre) fournissent des points de repère fixes. On peut combler les lacunes en intercalant des alliages d'étain et de cuivre, de plomb et d'argent, etc. Au-delà de 1000° il faut recourir aux alliages de l'argent ou de l'or avec le platine (1).

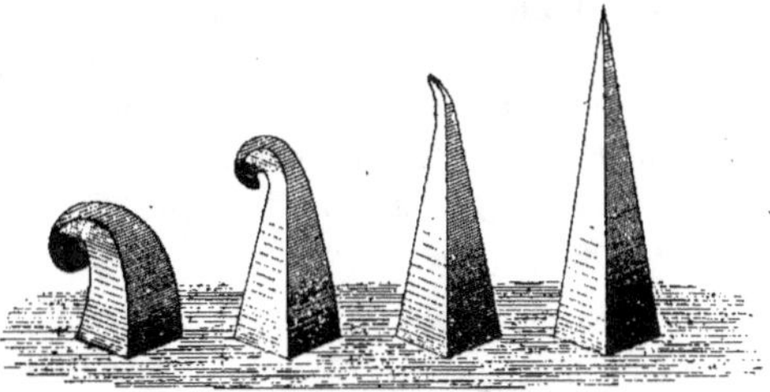

Fig. 4. — Montres fusibles Seger.

Ce procédé ne peut pas être rendu très sensible à cause de la facilité avec laquelle certains alliages se liquatent.

(1) On trouvera aux données numériques un tableau des points de fusion de divers alliages.

Pour les températures de 600 à 1800°, M. Seger a constitué une série de montres fusibles qui se composent de kaolin et d'un mélange en proportions variables de feldspath, de carbonate et de quartz. On peut obtenir ainsi des pâtes à points de fusion sensiblement fixes et espacés par exemple de 20 en 20 degrés.

Ces pâtes sont très employées en céramique ; on leur donne la forme de pyramides triangulaires (fig. 4) qu'on range par ordre de fusibilité dans le four en observation : on les voit alors s'affaisser successivement à mesure que la température du four atteint le degré qui correspond à la fusibilité de chacune d'elles.

CALORIMÉTRIE

11. Chaleur spécifique. — La notion de température ne suffit pas pour étudier complètement les phénomènes calorifiques : il faut encore y joindre celle des quantités de chaleur. On appelle unité de chaleur, ou calorie, la chaleur absorbée par un kilogramme d'eau quand sa température s'élève de 0 à 1°

Soit Q le nombre de calories absorbé par un kilogramme d'un corps quelconque, lorsque sa température s'élève de t à t' ; on peut toujours poser :

$$Q = c\,(t' - t)$$

Pour un grand nombre de corps, notamment pour l'eau, le coefficient c, ainsi défini, est sensiblement constant, quelles que soient les températures initiales et finales : on l'appelle alors chaleur spécifique du corps considéré ; et si l'on prend un poids P de ce corps (exprimé en kilogrammes), la chaleur nécessaire pour le porter de t à t' pourra se calculer à priori, c étant connu, et sera représentée par le produit :

$$P c\,(t' - t)$$

En d'autres termes, la chaleur spécifique d'un corps est la chaleur nécessaire pour élever d'un degré la température d'un kilogramme de ce corps.

Si on rapproche cette définition de celle de la calorie, on verra que la chaleur spécifique de l'eau, supposée constante, est exprimée par le nombre 1 ; la calorie peut dès lors se définir plus simplement : c'est la chaleur nécessaire pour élever de un degré la température d'un kilogramme d'eau.

Dans les recherches précises, on ne peut plus considérer la chaleur spécifique comme constante, et par suite la définition que nous en avons donnée n'a plus de sens. Si on appelle Q la chaleur d'échauffement, c'est-à-dire la quantité de chaleur nécessaire pour élever un kilogramme de la température t à la température t', on peut toujours poser :

$$Q = c\,(t' - t).$$

Mais le coefficient c est alors variable avec t' et t : il représente ce qu'on appelle la chaleur spécifique moyenne entre les températures t et t'. Si on suppose que la température finale t' reçoive des valeurs décroissantes et se rapproche indéfiniment de la température initiale t, c variera et tendra vers une limite qui sera fonction de t seulement : cette limite est ce qu'on appelle la chaleur spécifique à la température t. C'est le rapport entre la quantité de chaleur absorbée et l'accroissement de température qui en résulte, lorsque ce dernier est infiniment petit.

Considérons la quantité de chaleur Q nécessaire pour porter un kilogramme d'un corps de 0° à t. Q est fonction de t. L'expérience permet de mesurer plusieurs valeurs particulières de Q, et on représente la fonction inconnue par une formule parabolique :

$$Q = \alpha\,t + \beta t^2 + \gamma t^3.$$

Si les coefficients β et γ sont négligeables, on se trouve dans le premier cas examiné ci-dessus : la chaleur spécifique est constante et égale à α. Dans le cas contraire, elle est variable et exprimée par la dérivée $\dfrac{dQ}{dT}$.

On a donc :

$$c = \alpha + 2\beta t + 3\gamma t^2.$$

En général, le coefficient β est petit et positif, de sorte que la chaleur spécifique croît avec la température. Il y a du reste peu de corps sur lesquels on ait fait des expériences complètes.

12. Chaleurs latentes. — La chaleur provoque dans la plupart des corps des changements d'état qui sont la fusion, puis la vaporisation. Chacun de ces phénomènes se produit en général à une température fixe et absorbe une certaine quantité de chaleur qu'on désigne sous le nom de chaleur latente. Soit θ la température de fusion d'un corps, λ sa chaleur latente de fusion, c sa chaleur spécifique à l'état solide, c' sa chaleur spécifique à l'état liquide. Si un kilogramme de ce corps est fondu et porté à la température t, la chaleur qu'il a absorbée peut s'exprimer par la formule :

$$Q = c\theta + \lambda + c'\,(t - \theta).$$

θ étant fixe, la somme $c\theta + \lambda$ peut être représentée par une seule constante indiquant la chaleur nécessaire pour fondre le corps pris à partir de zéro degré. — Pour une vapeur, la formule serait absolument analogue, mais dans ce cas les chaleurs spécifiques varient avec les volumes et les pressions. Nous ne pouvons entrer ici dans l'étude de ces lois complexes. Dans les opérations métallurgiques, les vapeurs et les gaz se dilatent à peu près librement, et par suite les coefficients à appliquer sont ceux qu'on appelle les chaleurs spécifiques sous pression constante.

Les coefficients entrant dans les formules précédentes sont bien connus pour l'eau et pour un certain nombre de gaz Ils le sont au contraire assez mal pour la plupart des produits métallurgiques. Aussi, lorsqu'on veut connaître exactement la chaleur absorbée par un métal ou par une scorie fondue, ce qu'il y a de mieux à faire est de la mesurer directement : la mesure de la chaleur totale est du reste plus facile que celle de chaque coefficient (1).

13. Combinaisons. — Les phénomènes chimiques sont toujours accompagnés de dégagement ou d'absorption de chaleur. Lorsque deux corps se combinent, il se produit en général une certaine quantité de chaleur bien déterminée, mais dont une partie seulement devient sensible tandis que l'autre est transformée en travail : aussi la chaleur observée peut-elle varier avec les circonstances. Inversement, pour décomposer un corps il faut lui fournir une quantité de chaleur égale à celle que produirait la combinaison de ses éléments. Ainsi, un kilogramme d'hydrogène en se combinant à huit kilogrammes d'oxygène dégage **36.000** calories : les neuf kilogrammes d'eau formés en absorberont le même nombre pour se décomposer.

(1) Plusieurs déterminations de ce genre ont été faites récemment par M. Grüner. On en trouvera les résultats aux données numériques.

Il y a certains corps, au contraire, dont la décomposition se fait avec dégagement de chaleur : ce sont, en général, des corps instables, souvent même détonnants : leurs éléments ont peu d'affinité entre eux et ne se combinent pas sans absorber de la chaleur. Ce cas se rencontre rarement dans les substances employées en industrie.

14. Calorimètres. — Nous avons dit que pour connaître la chaleur totale absorbée par un corps fondu, ou simplement échauffé, il fallait souvent la mesurer par suite de l'ignorance où l'on est des données qui permettraient de la calculer. Ces mesures s'effectuent au moyen du calorimètre à eau.

C'est un vase plein d'eau, à parois peu conductrices, où l'on projette un poids connu du corps à étudier. Si ce dernier ne doit pas être mis en contact avec l'eau, on le place dans un récipient spécial. On agite l'eau jusqu'à ce que sa température soit devenue stationnaire. Soit P le poids de l'eau, t et t' ses températures initiale et finale : la chaleur abandonnée par le poids du corps sur lequel on a opéré, en se refroidissant de sa température primitive jusqu'à t', sera exprimée par la formule :

$$x = P\ (t' - t),$$

si on suppose que l'eau seule s'est échauffée. Il n'en est pas ainsi car les parois, l'agitateur, etc., se sont échauffés aussi. Pour en tenir compte, il suffit de remplacer P par la somme des poids de l'eau et du calorimètre avec ses accessoires évalués en eau ; c'est-à-dire de poser :

$$P = p + p'c' + p''c'' + \text{etc.},$$

p étant le poids de l'eau, p', c', p'', c'' les poids de chaque partie de l'appareil et les chaleurs spécifiques respectives des substances dont elles sont formées. On reconnaîtra facilement que cette somme représente un poids d'eau équivalent, au point de vue de l'absorption de la chaleur, à l'ensemble de l'appareil.

Au lieu de calculer le poids P, on peut le mesurer directement en versant dans le calorimètre un poids connu d'eau, π, chauffée préalablement à la température θ. Dans cette expérience, x est connu et égal à $\pi\ (\theta - t)$.

La formule précédente devient alors :

$$\pi\ (\theta - t) = P\ (t' - t),$$

où P seul est inconnu.

Pour obtenir des mesures exactes, il faut opérer sur des poids assez faibles, de manière que t' soit peu différent de la température ambiante. Si en outre l'expérience dure peu, on pourra négliger les erreurs dues au rayonnement. Dans le cas où l'on opérerait près d'un four, on protégerait le calorimètre par des écrans.

Veut-on tenir compte des diverses causes d'erreur ? On fera d'abord une expérience qui donnera, en négligeant toutes ces causes, une valeur approchée de x :

$$x = \mathrm{P}\,(t' - t).$$

On prendra ensuite un poids π d'eau chaude à une température quelconque θ, et capable d'abandonner à peu près une quantité de chaleur égale à x. On fera une nouvelle expérience en projetant cette eau dans le calorimètre : soient τ et τ' les températures initiale et finale observées. Les causes d'erreurs sont les mêmes dans les deux opérations, pourvu que les durées aient été à peu près les mêmes et que τ et τ' soient peu différents de t et t'. Dès lors on peut admettre que les chaleurs absorbées chaque fois par le calorimètre ont été proportionnelles aux échauffements produits. Mais, dans le second cas, la chaleur absorbée est connue, c'est $\pi\,(\theta - \tau')$, puisque le poids d'eau π est passé de la température θ à la température τ'. La vraie valeur de x sera donc donnée par la proportion :

$$\frac{\pi(\theta - \tau')}{x} = \frac{t' - t}{\tau' - \tau}.$$

Si on veut mesurer la chaleur produite par une combinaison chimique, on effectue cette combinaison dans le vase intérieur du calorimètre. Lorsque le phénomène est accompagné d'un dégagement de gaz, le vase doit être muni d'un serpentin où les gaz se refroidissent avant de s'échapper.

15. Mesure des chaleurs spécifiques. — Des expériences analogues permettront de déterminer les chaleurs d'échauffement. En chauffant à une température connue t' un poids P du corps, à une température t, que l'on veut étudier, et le plongeant dans le calorimètre, on déterminera la quantité Q de chaleur qu'il a absorbée, et le quotient $\dfrac{Q}{P}$ représentera la chaleur spécifique du corps de t' à t. En répétant la même expérience à des températures différentes, on pourra trouver la loi qui lie la chaleur d'échauffement à la température.

Pour mesurer la chaleur latente de fusion, il faudra plonger dans le calorimètre un fragment du corps fondu. Si t représente la température du corps, t' la température finale du calorimètre, θ la température de fusion, λ la chaleur latente, c et c' les chaleurs spécifiques du corps à l'état solide et à l'état liquide, on aura :

$$Q = P\,[\,c\,(\theta - t') + \lambda + c'\,(t - \theta)\,].$$

Toutes ces mesures sont rendues incertaines par la difficulté de bien connaître les températures.

16. Mesure des températures. — Le calorimètre peut servir encore à la mesure des températures élevées. Si on veut connaître la température t d'un four, on y place un petit cylindre creux, en platine ou en fer, dont le poids P a été déterminé très exactement. Lorsque ce cylindre a pris la température du four, on le place dans le calorimètre et on mesure la quantité de chaleur Q qu'il abandonne pour se refroidir jusqu'à la température finale de l'expérience t'. Si c est la chaleur spécifique du métal entre t' et t, on a évidemment :

$$Pc\,(t\text{-}t') = Q$$

Cette équation permet de calculer t. Il est vrai que le coefficient c dépend lui-même de t, mais ses variations sont faibles, et t est connu d'avance, à 100° près, par l'aspect du four ; on peut donc assigner à c une valeur très approchée de sa valeur réelle, et qui permettra de calculer assez exactement t. Si on veut plus de rigueur, on considérera la valeur de t, ainsi calculée, comme une première approximation ; on s'en servira pour rectifier la valeur de c, puis, en introduisant ce nouveau coefficient dans la formule, on calculera une seconde valeur de t qui sera plus approchée, et ainsi de suite.

On emploiera de préférence pour cette opération le platine, qui est inoxydable, et dont la chaleur spécifique a été très bien étudiée. On peut aussi sans inconvénient employer le nickel pour les températures qui ne dépassent pas sensiblement 1000°.

On peut encore, par un artifice spécial, se dispenser d'introdutre dans les calculs la chaleur spécifique. Pour cela, on fera une seconde expérience analogue à la première avec un autre cylindre du même métal, ayant un poids égal à P'. Soit Q' la quantité de chaleur absorbée par le calorimètre dans cette nouvelle opération, et t'' sa température finale. On aura encore :

$$Q' = P'c\,(t\text{-}t'')$$

ou en divisant membre à membre les deux équations l'une par l'autre :

$$\frac{Q}{Q'} = \frac{P}{P'}\,\frac{(t\text{-}t')}{(t\text{-}t'')}$$

Cette dernière formule permettra de calculer t en fonction seulement des données de l'expérience.

Il faut remarquer toutefois que t' et t'' sont nécessairement très faibles tous les deux relativement à t : les rapports $\dfrac{Q}{Q'}$ et $\dfrac{P}{P'}$ sont donc presque égaux, et si on résout par rapport à t, cette inconnue se présentera sous la forme d'une fraction $\dfrac{m}{n}$ dont les deux termes sont très petits. Par suite elle sera très mal déterminée si tous les membres entrant dans la formule ne sont pas très exacts. Ainsi cette manière de procéder nous paraît plus ingénieuse que sûre : en tous cas elle ne sera préférable à la première que si les mesures calorimétriques sont effectuées avec des soins minutieux.

Nous avons dit que l'emploi du calorimètre était peut-être le meilleur moyen de mesurer les températures élevées. Il faut remarquer que si ce moyen est précis, il n'est pas sensible, car les chaleurs spécifiques sont généralement peu considérables, et les différences de température se traduisent par des variations relativement faibles dans les quantités de chaleur absorbées. On n'obtiendra des mesures satisfaisantes qu'à condition d'opérer avec grand soin.

17. Mesure des chaleurs de combinaison. — Pour mesurer la chaleur d'une combinaison, il faut produire une réaction chimique dans le calorimètre lui-même. Ce procédé est facilement applicable dans toutes les réactions effectuées par voie humide, mais il devient inapplicable dans les réactions par voie sèche, qui sont celles qui intéressent le plus les métallurgistes. Pour ce dernier cas, on peut employer les calorimètres à bombe, dont nous parlerons à propos de l'étude des combustibles.

CHAPITRE PREMIER

COMBUSTIBLES SOLIDES

PROPRIÉTÉS GÉNÉRALES DES COMBUSTIBLES

La seule source de chaleur utilisée dans l'industrie est la combustion. On nomme combustibles les substances susceptibles de se combiner avec l'oxygène en dégageant assez de chaleur pour que la combinaison, une fois commencée en un point, ne s'arrête plus et se propage spontanément dans toute la masse. En pratique, on ne peut employer que des substances assez répandues dans la nature : aussi le nombre des combustibles est restreint, et leur composition peu variée. Tous doivent leur valeur à la présence de deux corps simples : le carbone et l'hydrogène.

18. Pouvoir calorifique. — La première propriété à considérer dans un combustible, c'est le *pouvoir calorifique* : on désigne ainsi la quantité de chaleur dégagée par la combustion d'un kilogramme (1). Cette quantité, évaluée en calories, est en général exprimée par des nombres assez grands ; pour avoir des chiffres plus simples, on l'évalue quelquefois en unités de vapeur : l'unité de vapeur vaut 537 calories, qui sont le nombre nécessaire pour vaporiser un kilogramme d'eau.

Le pouvoir calorifique d'un corps donné se mesure au moyen du calorimètre, en effectuant la combustion dans le vase inté-

---

(1) Dans les *traités de chimie*, on prend en général pour unité de poids le gramme, et souvent on conserve notre définition pour la calorie c'est-à-dire qu'on la rapporte au kilogramme. Dans ce cas, les nombres exprimant les pouvoirs calorifiques se trouvent divisés par mille.

rieur muni d'un serpentin. Parfois on l'évalue d'une manière détournée, en chauffant un poids donné du combustible avec de la litharge et pesant le plomb réduit. Pour des combustibles peu différents, la chaleur dégagée est à peu près proportionnelle au poids d'oxygène absorbé et par suite au poids de plomb réduit. Un gramme de carbone pur réduit 34 gr. de plomb. Par suite, si l'on a opéré sur un gramme de combustible, et si p est le poids de plomb réduit, exprimé en grammes, le pouvoir calorifique sera égal à $8080 \times \dfrac{P}{34}$.

Nous donnons plus loin un tableau des pouvoirs calorifiques des principaux corps supposés purs. Dans la nature, on les rencontre presque toujours mélangés avec des matières inertes qui diminuent d'autant leur pouvoir calorifique réel.

Les nombres inscrits dans ce tableau mesurent l'effet utile maximum qu'on pourrait attendre de chaque combustible. Mais on est toujours loin de pouvoir réaliser cet effet maximum dans la pratique. Aussi pour donner une idée de la valeur industrielle des combustibles, on préfère souvent indiquer la quantité d'eau vaporisée par chacun d'eux, lorsqu'on l'emploie à chauffer une chaudière bien établie. Le nombre qui exprime le poids d'eau vaporisée devrait se confondre avec celui qui exprime le pouvoir calorifique en unités de vapeur, si toute la chaleur dégagée par la combustion était utilisée. En réalité, il lui est inférieur de près de moitié, ce qui montre que dans le chauffage des chaudières, on perd 50 0/0 de la chaleur dégagée Les appareils métallurgiques utilisent en général la chaleur bien plus mal que les chaudières.

On remarquera que le carbone peut se combiner avec deux équivalents d'oxygène, en formant de l'acide carbonique, ou avec un seul, en formant de l'oxyde de carbone Dans le second cas, on dit que la combustion est incomplète ; la chaleur dégagée est alors beaucoup plus faible : elle est même bien inférieure à la moitié de celle qui se produit dans la combustion complète (2473 calories au lieu de 8080). Les pouvoirs calorifiques indiqués pour chaque combustible dans notre tableau sont déterminés en supposant que la combustion soit complète, c'est-à-dire que le carbone soit entièrement transformé en acide carbonique et l'hydrogène en eau. Il n'en est presque jamais ainsi : il se forme toujours plus ou moins d'oxyde de carbone, et à chaque kilogramme de carbone incomplètement brûlé correspond une perte de 5607 calories.

19. Température de combustion. — Après le pouvoir calorifique, la donnée la plus importante à connaître est la température de combustion.

On appelle ainsi la température que les produits de la combustion atteindraient, s'ils absorbaient toute la chaleur dégagée. Cette température, ainsi définie, sera la limite supérieure de celle qu'on pourra réaliser en brûlant un combustible donné. En effet, les produits de la combustion ne pourront céder leur chaleur à des corps étrangers que si ces derniers sont plus froids qu'eux. L'échange de chaleur devient même très lent quand la différence des deux températures est faible. Aussi, en pratique, la température des corps que l'on cherche à échauffer reste toujours inférieure à celle des produits de la combustion de 100 à 200 degrés.

On voit que la température de combustion est une sorte de mesure de l'énergie d'un combustible : chaque combustible ne pourra être employé qu'aux opérations dans lesquelles la température à réaliser est inférieure à sa température de combustion.

On trouvera dans l'ouvrage de M. Gruner la méthode qui permet de calculer exactement les températures de combustion théoriques. Comme il n'y a aucun intérêt à faire ces calculs avec rigueur, nous allons exposer une méthode simplifiée qui donne très rapidement des résultats suffisamment approchés.

Soit C la chaleur dégagée par 1 kilogramme d'un combustible quelconque : le poids d'air absorbé par la combustion peut se calculer (nous donnons plus loin un tableau indiquant ce poids pour tous les combustibles usuels) : appelons le p. Celui des produits de la combustion sera $p + 1$. Leur chaleur spécifique peut être prise égale en moyenne à $\frac{1}{4}$; ils exigeront donc, pour s'échauffer à la température θ, un nombre de calories égal à $\frac{p+1}{4} \times \theta$, et on aura l'équation :

$$C = \frac{p+1}{4} \times \theta.$$

Si le combustible est un mélange de plusieurs corps et que les poids de ces corps entrant dans un kilogramme du mélange soient respectivement x, y, etc. ; leurs pouvoirs calorifiques, C_1, C_2, etc.; et les poids d'air nécessaires à leur combustion, p_1, p_2 ; la formule subsistera, mais on devra poser :

$$C = xC_1 + yC_2,\ \text{etc...}$$
$$p = xp_1 + yp_2,\ \text{etc...}$$

Si l'un des corps est de l'hydrogène, on prendra pour son pouvoir calorifique le nombre réduit **29.161**, afin de tenir compte de la chaleur latente absorbée par la vaporisation de l'eau : on pourra alors traiter la vapeur comme un gaz dont la chaleur spécifique serait **0,48**. Soit h le poids d'hydrogène, le poids de vapeur d'eau produit sera 9 h. La chaleur spécifique de la vapeur étant double de celle que nous avons admise pour les produits de la combustion, il faudrait, pour tenir compte de cette différence, faire figurer deux fois le poids de la vapeur d'eau dans le numérateur du coefficient de θ. Mais il est déjà compris dans $p + 1$; il suffit donc de l'ajouter une fois, et la formule devient :

$$C = \frac{p + 1 + 9h}{4} \times \theta.$$

Si le combustible contient des matières inertes, rien de changé: il faudra seulement faire attention à prendre pour C le pouvoir calorifique *réel*.

S'il contient de l'eau, il faut, comme nous venons de l'expliquer, la compter deux fois dans le second membre, à cause de la chaleur spécifique élevée de sa vapeur ; on ajoutera son poids π au numérateur, où il entre déjà une fois implicitement. En outre, il faudra tenir compte de la chaleur latente de vaporisation. A cet effet, remarquons que la chaleur nécessaire pour élever à θ le poids π d'eau est $\pi [637 + 0,48\ (\theta - 100)]$. Or nous avons déjà inscrit dans le second membre $\pi \times 0,48 \times \theta$: il nous reste à y inscrire, ou bien à retrancher du premier, $\pi \times 537$. Ce terme sera généralement négligeable vis-à-vis de C. Il n'existera pas si le combustible est gazeux et contient de l'eau à l'état de vapeur.

Si on emploie un excès d'air, on en tiendra compte pour déterminer p.

Enfin si l'air est préalablement chauffé à la température t, et le combustible à la température t', ils apporteront un nombre de calories égal à $\dfrac{pt}{4} + \dfrac{t'}{4}$, qu'il faudra ajouter au premier membre.

Ainsi la formule la plus générale sera :

$$C - \pi \times 537 + \frac{pt + t'}{4} = \frac{p + 1 + 9h + \pi}{4} \times \theta.$$

C représentant le pouvoir calorifique moyen, p le poids d'air, t sa température, t' celle du combustible, π le poids d'eau et h le poids d'hydrogène contenu dans 1 kilogramme du combustible. On pourra l'écrire (en nombres ronds) :

$$\theta = \frac{4C + pt + t' - \pi \times 2.000}{p + 1 + 9h + \pi}$$

Voici les températures théoriques de combustion des trois éléments combustibles principaux dans l'air et dans l'oxygène.

	dans l'oxygène	dans l'air
Carbone	10.015	2.716
Oxyde de carbone. .	6.950	2.967
Hydrogène	6.744	2.614

On voit combien l'emploi de l'oxygène augmente l'effet des combustibles : on remarquera aussi que dans l'air l'oxyde de carbone est celui des trois corps qui développe la température la plus élevée.

Appliquons maintenant notre formule à un combustible impur comme on les rencontre généralement.

Soit une houille dont le pouvoir calorifique à l'état de pureté est de 9.000. Le poids d'air nécessaire pour la brûler (en ajoutant un très faible excès inévitable dans la pratique) sera à peu près de 6 kil. pour 1. La température dégagée sera donc $\frac{36.000}{7}$ ou environ 5.000. — (Nous négligeons l'hydrogène contenu, qui ne dépasse guère 5 ou 6 0/0 : le terme $9 \times 0,06$ serait faible par rapport au dénominateur). Si on employait un excès d'air de 33 0/0, ce qui se présente souvent, le dénominateur deviendrait 9 et la température s'abaisserait à 4.000.

Si la même houille contenait 10 0/0 de cendres, son pouvoir calorifique réel ne serait plus que les $\frac{9}{10}$ de celui de la houille pure, et la température se réduirait dans les mêmes proportions. Si on lui suppose, outre 10 0/0 de cendres, 10 0/0 d'humidité, la formule deviendra (en admettant toujours un excès d'air) :

$$\theta = \frac{36.000 \times 0,9 - 200}{9 + 0,10}$$

Enfin, si on chauffait l'air à 100°, il faudrait ajouter au numérateur 8×100 : on voit que pour 100° d'augmentation de température de l'air, la température de combustion augmenterait d'environ 2,5 0/0, soit 75° dans le cas actuel.

Prenons encore comme exemple un gaz ainsi composé en poids :

Oxyde de carbone. . . .	30
Hydrogène	5
Vapeur d'eau	10
Azote et acide carbonique .	55

Le calcul s'établira comme il suit :

Chaleur dégagée

$$1°\ \text{par l'oxyde de carbone.} \ldots \quad 0,30 \times 2.403 = 621$$
$$2°\ \text{par l'hydrogène} \ldots \quad 0,05 \times 29.161 = 1.450$$
$$C = 2.079$$

Poids d'air absorbé :

$$\text{par CO.} - 0,30 \times 2,5 = 0,75$$
$$\text{par H..} - 0,05 \times 35 = 1,75$$
$$p = 2,50$$

$$\text{Vapeur d'eau produite par l'hydrogène.} \ldots 0,45$$
$$\text{»} \quad \text{»} \quad \text{existante dans le gaz.} \ldots 0,10$$
$$\pi = 0,55$$

$$p + 1 + \pi = 4,05$$

$$\theta = \frac{4}{4,05} \times 2.079 \text{ ou en nombre rond } 2.000.$$

Si on supposait l'air chauffé à 500°, ainsi que le gaz, la formule deviendrait :

$$\theta = \frac{4 \times 2.079 + 2.50 \times 500 + 500}{4,05}$$

ou en nombre rond 2.400

Si enfin on employait à la combustion un excès d'air de 30 0/0, il suffirait de prendre pour p 3,25 au lieu de 2,50.

En somme. les causes qui diminuent la température de combustion sont :

1° La présence des matières inertes parmi lesquelles la vapeur d'eau est la plus nuisible. Il en résulte qu'un combustible impur ne peut pas remplacer un combustible pur, lorsqu'il s'agit de produire des températures élevées.

2o L'emploi d'un excès d'air ; or, dans la pratique, il est très difficile de réaliser une combustion complète sans employer un excès d'air de 20 à 30 0/0, souvent même de 50 0/0.

Les moyens d'augmenter la température de combustion sont le chauffage préalable de l'air et celui du combustible ; ce dernier ne peut guère se réaliser que pour les combustibles gazeux.

La méthode de calcul indiquée plus haut suppose la chaleur spécifique des gaz constante, comme on l'admettait autrefois ; mais, d'après les expériences plus récentes de MM. Mallard et Le Chatelier, il n'en est pas ainsi, et la chaleur d'échauffement, à partir du zéro absolu (— 273°) jusqu'à une température $T = 273 + t$, peut s'exprimer par la formule :

$$Q = a\,\frac{T}{1000} + b\,\frac{T^2}{1000^2}.$$

Connaissant les coefficients a et b pour chacun des gaz produits, on pourra calculer la chaleur d'échauffement Q de l'unité de poids de chacun d'eux en fonction de la température absolue T ; la somme de ces chaleurs unitaires donnera la chaleur d'échauffement du mélange produit par la combustion : $\Sigma p\,Q$, p étant le poids de chaque gaz produit par la combustion d'un kilogramme.

La température de combustion sera évidemment celle qui correspondra à l'égalité

$$\Sigma p\,Q = C,$$

C étant le pouvoir calorifique de combustible.

On pourra l'obtenir en traçant la courbe parabolique qui représente $\Sigma p\,Q$ en fonction de T : elle se trouvera (fig. 5) à l'intersection

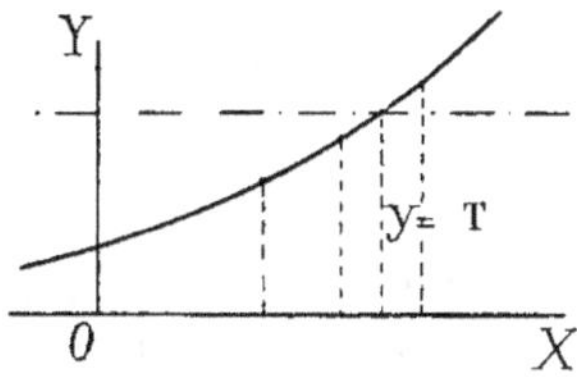

Fig. 5

Méthode graphique pour la détermination des températures de combustion.

de cette courbe et de l'horizontale représentant la chaleur latente de combustion.

Les nombres trouvés par cette méthode sont naturellement

inférieurs à ceux que donne la méthode précédente ; on trouve :

Pour la combustion du carbone à l'air . . . :		2040°
—	de l'oxyde de carbone. .	2100
—	de l'hydrogène.	1970

Si l'on emploie un excès d'air d'environ 25 0/0, la température développée par la combustion du carbone pur s'abaisse à 1650° ; ce nombre représente, comme nous le verrons, une limite presque impossible à réaliser dans les fours ordinaires.

La dissociation a aussi pour effet de diminuer, dans une certaine mesure, la température développée : elle empêche, en effet, la combustion d'être complète. Toutefois, d'après les expériences les plus récentes, ce phénomène serait négligeable dans la pratique.

En effet, la dissociation de l'acide carbonique et de la vapeur d'eau ne commence à devenir sensible qu'au-dessus de 1500° ; et à 2000°, elle est au plus de 4 0/0. Ces effets sont donc insignifiants par rapport aux différentes circonstances pratiques qui empêchent toujours, plus ou moins, la combustion d'être complète.

Ainsi, les températures calculées, même d'après la méthode corrigée que nous avons indiquée en second lieu, sont encore des maxima, supérieurs aux températures pratiquement réalisées, et ce calcul ne peut servir qu'à comparer entre eux deux combustibles ou deux modes de combustion, et non à déterminer exactement les températures produites.

20. Influence de la pureté sur la valeur des combustibles. — Nous avons déjà dit que les combustibles se rencontrent rarement à l'état de pureté. Ils contiennent toujours plus ou moins de matières minérales appelées cendres, dont la présence diminue leur valeur. Considérons un combustible qui contient 20 0/0 de cendres, son prix sera, par ce fait, réduit de 1/5 au moins, puisqu'il ne s'y trouve que pour 4/5 de matières utiles. Le mal sera bien plus grand si le combustible doit être transporté assez loin avant d'être consommé ; car on sera obligé de payer les frais de transport pour les cendres comme pour le reste. En outre la température de combustion s'abaisse à mesure que la teneur en cendres augmente, et le combustible devient impropre aux opérations qui exigent une température très élevée. On peut admettre que la valeur commerciale d'un charbon diminne de 2 à 5 0/0 par chaque unité de teneur en cendres (1) : c'est-à-dire que si le prix du charbon pur est a celui du charbon à n 0/0 de cendres variera de :

$$a \left(1 - \frac{2\,n}{100}\right) \text{ à } a \left(1 - \frac{5\,n}{100}\right)$$

A partir de 30 0/0 environ la valeur industrielle devient à peu près nulle.

La nature des cendres n'est pas indifférente. Elles peuvent exercer une action chimique nuisible ou utile, surtout lorsque le combustible est brûlé au contact des matières à échauffer. La qualification d'impurs est souvent réservée aux charbons qui contiennent des matières nuisibles, et surtout de la pyrite ; ceux dont les cendres sont abondantes, mais inoffensives, sont plutôt désignés par l'épithète de crus. Enfin nous verrons qu'il y a lieu de distinguer, au point de vue des facilités d'emploi, les cendres fusibles, infusibles ou ramollissables. Ces dernières, qui s'agglomèrent en gros fragments, s'appellent mâchefer.

Les combustibles contiennent toujours plus ou moins d'humidité. L'eau est nuisible au même titre que les cendres et plus que ces dernières, car elle se vaporise pendant la combustion en absorbant beaucoup de chaleur.

21. Propriétés physiques. — Les propriétés physiques ont une grande importance au point de vue de la conduite du foyer ; le combustible peut être en fragments gros ou menus, dur ou friable, sujet à s'agglomérer au feu, ou à décrépiter, c'est-à-dire à se réduire en poussière. En général, la dureté et la faculté de s'agglomérer sont des avantages : cependant cette dernière est nuisible dans certains cas particuliers. On nomme maigres ou secs les combustibles qui ne la possèdent pas, et gras ou collants ceux qui en jouissent.

Les combustibles sont plus ou moins inflammables : cette propriété peut être définie par la température à laquelle chacun d'eux doit être porté pour entrer en ignition. La flamme qui se produit pendant la combustion peut aussi être plus ou moins longue, ce qui a de l'importance pour certains emplois spéciaux.

---

(1) Les marchés de houilles stipulent des amendes qui varient de 0,25 fr. à 0,50 fr.. parfois même 1 fr., par tonne et par unité de cendres au-dessus d'une teneur déterminée.

22. Distillation. — On nomme distillation ou carbonisation, l'opération qui consiste à chauffer un combustible à l'abri de l'air : il se dégage alors des matières volatiles (eau, gaz, huiles et goudrons, etc.) et il reste un résidu composé presqu'uniquement de carbone. Ce résidu peut être pulvérulent, ou aggloméré ; dans ce dernier cas, il est susceptible d'être utilisé, ce qui donne une valeur spéciale aux combustibles jouissant de cette propriété. Les matières volatiles se prêtent aussi à des applications nombreuses et variées suivant leur nature.

23. Composition élémentaire. — Comme nous l'avons dit, la composition chimique des combustibles est peu variée : si on fait abstraction des cendres, ils contiennent, avec l'hydrogène et le carbone, de l'oxygène et de l'azote. Ce dernier corps est sans influence. L'oxygène a pour effet de neutraliser à peu près un poids d'hydrogène égal au huitième du sien ; cette portion de l'hydrogène est en quelque sorte déjà brûlée et ne contribue pas à augmenter le pouvoir calorifique. Le reste de ce gaz est combiné avec une partie du carbone, à des états très divers. Enfin, dans ce dernier élément, il convient de distinguer la portion qu'on appelle carbone fixe ; c'est celle qui subsiste après la distillation, tandis que le reste se dégage avec les matières volatiles.

La composition élémentaire des combustibles, c'est-à-dire la proportion respective de chaque corps simple qui y entre, offre peu d'intérêt au point de vue industriel. Elle ne permet pas de préjuger les propriétés les plus importantes. Les seules lois qu'on puisse formuler à ce sujet sont les suivantes ; le combustible est d'autant plus inflammable et à flamme d'autant plus longue qu'il contient plus de gaz. Le pouvoir collant ou agglomérant croît avec la proportion d'hydrogène disponible, c'est-à-dire non combiné avec l'oxygène. (C'est le poids total de l'hydrogène, diminué du huitième de celui de l'oxygène). Quant au pouvoir calorifique, on a proposé de le calculer en faisant la somme de celui du carbone total et de l'hydrogène disponible, mais les résultats du calcul concordent peu avec ceux de l'expérience.

24. Composition immédiate. — Il y a plus d'intérêt à connaître ce qu'on appelle la composition immédiate, c'est-à-dire la quantité et la nature des matières dégagées à la distillation, ainsi que le poids du carbone fixe. Ces données permettent de déterminer à peu près la valeur d'un combustible supposé pur et de préciser les usages auxquels il se prêtera. Nous verrons, en effet, que les différentes catégories que nous allons décrire sont caractérisées chacune par une certaine composition immédiate.

DESCRIPTION DES COMBUSTIBLES

Nous allons décrire sommairement les diverses espèces de combustibles. On trouvera dans les tableaux réunis à la fin du volume toutes les données numériques relatives à la composition, au pouvoir calorifique, à la densité, etc.

On peut établir deux grandes divisions ; les combustibles naturels et les combustibles artificiels.

COMBUSTIBLES NATURELS

Nous distinguerons deux classes : 1º les combustibles modernes, dont la formation se continue de nos jours : 2º les combustibles fossiles.

COMBUSTIBLES MODERNES

Ils comprennent les bois et les tourbes.

BOIS

25. Composition. — Le bois se compose de cellulose incrustée de matières variées (gomme, essences, résines), qui augmentent sa teneur en hydrogène. Sa composition chimique varie peu : en admettant que tout l'oxygène y est combiné à l'hydrogène, il contiendrait environ 50 0/0 d'eau de constitution, 49 0/0 de carbone et 0,5 à 1 0/0 d'hydrogène libre ou combiné au carbone.

26. Pouvoir calorifique. — Le pouvoir calorifique théorique serait donc supérieur à 4000. Le bois desséché artificiellement donne à peu près ce résultat. Mais en pratique, il retient toujours au moins **20 0/0** d'humidité, qu'il reprend très vite quand on les lui a enlevés : à cet état, son pouvoir calorifique se réduit à **3000** calories environ, sur lesquelles la vaporisation de **20 0/0** d'eau en absorbe près de **500**, de sorte qu'il n'y en a guère plus de **2500** disponibles. Le poids d'air qu'il exige pour brûler étant environ une fois et demi le sien, sa température de combustion, en tenant compte de la vapeur d'eau, ne dépasserait guère **2000°** : et, comme le nombre ainsi trouvé est supérieur à la réalité, on ne peut guère réaliser avec les bois les opérations qui demandent une température supérieure à 1400 ou 1500°.

27. Propriétés physiques. — On distingue les bois durs, les bois légers ou tendres, et les bois résineux. Les premiers sont les plus denses, ce qui les rend d'un emploi plus avantageux lorsqu'il y a des transports importants ; les bois légers sont un peu plus riches en hydrogène ; les bois résineux le sont encore plus, et ont une densité intermédiaire entre celle des deux autres catégories.

Le bois s'enflamme vers 300° et brûle avec une flamme longue : les bois légers et surtout les résineux sont plus inflammables et donnent plus de flamme.

28. Humidité. — C'est surtout la teneur variable en eau qui modifie la valeur du bois ; la présence de l'eau diminue le pouvoir calorifique et grève le prix de revient des frais de transport de cette matière inutile. Dans le bois sur pied, la proportion d'eau passe par un minimum au moment de la chute des feuilles ; elle est alors de 30 à 50 0/0. C'est l'époque où il faut abattre. Le bois conservé à l'air perd lentement une partie de son eau : la teneur s'abaisse à 20 ou 25 0/0 au bout de deux étés. Sous des hangars couverts, la dessication se fait mieux ; elle marche plus rapidement quand le bois est écorcé : dans des conditions exceptionnelles, on arrive à ne laisser que 15 0/0 d'eau, mais il ne faut pas compter constamment sur ce résultat.

29. Cendres. — La teneur en cendres varie de 1 à 3 0/0. Leur composition est très complexe et dépend de la nature du sol. On y trouve des silicates, des carbonates, des phosphates, des sulfates, des chlorures : les bases sont principalement la chaux et la potasse, avec un peu de soude, de magnésie et d'oxyde de fer. Elles contiennent de 15 à 20 0/0 de sels alcalins solubles : la proportion de l'acide phosphorique peut atteindre 8 0/0 et celle de l'acide sulfurique 1,5 0/0. Mais l'action nuisible que ces corps pourraient avoir dans certains cas est contrebalancée par la présence des alcalis qui les retiennent énergiquement et qui rendent les cendres fusibles. En somme, le bois peut être considéré comme un combustible très pur ; c'est son principal avantage.

30. Distillation. — La distillation du bois donne des eaux acides, des gaz combustibles, du goudron et du charbon solide qui conserve la forme du fragment. C'est surtout ce dernier produit qui est utilisé en métallurgie : le bois à l'état naturel n'est employé qu'accessoirement, pour les allumages ou pour quelques opérations peu importantes dans les pays où la houille est chère.

31. Mesurage. — Le bois ne peut se mesurer au poids, à cause des perturbations que causerait la teneur variable en eau. L'unité généralement employée est le stère ; on nomme ainsi un tas de bois régulier de 1^{m3} de volume : son poids est très variable avec les essences, les dimensions du bois et la manière dont il a été empilé. La mise en stère s'appelle cordage.

32. Valeur. — La valeur du bois sur pied est très variable ; dans les parties de la France où l'industrie l'emploie encore, il peut valoir 5 à 6 fr le stère. Dans les pays où il est d'un emploi fréquent, comme en Suède, les troncs sont réservés pour la charpente et les branchages valent de 1 à 2 francs le stère.

33. Exploitation. — Les usines appartiennent souvent aux propriétaires des forêts qui les alimentent. Avec les essences ordinaires, on peut avoir 8 à 10 stères par an et par hectare, en exploitant un taillis sous futaie, c'est-à-dire qu'on coupe chaque partie de la forêt tous les 20 ans en réservant les grands arbres pour protéger la croissance des taillis. Le rendement, très variable avec le sol, le climat, etc.., s'abaisse parfois à 3 ou 4 stères. En Autriche, les forêts résineuses sont coupées entièrement : elles mettent au moins 80 ans à se reformer ; la coupe d'un hectare donne de 300 à 600 stères, ce qui correspond à un rendement annuel de 3 à 6 stères. Les frais de manipulation forment une grande partie de la valeur du bois. L'abattage peut coûter de 0 fr. 25 à 0 fr. 50 par stère ; pour débiter et corder, il faut compter à peu près autant.

34. Transport. — Le transport revient assez cher parce qu'il faut de grandes étendues de forêts pour alimenter une usine. Dans beaucoup de pays, on fait le transport par flottage, dont le prix varie de 2 à 5 centimes par tonne kilométrique ; mais il faut ajouter environ 12 0/0 d'usure par 100 kilomètres parcourus, et à peu près autant de pertes dues aux vols et à des accidents divers. Le roulage sur bonne route revient à 20 centimes environ : sur les chemins de forêt il en coûte de 30 à 70. Le transport par chemin de fer, rarement possible, coûte en moyenne 5 centimes.

TOURBE

35. Formation. — La tourbe est le produit de la décomposition et de l'entassement des mousses dans certaines vallées ou sur des plateaux humides. Elle a une texture fibreuse ou mousseuse et contient souvent des débris de végétaux. Pure, elle est jaune, brune ou noire, suivant que la décomposition est plus ou moins avancée ; plus elle est ancienne, plus sa couleur se fonce, et plus elle prend de densité. Elle s'enflamme vers 250° et brûle avec une flamme longue, mais moindre que celle du bois.

36. Composition. — Sa composition chimique est à peu près celle de la cellulose, avec un peu moins d'oxygène, cet élément étant enlevé par la décomposition. Sèche et pure, elle aurait un pouvoir calorifique supérieur à 4000 calories ; mais il est bien diminué par la présence de l'eau et des cendres.

37. Matières étrangères. — La tourbe fraîchement extraite est très humide ; l'exposition à l'air lui enlève 50 0/0 d'eau et il en reste de 20 à 40 0/0. Les cendres se composent de celles des végétaux, auxquelles s'ajoutent les matières terreuses entraînées des environs. Les tourbes les plus pures contiennent 5 0/0 de cendres ; mais la teneur descend rarement au-dessous de 10 et dépasse souvent 20. La tourbe cendreuse est grise, ou même blanche.

Dans la pratique, le pouvoir calorifique ne dépasse pas 3.000 calories, et la température de combustion est inférieure à celle du bois.

La tourbe donne à la distillation les mêmes produits que le bois, mais le charbon est pulvérulent et ne peut s'employer.

38. Valeur. — D'après ce que nous venons de dire, la tourbe ne peut servir pour les opérations qui demandent une température élevée. Ses usages en métallurgie sont très restreints ; on ne l'emploie que faute d'autres combustibles, et presque jamais à l'état naturel. Il faut la dessécher et la façonner en briquettes : souvent aussi on la transforme en gaz.

Le prix de la tourbe peut varier de 5 à 10 fr. la tonne : elle n'a d'importance industrielle que dans les régions où elle est abondante et où on peut l'avoir à vil prix. Elle n'a pas assez de valeur pour supporter des frais de transport notables.

COMBUSTIBLES FOSSILES

39. Classification. — Les combustibles fossiles se divisent en trois catégories : les lignites, les houilles et les anthracites ; la seconde est de beaucoup la plus importante et on peut y distinguer trois subdivisions, les houilles sèches ou flambantes, les houilles grasses, et les houilles maigres ou anthraciteuses. On a ainsi cinq termes : lignites, houilles sèches, houilles grasses, houilles maigres et anthracites, formant une série dans laquelle les propriétés générales vont en se modifiant d'une manière continue. A mesure qu'on avance dans la série, les combustibles deviennent de plus en plus maigres, c'est-à-dire qu'ils contiennent moins de matières volatiles et donnent plus de carbone fixe à la distillation.

D'une manière générale, l'ordre suivant lequel nous avons énuméré ces cinq catégories de combustible est à peu près celui de leur ancienneté relative. Les lignites se trouvent dans les terrains tertiaires, parfois dans le crétacé. Les couches de houille abondent dans l'étage houiller ; des gisements moins importants se rencontrent dans le permien, le trias et le jurassique. L'anthracite est cantonné dans la partie inférieure du système carbonifère ; on en trouve de rares gisements dans le dévonien. Enfin, dans un même bassin houiller, les couches inférieures sont presque toujours les plus maigres.

40. Composition. — Comme composition élémentaire, ces matières contiennent principalement du carbone et de l'hydrogène, avec un peu d'oxygène et d'azote. L'hydrogène s'y trouve à l'état de combinaisons mal connues et très-variées : les produits de la distillation sont nombreux et divers.

41. Pouvoir calorifique. — Plus les combustibles sont maigres, moins ils contiennent de gaz ; mais la proportion d'oxygène diminue plus rapidement que celle de l'hydrogène. Aussi le pouvoir calorifique va en augmentant ; toutefois il est un peu plus faible dans les anthracites que dans les houilles, à cause, de la disparition presque complète de l'hydrogène. D'après la loi de Dulong, si on appelle c, h, et o les teneurs respectives en carbone, hydrogène et oxygène, le pouvoir calorifique serait donné par la formule :

$$8.080 \times c + 34.462 \times \left(h - \frac{o}{8} \right).$$

Les nombres ainsi trouvés sont toujours trop faibles. En admettant que tout l'hydrogène est libre et prenant la formule :

$$8.080 \times c + 34.462 \times h$$

on obtient des nombres plus forts : ils sont encore inférieurs à la réalité pour les anthracites, ils s'en rapprochent beaucoup pour les houilles, ils la surpassent pour les lignites. En pratique, les combustibles sont toujours impurs et il faut déterminer leur pouvoir calorifique réel par l'expérience.

42. Température de combustion. — La température de combustion varie à peu près comme le pouvoir calorifique. Elle atteint son maximum avec certaines houilles grasses : elle est beaucoup plus faible pour les lignites que pour les autres catégories ; aussi ces derniers combustibles sont en général insuffisants pour les opérations métallurgiques les plus difficiles, et quand on n'en a pas d'autres, il faut recourir à des procédés détournés et les transformer en gaz.

La température de combustion, comme le pouvoir calorifique, est surtout influencée par la teneur plus ou moins grande en cendres, et aussi par le degré d'humidité.

43. Distillation. — Le résidu de la distillation des combus-

tibles fossiles s'appelle coke. Ce coke est tantôt pulvérulent,
tantôt plus ou moins aggloméré : dans ce dernier cas, il se prête
à des usages industriels très importants. La propriété de donner
un résidu aggloméré se nomme pouvoir collant. Elle tient à la
présence des hydrocarbures, et par suite varie avec la proportion d'hydrogène non combiné à l'oxygène, c'est-à-dire avec la
quantité :

$$h - \frac{o}{8}.$$

Le pouvoir collant est nul chez les lignites et les anthracites,
maximum chez les houilles grasses.

Les autres produits de la distillation sont des eaux, des matières goudronneuses et des gaz ; leur proportion varie en sens
inverse de celle du carbone fixe. Les eaux provenant des lignites sont légèrement acides ; celles des houilles sont ammoniacales. Le gaz est d'autant plus éclairant qu'il contient plus d'hydrocarbures ; mais le pouvoir éclairant varie aussi avec la nature
des hydrocarbures.

L'inflammabilité et l'étendue de la flamme varient avec la
proportion de matières volatiles, et vont en diminuant à mesure
qu'on avance dans la série. Les lignites s'enflamment un peu au-
dessus de 300° : les anthracites à 800°. Ces derniers ne donnent
à peu près pas de flamme.

44. Cendres. — Les cendres des charbons fossiles se composent principalement de matières terreuses, surtout d'argile.
Elles contiennent peu de phosphore, mais toujours plus ou moins
de pyrite : ce corps est nuisible dans plusieurs cas. Ces cendres
sont rarement tout à fait fusibles ; la présence de l'oxyde de fer
les rend souvent susceptibles de se ramollir et de s'agglomérer
en mâchefer. Lorsqu'il est absent, elles sont en général pulvérulentes.

45. Cohésion. — On mesure la cohésion des houilles au
moyen de l'appareil représenté (fig. 6). C'est un cylindre en tôle
portant à l'intérieur deux ou trois cloisons, parfois une seule.
On y met 100 morceaux de charbon pesant 500 gr. chacun et on
fait faire au cylindre 50 tours en deux minutes. On retire le
charbon et on le crible sur une grille dont les barreaux ont 3
centimètres d'écartement. Ce qui passe est considéré comme

menu, et la proportion de gros qui reste sur la grille sert de mesure à la cohésion. Un charbon donnant plus de 40 0/0 peut être considéré comme assez dur.

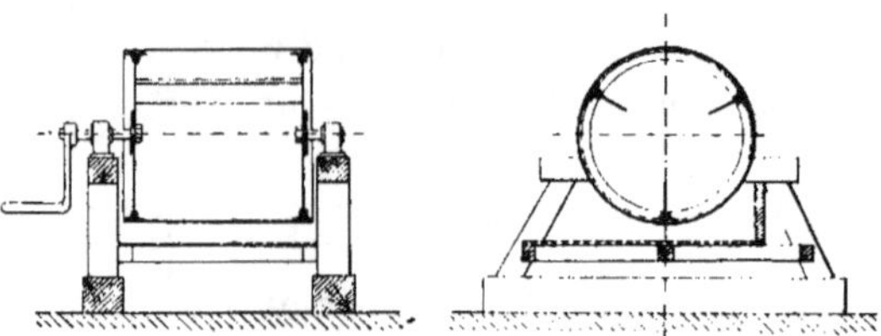

Fig. 6. — Treuil à cohésion.

La cohésion dépend de bien des circonstances variables ; cependant, en général, les charbons secs, à longue flamme, sont les plus durs. Ils peuvent donner de 50 à 60 0/0 à l'essai : après eux viendraient certains anthracites. Les charbons à courte flamme donnent rarement plus de 45 0/0. Les charbons gras peuvent donner environ 35 0/0. Certains charbons gras et certains lignites terreux ont une cohésion presque nulle.

16. Altérations des stocks. — Les propriétés des charbons se modifient peu à peu par l'exposition à l'air (1). Le pouvoir calorifique diminue, ainsi que le pouvoir collant, ce dernier peut même disparaître tout à fait ; les rendements en coke et en gaz varient peu et d'une façon irrégulière, mais le coke devient moins dur, le gaz moins éclairant. Ces phénomènes s'expliquent par le départ des hydrocarbures, qui subissent une oxydation lente. Dans certains cas, cette réaction s'active et dégage assez de chaleur pour que les tas prennent feu.

En général, les charbons les plus riches en matières volatiles sont les plus sujets à s'échauffer ; la pyrite peut aussi jouer un rôle nuisible, parce qu'elle dégage de la chaleur en se transformant en sulfate : toutefois, d'après les expériences de M. Fayol, ce rôle serait bien moins important qu'on ne l'a cru.

L'état de division a aussi une grande influence : les charbons menus, qui laissent filtrer peu d'air et lui offrent à l'intérieur du tas beaucoup de surface attaquable, sont les plus exposés à s'enflammer spontanément. La combustion ne pourrait se produire

(1) Voir la remarquable étude de M. Fayol, IM, 2, VIII.

si la masse était tout à fait imperméable à l'air, ou si ce gaz y circulait assez librement pour la refroidir à mesure qu'elle tend à s'échauffer.

47. Moyens de préservation. — Pour prévenir la détérioration ou même la destruction des stocks de houille, il faut en assurer le refroidissement, car on ne peut guère songer à les préserver absolument du contact de l'air. Le moyen le plus sûr et le meilleur est de réduire la dimension des tas. On peut adopter comme règle qu'aucun point de l'intérieur ne doit se trouver à plus de deux mètres d'une surface libre. Cette limite sera du reste variable avec la nature du charbon : elle s'abaissera à 1 m. 50 s'il est très inflammable ; elle pourra s'élever à 3 m. dans le cas contraire.

Si on veut entasser sur une plus grande hauteur, il faudra refroidir l'intérieur en y ménageant des conduits où circulera l'air, mais il serait imprudent de provoquer l'arrivée de ce gaz au contact du charbon : les courants de refroidissement doivent circuler dans des conduits étanches. Par exemple, on construira sur l'axe de l'emplacement futur du tas une galerie voûtée ouverte aux deux bouts. En laissant tomber d'une estacade le charbon sur la voûte, il s'établira un double talus, et on pourra sans inconvénient former un tas sur 4 m. de hauteur et 2 m. de largeur de chaque côté des piédroits de la galerie.

Malgré ces précautions, les combustibles perdront toujours de leur valeur s'ils restent longtemps en stock.

Dans les grandes usines, on reçoit en général plusieurs sortes de combustibles, et on les entasse dans des cases entourées de murs sur trois côtés pour isoler chaque qualité. Il est bon que le sol de ces cases soit dallé en pierre ou mieux en fonte : de cette façon les charbons ne se salissent pas, et si certains lots sont impurs, le vendeur ne peut en décliner la responsabilité.

48. Essai des combustibles. — Le plus souvent, pour examiner une houille au laboratoire, on fera la dessiccation à 100°, et, en calcinant l'échantillon dans un creuset fermé on aura sa proportion en coke, laquelle servira à déterminer celle du carbone fixe. La détermination du pourcentage des cendres se fera en brûlant un échantillon au moufle dans une capsule. Dans certains cas, et d'après l'usage auquel sera destinée la houille, il sera aussi intéressant de doser le soufre.

Ces essais se répètent généralement à chaque réception de combustible ; au contraire, la détermination du pouvoir calorifique se fait seulement lorsque l'on expérimente ou que l'on emploie un combustible nouveau, les variations qui peuvent ensuite se présenter dans ses qualités ne dépendant plus que de son degré d'humidité et de sa teneur en cendres.

Autrefois on déterminait le pouvoir calorifique par la quantité de plomb réduit obtenue en traitant le combustible dans un creuset avec excès de litharge. Cette méthode ne donne que des chiffres très incertains ; on peut aujourd'hui faire une détermination exacte et rapide du pouvoir calorifique au moyen de la bombe Mahler.

49. Bombe Mahler (fig. 7). — Pour mesurer les chaleurs dégagées dans certaines réactions, M. Berthelot s'est servi

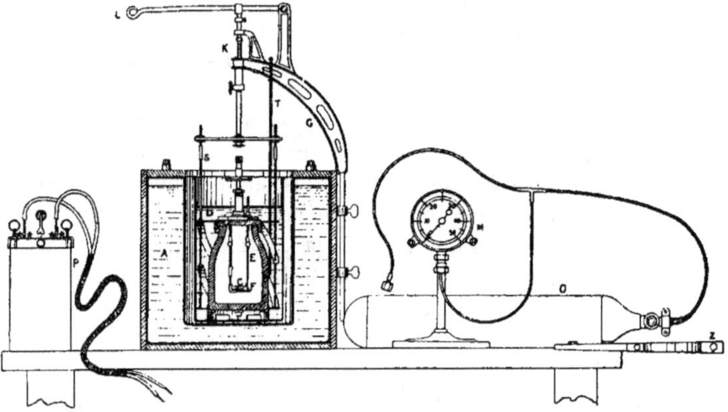

Fig. 7. — Bombe Mahler.

A, enveloppe isolatrice. — B, obus. - C, capsule soutenue par une électrode et recevant le combustible à essayer. — D, calorimètre. — E, tige de platine placée dans le prolongement de la seconde électrode. — F, petite spirale en fil de fer allumée par le courant électrique et servant d'amorce. — O, tube d'oxygène servant à opérer la combustion de l'échantillon de charbon. — S, agitateur. — T, thermomètre. — P, pile servant à l'allumage de la spirale F.

d'une bombe entièrement fermée que l'on plonge tout entière dans un calorimètre. M. Mahler a combiné un appareil pratique pour appliquer ce principe à la détermination des pouvoirs calorifiques des combustibles. C'est un obus terminé par un bouchon vissé. Ce bouchon laisse passer deux fils de platine entourés d'un enduit isolant ; l'un des deux supporte une coupelle en platine, l'autre vient se terminer presque au-dessus du bord de la coupelle de manière à ce qu'on puisse faire jaillir entre les deux une étincelle.

On peut aussi réunir les deux conducteurs par un fil de platine très fin, que le courant fait rougir. On place sur la coupelle le charbon pesé, en poudre fine, après avoir versé au fond une petite couche d'eau, puis on visse le bouchon et l'on comprime dans l'appareil de l'oxygène à une pression de 25 kg. On fait alors passer le courant, qui peut être fourni par trois éléments Bunsen, par exemple. Aussitôt le charbon allumé, la combustion, en présence d'oxygène sous pression, se propage rapidement et est complète ; tout l'obus est, du reste, noyé dans un calorimètre, de manière qu'on recueille intégralement la chaleur dégagée. On mesure la température au moment où elle devient stationnaire, et on en déduit la quantité de chaleur produite.

Après l'opération, on peut faire dégager lentement les gaz et les analyser. Pour les mesures précises, il faut doser l'acide azotique qui s'est condensé dans l'eau au fond de la bombe et dont la formation correspond à une certaine quantité de chaleur.

Cet appareil est aujourd'hui très répandu et a remplacé toutes les anciennes méthodes de mesure du pouvoir calorifique, qui étaient loin d'offrir la même précision.

50. Achat des houilles. — La nature du charbon varie peu dans le même champ d'exploitation, et sa valeur ne dépend que de l'état de division et de la teneur en cendres. Sur les mines, on fait plusieurs catégories correspondant à des divisions déterminées, qu'on sépare au moyen d'un criblage sur des grilles successives. Les marchés passés avec les usines fixent la provenance et la catégorie du charbon qui devra être livré ; ils stipulent le plus souvent un maximum de teneur en cendres : le vendeur est soumis à une amende lorsque ce maximum est dépassé et reçoit parfois une prime lorsqu'il n'est pas atteint. L'amende ou la prime est en général de 30 à 50 centimes par unité de cendres (1) et par tonne. Elle peut atteindre 1 franc lorsqu'on tient beaucoup à la pureté.

____

(1) C'est-à-dire que si le maximum est par exemple de 10 0/0, un charbon contenant 11 ou 12 0/0 de cendres sera payé 0 fr. 30 ou 0 fr. 50 de moins par tonne.

Chaque livraison doit être contrôlée par une ou plusieurs prises d'essai soignées qu'on soumet à l'incinération. Dans certains cas il pourra être utile de stipuler aussi un maximum d'humidité.

Les usines métallurgiques emploient surtout les houilles à l'état de tout venant ou menu sortant : c'est un mélange de menu et de gros fragments, tel que le donne l'exploitation. Parfois on enrichit ce mélange en y ajoutant des fragments plus gros (chatilles, dragées, etc.) obtenus par un triage. On réserve les catégories spéciales, comme les chatilles ou les dragées, pour les opérations exigeant une haute température.

La valeur de la houille est très variable suivant les districts ; elle s'abaisse à 5 ou 6 fr. dans les pays très favorisés comme l'Angleterre, la Westphalie, la Sibérie. Les menus pour usine peuvent valoir de 7 à 10 fr. en Belgique, de 9 à 12 dans le Nord et le Pas-de-Calais. Dans les bassins du centre de la France, les menus gras valent de 11 à 15 fr. suivant les qualités, les menus à gaz de 15 à 20 fr., les menus secs de 10 à 13 fr., les menus maigres de 7 à 11 fr. Ces prix sont du reste sujets à des oscillations importantes, suivant l'état de l'industrie.

La valeur des lignites est inférieure de plus de moitié à celle des houilles. Le prix de la tonne peut varier de 3 à 5 fr. en Saxe et en Bohême, où il en existe de grandes exploitations. En France, le seul bassin important est celui de Fuveau (Bouches-du-Rhône), où le prix moyen sur place peut atteindre 10 fr., par suite de l'éloignement des bassins houillers.

Le transport de la houille se fait le plus souvent par chemins de fer ou par canaux. Par chemins de fer, le transport coûte en général moins de 0 fr. 10 par tonne kilométrique. En France, le tarif général comporte des prix variables de 8 à 4 centimes suivant la distance, mais les tarifs spéciaux comportent pour les grandes distances des réductions importantes qui vont quelquefois jusqu'à près de 50 0/0. Par canaux, les frais sont de 2 à 3 centimes par tonne kilométrique. Le transport par chars peut coûter environ 0 fr. 30.

Le déchargement et le chargement effectués à la pelle peuvent revenir dans des conditions ordinaires à 15 ou 20 centimes par tonne. Ces frais peuvent s'abaisser à moins de 10 centimes là où il existe des installations spéciales pour culbuter les wagons et charger avec des couloirs.

Nous allons maintenant dire quelques mots des propriétés

spéciales à chaque catégorie de charbons, en renvoyant aux tableaux numériques pour toutes celles qui sont susceptibles de mesure. Il faut bien remarquer que l'on trouve dans la nature toutes les transitions entre les différents types que nous allons signaler ; certaines variétés pourront donc se placer en quelque sorte à la limite de deux types voisins et participer des propriétés de tous les deux.

51. Lignites. — Les lignites comprennent plusieurs variétés ; les lignites secs sont les plus répandus. Ils ont une cassure unie ou conchoïdale, une couleur noir ou brun foncé, un aspect le plus souvent terne, une poussière brune, une dureté assez grande. Ils brûlent avec une flamme longue et fuligineuse, en dégageant une odeur spéciale et fétide. Ils donnent un coke très friable, conservant la forme du fragment.

Ils sont en général assez impurs et humides ; ils contiennent souvent de 10 à 20 0/0 de cendres et de 1 à 10 0/0 d'eau. Les cendres sont composées d'argile, de carbonate et de sulfate de chaux, de pyrite parfois très abondante.

On utilise ces combustibles à l'état naturel pour les opérations ordinaires : on les transforme en gaz quand il faut beaucoup de chaleur ou que leurs impuretés sont nuisibles.

Les lignites terreux sont une espèce de tourbe tertiaire ; leur poussière est jaune ou brune. Ils sont très friables, impurs, humides, cendreux et pyriteux. La proportion de pyrite est parfois assez forte pour qu'on les emploie à la fabrication de la couperose, comme dans le Soissonnais. On ne peut guère les utiliser qu'en en faisant des briquettes (comme à Halle). Ce sont de très mauvais combustibles.

Les lignites gras ou bitumineux, beaucoup plus rares, sont moins durs que les lignites secs, plus brillants, plus noirs. Ils se ramollissent au feu et donnent un coke spongieux faiblement aggloméré. Ils se rapprochent des roches à pétrole, et peuvent être employés surtout pour recueillir les goudrons et les divers produits de leur distillation.

On trouve encore des gisements, presque toujours peu importants, de bois décomposés qu'on appelle bois fossiles et bitumineux, dont les propriétés sont intermédiaires entre celles des bois et des lignites.

52. Houilles sèches. — Les houilles sèches ou flambantes, houilles à longue flamme qu'on nomme parfois à tort houilles maigres, sont dures, compactes, d'un brun noir ; elles brûlent avec beaucoup de flamme et de fumée. Elles donnent un coke conservant la forme du fragment, mais non aggloméré ; la carbonisation du menu laisse un résidu pulvérulent. Elles dégagent beaucoup de gaz à la distillation, mais ce gaz est peu éclairant.

Elles conviennent très bien pour le chauffage des fours de grandes dimensions ou des fours à gaz. Le menu peut être utilisé à l'état naturel dans les gazogènes, ou sur des grilles spéciales ; on peut aussi en faire des briquettes.

53. Houilles grasses. — Les houilles grasses sont moins dures et moins tenaces que les précédentes ; elles ont une couleur noire, un éclat assez vif, et présentent souvent des alternances de bandes ternes et brillantes. Leur cassure est plutôt lamelleuse. Leur dureté diminue en général avec la richesse en matières volatiles.

Ce qui les caractérise, c'est qu'elles se gonflent et fondent au feu en donnant un coke bien aggloméré. De plus, elles dégagent un gaz éclairant. Ces diverses propriétés les rendent propres aux usages les plus variés. On peut brûler leur menu facilement sur des grilles ordinaires, parce qu'il s'agglomère de lui-même, et leur pouvoir calorifique élevé en fait d'excellents charbons de chauffage. On peut aussi les distiller avec avantage, car tous leurs produits sont utilisables : le gaz sert à l'éclairage, les eaux, à la fabrication des produits ammoniacaux, le goudron est utilisé dans bien des industries diverses, et le coke fournit un très bon combustible. Aussi ces charbons sont ceux qui ont le plus de valeur industrielle.

On peut y distinguer plusieurs variétés.

Les plus riches en matières volatiles peuvent être appelées houilles grasses à longue flamme, ou encore houilles à gaz. Ce sont celles qui donnent le plus de gaz et par suite celles qui conviennent le mieux à la fabrication spéciale de ce produit. Elles donnent un coke léger, poreux, qui est peu employé en métallurgie, mais qui convient bien au chauffage domestique. Elles brûlent avec une longue flamme et se prêtent bien à l'alimentation des gazogènes ou au chauffage des grands fours ; mais leur prix est assez élevé, à cause de leurs propriétés spéciales.

Les houilles grasses les moins riches en matière volatile sont désignées sous le nom de houilles demi-grasses, de houilles grasses à courte flamme, ou de houilles à coke. Ce sont celles qui donnent le moins de gaz, mais le plus de coke, et ce coke est beaucoup plus dur et plus dense que celui des houilles très grasses : ce seront donc celles qui conviendront le mieux à la fabrication du coke métallurgique. Elles brûlent avec une flamme courte, mais elles ont le pouvoir calorifique le plus élevé de toute la série : aussi conviennent-elles très bien pour le chauffage des fours de dimensions moyennes.

Entre ces deux termes extrêmes viennent se placer les houilles grasses moyennes, qui présentent une composition et des propriétés intermédiaires. Elles peuvent servir au besoin à la fabrication du coke ou à celle du gaz, mais elles donnent moins de gaz que les houilles à longue flamme, moins de coke et un coke moins dur que les houilles demi-grasses. Si on a le choix, on les réservera plutôt pour le chauffage. Les plus pures, lorsqu'elles collent bien et forment voûte dans le foyer, s'emploient pour la petite forge, sous le nom de houilles maréchales. Les bonnes houilles pour petite forge sont assez rares et valent au moins autant que les charbons à gaz.

54. Houilles maigres. — Les houilles maigres sont noires, souvent ternes, assez friables, cependant un peu plus dures que les houilles demi-grasses.

Elles brûlent sans fumée, avec une flamme courte et de peu de durée. Elles décrépitent parfois au feu.

Elles ne collent pas et donnent beaucoup de coke : mais il est très friable ou même pulvérulent.

Leur pouvoir calorifique est un peu inférieur à celui des houilles grasses, mais il est encore très élevé. Ce sont de très bons charbons de chauffage : seulement leur menu est difficile à employer parce qu'il passe à travers les grilles. On peut le brûler sur des grilles spéciales ou en faire des briquettes : ce dernier usage est très important en France. Dans certains districts où ces charbons sont abondants, on carbonise leur menu mélangé avec des houilles grasses.

55. Anthracites. — Les anthracites présentent à un plus haut degré encore les propriétés des houilles maigres ; ils ont une couleur noire, un éclat un peu métallique. Lorsqu'ils sont purs, ils sont très durs et ont une cassure conchoïdale : lorsqu'ils contiennent beaucoup de cendres, ils deviennent tendres et la cassure est schisteuse.

Ils brûlent sans flamme et sans fumée : ils décrépitent souvent au feu, ce qui rend leur emploi difficile. Ils sont très peu inflammables et la combustion ne s'entretient que s'ils sont entassés sur une assez grande hauteur, en fragments de dimensions modérées et régulières assurant bien la circulation de l'air.

56. Combustibles rares. — Nous citerons pour mémoire différentes matières combustibles, plus rares et moins employées dans l'industrie.

Le pétrole est un mélange d'hydrocarbures liquides, correspondant à peu près à la formule $C^{2n} H^{2n+2}$, comme le gaz des marais et ses homologues. Il s'emploie beaucoup en Amérique. En Europe il est d'un prix trop élevé pour les usages industriels.

L'asphalte se compose d'hydrocarbures solides à froid, mais fusibles à 100°. Les calcaires asphaltiques, les schistes ou les calcaires bitumineux peuvent être distillés pour recueillir le bitume et les huiles minérales : ils donnent souvent un gaz éclairant. Le résidu de la distillation contient assez de carbone pour former un combustible très médiocre qu'on utilise pour fournir la chaleur nécessaire à la distillation même.

Le Boghead d'Écosse est un schiste noir terne, très bitumineux, donnant à la distillation un résidu charbonneux à 50 0/0 de cendres, beaucoup d'huiles et d'hydrocarbures volatils : on l'utilise pour enrichir le gaz en principes éclairants.

Le Cannel-Coal d'Angleterre, qu'on emploie au même usage, se rattache à la fois aux roches à pétrole et aux houilles. C'est pour ainsi dire une houille imprégnée de matières bitumineuses. Il s'enflamme très facilement et brûle comme une chandelle, avec une flamme fuligineuse. Il donne 40 à 50 0/0 de matières volatiles à la distillation.

COMBUSTIBLES ARTIFICIELS

Les préparations que subissent les combustibles sont la dessiccation ou la torréfaction, la carbonisation et l'agglomération.

DESSICCATION

57. Généralités. — Nous avons vu que certains combustibles contenaient beaucoup d'humidité, et que cette circonstance était de nature à diminuer notablement leur valeur. On leur enlève une partie de cette humidité en les exposant longtemps à l'air. Mais pour l'enlever complètement, il faut recourir à des procédés de chauffage. En général, pour opérer ce chauffage, on soumet les matières à l'action d'un courant d'air ou de gaz chauds. Dans les usines, on peut utiliser les gaz qui s'échappent encore chauds des fours ou des chaudières ; dans ce cas, on n'a pas à brûler de combustible spécialement pour la dessiccation, et comme les différents appareils de l'usine fournissent en général une masse de gaz chauds surabondante, on n'a pas à se préoccuper de l'économie, et on recherche les installations les plus simples et les plus commodes. Parfois, au contraire, on entretient un foyer spécial pour opérer la dessiccation : alors il faut chercher surtout à en utiliser le mieux possible la chaleur. Les gaz peuvent être mis en contact direct avec la matière à dessécher, ou circuler dans des tuyaux qui échauffent la masse ambiante par rayonnement. Le premier procédé utilise mieux leur chaleur, mais il faut prendre des précautions contre les incendies : faire passer d'abord les gaz dans une chambre où leur vitesse se ralentit et où ils déposent les étincelles qu'ils pourraient avoir entraînées ; en outre, avant de les diriger sur le combustible, on les refroidit s'il y a lieu au moyen d'un mélange d'air extérieur en proportion convenable.

La dessiccation s'applique surtout aux bois et aux tourbes.

58. Dessiccation du bois. — Le bois, bien desséché à l'air libre, contient environ 20 0/0 d'humidité : on peut les lui enlever en le chauffant à 120 ou 130°. Si on pousse la température plus haut, le bois s'altère et perd une partie de son eau de constitution. A 160 ou 170°, il perd 40 0/0 de son poids, et on obtient le bois torréfié qui a un pouvoir calorifique notablement plus fort que le bois desséché. En allant à 250 ou 300°, on obtient le charbon roux.

59. Fours ordinaires. — Le procédé le plus simple pour dessécher le bois consiste à l'entasser dans de grandes chambres en maçonnerie, chauffées par les gaz d'un foyer, et à l'y laisser séjourner jusqu'à ce qu'il soit sec. Il faut à peu près deux jours pour une dessiccation bien complète. On laisse refroidir pendant un ou deux jours avant de défourner. On peut faciliter le chargement et le déchargement en plaçant des rails sur la sole. La charge de bois est encore empilée d'avance sur des trucs, qu'on pousse dans le four et qu'on retire après l'opération : cette disposition permet d'abréger la période de refroidissement, et de traîner aux fours où il doit se brûler le bois encore chaud.

Les gaz destinés au chauffage de ces enceintes circulent dans des tuyaux placés à la partie inférieure, ou se répandent directement dans la chambre : dans ce cas, ils doivent sortir près de la sole, afin que la vapeur dont ils sont chargés puisse s'écouler après s'être condensée à l'état d'eau. Si, au contraire, les gaz s'échappaient par la partie supérieure de l'enceinte, il devraient sortir tout le temps de l'opération à une température d'au moins 100°, afin de pouvoir entraîner la vapeur. Toute la chaleur qu'ils retiennent à cette température serait donc perdue.

Avec le chauffage par tuyaux, la consommation de combustible peut s'élever à 30 0/0 du poids du bois desséché ; lorsque les gaz proviennent d'un foyer spécial, on brûle pour cet usage des menus bois et des déchets de peu de valeur. Avec le chauffage direct, la consommation est d'environ 20 0/0.

60. Galeries à chauffage méthodique. — On peut obtenir de meilleurs résultats en rendant le chauffage méthodique. Pour bien utiliser la chaleur des gaz, il faut qu'ils sortent froids du four. Ceci ne peut être réalisé que si le bois circule lui-même en sens inverse des gaz, de manière à passer successivement dans des régions de plus en plus chaudes. On fera passer les trucs chargés de bois par une longue galerie que le courant gazeux traversera en sens inverse. De cette manière, la température de 120° y régnera du côté qui servira à l'entrée des gaz et à la sortie du bois, tandis que la température à l'autre extrémité pourra être à peine supérieure à la température ambiante, si la galerie est assez longue pour que les gaz s'y refroidissent complètement (fig. 8).

La galerie recevra une légère pente dans le sens du mouvement des bois. Elle sera fermée par deux portes qu'on ouvrira à des intervalles réguliers, pour introduire un wagon à l'extrémité

supérieure et en retirer un de l'autre côté. Vers le bas, la voûte
sera percée d'un carneau pour l'entrée des gaz, qui auront d'a-

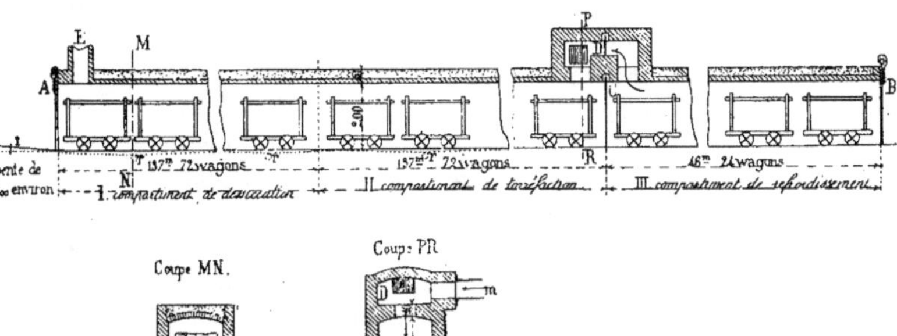

Fig. 8. — Four pour le séchage des bois.

A, porte de chargement. — B, porte de déchargement. — C, porte séparant les
deux derniers compartiments. — D, chambre et registre pour le mélange des
gaz chauds avec l'air venant du compartiment III. — E, ouverture de sortie
des gaz communiquant avec un ventilateur ou une cheminée d'aspiration. —
r, rigoles d'évacuation de l'eau. — m, arrivée des gaz chauds venant d'un
foyer spécial ou d'un foyer quelconque.

bord traversé une chambre pour le dépôt des étincelles. Vers le
haut, un autre carneau laissera sortir les gaz et les conduira à
une cheminée d'appel. L'eau vaporisée dans la partie la plus
chaude se condensera dans la partie supérieure ; on la recevra
dans des rigoles creusées de chaque côté de la sole, qui la con-
duiront à des orifices d'écoulement latéraux.

Si on veut refroidir le bois avant de le défourner, on prolon-
gera la galerie au delà du point d'entrée des gaz. Le bois, après
avoir passé par la région la plus chaude, traversera alors un
espace non chauffé : on ménagera près de la porte une entrée
d'air réglée par un registre. L'air froid appelé par la cheminée
traversera cette partie de la galerie et refroidira le bois : il ira
ensuite se mêler au courant général, dont il modérera la température maxima, tout en lui restituant la chaleur que le bois aurait
emportée en pure perte.

Ainsi complétée, la galerie réalisera un chauffage entièrement méthodique. Le bois et les gaz en sortiront froids, il n'y
aura donc aucune perte de chaleur que celle qui se fait par le
rayonnement des parois et qu'on ne peut éviter. La longueur de

4

la portion de galerie parcourue par les gaz se calculera de manière qu'elle contienne à peu près la quantité de bois qu'on doit dessécher en 36 ou 48 heures : la longueur consacrée au refroidissement pourra être moitié moindre, car il ne faut pas trop refroidir le bois de crainte de lui voir reprendre de l'humidité.

Ce système n'a pas été employé dans toute sa perfection. En Carinthie, on s'est servi de galeries analogues, mais le courant gazeux circulait à travers des tuyaux placés sous la sole. Malgré les inconvénients de ce chauffage indirect, la consommation de bois pour l'alimentation du foyer se réduisait à 15 ou 16 0/0 : les résultats étaient donc meilleurs que dans les fours ordinaires, même chauffés directement. Avec le chauffage direct, on arriverait sans doute à brûler au plus 10 0/0.

En Suède, on a employé des galeries inclinées, chauffées par les gaz perdus d'un bas foyer. Les gaz passaient d'abord dans des chaudières et n'étaient envoyés dans les appareils de dessication qu'après s'être dépouillés de la plus grande partie de leur chaleur. Le bois séjournait trente heures dans la galerie.

61. Dessication en tas. — Dans les Ardennes, on a pratiqué la dessication en tas, qui se faisait sur place dans les forêts. On empile le bois en tas de forme rectangulaire, d'une capacité de 30 stères environ, que l'on recouvre d'un revêtement de gazon et

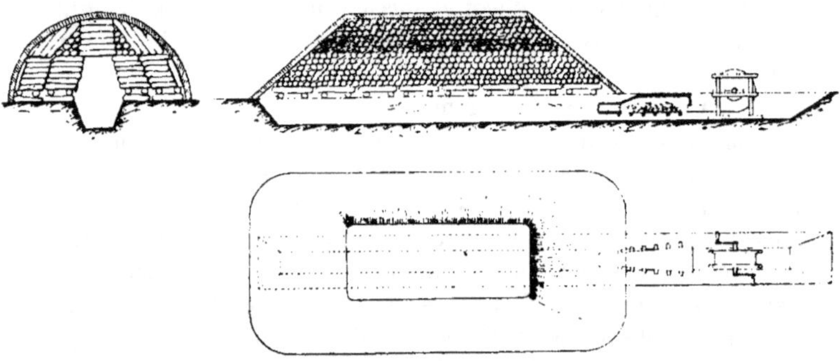

Fig. 9, 10 et 11. — Dessication des bois en forêt.

de terre ; à la base on réserve un conduit suivant l'axe du tas, et à l'une des extrémités de ce conduit on établit un petit foyer, couvert par une espèce de hotte en tôle et activé par un ventilateur. Il faut à peu près 30 heures pour dessécher un tas, et on consomme 10 0/0 de bois. Le même procédé a été employé pour la fabrication du charbon roux.

62. Résultats. — Le bois desséché a un pouvoir calorifique de 3.600 calories environ : il brûle avec une longue flamme comme le bois ordinaire. Il présente l'inconvénient d'être très hygrométrique, de sorte qu'il faut l'employer presque immédiatement, sous peine de perdre le bénéfice de la dessication.

L'opération coûte de 1 à 2 fr. par tonne (comprenant de 0 fr. 50 à 1 fr. de main-d'œuvre), et on arriverait sans doute à la réaliser à des prix encore plus bas.

Le charbon roux contient de 70 à 75 0/0 de carbone et 25 0/0 de matières volatiles ; il peut avoir un pouvoir calorifique variant de 5.000 à 7.000 calories suivant le degré de torréfaction. Il est peu employé, car si on recherche la qualité du combustible, on préfère le charbon tout à fait cuit ; si au contraire on veut utiliser tous les éléments combustibles du bois, il vaudra mieux se contenter de le dessécher. Le bois torréfié sera intermédiaire, par ses propriétés, entre le charbon roux et le bois desséché. On le désigne parfois sous le nom de ligneux.

Les essais de dessication et de torréfaction ont été poursuivis dans biens des régions au moment où les anciennes forges au bois essayaient de lutter avec les nouvelles forges à la houille : on cherchait à économiser le bois en l'utilisant à cet état au lieu de le transformer en charbon. Mais la lutte n'a pas pu être soutenue, les forges au bois ont à peu près disparu, et les essais ont été abandonnés.

63. Dessication de la tourbe. — La tourbe peut être ramenée à 15 ou 20 0/0 d'eau par une dessication à l'air libre.

En Bavière, on fait cette opération sur place. On draine les marais tourbeux, puis on retourne avec la charrue une couche d'un centimètre d'épaisseur et on la divise à la herse. Au bout de quelques jours, cette couche ne contient plus que 20 0/0 d'eau : on peut l'enlever et herser la suivante.

A Essonnes, on entasse la tourbe sur une hauteur de 60 à 80 centimètres dans des cuves dont le fond est fermé par des voûtes à jour supportant une couche de galets que recouvre une natte de jonc : l'eau filtre à travers ce fond et tombe dans des rigoles placées sous les voûtes. Puis on divise le gâteau de tourbe à la bêche, et on en forme des pains qu'on expose à l'air : on la ramène ainsi à **15** ou **17 0/0** d'eau.

6 à **7** mètres cubes de tourbe brute donnent une tonne de tourbe préparée, qui revient à **12** ou **13** francs.

Elle a une densité de **1,10** à **1,20**, et il en faut **250** à **300** kil. pour remplacer **100** kil. de houille dans le chauffage des chaudières.

64. Trémie Welkner. — Pour pousser plus loin la dessiccation, il faut recourir au chauffage artificiel : on peut employer les mêmes procédés que pour le bois. Parmi les divers appareils usités nous citerons le séchoir Welkner (fig. 12). C'est une trémie dont la section rectangulaire a environ 1 m. sur 3. Les gaz y

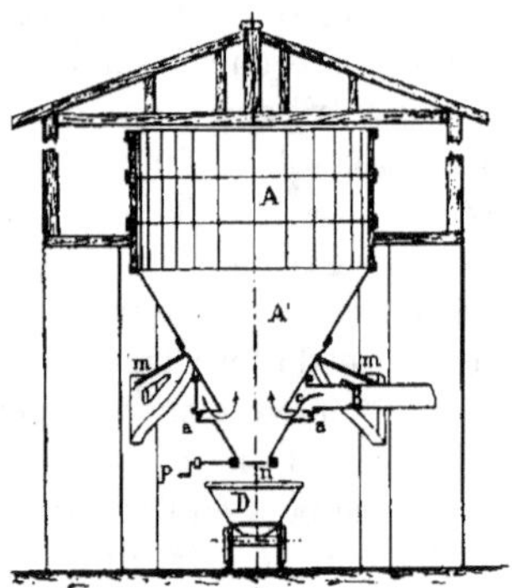

Fig. 12. — Séchoir Welkner.

arrivent par une conduite qui entoure la base de la trémie et qui est disposée de manière à ne pouvoir s'obstruer. Au-dessus de la trémie on place des cadres en bois pour en augmenter la hauteur à volonté. La hauteur de la trémie et des cadres est de **3 m.** environ. Une trappe permet de retirer par le bas la tourbe desséchée.

En **24** heures, on peut dessécher **10** tonne de tourbe et lui enlever **20 0/0** d'eau, en lançant par minutes **60** mètres cubes d'air à **120°**.

Dans cet appareil, les gaz doivent sortir à plus de **100°** afin que l'eau ne retombe pas sur le combustible : on ne peut donc utiliser toute leur chaleur. Cependant la consommation de tourbe, pour le chauffage de l'air, n'est estimée qu'à **10 0/0**.

65. Four Suédois. — Il est plus rationnel de faire circuler les gaz de haut en bas. Dans beaucoup d'usines, on entasse la tourbe dans des chambres en maçonnerie où elle repose sur des planchers à jour, permettant à l'eau de s'écouler. Les gaz pro-

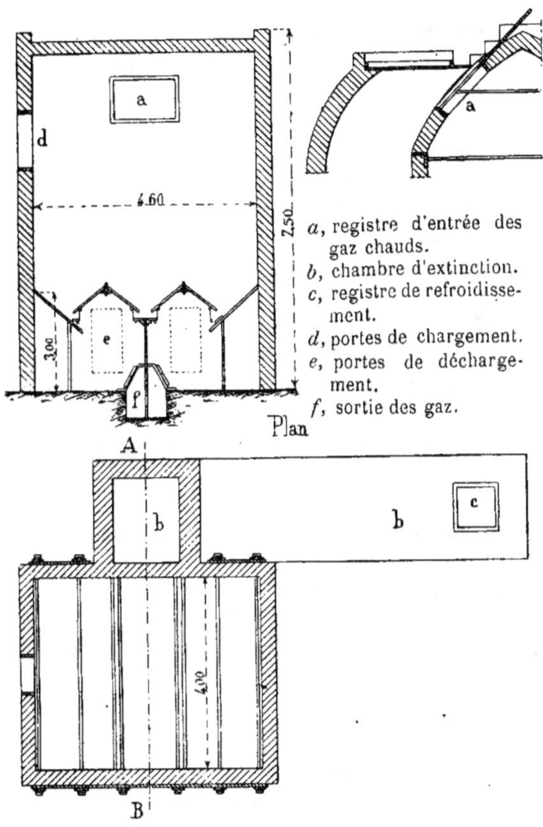

a, registre d'entrée des gaz chauds.
b, chambre d'extinction.
c, registre de refroidissement.
d, portes de chargement.
e, portes de décharge-
ment.
f, sortie des gaz.

Fig. 13. — Dessication en fours.

venant des fours arrivent par le haut et sortent par le bas. Ils traversent d'abord une chambre où se déposent les étincelles, et où on les mélange d'air en proportion convenable pour les refroidir à 140° au plus. On règle la quantité d'air au moyen d'un registre. Pendant tout le début de l'opération, les gaz peuvent sortir froids, et toute leur chaleur est utilisée. Ce n'est qu'à la fin, pour achever la dessiccation des couches de tourbe inférieures, qu'ils doivent sortir à 100°.

Le four représenté (fig. 13) a été employé en Suède, à Lesjofors : il peut contenir 50 à 60 mc. de tourbe. On la charge par la partie supérieure, et elle tombe sur un plancher à claire voie. Elle s'y échauffe pendant 4 ou 5 jours, puis, après une demi-journée de refroidissement, on ouvre des trappes qui la laissent tomber dans le compartiment inférieur, d'où on la retire. Les gaz proviennent d'un bas foyer et sont aspirés par un ventilateur.

On a encore employé d'autres systèmes, où la tourbe s'échauffe au contact de caisses ou de tuyaux métalliques parcourus intérieurement par les gaz. Ils ne sont pas à recommander, car le chauffage direct sera toujours plus économique, et n'exigera que des installations relativement simples.

66. Chauffage méthodique.— Pour utiliser complètement la chaleur, il faudrait, comme nous l'avons dit à propos du bois, des appareils où la tourbe circulerait en sens inverse du courant de gaz chauds. Pour réaliser ce déplacement relatif, condition du chauffage méthodique, on peut employer trois procédés.

67. Galeries. — Le premier, et le plus parfait en théorie, consisterait à faire passer la tourbe, contenue dans des wagons à claire voie, à travers des galeries chauffées comme celles que nous avons décrites pour le bois.

68. Fours annulaires. — Le second procédé consisterait à imiter les fours annulaires employés à la cuisson des tuiles L'appareil consisterait en une série de fours de dessiccation ordinaires, groupés ensemble et disposés de manière que les gaz perdus de chacun d'eux puissent être utilisés dans les autres. La tourbe serait chargée dans une série de chambres communiquantes, et on lancerait l'air chaud successivement dans chacune d'elles, de manière à le faire passer d'abord sur celles où la dessiccation serait presque complète, puis à l'envoyer à mesure qu'il se refroidirait sur des masses de tourbes de plus en plus fraîches. La tourbe resterait donc immobile ; mais ce seraient l'entrée et la sortie de l'air chaud qui se déplaceraient de manière que la même charge se trouverait successivement amenée, sans changer de place, dans toutes les parties du courant. Il n'y aurait pas mouvement absolu de la matière à dessécher, mais mouvement relatif réalisant exactement les mêmes conditions. Nous donnerons dans d'autres chapitres des détails sur ce genre d'appareils, qui permettent d'utiliser très bien la chaleur, mais qui exigent beaucoup de main-d'œuvre.

69. Fours coulants. — Le troisième procédé consisterait à employer des fours coulants à chute contrariée (fig. 14). On le fait déjà pour la dessiccation de certains produits chimiques. L'air est

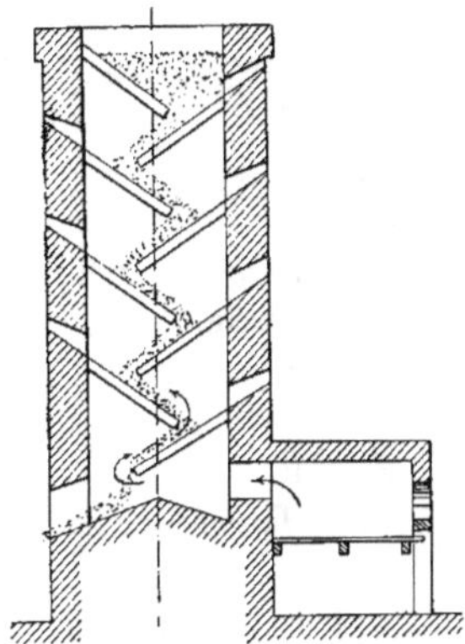

Fig. 14. — Four à chute contrariée.

lancé au bas d'une tour, au sommet de laquelle on jette la matière à dessécher. Celle-ci tombe en glissant successivement sur une série de plans inclinés ; on la retire par des portes situées au pied de la tour. Ces appareils sont ceux qui exigent le moins de main-d'œuvre, mais comme l'eau ne peut s'échapper qu'à l'état de vapeur avec les gaz, il faut que ceux-ci sortent à 100° au moins. Or comme leur température initiale ne peut pas dépasser beaucoup 130°, si l'on ne veut pas enlever au combustible une partie de ses éléments utiles, et même s'exposer à des incendies lorsque les gaz sont mélangés d'air, on voit qu'on utilisera à peine le cinquième de la chaleur qu'ils contiennent. Ainsi, pour la dessiccation de la tourbe, le résultat sera médiocre. En revanche, ces appareils sont ceux qui exigent le moins de main-d'œuvre. Le chargement réclame peu de soin, et le défournement peut être automatique. La trémie Welkner présente les mêmes avantages et constitue une sorte de four coulant à marche continue, si on l'ouvre à des intervalles rapprochés, en ne soutirant chaque fois qu'une quantité de tourbe faible par rapport à la masse totale.

On pourrait encore employer les fours à cylindres tournants dont nous parlerons plus loin, et qui servent souvent à la dessiccation des minerais.

Une matière solide, en s'échauffant à **120°**, absorbe à peu près 30 calories par kilogramme. Le bois et la tourbe ont un pouvoir calorifique d'environ 3.000. Il suffirait donc d'en brûler 10 kilogrammes pour produire la chaleur nécessaire à la dessiccation d'une tonne. En pratique, lorsqu'on opère la dessiccation en brûlant une partie du combustible, la consommation varie de 10 à 20 0/0, alors que théoriquement elle ne devrait pas dépasser 1 0/0. Ainsi on n'utilise que 5 à 10 0/0 de la chaleur produite. Il faut noter toutefois que la température à laquelle on doit chauffer l'air étant faible, on peut alimenter le foyer avec des combustibles médiocres : des déchets qui ne seraient pas susceptibles d'autre emploi, telles que sciure de bois, menus branchages, tourbe impure, etc. Cette considération explique pourquoi, en pratique, on n'a jamais employé pour la dessiccation des appareils très-perfectionnés. Car, si on opère en forêt ou près des tourbières, on ne manquera pas de semblables déchets à utiliser : si au contraire le four est installé près de l'usine, on peut le chauffer avec des flammes perdues. Dans les deux cas, la chaleur ne coûte presque rien, et on recherche les appareils les plus simples et les plus commodes. Il semblerait rationnel de faire la dessiccation près des tourbières pour réduire le poids à transporter : mais la tourbe, comme le bois, est sujette à reprendre de l'humidité, de sorte que, si l'on veut retirer tous les bénéfices de l'opération, il faut placer les séchoirs près des fours qu'il s'agit d'alimenter.

CARBONISATION DU BOIS

70. Carbonisation en forêt. — Le bois n'est guère employé en métallurgie qu'à l'état de charbon. La carbonisation, en éliminant toutes les matières volatiles, donne un combustible composé de carbone pur, ayant un pouvoir calorifique et une température de combustion très élevés. Elle se fait en général dans les forêts mêmes : le poids du charbon étant bien plus faible que celui du bois, on économise ainsi une grande partie des frais de transport.

Les bois employés doivent être âgés de 15 à 20 ans pour les essences ordinaires, de 50 à 60 ans si ce sont des bois résineux ; on les carbonise pendant l'été qui suit immédiatement la coupe : en attendant deux étés, ils sont plus secs et l'on obtient des résultats meilleurs. Les bois trop verts donnent un rendement faible et un charbon friable. Les bois trop secs brûlent trop facilement, ce qui provoque des pertes.

71. Meules rondes. — La carbonisation se fait presque toujours en meules. Les formes des meules sont très variables. En France, on emploie les meules rondes (fig. 15) : les bois sont

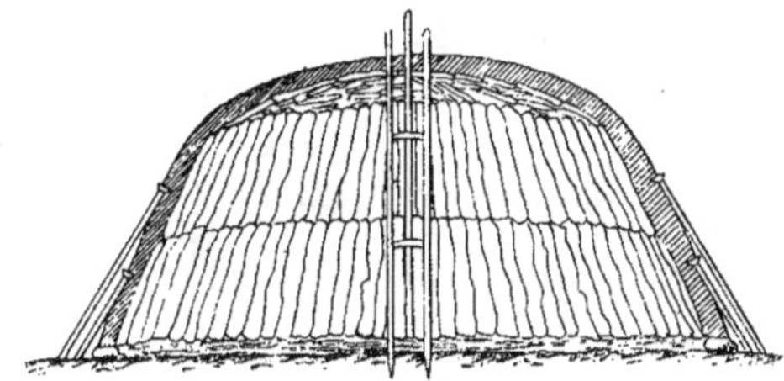

Fig. 15. — Meule circulaire.

entassés tout autour d'une cheminée que l'on réserve au moyen de 4 pieux fichés en terre. Lorsqu'on a de gros bois, on les place debout : les plus gros au centre, les autres sur les premiers, les menues branches à la surface. Lorsqu'il n'y a que de petits bois, on les couche en les disposant suivant les rayons, le gros bout vers le centre ; il faut avoir soin de bourrer autant que possible les intervalles avec de petits bois de manière à avoir une meule compacte : à la surface, on place les fumerons des opérations précédentes, on étend au-dessus une couche de déchets, de feuilles, de gazon, aussi compacte que possible, et enfin on recouvre le tout d'un revêtement d'argile mêlée de poussier de charbon, qui doit être imperméable à l'air. A la base, on réserve un petit conduit qui servira pour l'allumage.

72. Dimensions. — Le talus d'une meule ronde est incliné de 30 à 40° environ. Le diamètre est de 6 à 10 m. La hauteur est égale au tiers ou au quart du diamètre : avec ces dimensions, une meule contient environ cent stères. En Autriche, on en fait qui ont jusqu'à **20** mètres de diamètre et tiennent **600** stères : elles sont plus difficiles à conduire, et on préfère maintenant des dimensions moins fortes, correspondant à 150 ou **200** stères.

73. Emplacement. — Le choix de l'emplacement est très important. Il ne doit pas être trop loin des coupes, mais il faut qu'il soit à l'abri des vents, qui rendraient la combustion irrégulière, et cependant sec, c'est-à-dire assez élevé. Ces différentes conditions sont assez difficiles à réunir. Si l'on est obligé de faire les meules sur un sol humide, on y remédiera en établissant une aire en planches, sur laquelle on étend une couche de terre fortement battue ; il faut que ce sol artificiel soit préparé avec soin et aussi imperméable que possible, car s'il laisse passer l'air, une partie du charbon sera brûlée inutilement. Quand le sol n'est pas trop humide, on prépare seulement une aire élevée de quelques centimètres au-dessus du terrain environnant, avec une couche de terre battue et de poussier de charbon ; les aires qui ont déjà servi sont les meilleures.

74. Conduite de l'opération. — Lorsque la meule est construite, on met le feu en jetant dans la cheminée des fagots allumés : à ce moment l'air arrive par le canal réservé à la base, et le feu se développe autour du pied de la cheminée. Au bout de 24 heures, il se dégage des vapeurs épaisses, et l'humidité, chassée du centre, se condense sur le revêtement : c'est la période de *suée*, pendant laquelle la meule ne fait que se dessécher. Elle peut durer 8 ou 10 jours. Lorsqu'elle prend fin, la fumée devient moins lourde et moins âcre. Alors le feu est bien développé et la carbonisation commence : on bouche l'orifice de la cheminée et celui du canal d'allumage avec de la terre, afin de ralentir la combustion.

A partir de ce moment, l'air ne fait plus que filtrer à travers les pores du revêtement ; c'est la *période d'étouffée*. L'air arrive en très faible quantité, et la combustion ne porte que sur les gaz dégagés par la distillation du bois. Le charbon, moins inflammable, ne brûle pas faute d'air. La chaleur gagne lentement le sommet, et au bout d'un temps plus ou moins long toute la partie centrale est carbonisée. Pendant toute cette période, le charbonnier veille à ce que la combustion se propage d'une façon régulière ; on reconnaît qu'il n'en est pas ainsi lorsque la fumée sort en trop grande abondance d'un côté ou de l'autre, ou lorsque le sommet de la meule s'affaisse irrégulièrement. On y remédie en renforçant le revêtement du côté où le feu devient trop vif, et en y pratiquant des évents pour appeler l'air aux points où la meule serait trop froide.

Il peut aussi se produire des explosions, qui provoquent la formation de vides dans la meule. Alors on l'ouvre et on bourre rapidement ces vides : on agit de même si pour une cause quelconque il se produit en quelque point un affaissement brusque.

Lorsque le centre est carbonisé, pour faire descendre le feu sur les côtés on perce dans le revêtement une série d'orifices disposés en cercle. On détermine ainsi un appel d'air : le courant, arrivant de la périphérie, vient lécher la surface de la partie carbonisée qui occupe le centre de la meule (fig. 16). Les gaz distillés tout autour brûlent, et la fumée sort par les évents : la

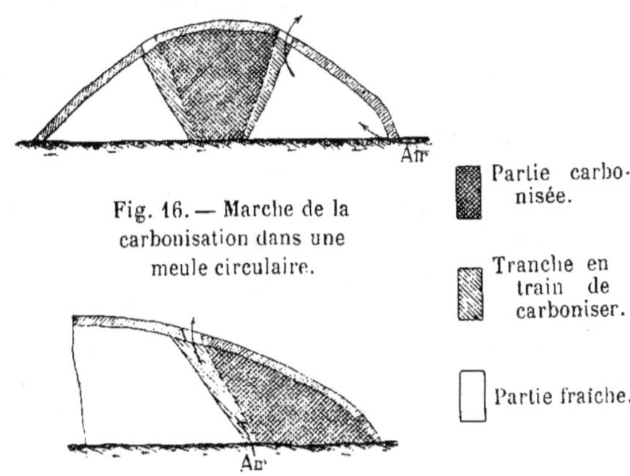

Fig. 16. — Marche de la carbonisation dans une meule circulaire.

Fig. 17. — Marche de la carbonisation dans une meule longue.

combustion s'étend donc en gagnant peu à peu la ligne d'évents Lorsque ceux-ci commencent à donner une fumée claire et bleue, on les bouche et on ouvre une nouvelle série un peu au-dessous. La combustion se propage ainsi par zones successives ayant la forme de troncs de cône dont la base est au centre de la meule. C'est ce qu'on appelle la période de *grand feu*.

Pour qu'il n'y ait pas de pertes, il ne faut pas que l'air pénètre au contact du charbon déjà formé et encore chaud : il faut qu'il arrive par les parties froides de la meule et rencontre tout d'abord la couche de gaz combustibles auxquels il cède tout son oxygène. Si le sol était perméable, l'air appelé par le centre de la meule rencontrerait d'abord le charbon et le brûlerait : il ne doit entrer que par la surface extérieure, et en quantité assez faible pour ne pas pénétrer jusqu'au centre.

On doit veiller à ce que la meule s'affaise toujours régulièrement et que sa surface reste symétrique : on y arrive en ouvrant des évents plus ou moins nombreux de chaque côté, suivant l'activité du feu et la direction du vent. Il est difficile de faire descendre le feu tout à fait jusqu'à la base, il y reste toujours des fumerons mal carbonisés qu'on replace dans d'autres meules ; la proportion en est d'autant plus grande que le sol est plus humide.

Quand l'opération est terminée, on laisse la meule se refroidir avant de défourner. Ce refroidissement est très lent ; pour attendre moins longtemps, on peu enlever le charbon par partie : on défourne celui qui est à la surface, puis aussitôt que l'on arrive à une partie chaude on refait une couverte de terre et de gazon et on laisse refroidir de nouveau.

Une opération peut durer de 10 à 15 jours avec une petite meule de 100 stères, de 5 à 6 semaines avec une grande meule de 600 stères. Les meilleurs rendements s'obtiennent quand la carbonisation est lente. Pour cela, il faut surtout que la meule soit aussi compacte que possible, et placée sur un sol imperméable, à l'abri des vents régnants. Au cours de l'opération, on modérera la combustion, s'il y a lieu, en renforçant la couverte.

Deux charbonniers et deux aides peuvent conduire trois meules, dont l'une est en construction, une autre en activité, et dont la troisième refroidit.

75. Meules longues. — En Autriche, dans les forêts de bois résineux qui donnent peu de branches, on emploie des meules longues (fig. 18, 19), dont la conduite est un peu différente. Leur section est rectangulaire, leur longueur peut être quelconque. Les bois sont placés en travers.

On met le feu à une extrémité par un canal transversal ménagé à la base, puis on pratique dans la couverte des évents de plus en plus éloignés : la combustion s'avance par zones planes parallèlement à la longueur de la meule (fig. 17). On peut défourner la

meule par un bout, pendant que la carbonisation continue à s'a-
vancer de l'autre côté.

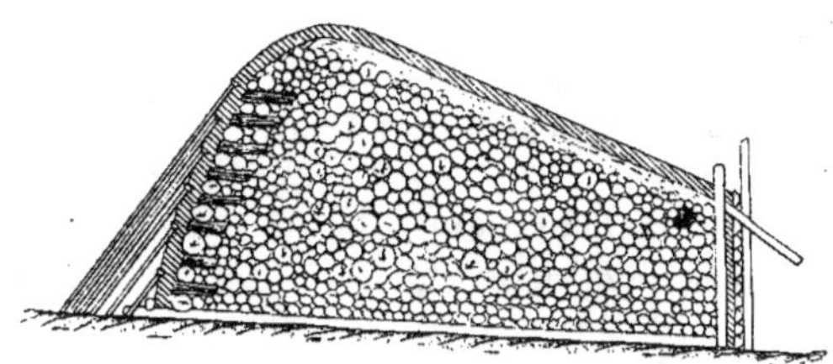

Fig. 18. — Meule longue (coupe).

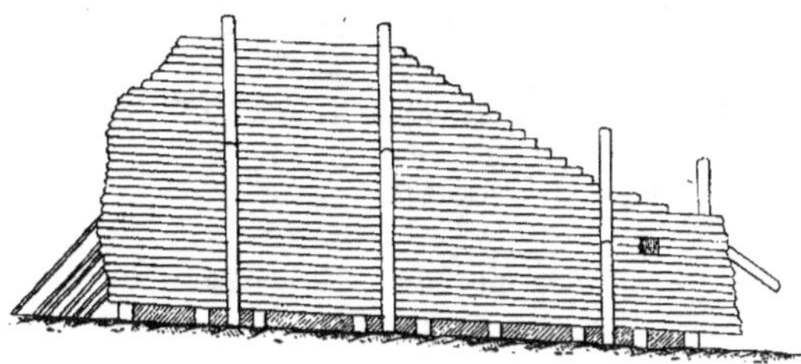

Fig. 19. — Meule longue (élévation).

76. Rendement. — Le bois calciné au laboratoire donne en
poids **28 0/0** de charbon, mais en meules on n'obtient en général que **15** à **18** et, dans les meilleures conditions, **22**. Cependant
des opérations conduites avec un soin tout particulier, à titre d'expérience, ont donné **26 0/0**, parfois même plus. Ce résultat
prouve que la carbonisation s'opère réellement à l'aide de la chaleur dégagée par la combustion des gaz, et qu'il est possible
théoriquement de ne brûler qu'une très faible partie du charbon.

Le rendement en volume est de **33 0/0** avec les bois ordinaires, de **50 0/0** avec les bois résineux, à cause de la différence des
densités. Un stère de bois donne en général 60 kil. de charbon,
et 80 avec les bois qui se prêtent le mieux à la carbonisation.

77. Frais. — La main-d'œuvre par stère de bois carbonisé
varie de 0 fr. 25 à 0 fr. 40. Il faut y ajouter 0 fr. 50 d'abattage,
si l'on part du bois sur pied, et des frais de transport variables
suivant les circonstances locales : l'ensemble des frais varie de
0 fr. 80 à 1 fr. 40. Si on les rapporte à la tonne de charbon de

bois, comme il faut 13 ou 15 stères, on arrivera à 15 ou 20 fr. Pour avoir le prix du charbon à l'usine, il faudrait ajouter la valeur du bois sur pied et le transport du charbon.

En somme, le prix du charbon de bois rendu aux usines descend rarement au-dessous de 60 fr. la tonne et peut monter à 80 ou 100 fr. Dans les contrées les plus favorisées, il peut s'abaisser à 35 ou 40 francs.

On a essayé de recueillir une partie des produits de la distillation (fig. 20). Pour cela, on place sur les évents des tuyaux

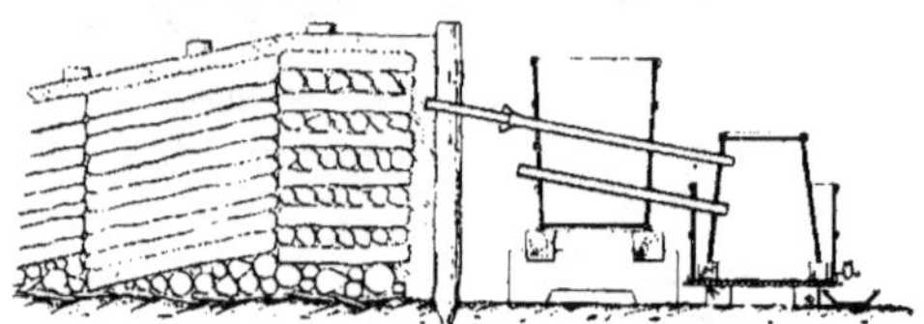

Fig. 20. — Condenseur pour l'acide pyroligneux.

communiquant avec des condenseurs : les gaz se refroidissent en les traversant et y déposent du goudron et de l'acide pyroligneux ; mais l'opération est un peu plus difficile à conduire, et, dans les pays où l'on emploie le charbon de bois en grande quantité, il est rare qu'on trouve à écouler avantageusement les produits secondaires de la distillation.

78. Carbonisation en fours. — On a construit des fours de carbonisation qui se composent en général d'une chambre voûtée en maçonnerie, percée à différentes hauteurs d'évents qu'on peut boucher avec des tampons. L'opération s'y fait comme dans une meule ordinaire. La maçonnerie remplace en quelque sorte la couverte : on obtient un rendement un peu meilleur et une économie de main-d'œuvre. Parfois, on ménage sur la sole de ces fours des rigoles offrant une pente vers l'extérieur, où se rassemble une partie du goudron. Pour amortir les frais de construction d'un four, il faudrait pouvoir l'utiliser pendant un certain temps ; mais alors il se trouvera bientôt trop éloigné des coupes, qui se déplacent sans cesse dans la forêt, et l'augmentation des frais de transport fera plus que compenser l'économie réalisée. Aussi l'emploi des meules est resté général : on ne se sert des fours que dans le cas où l'on a un grand intérêt à recueillir du goudron.

79. Carbonisation en vase clos. — Quand on veut recueillir tous les produits secondaires de la distillation du bois, il faut le calciner en vase clos. On le chauffe alors dans des cornues cylindriques hermétiquement fermées ; les gaz s'échappent par un tuyau et se refroidissent dans un serpentin : ils y laissent déposer de l'eau acétique et du goudron, puis ils reviennent se brûler sous les cornues.

On ne peut opérer que sur de petites quantités, et ce procédé n'a pas d'intérêt pour la métallurgie. Les masses de charbon que consomme une usine donneraient une quantité de produits accessoires qu'on ne pourrait pas écouler à bon compte, de sorte qu'ils ne paieraient plus les frais d'un travail perfectionné et l'amortissement d'appareils coûteux. En outre, le transport du bois à l'usine de distillation serait une cause de dépenses importantes.

80. Propriétés du charbon de bois. — Le charbon de bois conserve la forme des fragments avec lesquels il a été fabriqué. Sa densité réelle varie de 1,50 à 2, mais comme il est très poreux, sa densité apparente est bien plus faible et varie de 0,20 à 0,40 suivant les essences. Le poids du mètre cube varie de 120 à 300 kil. (en comptant 6 à 7 0/0 d'eau) ; il est en moyenne de 130 pour les bois résineux, 160 pour les bois tendres, 250 à 300 pour les bois durs. Le charbon est d'autant plus dense et dur que la calcination a été plus lente : le charbon le plus dur sera le meilleur pour la métallurgie.

Le charbon bien préparé est noir, sonore, et ne tache presque pas les doigts. Calciné à basse température, il est brun et moins dur ; on recherche cette variété, appelée charbon roux, pour la fabrication de la poudre. Si la température a été trop forte, le charbon est également friable, c'est ce qu'on appelle la braise.

Il reste dans le charbon de bois un peu d'hydrogène et des traces d'oxygène.

Il contient 3 à 4 0/0 de cendres : elles sont alcalines, et il s'y trouve un peu de phosphates, mais pas de soufre. La faible proportion des cendres, leur fusibilité, l'absence du soufre, la présence des alcalis, qui exercent sur les scories une action fondante et épurante, sont les causes de la supériorité de ce combustible pour certaines opérations métallurgiques.

Le charbon de bois est très hygrométrique et retient toujours

6 à 7 0/0 d'eau. Son pouvoir calorifique est d'environ 8000 calories. Il s'enflamme vers 360° : il est d'autant plus inflammable qu'il a été moins calciné. A cause de sa porosité, il décompose facilement l'acide carbonique, et sa combustion produit toujours une assez grande quantité d'oxyde de carbone.

CARBONISATION DE LA HOUILLE

81. But de l'opération. — Toutes les houilles, calcinées à l'abri de l'air, donnent un résidu composé de carbone à peu près pur, qu'on appelle le coke. Lorsque ce résidu est pulvérulent, il ne peut être employé : la carbonisation ne s'applique donc qu'aux houilles grasses ; celles-ci donnent un coke fortement aggloméré, plus dur et plus solide que la houille crue.

Le coke a un pouvoir calorifique plus faible que la houille, car les matières volatiles éliminées par la calcination se composent en grande partie d'hydrocarbures combustibles. En outre, les cendres, qui restent intactes, se concentrent dans le résidu de la carbonisation, et celui-ci est moins pur que le combustible primitif. Il n'y a donc pas avantage à carboniser la houille toutes fois qu'on peut l'employer crue. Mais les houilles grasses ne peuvent servir dans les fours à cuve, parce qu'elles se boursouflent et s'attachent aux parois : au contraire le coke, par sa solidité, convient parfaitement à ce genre de fours. Tel est le but principal de la carbonisation.

On a commencé par fabriquer le coke avec de la houille en gros morceaux ; mais le menu donne du coke aussi bon, parfois même supérieur : il vaut donc mieux réserver le gros, qui a une bien plus grande valeur, pour le brûler comme charbon de forge. Actuellement on ne carbonise que les menus, et la fabrication du coke fournit le meilleur moyen d'utiliser les menus des houilles grasses.

La calcination offre encore l'avantage d'éliminer une partie du soufre qui se trouve dans la houille à l'état de pyrite, et qui peut produire des effets nuisibles, surtout dans la métallurgie du fer.

Mais la désulfuration du coke n'est jamais complète. Le soufre peut se trouver dans la houille sous trois formes différentes ; parfois il existe dans le charbon lui-même sous forme de combinaison mal connue : c'est ce que l'on appelle le soufre organique. Le plus souvent il se trouve dans les cendres à l'état de pyrite ou de sulfate de chaux. Pendant la carbonisation, le soufre organique disparait en partie par volatilisation ; la moitié à peu près du soufre des pyrites peut s'éliminer, soit par volatilisation, soit à l'état d'hydrogène sulfuré qui se dégage pendant l'extinction. Le sulfate de chaux se transforme en sulfure de calcium.

A cet état, le soufre ne parait pas avoir grand inconvénient, au moins dans la métallurgie du fer, où le sulfure de calcium passe dans les laitiers. Le sulfure de fer au contraire passe dans le métal : ce seront donc surtout des houilles pyriteuses qui donneront les plus mauvais cokes. La pyrite, grâce à sa densité, peut être enlevée en partie par lavage préalable.

82. Carbonisation en stalles. — Le gros peut se carboniser en tas comme les bois. Le menu peut se carboniser en stalles ; on l'entasse entre trois murs, en réservant des carneaux pour la circulation de l'air au moyen de rondins en bois qu'on place à différentes hauteurs et qu'on retire après avoir tassé le charbon autour : puis on allume et on laisse la combustion se propager lentement. Les frais ne montent qu'à 1 fr. 50 ou 2 fr. par tonne de coke, mais une partie du carbone est brûlée : on perd 20 0/0 sur le rendement théorique. Avec la valeur actuelle de la houille, il y a toujours avantage à faire la carbonisation dans des fours. L'accroissement des frais est plus que compensé par l'amélioration du rendement.

83. Four à boulanger. — Les fours à coke anciennement employés sont connus sous le nom de fours à boulanger (fig. 21-22). Ils se composent d'une enceinte de forme ovale, recouverte par une voûte où se trouve une ouverture pour le chargement. Sur un des côtés est une porte pour le défournement ; cette porte est fermée pendant l'opération par un cadre en fer garni de briques et luté avec de la terre réfractaire : ce cadre est suspendu à une poulie et équilibré par un contre poids qui permet de le lever facilement.

Pour la mise en train, le four doit être séché et porté au rouge au moyen d'un feu qu'on allume sur la sole, la porte restant ouverte pour laisser entrer l'air. Quand le four est rouge, on ferme la porte et on charge la houille par la voûte. Pour les opérations suivantes, on fait le chargement aussitôt que le four est vide, sans lui laisser le temps de se refroidir.

84. Marche de l'opération. — Le four étant rouge au moment où on charge, la houille commence à distiller dans la couche supérieure sous l'influence de la chaleur qui rayonne de la

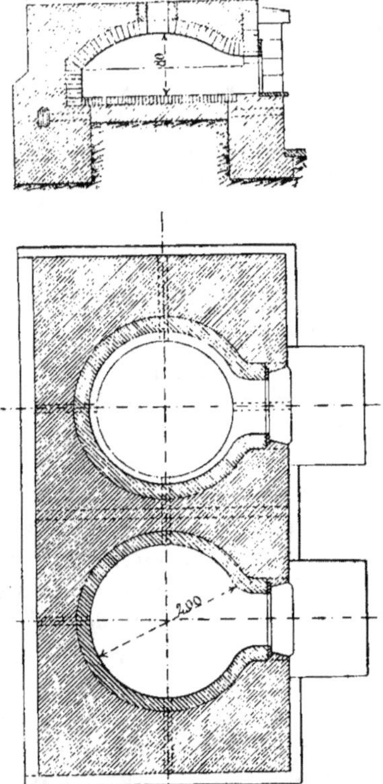

Fig. 21 et 22. — Four à boulanger.

voûte. Les gaz produits par cette distillation brûlent grâce à l'air qui s'introduit par les fissures des parois : cet air étant en petite quantité, la combustion ne porte que sur les gaz, et non sur le coke, beaucoup moins inflammable : ainsi la température s'entretient, et la distillation continue sans consommation de coke. La chaleur se propage peu à peu de haut en bas, et à mesure que la carbonisation est achevée dans une couche, elle commence dans la couche inférieure. La durée de l'opération est proportionnelle à la hauteur de la masse de houille. On recounaît la fin à ce que l'atmosphère du four devient claire, parce qu'il ne se produit plus d'hydrocarbures : alors on ouvre la porte de défournement, et on tire le coke au dehors avec des crochets et des spadelles tranchantes qui servent à le détacher de la sole.

85. Durée. — Le tableau suivant indique les rapports qui existent entre la hauteur de la couche de houille, la charge et la production du four. (Nous supposons que le rendement en coke soit de 60 0/0).

Hauteur de la houille	Durée d'une opération	Charge de houille par opération	Production en coke, par jour.
35 centimètres	24 heures	1000	600
60 centimètres	48 heures	1700	500
80 centimètres	72 heures	2200	450

L'expérience a montré que le rendement est en général plus satisfaisant quand la carbonisation est lente : le coke est aussi plus dur et plus solide. Cependant, quand la durée de l'opération dépasse quatre jours, le rendement diminue, parce que le coke reste trop longtemps exposé à l'action comburante de l'air. En général, on considère la durée de 48 heures comme la plus avantageuse. Pour les charbons maigres (1), il faut conduire la calcination plus rapidement, parce qu'un échauffement lent leur fait perdre leur pouvoir collant.

Pour les mêmes raisons, on recharge le four aussitôt qu'il est vide, si on traite des houilles maigres : avec les houilles grasses, on laisse un intervalle qui peut aller à un quart d'heure, de manière que le four se refroidisse jusqu'au rouge sombre.

Lorsque la sole est trop chaude au moment où l'on charge des charbons gras, il s'y produit une distillation rapide, avant que toute la masse soit échauffée : les hydrocarbures dégagés vont se condenser dans les couches supérieures, et lorsque celles-ci se

(1) Les charbons qu'on appelle maigres, quand il s'agit de la fabrication du coke, sont en réalité des charbons demi-gras ; les vrais charbons maigres, ceux qui rentrent dans la 3ᵉ catégorie de notre classification des houilles, ne peuvent être employés à cette fabrication.

calcinent à leur tour, elles donnent du coke poreux et friable. D'autre part, quand la sole est froide, la couche inférieure se carbonise mal et forme *des pieds noirs*.

86. Résultats. — On ne peut éviter la combustion d'une certaine quantité de coke, soit pendant l'opération, soit pendant le défournement, qui est long et pénible. Le rendement est inférieur de 13 unités au rendement théorique : ainsi une houille donnant 78 0/0 de coke au laboratoire, n'en donnera industriellement que 65. La construction du four à boulanger coûte environ 500 fr. Les frais spéciaux de l'opération peuvent se monter à 2 fr. 50 par tonne de coke.

Ce système, peu économique, n'est plus employé qu'assez rarement, et dans des conditions spéciales sur lesquelles nous reviendrons : presque tous les fours récents sont à parois chauffées et à défournement mécanique. Le travail y est moins pénible et le rendement bien supérieur.

87. Fours belges. — Le type le plus répandu est celui des fours belges (fig. 23, 24, 25). Un four belge est une espèce de couloir voûté, fermé aux deux extrémités par des portes qui ont la même largeur que le four. Le charbon est chargé par la voûte : le défournement se fait au moyen d'un bouclier en tôle porté par une forte tige en fer, que l'on introduit par une des portes et qui pousse toute la masse de coke devant lui de manière à la faire sortir par la porte opposée. Ces fours sont rangés à côté les uns des autres dans de longs massifs ; les gaz en sortent par des ouvertures pratiquées dans les reins de la voûte, et vont se brûler dans des vides ménagés entre deux fours contigus et au-dessous de la sole : toutes les parois se trouvent ainsi chauffées.

On conçoit facilement que le coke sera moins exposé à brûler dans ces fours que dans le four à boulanger, car l'enveloppe de gaz dont ils sont entourés les protège de tous les côtés, sauf sur les deux faces où se trouvent les portes ; ainsi la surface par laquelle les fissures de la maçonnerie peuvent donner accès à l'air est relativement très restreinte. En outre, les moyens mécaniques abrègent beaucoup le défournement, pendant lequel le coke rouge est directement exposé à l'air.

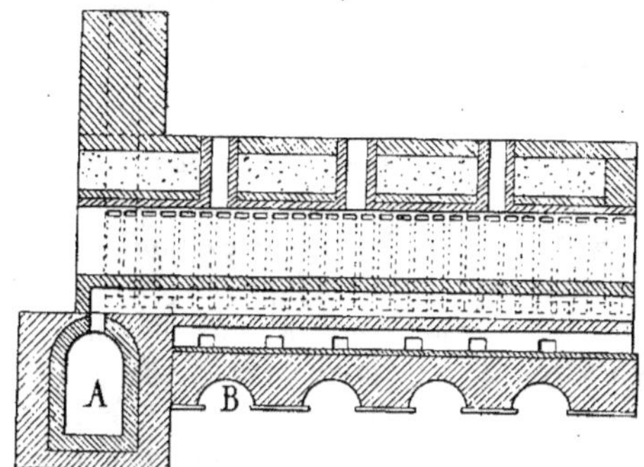

Fig. 23. — Coupe longitudinale.

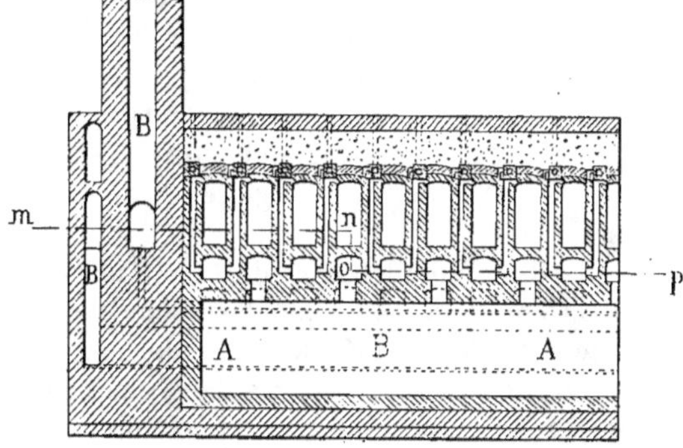

Fig. 24. — Coupe transversale.

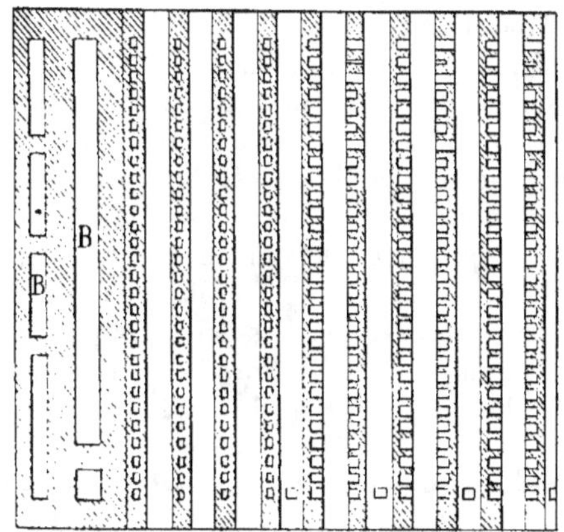

Fig. 25. — Coupe horizontale par *mn* et par *op*.

Fig. 23 à 25. — Fours Coppée. — AA, galeries de retour de flammes. BB, galeries et cheminées pour la circulation de l'air de refroidissement.

88. Dimensions. — La conduite de l'opération n'offre rien de particulier. La durée dépend de la largeur du four. La distillation se propage en 24 heures sur une distance d'environ 20 centimètres à partir de chaque paroi. Ainsi la largeur sera d'environ 40 centimètres, si on veut carboniser en 24 heures, 80, si on veut carboniser en 48. D'après les remarques déjà faites, les fours larges conviendront aux houilles grasses, les fours étroits aux houilles maigres.

Les autres dimensions, qu'on a intérêt à augmenter pour obtenir une forte production, sont limitées par la nécessité de ne pas opposer au défournement une trop grande résistance. La longueur est en général de 6 à 9 mètres ; la hauteur varie de 1 m. 10 à 2 m. La masse de houille monte jusqu'à 0, 50 centimètres au-dessous du sommet de la voûte : plus sa hauteur est considérable, plus le coke est dense et dur, qualités presque toujours recherchées dans le coke métallurgique. La sole reçoit une faible inclinaison, et les parois un léger évasement, vers le côté par où le coke doit sortir.

La contenance d'un four belge est de 3 à 4 tonnes de houille ; elle descend à 1500 kil. dans les plus petits, et la production est dans ces derniers de 1000 à 1500 kil. de coke par jour. En calculant le nombre de fours nécessaires dans une installation, on devra compter environ un four sur vingt comme inactif par suite de réparations.

Le déchet ne dépasse guère 3 unités : ainsi une houille rendant 78 au laboratoire rendra 75 au four belge, au lieu de 65 qu'on obtiendrait au four à boulanger.

Il existe un grand nombre de variantes des fours belges (systèmes Smet, Coppée, Dulait, Français, etc...). Les différences portent sur la largeur, qui varie avec la nature des charbons, sur le mode de circulation des gaz et sur le système de construction.

Nous avons déjà parlé de l'influence de la largeur. On tend de plus en plus à carboniser des houilles peu grasses et par suite à employer des fours étroits. Les fours Coppée de construction récente, très employés dans le Nord et en Belgique, ont en général 0 m. 40 de large sur 9 m. de long et 1 m. 15 de haut.

89. Disposition des carneaux. — Dans un grand nombre d'installations, les prises de gaz sont disposées d'un seul côté et chaque four chauffe l'une de ces parois et la sole de son voisin :

son autre face est chauffée par le four contigu. C'est ce qui arrive dans les fours Smet. On y trouve l'avantage suivant : au moment où l'on décharge, et où le courant d'air existant entre les deux portes tend à refroidir le four, celui-ci est chauffé par son

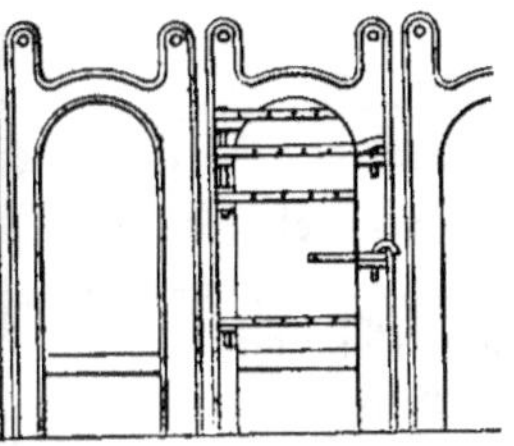

26. — Armatures et ferrures.

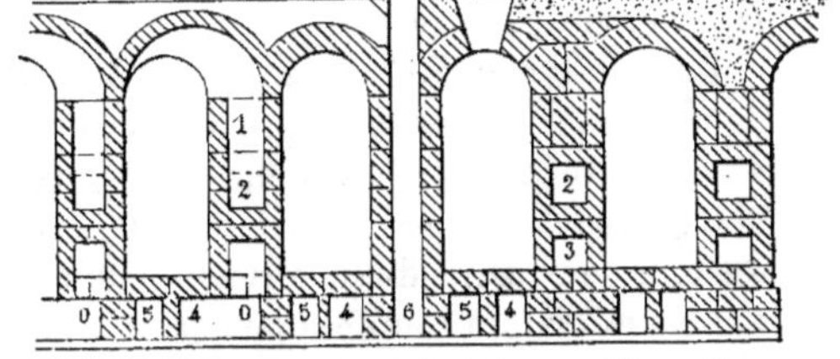

Fig. 27. — Coupe par les prises de gaz AB. — Coupe par la cheminée CD. — Coupe par les galeries EF.

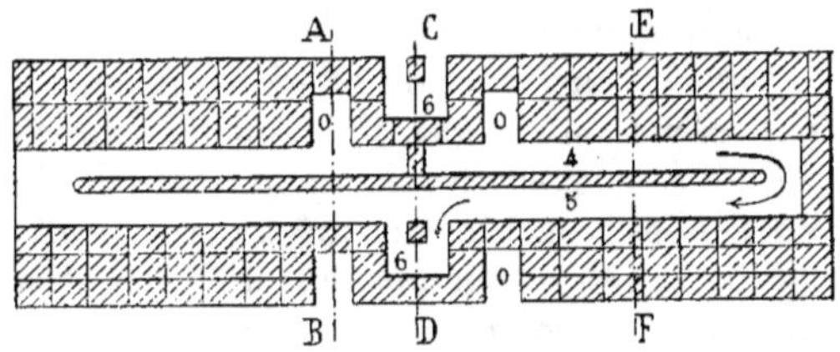

Fig. 28. — Coupe horizontale sous la sole.

Fig. 26 à 28. — Four Dulait.

voisin, tandis que rien ne l'empêcherait de se refroidir s'il n'était chauffé que par ses propres gaz, dont le dégagement est alors arrêté. Ainsi cette disposition conviendra surtout pour les charbons maigres, qui ont besoin d'être saisis par une vive chaleur.

En revanche, elle a un inconvénient, c'est que l'arrêt d'un four refroidira beaucoup le voisin, qui à son tour influencera le suivant, parce qu'il ne fournira que peu de gaz : ainsi, chaque fois qu'on aura à réparer un four, il y en aura plusieurs dont la marche deviendra défectueuse. Pour rendre les fours plus indépendants, il suffit d'employer les gaz de chacun à chauffer sa propre sole ; cette disposition sera préférable pour les charbons gras.

On a cherché à réunir les avantages de ces deux dispositions en groupant les fours par groupes de deux.

Dans le système Dulait (fig. 26 à 28), les gaz d'un four A descendent directement par un conduit vertical sous la sole du voisin B ; là ils se divisent et se rendent aux deux extrémités de

la sole, pour remonter par les piédroits : inversement les gaz
de B viennent chauffer la sole de A et remontent par ses piédroits.
Ainsi le couple AB est indépendant, et chaque four est chauffé
par son voisin. Mais la construction des carneaux est compliquée
et la sole est mieux chauffée que les parois, ce qui n'est pas avantageux.

Dans le système Coppée, (v. fig. **23** à **25**), si nous considérons
deux fours consécutifs, par exemple le 5ᵉ et le 6ᵉ de la rangée
en commençant par la gauche, leurs gaz après avoir chauffé les
deux faces du 5ᵉ se réunissent sous la sole de ce dernier et passent
ensuite sous celle du 6ᵉ ; de là à la cheminée. Ces deux fours
forment donc un couple à peu près indépendant : il n'y a que la
face droite du 6ᵉ qui est chauffée par les gaz du 7ᵉ. La construction est assez simple, mais les fours pairs sont un peu moins bien
chauffés que les impairs.

Dans les anciennes installations, chaque four possédait sa cheminée, par où les gaz s'échappaient directement. Aujourd'hui
on utilise souvent les gaz pour chauffer des chaudières : à cet
effet on les recueille dans une galerie parallèle au massif, placée
au-dessus ou au-dessous, qui les conduit aux chaudières puis
dans une cheminée générale. Ce système a l'inconvénient de
donner un tirage un peu variable suivant la distance des fours à
la cheminée. De plus, ce tirage, indépendant de la marche de
l'opération dans chaque four, peut être trop fort à certains mo-
ments et déterminer des rentrées d'air trop actives, ou provoquer
le refroidissement du four pendant qu'on défourne et qu'on
charge. Pour supprimer ces inconvénients, il serait peut-être
bon de munir chaque four d'un registre spécial placé à l'extrémité du carneau qui conduit ces gaz à la galerie : on pourrait
s'en servir pour régler le tirage et l'arrêter dans les intervalles
des opérations.

L'intervalle entre deux fours peut être décomposé en carneaux
verticaux ou en carneaux horizontaux formant une espèce de serpentin. Dans le premier cas, les gaz se divisent en plusieurs courants verticaux qui descendent directement au niveau des soles ;
dans le second, tous les gaz réunis serpentent le long des piédroits
et parcourent trois fois la longueur du four avant d'arriver à la
sole. Le premier mode donne une construction plus simple et
plus solide, mais le second répartit mieux la chaleur, car les gaz
ne se distribuent pas toujours bien également entre les divers
carneaux verticaux.

Dans les premiers fours belges, on avait ménagé des conduits spéciaux pour amener l'air nécessaire à la combustion des gaz : on les a généralement supprimés, car les rentrées d'air par les fissures ne sont déjà que trop abondantes. Dans le système Dulait, ces conduits étaient ménagés à l'intérieur de briques creuses formant l'une des parois des carneaux ; ces briques amenaient l'air chaud, par une multitude de petits jets, sur tout le parcours des gaz : cette disposition, avantageuse pour déterminer la combustion complète, donnait beaucoup de chaleur, mais ces fours étaient d'une construction un peu compliquée.

Il faut étudier avec soin les dimensions transversales des carneaux, de manière que les gaz y circulent assez lentement pour avoir le temps d'y brûler. Cette condition est importante, surtout pour les charbons demi-gras, qui donnent peu de gaz, et qui se carboniseraient mal si ces gaz n'étaient pas convenablement utilisés. En général, l'intervalle libre entre les deux parois verticales des carneaux a une largeur qui varie de 10 à 20 centimètres environ : elle doit être d'autant plus faible que les houilles sont plus maigres.

Pour la carbonisation des houilles sèches, il est important que le coke soit bien tassé dans le four. Dans la Haute-Silésie, on emploie des procédés consistant à comprimer d'avance la houille sous forme de prisme ayant à peu près les dimensions intérieures du four. Cette opération se fait dans une caisse en tôle sans fond placée sur un chariot, devant la porte du four ; on y dame la houille par couches successives. Quatre ou cinq ouvriers peuvent préparer ainsi en 3/4 d'heure une charge de 3 tonnes 1/2. On enlève alors l'enveloppe en tôle : le gâteau comprimé reste sur un fond mobile que l'on peut pousser dans le four avec une crémaillère. A ce moment, on abaisse la porte du four de manière qu'elle forme racloir et qu'en retirant la crémaillère on puisse enlever le fond et laisser la masse de houille.

On pourrait essayer d'opérer la compression dans le four lui-même en introduisant par les deux portes opposées deux boucliers mus par une pression hydraulique.

90. Détails de construction. — Le mode de construction doit être établi de manière à donner le plus de solidité possible et à diminuer les rentrées d'air par les joints. En Belgique, on cherche généralement à construire les fours avec de petits matériaux. Dans le four Coppée, les carneaux étant verticaux, la construction est facile, et les fours se trouvent tous rejoints par les murettes de séparation des conduits. Dans le système Smet, on a adopté la circulation horizontale ; les fours sont réunis deux à deux par un mur de refend, parallèle à la longueur du massif, qui sépare en deux moitiés l'intervalle libre entre deux fours contigus : dans chacune de ces moitiés est un serpentin alimenté par un orifice spécial et formé de trois galeries horizontales communiquantes.

Dans la Loire, on emploie des briques spéciales de grandes dimensions, de sorte que la section transversale d'un conduit est formée par une ou deux briques seulement. On obtient ainsi une grande solidité, mais la nécessité de fabriquer les briques exprès augmente les frais de construction, d'autant plus que ces grandes briques ont besoin d'être très soignées.

Les orifices de sortie des gaz sont les points les plus exposés à se détériorer par excès de chaleur ; il faut les faire larges et solides. Le système de construction représenté fig. 26 à 28 est un des meilleurs. La voûte du four est remplacée vis-à-vis de l'orifice par un arceau plus large couvrant à la fois le four et l'emplacement des conduits ; c'est sous cet arceau que passent les gaz, il n'y a plus à pratiquer d'ouvertures dans les reins de la voûte.

Pour diminuer la filtration d'air par les joints, on moule les briques avec des tenons et des mortaises, afin que les joints ne soient pas plans. Mais les rentrées d'air se font encore par les fissures que provoque la dilatation. On peut diminuer l'influence de ces fissures en fermant les surfaces extérieures de doubles parois de maçonnerie séparées par un lit de sable.

Les massifs sont armés par de forts montants en fer placés sur les faces latérales, entre les fours, et réunis par des tirants horizontaux.

91. Défournement. — Le défournement se fait au moyen d'un treuil repoussoir : son organe essentiel est une longue crémaillère horizontale actionnant un bouclier vertical dont la forme est celle de la section transversale du four. Il pénètre dans le four sur toute sa longueur, en poussant devant lui la masse de coke. Le pignon de la crémaillère est mu par une locomobile qui se déplace sur une voie ferrée parallèle au massif. Cette voie doit être établie très solidement, et les rails doivent être entretoisés, sinon ils s'écartent sous la poussée horizontale produite par le frottement du gâteau de coke contre les parois. Une locomobile de 8 à 12 chevaux peut défourner 10 fours par heure.

92. Utilisation des gaz. — Les gaz sortant des fours Belges ne brûlent qu'incomplètement dans les carneaux ; ils conservent en outre une température élevée. On peut les employer encore à chauffer des chaudières : on obtiendra un poids de vapeur à 4 ou 5 atmosphères à peu près égal au poids de houille carbonisée.

Dans les batteries de fours Coppée, on donne aux chaudières environ $2^{m2},50$ de surface de chauffe par four.

93. Frais. — Le prix de construction d'un four Belge varie de 1000 à 3000 fr. Le premier établissement revient en moyenne à 1000 fr. par tonne de houille à carboniser par jour : avec les accessoires cette somme s'élève à 1200 fr. La durée est de 3 à 6 ans sans réparations importantes. La main-d'œuvre spéciale varie de 1 fr. à 1 fr. 50 par tonne de coke : il faut doubler à peu près ce chiffre pour tenir compte de l'entretien et des accessoires ; enfin l'amortissement se montera à 0 fr. 50. En moyenne, on compte 3 fr. 50 à 3 fr. de frais de carbonisation.

94. Fours Appolt. — Le four Appolt (fig. 29 et 30) se compose d'une série de cornues verticales, rangées à côté les unes des autres dans un massif de maçonnerie de forme rectangulaire. Les cornues sont réunies entre elles et au massif par des briques de liaison ; elles se trouvent donc entourées de tout côté par un espace libre que remplissent les gaz provenant de la distillation.

La section des cornues est rectangulaire : leurs parois vont en s'évasant vers le bas pour faciliter la chute du charbon. La largeur est de 45 centimètres à la base et 35 cm. en haut : pour les charbons les plus maigres, on réduit ces dimensions à 38 et 28 cm. La carbonisation dure 24 heures. La partie inférieure des cornues étant plus large, il faut la chauffer plus fortement. Aussi c'est là qu'on place les orifices de dégagement des gaz ; cependant, avec les charbons les plus maigres, il faut aussi ménager quelques orifices vers le haut, de manière que la combustion des gaz se produise sur toute la hauteur.

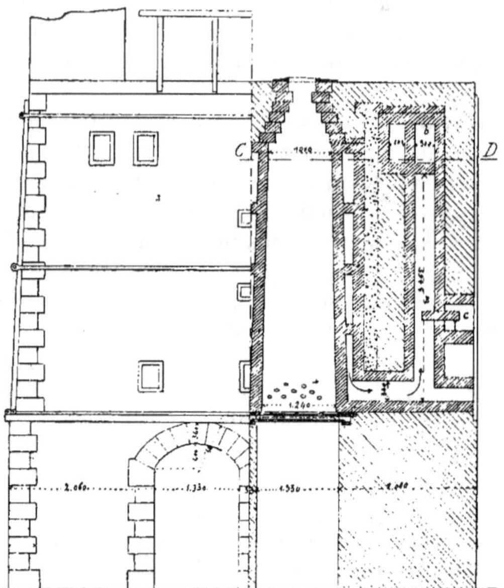

Fig. 29. — Four Appolt. — Demi-coupe AB de la fig. 30.

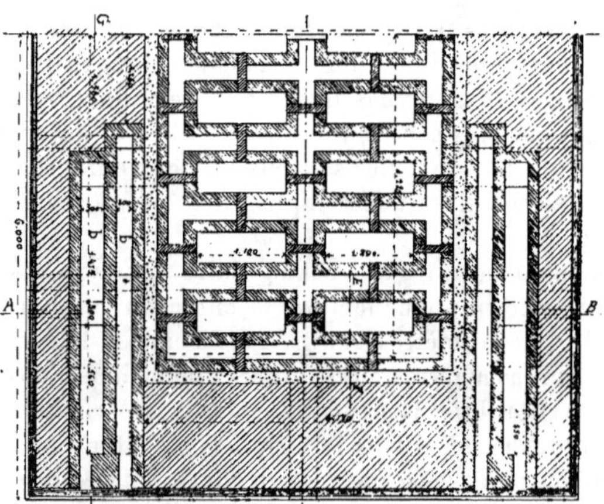

Fig. 30. — Four Appolt. — Demi-coupe CD de la fig. 29.

Les gaz, en sortant des cornues, se répandent dans l'espace qui les entoure et y brûlent au contact de l'air qui s'introduit par des regards ménagés dans la paroi du massif. Ces regards, munis de tampons, servent à surveiller la combustion et à la régler en les ouvrant plus ou moins. Les gaz vont ensuite dans une série de carneaux formant comme une seconde enveloppe creuse tout autour du four, et enfin dans la cheminée. Les parois du masssif sont doubles, avec couche de sable interposée, pour faciliter la dilatation et obstruer les fissures.

On remplit les cornues par l'orifice supérieur, puis on ferme celui-ci. Le fond est obturé par une plaque mobile autour d'une charnière et maintenue par un verrou. A la fin de l'opération, on la fait basculer et le coke tombe dans des wagonnets qui circulent sur une voie ferrée placée au-dessous de chaque rang de cornues.

La couche de houille placée au fond des cornues s'agglomère mal et donne du petit coke. On met ce dernier de côté, et on en charge une couche au bas de chaque cornue dans les opérations suivantes, avant d'enfourner la houille. On limite ainsi le déchet qui résulte de ce défaut.

Les fours Appolt donnent un rendement presque égal au rendement théorique : la perte ne dépasse pas **1** à **2** unités.

Chaque cornue donne à peu près **1** tonne de coke par jour. Le nombre des cornues varie de **12** à **18** : un massif de **18** cornues coûte **50** à 60.000 fr. de construction. Ainsi les frais de premier établissement montent à 2.000 fr. environ par tonne de houille carbonisée par jour. La durée est de 5 ou 6 ans comme pour les fours Belges. Les frais de main-d'œuvre et d'entretien sont un peu plus faibles.

La supériorité du rendement semblerait devoir assurer la préférence aux fours Appolt; mais ils ne s'appliquent qu'aux charbons demi-gras. On ne peut y traiter les houilles qui foisonnent et s'attachent aux parois, parce que le défournement ne se fait plus bien. D'un autre côté, leur marche est moins sûre que celle des fours belges ; pour peu que les dimensions et la forme des cornues ne soient pas parfaitement appropriées à la nature des charbons, la carbonisation se fait mal et le coke est de mauvaise qualité : aussi dans certaines installations ces fours ont été abandonnés après des essais malheureux. Ces difficultés en restreignent l'emploi, bien qu'ils donnent par ailleurs d'excellents résultats.

95. Fours de distillation. — On appelle fours de distillation ceux qui sont disposés de manière à recueillir le goudron et les sels ammoniacaux produits pendant la carbonisation de la houille.

96. Four Knab. — Le plus ancien type de ce genre est le four Knab : il a la forme du four Belge, mais la sole seule est chauffée ; aussi le four est beaucoup moins haut et plus large. Les gaz s'échappent par un tuyau qui traverse la voûte : ils débouchent dans un barillet et passent dans des condenseurs où se déposent les goudrons et les sels ; de là un conduit les ramène sous la sole. Ils s'allument en passant sur une grille où l'on entretient un feu de petit coke : les flammes vont jusqu'à l'extrémité de la sole, puis reviennent par deux carneaux latéraux et se rendent enfin dans une galerie conduisant à la cheminée. La présence des condenseurs rendrait le tirage irrégulier ; il faut l'assurer, comme dans les usines à gaz, au moyen d'un extracteur.

Le chargement et le défournement se font comme dans les fours Belges : seulement, au moment où un four est ouvert, il faut abaisser la cloche qui sert à l'isoler de la conduite où se rendent les gaz de tous les fours.

La carbonisation dure 48 heures lorsque l'épaisseur de la houille est de 50 centimètres. Dans ces conditions, un four de 7 mètres de long et de 2 mètres de large contient environ 4 tonnes de houille.

On peut transformer les vieux fours à boulanger et les faire fonctionner comme le four Knab en construisant des carneaux sous la sole et plaçant un tuyau de dégagement au sommet de la voûte.

Le coke obtenu au four Knab est léger et friable parce que la charge est faible ; il convient donc assez mal aux opérations métallurgiques.

Depuis une dizaine d'années, environ, l'ammoniaque a trouvé un nouveau débouché dans les fabriques de soude par le procédé Solvay, et les huiles de houille ont reçu des applications plus nombreuses ; par suite, les fours de distillation ont pris une certaine vogue et on a cherché à propager leur emploi dans les usines métallurgiques A cet effet, on leur a donné plus de hauteur et on a chauffé les parois, afin d'avoir de meilleur coke.

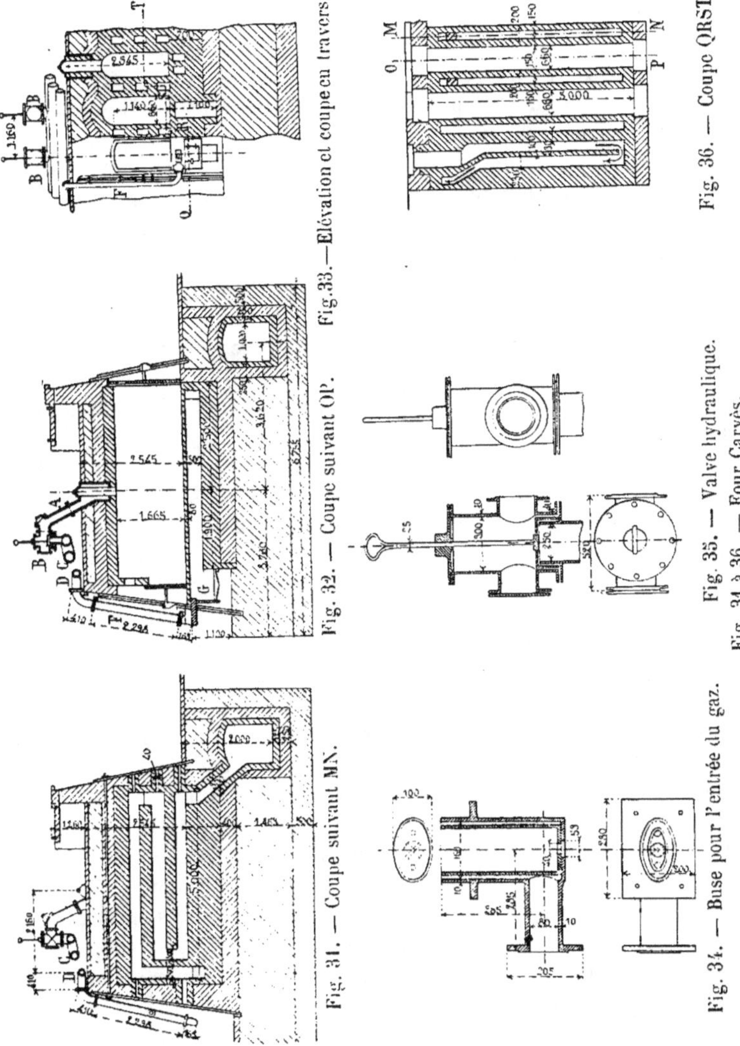
Fig. 31. — Coupe suivant MN.
Fig. 32. — Coupe suivant OP.
Fig. 33. — Elévation et coupe en travers.
Fig. 34. — Buse pour l'entrée du gaz.
Fig. 35. — Valve hydraulique.
Fig. 36. — Coupe QRST.
Fig. 31 à 36. — Four Carvès.

97. Fours Carvès (fig. 31 à 36). — Les fours Carvès ont exactement la forme des fours Belges, mais il n'y a pas d'orifices à la base de la voûte : les gaz sortent par un tuyau passant à travers le sommet, comme dans les fours Knab. Ils se réunissent dans le barillet, vont de là aux extracteurs et aux appareils de condensation, puis reviennent dans une conduite qui longe la face postérieure du massif. Cette conduite les distribue par une série de buses dans les carneaux latéraux, où ils passent sur une petite grille d'allumage. Ils descendent par ces carneaux sous la sole, et vont ensuite à la cheminée par une galerie générale.

La conduite de ces fours demande des précautions spéciales. On est maître de régler la température en ouvrant plus ou moins les buses qui débitent le gaz. Pour obtenir un bon rendement en goudron et en ammoniaque, il faut commencer l'opération à une température de 450°, qu'on élève progressivement jusqu'à 800°. — En carbonisant plus vite, on a un peu plus de coke mais moins de sous-produits. La température doit être maxima dans les carneaux latéraux : aussi est-ce là qu'il convient de placer l'arrivée des gaz. Lorsque les fours sont construits de manière à faire arriver le gaz d'abord sous la sole, il faut y ajouter une série de buses amenant un supplément de gaz entre les piédroits.

Les houilles grasses donnent assez de gaz pour que les flammes perdues puissent encore chauffer des chaudières.

Avec les houilles moins riches en matière volatile, on manque de chaleur. Dans les dernières installations on a employé des récupérateurs. Au-dessous des fours se trouvent une série de galeries voûtées parallèles entre elles, et perpendiculaires à la longueur du massif. Dans les unes circulent les flammes perdues, dans les autres circule l'air nécessaire à la combustion des gaz. Cet air s'échauffe avant d'arriver dans les carneaux, où il se mélange aux gaz ; par suite, la température de combustion se trouve augmentée. Toutefois, ce genre de récupérateurs très simples ne doit pas porter l'air à une température très élevée : il faudrait sans doute recourir à des récupérateurs plus perfectionnés, comme ceux dont nous parlerons à propos des fours à gaz.

Du reste, pour obtenir une bonne distillation, il ne faut pas carboniser à trop haute température, car alors le goudron se décompose dans le four : on obtient plus de coke, mais moins de sous-produits. Pour tous ces motifs, la carbonisation se fait toujours plus lentement dans les fours Carvès que dans les fours Belges ordinaires. Elle dure au moins 48 heures : à Bessèges, avec des fours dont les plus étroits avaient 50 centimètres de largeur, on n'a obtenu de bons résultats qu'avec des opérations durant trois jours. Cette lenteur de marche augmente le prix de revient, en diminuant la production. Pour réaliser une marche plus rapide sans trop élever la température, il conviendrait de donner à ces fours de très faibles largeurs.

La marche des extracteurs doit être réglée de manière à maintenir dans les fours la pression atmosphérique ou même une pression très légèrement supérieure : on évite ainsi les rentrées d'air par les fissures, et on obtient un meilleur rendement. Il faut aussi que le gaz soit en pression dans les conduites, car toute rentrée d'air provoquerait des explosions au moment où les gaz s'allument. Pour la même raison, il faut prendre soin de purger les conduites avant d'employer le gaz, toutes les fois qu'on a arrêté les appareils pour les nettoyer ou pour toute autre cause. Il importe que le four et tous les accessoires soient construits soigneusement et bien entretenus : le rendement en dépend. Si les maçonneries sont fissurées, s'il y a des rentrées d'air importantes, les goudrons brûlent en partie dans le four, et on n'en recueille plus assez pour couvrir les dépenses supplémentaires qu'occasionne la condensation. Il arrive parfois, pour ce motif, que le rendement diminue au bout d'un certain temps de marche.

Il peut être commode dans certains cas d'arrêter l'usine de condensation sans arrêter les fours. A cet effet on place entre le barillet et l'extracteur un branchement qui permet au gaz de gagner directement la conduite d'alimentation des fours. Ce branchement est fermé en temps ordinaire : on l'ouvre quand on veut arrêter la condensation, et on ferme les registres qui établissent la communication avec les autres appareils et permettent de les isoler.

Dans les fours de distillation Knab et Carvès, les frais de carbonisation ne dépassent pas 3 francs si l'on ne tient pas compte de l'amortissement. Mais les frais de construction sont considérables : ils montent à 3 ou 4000 fr. par tonne de houille carbonisée par jour. Un four Knab avec ses accessoires (condenseur, extracteur, tuyautage, etc.,) coûte 10.000 fr. Un four Carvès revient à 4 ou 5000 francs, auxquels il faut ajouter près de 1000 fr. pour sa part de l'usine de condensation. En calculant l'amortis-

~ sement à **10 0/0**, la tonne de coke sera donc grevée de **1 fr. 50** à **2 fr.** En revanche, on peut recueillir par tonne de houille **15, 20**, parfois **30 kil.** de goudron, et de **3 à 5**, parfois **6 kil.** de sulfate d'ammoniaque : la valeur de ces produits peut être de **2 à 3 fr.** D'après certains exemples, le rendement en coke, dans les fours Carvès, serait supérieur à celui des fours Belges, et atteindrait parfois le rendement théorique. Ce résultat ne peut s'expliquer que par l'effet de la contre-pression qui règne dans le four et qui empêche les entrées d'air. Il n'est pas inhérent au système de distillation, et il est probable qu'on l'obtiendrait avec les fours ordinaires, si on remplaçait le tirage de la cheminée par l'action d'un extracteur bien réglé.

En résumé, l'emploi des fours Carvès peut être avantageux pour des houilles qui contiennent plus de **25 0/0** de matières volatiles, à condition que l'usine soit bien placée pour l'écoulement des sous-produits.

Les premiers fours Carvès donnaient souvent une température insuffisante, et le coke produit était boursouflé et peu dense : on les a modifiés en réduisant leur largeur progressivement jusqu'à **45 cm.** On y ajoute aujourd'hui des régénérateurs destinés à élever la température de l'air de combustion ; ces régénérateurs sont chauffés eux-mêmes par les flammes perdues qui ont circulé dans les carneaux.

98. Fours Otto. — En Allemagne, les fours les plus employés pour l'utilisation du goudron sont ceux du système Hoffmann-Otto, lequel est une transformation du four Coppée destinée à permettre la condensation des sous-produits ; les gaz se rendent à deux barillets (fig. 37, 38), par deux ouvertures placées dans la voûte, puis ils arrivent alternativement de chaque côté du four par les distributeurs q ou q_1 pour venir brûler sous la sole. De là, les flammes s'élèvent par une série de conduits verticaux sur les côtés communiquant avec le carneau supérieur horizontal ; l'air de combustion est chauffé par les récupérateurs à voûtes R et R_1. Comme on le voit sur le dessin, la chambre de combustion au-dessus de la sole est divisée en **2** compartiments par une cloison g.

Le chauffage se fait par renversement, comme dans les fours Siemens. Si les gaz arrivent de droite par le distributeur q_1, l'air est chauffé par le récupérateur R_1, et les flammes, après s'être éle-

Fig. 37, 38. — Four à coke Hoffmann-Otto.

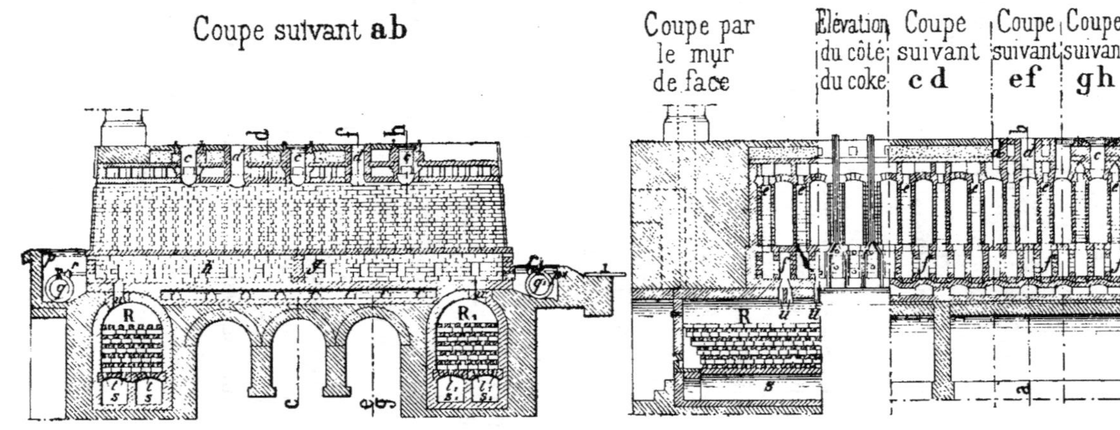

R, R₁, régénérateurs. — a, côté de la machine d'expulsion. — b, côté du coke. — c, orifices de chargement. — d, ouvreaux pour la sortie des gaz. — f, h, canal de la sole. — p, p_1, buses. — q, q_1, tuyaux d'admission des gaz. — r, r_1, robinets. — s, s_1, canaux de distribution de l'air. — u, u_1, fentes.

vées par les carneaux verticaux, redescendent par ceux de gauche et vont chauffer le récupérateur R. Au bout d'une heure, on renversera le courant, les gaz arriveront par q, l'air chaud par R, et les flammes sortiront par le récupérateur R_1. On arrive de cette manière à avoir de l'air très chaud.

La marche de ces fours est très satisfaisante ; ils sont fermés très hermétiquement et le rendement y est parfois supérieur à celui des fours ordinaires. Aussi les quantités de divers produits que l'on obtient avec quelques-uns des types de houilles employés en Allemagne.

99. Fours à récupération Semet-Solvay. — On sait que le coke métallurgique est d'autant meilleur que le charbon est soumis à une plus haute température, dès son introduction dans le four d'abord, puis pendant le reste de la durée de l'opération. Il en est particulièrement ainsi avec des charbons contenant une faible proportion de matières volatiles.

Pour avoir une température élevée au moment de la charge, où le four tend à se refroidir par l'introduction d'une grande quantité de combustible frais, il est nécessaire que les murs extérieurs aient une forte épaisseur, pour pouvoir emmagasiner une grande quantité de chaleur alors que la température du four est élevée. Les parois des carneaux, au contraire, doivent être aussi minces que possible, afin que l'échange de chaleur entre les deux faces se fasse rapidement.

M. Semet a concilié ces deux conditions de fonctionnement en rendant, dans la construction du four, les murs ou piédroits indépendants des carneaux, et en constituant ceux-ci au moyen de sortes de poteries aux parois latérales desquelles il donne une épaisseur de 70 mm. seulement. Ces poteries, d'une faible longueur (fig. 39 et 40), sont emboîtées les unes dans les autres, ce qui permet d'obtenir une étanchéité qui est favorable au rendement en coke ; elles sont en outre facilement réparables sans qu'il soit nécessaire pour cela de toucher aux piédroits.

Les fours système Semet sont construits par la société Solvay : ils ont une longueur intérieure de 9 m. et une hauteur de 1,70 m ; quant à leur largeur, elle est variable suivant la teneur en matières volatiles des charbons à traiter : elle est ainsi réduite à 360 mm. lorsque cette proportion est de 15,5 à 17 0/0, et elle s'élève à 420 ou 460 mm. quand la proportion atteint ou dépasse

25 0/0. Les carneaux sont superposés au nombre de trois sur chacune des parois longitudinales du four, comme le montre le dessin (fig. 39).

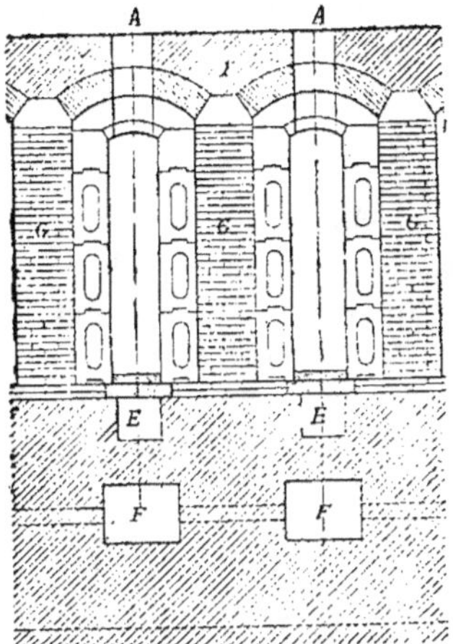

Fig. 39. — Four Semet-Solvay.

L'épaisseur des piédroits atteint jusqu'à 500 mm., et celle de la voûte 1,20 m. ; les fours sont fermés à leurs extrémités par des portes en fonte, doublées de portes en tôle, dans le but de réduire la déperdition de chaleur : elles sont, comme de coutume,

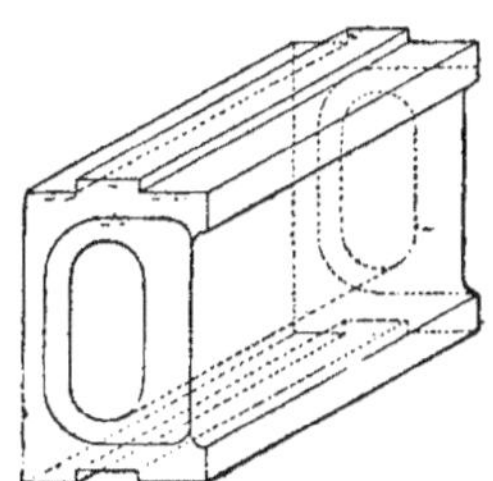

Fig. 40. — Elément de carneau.

soigneusement lutées à l'argile pour éviter des rentrées d'air qui amèneraient la combustion d'une partie du coke, en nuisant au rendement. Les trous de charge et de nettoyage sont fermés par des obturateurs à joints dressés, appuyés par des ressorts.

On récupère une partie de la chaleur des gaz brûlés, pour réchauffer l'air nécessaire à la combustion des gaz de chauffage, en faisant circuler cet air dans des conduits F (fig. 39) ménagés en dessous de la sole E ; avant de se rendre à la cheminée, ces gaz brûlés sont encore employés à chauffer des générateurs à vapeur.

Un four Semet-Solvay revient en Belgique, avec son aire de défournement, la défourneuse, les voies de cette dernière, les appareils de distribution d'eau et les chaudières nécessaires à l'utilisation des flammes perdues des fours, à 6.000 fr. ; il faut ajouter 3.500 fr. à ce chiffre pour l'extracteur, la pompe et les appareils de récupération, ce qui donne un total de 9.500 fr.

Chaque four reçoit une charge de 4 à 5 tonnes de charbon, dont la cuisson ne demande pas tout à fait 24 heures, avec des charbons contenant 15 1/2 à 17 0/0 de matières volatiles ; le rendement, d'après la *Revue industrielle*, est en moyenne de « 81 0/0 de coke fort bien cuit, très-dur, convenant parfaitement aux usages industriels ». Comme sous-produits, on obtient par tonne de coke produit de 7 à 17 kg. de sulfate d'ammoniaque et de 18 à 70 kg. de goudron et hydrocarbures.

Quant au prix de la main-d'œuvre, il serait sensiblement le même que pour les fours sans récupération ; le service d'une batterie de fours à coke à sous-produits comporte bien un personnel supplémentaire nécessité par la conduite de l'extracteur à gaz et le nettoyage des appareils de récupération, mais la régularité du travail de défournement et la forte production par four permettraient une meilleure utilisation de la main-d'œuvre venant compenser les frais nécessités par la récupération des sous-produits.

D'après le Bulletin de la Société de l'industrie minérale (1), la main-d'œuvre dans les fours Semet-Solvay coûterait 0,40 fr. plus cher par tonne de coke que dans les fours sans récupération. Le coke produit laisserait aussi à désirer au point de vue de la dureté et de la grosseur des morceaux : il ne pourrait s'appeler ainsi du coke métallurgique, et son emploi serait plutôt réservé au chauffage domestique. Enfin les sous-produits seraient en moins grande quantité, et le goudron ne contiendrait que peu de benzols, ce qui s'expliquerait par ce fait que la température y est peu élevée.

(1) Tome V, 3e livraison, 1891.

Cependant dès la fin de 1894 onze usines belges ou anglaises employaient déjà 492 de ces fours, produisant annuellement 593.500 tonnes de coke.

Ainsi, grâce à ces différents moyens : réduction de la largeur des fours, amincissement des parois, chauffage de l'air destiné à la combustion, on parvient comme on le voit à obtenir, dans les fours à récupération, une température au moins aussi haute et un rendement aussi bon que dans les fours ordinaires. Aussi deviennent-ils d'un usage de plus en plus général. On cherche même maintenant à étendre la récupération des goudrons à d'autres appareils métallurgiques. Il y a en Angleterre plusieurs usines où l'on condense les gaz des hauts-fourneaux, et depuis quelque temps on essaye de condenser ceux des gazogènes. Ces procédés se généraliseront sans doute à mesure qu'on sentira le besoin de les utiliser dans les combustibles, et ils pourront présenter un intérêt spécial pour les usines métallurgiques si l'emploi des combustibles liquides se développe. Les huiles lourdes ainsi récupérées pourraient, là où il n'y aurait pas un débouché commercial suffisant, rendre des services, comme nous le verrons, pour le chauffage de certains fours.

Dans les fours les plus perfectionnés, le pouvoir calorifique des gaz condensés est encore plus que suffisant pour opérer la carbonisation, et on peut en employer une partie à produire de la vapeur.

100. Choix d'un four. — Nous avons indiqué, au fur et à mesure de notre exposition, les avantages et les inconvénients de chaque système. Les fours Belges sont encore les plus employés pour la fabrication du coke métallurgique ; ce sont ceux qui se prêtent le mieux à la carbonisation des différentes variétés de houilles et à la production d'un coke dur et dense. Le four Appolt donnera de bons résultats pour certaines houilles demi-grasses, mais sa réussite sera un peu aléatoire lorsqu'on voudra l'appliquer à des charbons qui n'y auront pas encore été expérimentés. En général, on emploie surtout les fours belges à faible largeur, permettant de carboniser les charbons demi-gras rapidement. Les fours du système Otto sont très employés là où la vente des sous-produits est rémunératrice. Enfin on emploie encore quelquefois le four à boulanger, parce qu'il donne un coke léger mais brillant, d'un très bel aspect, qui est recherché

et payé très cher par les fondeurs au creuset : il convient aussi
pour les cubilots.

101. Nature des houilles. — Les houilles que l'on recherche pour la fabrication du coke sont les houilles demi-grasses :
en effet, plus la houille est maigre, plus elle donne de coke
et plus ce coke est dur : il y a donc double avantage. Les houilles maigres doivent être carbonisées fraiches, car l'exposition à
l'air leur fait perdre leur pouvoir collant. On a parfois carbonisé
des houilles anthraciteuses en les mélangeant avec du brai ou du
goudron : le coke ainsi obtenu décrépite au feu, et en pratique
on n'emploie que les houilles qui donnent par elles-mêmes un
coke aggloméré. Cependant on fait souvent des mélanges de
houilles, et on ajoute des charbons gras à d'autres qui seraient trop
difficiles à carboniser seuls. On cherche en général à obtenir
un mélange aussi homogène que possible ; parfois, au contraire,
on place la houille la plus grasse dans les parties des fours les
plus froides, près des portes.

102. Préparation de la houille. — Nous avons déjà dit
que le coke se fabrique toujours avec les menus : plus ils sont
fins, plus le coke est dur et homogène. La houille doit donc toujours être criblée ; en outre, si elle contient plus de 10 0/0 de
cendres, il faut la laver. Enfin on la broie souvent, soit pour la
rendre plus fine, soit pour réaliser un mélange intime des différentes qualités : dans ce cas on emploie le broyeur Carr. Le prix
de ces manipulations monte en moyenne à 1 fr. par tonne : il
peut atteindre 2 francs lorsque le lavage est poussé loin, et s'abaisser à 0 fr. 30 pour les houilles pures. En outre il se produit au
lavoir un déchet de 10 à 20 0/0, parfois même plus élevé, qui
augmente d'autant le prix de revient du menu épuré.

103. Extinction du coke. — Le coke au sortir du four est
rouge. On l'éteint en l'arrosant avec des lances : il faut une certaine habileté de la part des ouvriers pour faire l'extinction régulièrement et rapidement, sans employer un excès d'eau. A Méons,
on a essayé un système consistant à recevoir le gâteau de coke
tout entier dans un panier en tôle à claire-voie suspendu à une
grue et à le plonger quelques minutes dans un réservoir plein
d'eau : on obtient une extinction plus régulière, et il se produit

un dégagement de vapeurs qui projette les cendres et la poussière, de façon que le coke est plus propre. Mais les paniers se détériorent trop vite. Il y aurait peut-être intérêt à reprendre ces essais en cherchant un dispositif plus pratique pour réaliser l'immersion du coke. Dans d'autres usines, on arrose le coke avec des tuyaux fixes percés de trous. Le coke convenablement éteint retient environ 5 0/0 d'eau. Il peut en garder bien plus si les ouvriers sont malhabiles. On peut encore recevoir le gâteau dans des fosses où on le recouvre de sable, ou mieux de poussier de charbon ; le coke est moins humide, mais moins propre : ce procédé est peu employé.

104. Chargement. — Pour charger le coke dans les wagons qui doivent l'emmener, on se sert de pelles à jour formées par des barreaux écartés de 3 à 4 centimètres ; on sépare ainsi le petit coke, qui passe entre les barreaux et qui a moins de valeur : il forme à peu près 2 0/0 du poids total, quand le coke est assez dur.

Pour ces différentes manipulations, on établit tout autour de la batterie une esplanade large de 10 à 12 mètres, élevée au-dessus du sol de la hauteur des wagons. En tenant compte de cet espace, chaque four Belge occupe environ 40 mètres carrés : le four Appolt n'exige que vingt mètres carrés par cornue.

105. Emplacement des fours. — Les fours à coke sont situés près des mines de houille. Tout autre emplacement donnerait lieu à des frais de transport plus élevés, en raison de la perte de poids que produit la carbonisation. Cependant les usines métallurgiques, lorsqu'elles sont situées à proximité de houillères importantes, ont souvent avantage à fabriquer leur coke, surtout si la nature des houilles force à mélanger des charbons de diverses provenances.

106. Propriétés du coke. — Le coke bien préparé a une couleur grise, un éclat métallique analogue à celui du graphite ; il ne doit pas tacher les doigts. Lorsqu'il est terne, il est friable et de mauvaise qualité ; lorsqu'il présente des taches noires, elles sont généralement formées par du proto-sulfure de fer, résidu de la pyrite qui se trouvait dans la houille.

Le coke ne se compose pas de carbone pur ; il retient de 1 à 2 0/0 de gaz dont la moitié est de l'hydrogène et le reste de l'oxygène et de l'azote. Son pouvoir calorifique est d'environ 8000 calories : il ne s'enflamme qu'au rouge blanc ; il exige un tirage énergique et brûle d'autant plus difficilement qu'il est plus dense. Le mètre cube (en fragments) pèse de 350 à 450 kil., 500 pour les cokes les plus denses.

En général, on recherche le coke dur et dense : cependant, lorsqu'on veut le brûler à basse pression (par exemple pour les hauts fourneaux où on le mélange au charbon de bois, ou pour les foyers de fusion de l'acier au creuset), on le préfère léger et poreux.

La densité augmente, comme nous l'avons vu, avec la hauteur sur laquelle le charbon est entassé dans le four, et avec la durée de la carbonisation ; elle dépend aussi de la nature des houilles : les plus grasses donnent les cokes les plus légers.

Les cendres sont les mêmes que celles de la houille : elles sont en général siliceuses ou argileuses ; les substances nuisibles qu'elles peuvent contenir sont les sulfates et les sulfures. La teneur en cendres ne doit pas dépasser 6 0/0 quand le coke est destiné à l'alimentation des locomotives ou voitures à vapeur de tramways ; mais les cokes métallurgiques en contiennent le plus souvent 10 à 12 0/0 (1).

107. Valeur du coke. — Le prix du coke dépend essentiellement de celui de la houille. On obtiendra la valeur d'une tonne de coke en calculant le poids de houille nécessaire pour la produire et ajoutant environ 3 fr. à la valeur de ce poids de houille. Les districts où le coke sera le meilleur marché seront ceux où on aura la houille à bas prix et où en même temps on trouvera en abondance des houilles demi-grasses ayant un fort rendement. Il reviendra plus cher dans les bassins où l'on ne trouve que de la houille grasse, qui donne un plus faible rendement et a par elle-même plus de valeur. Il atteindra son prix maximum dans les bassins où il n'y a que des houilles sèches ou très maigres, que l'on ne peut carboniser sans addition de charbons gras importés de loin.

(1) Il faut bien tenir compte des cendres quand on veut apprécier le rendement des fours, car, leur poids restant constant, les houilles donnent, toutes choses égales d'ailleurs, un rendement apparent d'autant plus fort qu'elles sont plus impures : il faut toujours calculer le rendement réel en éliminant les cendres. Il faut aussi tenir compte de l'humidité, qui n'est pas la même dans la houille et dans le coke. Aussi la détermination du rendement réel est beaucoup plus difficile qu'on ne le croirait au premier abord.

Le coke métallurgique de qualité moyenne, contenant de 10 à 12 0/0 de cendres, vaut en général plus de 20 fr. la tonne. Ce prix peut s'abaisser à 18 fr., voire même au-dessous, dans les contrées les plus favorisées. Dans le midi et le centre de la France, il est en moyenne de 24 à 25 fr., dans le nord il ne dépasse guère 20 fr. Dans certains bassins du centre, pauvres en houille grasse, il peut monter à 30 fr. On compte le plus souvent 50 c. de différence par unité de cendres.

108. Charbon de tourbe. — On carbonise quelquefois la tourbe. On peut opérer en meules ou en fours, comme pour le bois. Toutefois, quand on exploite des gisements importants, il est plus rationnel de carboniser en fours, puisque le siège de la production ne se déplace pas comme pour le bois. On peut employer tous les genres de four qui servent pour le bois ou pour la houille. On a employé parfois des cornues verticales analogues à celles du four Appolt. Les gaz extraits par des tuyaux laissaient condenser leurs eaux avant de revenir brûler dans des carneaux. Ceux-ci étaient en outre chauffés par les flammes de foyers auxiliaires alimentés avec de la tourbe, car les gaz distillés n'auraient pas donné assez de chaleur. Dans ces conditions, il est plus simple d'employer des fours à admission d'air, analogues à ceux qui servent pour le bois.

La tourbe ne se boursoufle pas et donne un charbon qui conserve la forme du produit : le rendement est très faible, 30 à 35 0/0. Aussi le charbon obtenu est très chargé en cendres et très impur. Comme il est en outre presque toujours essentiellement friable et léger, il n'a guère d'emploi en métallugie. On l'a parfois mélangé au charbon de bois dans de petits fours à cuve.

On a proposé de carboniser les tourbes comprimées et mélangées de goudron. Il est peu probable que cette opération puisse présenter des avantages.

On peut aussi carboniser en tas ou en fours les bois fossiles et les lignites : le charbon conserve la forme de la matière primitive, mais il est trop friable, et le rendement trop faible.

AGGLOMÉRATION

Les menus des houilles maigres, impropres à la carbonisation et doués d'un pouvoir calorifique considérable, sont ceux que l'on emploie d'ordinaire pour la fabrication des agglomérés.

109. Emploi du brai. — Il faut mélanger à la houille une substance qui serve de ciment, et qui n'augmente pas la teneur en cendres du combustible : les produits de la distillation du goudron remplissent seuls ces conditions. Le goudron, fluide à trop basse température, donnerait des agglomérés peu solides ; mais si on le distille à 200°, il perd 25 0/0 de son poids, et le résidu, qu'on nomme brai gras, n'est fluide qu'à une température voisine de 100°. En poussant la température à 280°, la perte de poids s'élève à 40 0/0 et on obtient le brai sec, qui ne fait que se ramollir à 100°. Le brai sec donne aux agglomérés plus de solidité que le brai gras, mais il faut en employer davantage, car n'étant pas liquide il se mélange moins bien à la houille : aussi on préfère généralement le brai gras. Souvent on le reconstitue en mélangeant avec un peu de goudron le brai sec qui est plus facile à transporter : cette combinaison, qui exige une opération de plus, ne peut être motivée que par des circonstances locales, là où il faut faire venir le brai de loin.

La fabrication des agglomérés comprend deux phases :

1° la préparation de la pâte ;
2° le moulage des briquettes.

110. Préparation du mélange. — Il est très important de mélanger aussi bien que possible la houille et le brai. Un mélange bien fait peut seul donner des briquettes offrant une cohésion régulière. C'est aussi la condition principale pour obtenir une cohésion suffisante avec la moindre consommation de brai. En effet, il faut, pour avoir des briquettes solides, qu'en aucun point la proportion de brai ne descende au-dessous d'un minimum qui peut être d'environ 4 0/0. Si le mélange était parfaitement homogène, on pourrait employer juste cette proportion de brai ; comme il ne l'est jamais, il y aura des points où le brai se trouvera en plus grande quantité qu'à d'autres, et par suite il faudra en mettre un excès : cet excès sera d'autant plus faible que le mélange sera plus parfait.

111. Proportion de brai. — En pratique, la consommation de brai varie de 5 à 10 0/0. Elle n'est pas indépendante de la nature des charbons : plus ceux-ci sont gras, plus l'agglomération est facile. On a même pu faire des agglomérés sans aucun mélange, en chauffant à 3 ou 400°, et sous pression, des houilles grasses. Les hydrocarbures fusibles à cette température servent alors de ciment. Au contraire, avec les charbons les plus maigres, il faut parfois jusqu'à **12 0/0** de brai.

112. Nature des charbons. — Les charbons que l'on passe à l'agglomération sont en général des menus, criblés à un diamètre maximum de **1 à 2 cm**. Les charbons les plus fins donnent les briquettes les plus solides, mais ils exigent plus de brai ; ainsi, avec des menus, on est obligé d'en mettre jusqu'à **20 0/0**. Au point de vue de la consommation de brai, il y a avantage à avoir un mélange de poussières et de fragments de dimensions variables, qui diminuent les surfaces à enduire de matière agglomérante. Quand on ne recherche pas une grande cohésion, on peut employer des charbons criblés à **3 cm**. Lorsqu'on mélange diverses sortes de houilles, on les passe au broyeur Carr : les broyeurs à cylindres ont l'inconvénient de donner plus de poussière. Comme les agglomérés sont destinés souvent à des industries qui demandent des combustibles de choix, on les fabrique en général avec du charbon lavé. Celui-ci doit alors être égoutté avec grand soin, à moins qu'on ne choisisse les procédés de fabrication qui, comme nous le verrons, permettent le départ de l'eau avant ou pendant le mélange.

113. Distributeurs. — Le brai sec doit être préalablement broyé ; le brai gras peut être broyé, ou fondu dans une chaudière. On le fond toujours lorsqu'on emploie le brai reconstitué par addition de goudron. Le brai et le charbon doivent être livrés régulièrement et en proportions déterminées aux appareils mélangeurs, par distributions automatiques. On peut employer des hélices, des norias, etc. L'appareil le plus précis est le distributeur à sole tournante. Les matières, versées dans une trémie, sont reçues sur une table circulaire, animée d'un mouvement de rotation. Elles butent ensuite contre une raclette qui les fait tomber de la table dans le mélangeur. On règle la quantité distribuée dans un temps donné en plaçant convenablement la raclette. On doit avoir un distributeur semblable pour le brai et un pour le charbon, qui arrivent ainsi d'une manière continue, par petites charges faciles à mélanger. Il est bon que ces organes soient visibles, pour qu'on puisse en surveiller le fonctionnement. Quand le brai est préalablement fondu, il arrive par un tuyau et on règle l'admission par un robinet.

114. Mélange.— Les deux matières réunies tombent dans une vis d'Archimède horizontale, où elles se mélangent intimement. L'arbre de la vis peut être muni de couteaux, si on veut rendre le brassage plus énergique. Sa longueur peut être de 4 à 6 mètres : on la réduit lorsque l'appareil de chauffage est disposé de manière à procurer encore un brassage efficace. L'enveloppe, en tôle, doit être double, et réchauffée par une circulation de vapeur lorsque le brai a été fondu : il est même nécessaire dans ce cas que le charbon soit chauffé avant de se réunir au brai.

115. Chauffage. — De là, le mélange passe dans un malaxeur vertical (fig. 41) où on achève de le chauffer à 100° au'moins, en y injectant de la vapeur. C'est un cylindre dans l'axe duquel se meut un arbre muni de palettes horizontales, faisant environ 40 tours par minute. L'enveloppe est double. La vapeur circulant entre les deux tôles vient se condenser dans le charbon par

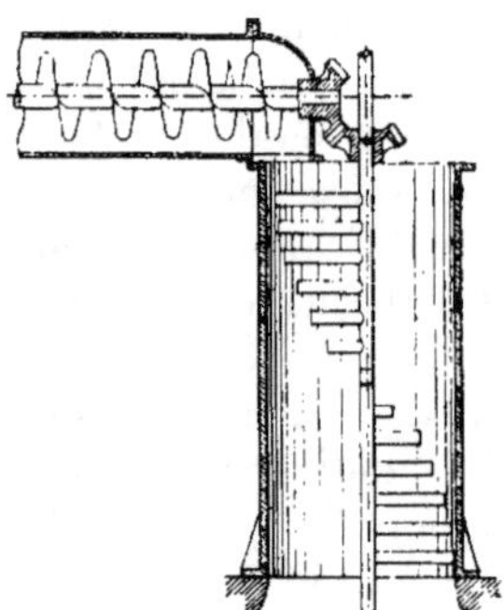

Fig. 41. — Malaxeur.

des trous ménagés dans la tôle intérieure. Avec 4 ou 5 0/0 de vapeur à 150°, on peut chauffer la houille à près de 100°. Dans les installations les plus récentes, la vapeur, avant de pénétrer dans le malaxeur, traverse un serpentin placé dans un four : elle s'y dessèche et s'y surchauffe jusqu'à 4 ou 600°, de sorte qu'il en faut moins, et qu'on introduit moins d'eau dans le charbon.

Les malaxeurs verticaux n'ont guère plus de 1 m. 50 de hauteur : on ne peut pas porter celle-ci à plus de 2 mètres, sans quoi le charbon s'y tasserait, et le mouvement de l'arbre deviendrait trop difficile. On y fait passer environ 10 à 12 tonnes par heure, et la houille met tout au plus 5 ou 6 minutes à les traverser. Ce temps n'est pas suffisant pour obtenir un mélange intime, surtout si on emploie le brai sec. C'est pourquoi il faut toujours les faire précéder par un malaxeur horizontal. L'addition du premier malaxeur, dans une usine qui ne possédait d'abord que le second, a fait baisser la consommation de brai de 10 à 6 0/0.

Pour dessécher un peu le charbon et chasser la vapeur en excès, on peut disposer à la base du malaxeur, un peu au-dessous des orifices d'arrivée de la vapeur, une tuyère injectant de l'air chaud. On peut encore mettre le malaxeur horizontal après le réchauffeur : on le munit alors d'une auge à double enveloppe et à circulation de vapeur, pour que le mélange ne se refroidisse pas ; cette auge est demi-cylindrique, de sorte que les matières y circulent à découvert et que l'eau peut s'évaporer.

116. Chauffage en fours. — Dans quelques usines, on fait le chauffage dans des fours. Le four employé à Méons a la forme d'un cylindre horizontal ; il est traversé par un agitateur en fer : le foyer est disposé de manière que la flamme lèche la surface des matières, qui ne remplissent que la moitié inférieure du cylindre. On introduit une charge de charbon pesée dans une trémie placée au-dessus du four, où elle commence à se dessécher ; puis, lorsque le four est libre, on verse dans la trémie un poids déterminé de brai fondu, et on ouvre la trémie. Les matières commencent à se mélanger en tombant dans le four. Elles y séjournent 15 minutes environ ; ouvrant une trappe ménagée dans le fond, on les fait tomber dans une trémie, et de là sur l'appareil de moulage. Les résultats obtenus sont très bons, car la proportion de brai descend au-dessous de 5 0/0 ; la cause en est sans doute dans la perfection du mélange, plutôt que dans le mode de chauffage. La nature des charbons employés à Méons et le mode de moulage contribuent aussi à ce résultat exceptionnel. A Firminy, avec le même système de four et la machine Biétrix, on emploie 6 0/0 de brai. Les charbons traités dans ces deux usines sont, du reste, gras ou demi-gras.

117. Fours tournants. — A Blanzy, on emploie des fours à sole tournante, qui se retrouvent dans la plupart des installations faites d'après le système Biétrix-Couffinhal. La sole, en fonte, a la forme d'un tronc de cône à pente très douce, tournant lentement autour de son axe vertical. Une trémie fine déverse le charbon sur un point de la sole. Le brai arrive tout fondu. Ces matières, étendues en couche mince, suivent le mouvement de la sole et font le tour du four. Elles rencontrent des agitateurs qui effectuent le brassage. Les flammes, admises à une autre extrémité du four, circulent en sens inverse du mouvement de la sole et reviennent par dessous (1), de manière à la chauffer sur ses deux faces. Les matières mélangées et échauffées vont buter contre un rateau oblique qui les décharge automatiquement.

Ces fours ont des dimensions variables : avec 4 m. de diamètre et une rotation de 4 à 5 tours par minute, un four passe environ 60 tonnes par poste de 10 heures.

La fusion préalable du brai est nécessaire : les morceaux un peu gros n'ont pas le temps de fondre tout à fait dans le four. Il est bon du reste de placer, avant ou après cet appareil, un malaxeur qui rende le mélange plus parfait.

Dans les dernières installations, le brai n'est incorporé au charbon qu'au sortir du four ; ce dernier ne sert qu'à chauffer le charbon : on évite ainsi le danger de brûler les éléments volatils du brai. Après le four, est une vis horizontale à double enveloppe où s'opère le mélange du charbon et du brai fondu.

Il est difficile de se prononcer sur la valeur respective de ce four et de celui de Méons, car il n'existe pas à notre connaissance d'usine où on ait employé les deux, et les bons résultats obtenus à Méons peuvent tenir à bien des causes.

Le chauffage direct, tel qu'on le fait dans les fours, offre l'avantage de ne pas introduire d'eau dans les agglomérés ; au contraire il les dessèche, et par suite convient pour les charbons humides. En revanche, il est moins commode que le chauffage à la vapeur ; il exige plus de main-d'œuvre : enfin on est exposé, si le four n'est pas très bien conduit, et si le charbon est gras, à brûler une partie des hydrocarbures, ce qui diminue le pouvoir calorique des briquettes. Au point de vue de la dépense en combustible, il y a peu de différence. Les fours consomment 20 à 25 kil. de houille par tonne d'agglomérés : dans les usines où

____

(1) Il faut avoir soin que le mélange ne se répande pas jusqu'aux bords de la sole, sinon le brai en tombant à travers le joint dans le retour de flamme pourrait provoquer des incendies : on peut munir à cet effet la sole d'un rebord en saillie.

l'on chauffe à la vapeur, le combustible consommé est confondu avec celui qui sert à la production de la force motrice.

118. Moulage. —Dans l'étude des appareils de moulage, le but qu'on doit se proposer est de donner aux briquettes une cohésion suffisante dans toutes leurs parties. Pour cela, il faut que leurs dimensions soient faibles. Dans le sens suivant lequel s'exerce la compression, l'épaisseur ne doit pas dépasser 10 à 12 centimètres ; en effet, le frottement le long des parois empêche la pression de se transmettre intégralement, et elle diminue rapidement à mesure que l'on considère des couches plus éloignées du piston : si l'épaisseur était trop grande, la cohésion serait beaucoup plus faible à l'une des extrémités qu'à l'autre. Quant aux dimensions transversales, elles varient de 15 à 30 centimètres. La forme est le plus souvent celle d'un parallélipipède rectangle. Quelques machines donnent des briquettes cylindriques. La pression exercée doit être d'au moins 100 atmosphères : elle atteint en général 130 ou 150. Lorsque le charbon est solide ou lorsqu'on traite des menus très fins avec beaucoup de brai, la cohésion augmente avec la pression ; on peut aller avec avantage à 200 et même 250 atmosphères. Si, au contraire, on traite des charbons friables contenant des fragments un peu gros, il ne faut pas dépasser 100 atmosphères, pour ne pas écraser ces fragments. La présence de l'eau dans la pâte facilite le moulage : une proportion minima de 2 à 3 0/0 est nécessaire pour qu'il se fasse bien. D'autre part l'eau qui reste dans la briquette fabriquée diminue sa cohésion ; il ne faut pas que sa proportion dépasse 5 0/0.

Les briquettes étant de faibles dimensions, il faut, pour avoir une production suffisante, en mouler rapidement un grand nombre.

Il existe un grand nombre de machines à mouler : chacune étant brevetée et fabriquée par des constructeurs spéciaux, il est inutile d'en faire une description complète. On peut diviser les plus usitées en 4 classes :

119. Machines à roues. — 1° Machines à roues tangentielles (Machines Milch et David, fig. 42, 43).

Les moules, creusés dans la jante d'une roue verticale, viennent passer successivement devant un rouleau compresseur tan-

gent à la surface de cette roue. Le fond des moules est fermé
par des pistons mobiles, que des galets fixes repoussent lorsque

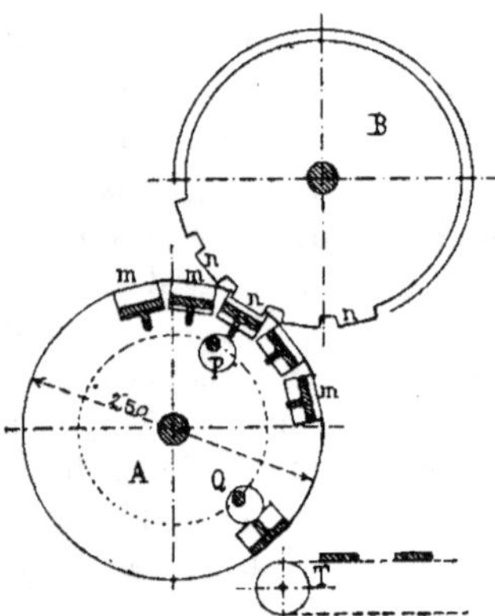

Fig. 42, 43. — Machine à agglomérer, à roues.

le mouvement de rotation les amènent en face. On opère ainsi la
compression et le démoulage. On ne peut obtenir qu'une pression insuffisante pour les usages industriels.

120. Machine Mazeline. — 2° Machines à moules fermés et
à pression produite par la vapeur.

C'est la classe la plus répandue. Un des types les plus employés
est la machine Mazeline. Elle se compose d'un plateau horizontal dans l'épaisseur duquel sont ménagés des moules de section
rectangulaire répartis sur tout le pourtour ; ces moules sont
ouverts en dessus et le fond de chacun d'eux est fermé par un
piston qui peut se soulever. La rotation du plateau amène chaque
moule : d'abord au-dessous du distributeur, où il se remplit,
puis au-dessous d'un chapeau de fonte fixe qui forme l'orifice
supérieur ; à ce moment un levier, mu par un piston à vapeur,
relève le piston du moule et opère la compression. Enfin le
moule passe au-dessus d'une surface hélicoïdale qui soulève le
piston progressivement de façon à faire sortir la briquette.

Une machine portant 10 à 12 moules et tournant à deux tours
et demi par minute peut mouler 13 à 15 tonnes par heure, et
exige 80 à 100 chevaux de force. L'atelier complet occupe 15 ouvriers.

121. Machine Couffinhal. — La machine Mazeline a l'inconvénient de donner une pression trop brusque qui écrase la matière et n'a pas le temps de se transmettre sur toute l'épaisseur. Ces conditions ne sont pas favorables à la cohésion. Dans le système Couffinal, cet inconvénient est diminué par l'emploi du *pot de presse*. L'axe du levier compresseur, au lieu d'être fixe, est porté par un piston mobile dans un cylindre et soutenu par de l'eau à haute pression qui vient d'un accumulateur. Cette eau peut s'échapper par une soupape, dont on règle la pression au moyen d'un ressort. Si la pression sur la briquette est trop faible, l'eau repousse l'axe et augmente l'action du levier. Quand la pression atteint la limite fixée par le ressort, l'eau s'échappe, et l'axe n'étant plus maintenu le levier cesse d'agir. On obtient donc une pression bien déterminée : de plus, elle ne s'exerce pas d'une manière aussi brusque que dans la machine Mazeline. La compression progressive augmente la cohésion des agglomérés ; en outre elle exprime l'eau dont ils sont imprégnés et en enlève une partie. C'est un avantage quand on a employé le chauffage à la vapeur.

122. Machine Couffinhal à double compression. — M. Couffinal a perfectionné sa machine en y introduisant d'abord la double compression. Dans ce type, les moules sont ouverts aux deux bouts : ils tournent en glissant sur un plateau plein qui leur sert de fond pendant le remplissage, puis ils viennent se placer entre deux pistons qui y pénètrent à la fois et compriment également les deux faces de la briquette (fig. 44 à 49).

Le levier A, composé de deux flasques réunies par la tige H, n'a pas de point fixe. Son extrémité droite reçoit un mouvement alternatif régulier par l'intermédiaire de la tige H et des deux bielles qui la commandent. Son extrémité opposée, D, est maintenue par le pot de presse. Cet organe se compose d'un cylindre en partie plein d'eau, où s'engage un piston dont la tige est articulée au levier A. Le cylindre est divisé en deux compartiments par une cloison horizontale que traversent deux ajutages munis de soupapes : l'une d'elles, s'ouvrant de haut en bas, laisse librement l'eau passer du compartiment supérieur dans l'inférieur ; l'autre, s'ouvrant de bas en haut, est retenue par un ressort et ne permet le passage de l'eau que si elle est soulevée par une force déterminée, dépendant de la tension du ressort. Le piston R′ ne peu s'élever dans le cylindre qu'à condition de soulever cette soupape et par suite d'exercer sur l'eau un effort r, proportionnel à la tension du ressort.

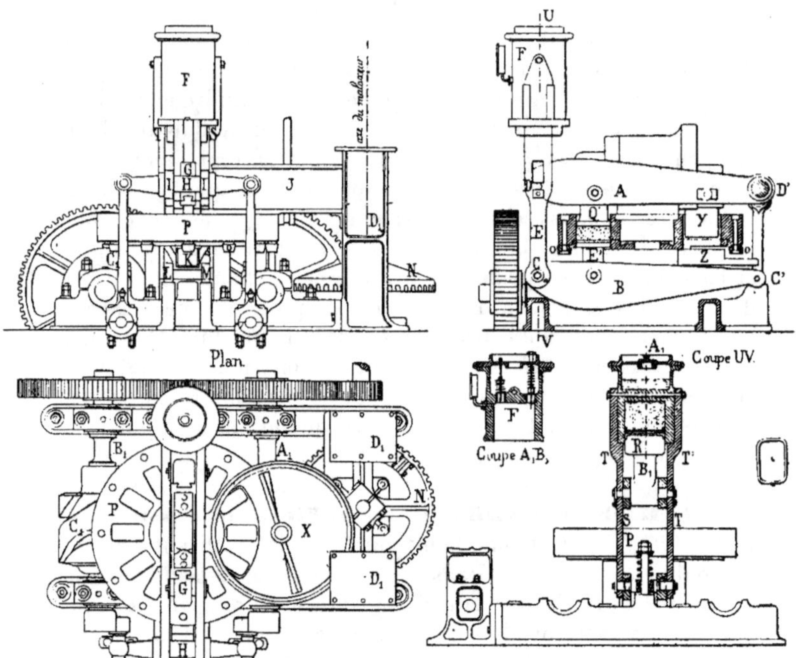

Fig. 44 à 49. — Machine Couffinhal à double compression.

D'autre part, le cylindre F est fixé à deux tiges T, qui sont articulées en C aux flasques du levier inférieur B ; ce dernier peut tourner autour de l'axe M, situé à son extrémité droite. Ainsi, le piston D′, le pot de presse F et les tiges T constituent un attelage *non rigide* par lequel le levier A commande le levier B, mais à condition que l'effort à exercer au point C ne soit pas supérieur à r, car dans ce cas le piston D′, avant d'exercer cet effort, s'enfoncerait dans le pot de presse.

Appelons p l'effort nécessaire pour soulever le levier B, et que nous supposons inférieur à r. Si le point D est sollicité à s'élever par une force f, trois cas peuvent se présenter : 1° la force f est inférieure à p ; dans ce cas le piston D′ ne peut ni s'enfoncer dans le pot de presse ni le soulever, le point D est donc maintenu fixe et le levier A ne peut que tourner autour de lui. — 2° La force f est égale à p ou comprise entre p et r : — dès lors le piston D′ peut soulever le pot de presse, le point D n'est plus fixe et peut s'élever en entraînant le levier B. — 3° La force f devient supérieure à r. A partir de ce moment, le piston D′ peut s'enfoncer dans le pot de presse et le point D peut s'élever sans entraîner le levier B : c'est ce qui arrivera si ce dernier vient à rencontrer une résistance supérieure à r.

Ces trois phases se présentent successivement pendant la compression des agglomérés. — Les deux leviers A et B portent chacun, au quart de leur longueur à partir de la gauche, des pistons compresseurs Q′, E′, qui peuvent s'engager tous les deux dans le moule plein de houille. Pendant la course ascendante des bielles, l'extrémité H s'abaisse d'une manière continue : le piston Q′ commence par descendre dans le moule, et tant que la résistance qu'il éprouve est inférieure à $\dfrac{4}{3} \times r$, l'effort nécessaire pour empêcher le point D de s'élever est lui-même inférieur à r, et ce point reste fixe. Quand la résistance en Q′ atteint une certaine limite, la réaction exercée au point D devient suffisante pour soulever le pot de presse et entraîner le levier B : le piston E′ s'engage à son tour dans le moule. Enfin, lorsque la pression devient égale à $\dfrac{4}{3} r$ sur E′ comme sur Q′, le levier B ne peut plus être entraîné, parce qu'il faudrait appliquer à son extrémité un effort supérieur à r, que le pot de presse ne peut transmettre ; le piston D ayant à supporter une réaction supérieure à r, s'enfonce dans le pot de presse ; les points E′, Q′ restent fixes.

On verra facilement que pendant la course ascendante de H, tout se remet dans le premier état.

Le plateau P, qui porte 12 ou 14 moules ouverts des deux côtés, est commandé par la came C_1, qui guide les galets o. Cette came porte une rainure où s'engagent successivement les taqnets ; cette rainure se compose de deux hélices de même sens partant des extrémités et réunies au centre par une portion de rainure circulaire, située dans un plan perpendiculaire à l'axe du cylindre : ces trois portions se raccordent progressivement. Le galet, entraîné par la rotation du cylindre, s'avance tant qu'il se trouve dans la rainure hélicoïdale ; il reste immobile quand il est dans la portion circulaire. La came C_1 étant montée sur l'arbre même qui commande l'une des bielles, son mouvement est forcément solidaire de celui du levier A : le plateau P tourne donc d'un mouvement périodique interrompu par une série d'arrêts. A chaque arrêt, un des moules se trouve entre les pistons compresseurs, et celui qui est diamétralement opposé reçoit l'action du piston démouleur Y ; enfin d'autres séjournent sous le tambour distributeur S, qui recueille la houille du malaxeur et la répartit régulièrement par le jeu des raclettes X.

Si les galets *o* étaient usés, ou si l'un d'eux venait à se briser, il pourrait se produire un léger retard ou un arrêt dans le mouvement du plateau P. Les pistons ne pourraient pas s'engager dans le moule, mais la résistance qu'ils éprouveraient ferait jouer le pot de presse, et ce jeu préviendrait tout accident grave. Ces galets, comme toutes les parties exposées à l'usure, sont en bronze phosphoreux et doivent faire l'objet d'une surveillance attentive.

Le plateau peut faire environ 100 tours par heure, ce qui correspond à une production moyenne de 1200 à 1400 briquettes. Suivant le poids des briquettes, on pourra obtenir 50 à 100 tonnes par poste de travail : avec les plus grandes machines, faisant des briquettes de 10 kil., on peut aller à 150 tonnes.

Un atelier composé de deux machines faisant 200 tonnes par poste occupe environ 12 ouvriers, avec un chef de fabrication, un machiniste et un chauffeur.

La machine Couffinhal s'est beaucoup répandue. Ses organes sont robustes ; les parties les plus exposées à l'usure sont faciles à remplacer, et l'élasticité offerte par le mode de commande du piston est de nature à prévenir les ruptures. La compression y est plus progressive que dans la machine Mazeline, et se transmet mieux dans toute la masse. La seule partie du travail qui s'y fasse moins bien que dans cette dernière, est le démoulage, qui est brusque et peut détériorer parfois les briquettes. Cet inconvénient n'est sensible que quand on a affaire à des consommateurs très exigeants : il serait du reste facile d'adapter à cette machine le mode de démoulage de la Mazeline,

123. Machine Couffinhal à triple compression. — En 1900, M. Couffinhal a créé un type de machine à triple compression qui réalise d'importants avantages par rapport au système à double compresion dont nous venons d'exposer l'économie :

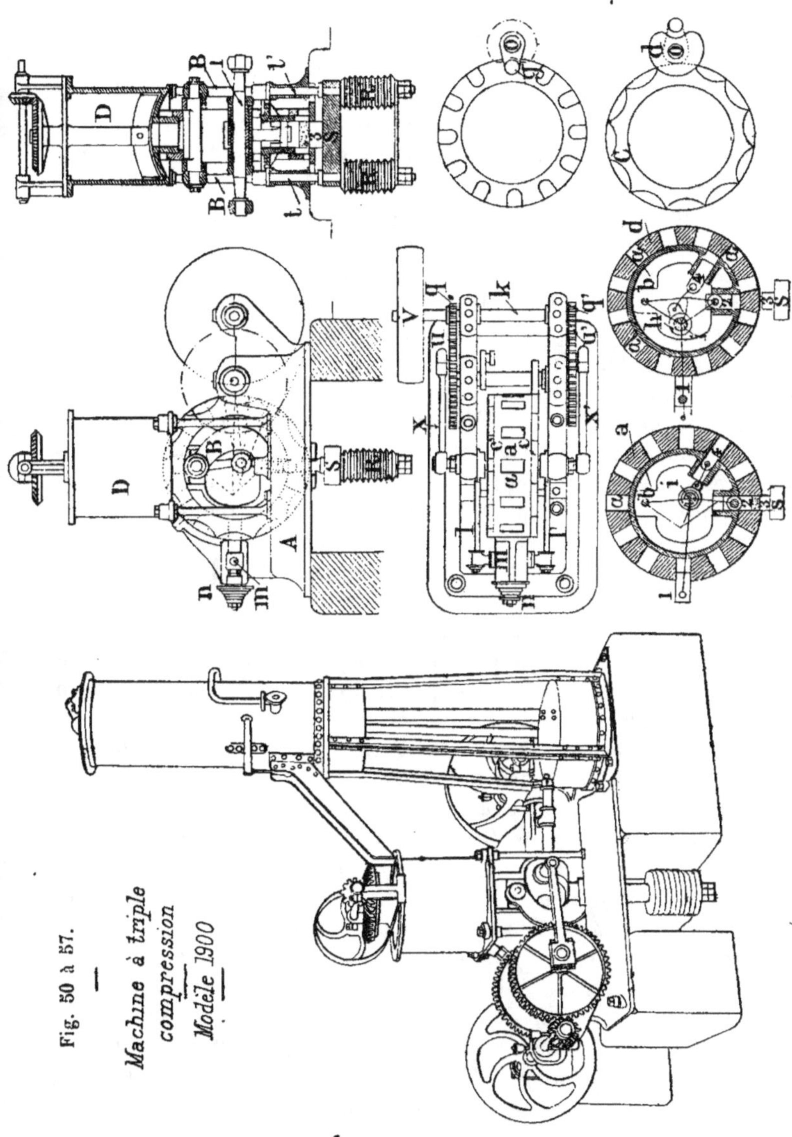
Fig. 50 à 57.
Machine à triple
compression
Modèle 1900

nous en donnerons la description d'après une note parue sur cet appareil au *Bulletin technologique* de décembre 1900 de la Société des anciens élèves des Écoles nationales d'arts et métiers.

La machine comprend, comme organe principal, un anneau cylindrique *d* (voir fig. 50 à 57), dit anneau mouleur, comportant des alvéoles *a*, et qui, tourné intérieurement et extérieurement, se meut autour de son axe horizontal, en glissant à frottement très doux sur un noyau fixe *b*. Il présente tour à tour chaque alvéole aux opérations successives du remplissage, des compressions simple et double, enfin du démoulage, opérations qui sont toutes effectuées dans le sens radial de l'anneau. Les pistons compresseurs **1,2** et **3**, et le piston démouleur **4**, coulissent dans des logements ménagés sur le noyau *b*.

L'anneau *a* porte deux flasques *c* et *c'*, placées de chaque côté, et qui servent à le guider transversalement. La flasque *c* le maintient en outre à l'arrêt absolu pendant les périodes de compression et de démontage, au moyen d'une came d'enclenchement *d* qui, en tournant, s'engage pendant le temps nécessaire dans des courbes ménagées sur la flasque *c*.

La flasque *c'* porte elle-même des rainures radiales dans lesquelles coulisse un galet *g*, monté sur une manivelle qui tourne autour de l'axe *o*, commun aussi à la came *d*. Le mouvement d'entraînement provoqué par le galet commence à l'instant où la came abandonne l'anneau, et il finit quand la came entre en jeu à nouveau.

Les quatre pistons **1, 2, 3, 4** effectuent leur course dans le même temps par le jeu de l'arbre horizontal *i*, ou joug, qui est entraîné dans un mouvement de va-et-vient curviligne presque horizontal par deux bielles **X, X'**, commandées par les roues manivelles dentées *u* et *u'* : ces roues reçoivent elles-mêmes leur mouvement de deux pignons *q* et *q'*, clavetés sur un arbre premier moteur *k* portant une poulie-volant *v*.

Le piston à simple compression **1** est introduit dans les alvéoles par deux tirants *l* et *l'* mus par le joug *i*. Deux douilles pouvant pivoter autour de l'axe *m*, solidaire du piston, servent de coulisses aux tirants, dont la longueur peut être modifiée à volonté par le simple déplacement des écrous vissés à leurs extrémités. Ce réglage permet de diminuer ou d'augmenter la course du piston, et de proportionner ainsi son effort de compression aux besoins du travail à effectuer. Un ressort spirale *n*, traversé par une tige faisant corps avec le piston, rappelle celui-ci à la position de repos lorsque la compression est complètement effectuée.

Une genouillère h, montée sur le joug i, actionne le piston supérieur de haute compression 2 par son bras inférieur ; le bras supérieur fait mouvoir le piston 3 par l'intermédiaire de deux bras B, coulissant verticalement sur le noyau b' et agissant sur les tirants t et t', lesquels, traversant le bâti, soulèvent et abaissent alternativement un sommier s. Ce sommier porte en son milieu le piston 3 et repose sur un faisceau de rondelles Belleville R, R', qui donnent à la compression la souplesse nécessaire à une bonne conservation des organes.

Le piston démouleur 4 suit enfin tous les mouvements du joug.

La course du piston 2 est invariable : pour augmenter ou diminuer la compression, il faut donc faire varier la tension des ressorts R et R', en serrant ou en desserrant les écrous des tirants t et t'.

Un distributeur D, placé à la partie supérieure de la machine et supporté par quatre colonettes, répartit à la manière habituelle le mélange à comprimer dans les alvéoles supérieures de l'anneau mouleur ; le dispositif réalisé est tel que chaque alvéole reste en présence de l'orifice de remplissage pendant plusieurs déplacements angulaires de l'anneau, ce qui lui assure un remplissage tout à fait complet.

Le fonctionnement de l'appareil est le suivant :

Le distributeur et les alvéoles supérieures étant supposés remplis de la matière à agglomérer, on voit que le galet g, engagé dans une des rainures de la flasque c', entraîne l'anneau d dans le sens de la flèche (fig. 53) et lui fait décrire un angle $\dfrac{2\,\pi}{N}$ (N étant le nombre des alvéoles) : il abandonne ensuite l'anneau, et la came d actionne alors la flasque c. A ce moment, les deux bielles X et X' tirent sur le joug, qui entraîne la genouillère et par suite les pistons 1, 2, 3 et 4, lesquels exercent alors leurs efforts respectifs. Quand les tourillons des bielles X, X' ont dépassé les points morts avant, le joug est repoussé et il fait sortir les pistons des alvéoles.

Le démoulage est effectué sur un couloir incliné, ménagé dans le bâti A qui supporte le mécanisme, et où les briquettes sont prises pour être chargées directement, ou emmagasinées.

Cette machine permet de réaliser les conditions nécessaires à une bonne cohésion, et qui sont, comme l'on sait, une siccité à peu près complète du mélange et une compression progressive et énergique : cette compression peut atteindre ici jusqu'à 250 et même 300 *kg.* par centimètre carré.

Elle est plus simple et d'un prix moins élevé qu'une machine à double compression de même production journalière : elle exige enfin un effort moteur plus faible et conséquemment moins d'entretien.

Sa production journalière varie de 10 à 14 tonnes de briquettes de 1 kg. à 1 k. 500 à 140 ou 160 tonnes de briquettes de 8 à 10 kg.

Notons en passant que ces machines, un peu modifiées, peuvent être aussi utilisées pour agglomérer les minerais lorsqu'ils sont en poussière ou pulvérulents. Il existe actuellement une douzaine de machines Couffinhal qui produisent ensemble environ 1200 tonnes de briquettes de minerai par 10 heures de marche. Le type de machine généralement employé est celui qui correspond à la production de briquettes de charbon de 5 kg. appliqué à la fabrication des agglomérés de minerai ; il donne deux briquettes de 2 kg. par coup de piston : à l'allure de 25 coups par minute, cela représente 6 tonnes à l'heure.

124. Machines hydrauliques. — 3° Machines à pression hydraulique (système Révolier) (fig. 58, 59).

La pression hydraulique, en agissant progressivement, donne des agglomérés plus solides et permet peut-être d'employer moins de brai. Comme le moulage est plus lent, il faut, pour obtenir une production suffisante, mouler plusieurs briquettes à la fois. Les moules sont groupés à côté les uns des autres sur un plateau tournant ou sur un charriot qui reçoit un mouvement rectiligne alternatif : leur fond est formé par des pistons mobiles II, réunis à leur base par un plateau qui permet de les mettre tous en mouvement à la fois, en les soulevant par un piston hydraulique. Les moules s'arrêtent d'abord sous le distributeur D, où ils se remplissent, puis on égalise à la main le charbon de façon qu'ils soient tous bien pleins : ils arrivent ensuite sous un chapeau de fonte I, qui les ferme tous à la fois. Au-dessous est un piston hydraulique II' ; on le soulève d'abord au moyen de l'eau fournie par un accumulateur à 30 ou 40 atmosphères : on

réalise ainsi assez rapidement la première période de la pression,
celle qui consomme le plus d'eau, parce que le charbon se tasse
beaucoup et que le piston a à faire un trajet notable. Ensuite on
élève la pression à 150 atmosphères au moyen de pompes ;

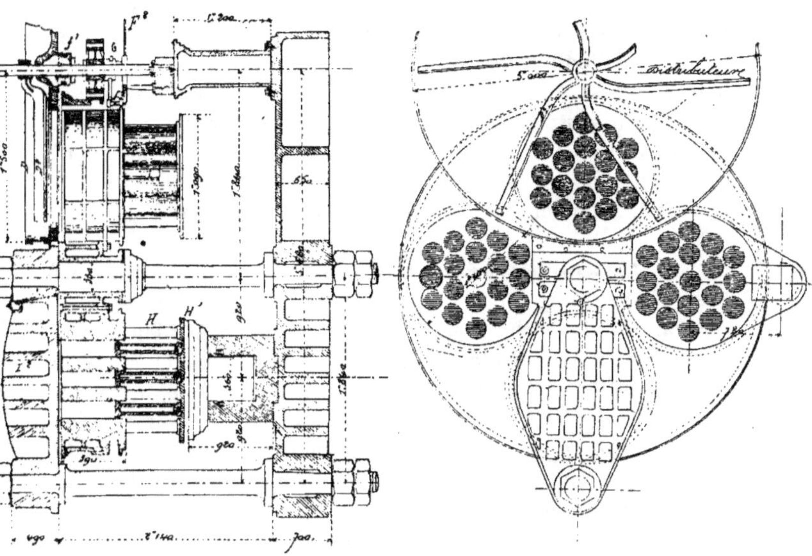

Fig. 58, 59. — Machine à agglomérer, système Révollier.

pendant cette seconde période, le piston ne se soulève que très
peu, le charbon étant déjà tassé : il n'y a donc que peu d'eau à
fournir, et l'emploi direct des pompes évite la construction
dispendieuse d'un accumulateur à très haute pression. Le moulage dure environ deux minutes. Enfin les moules viennent se
placer au-dessus d'un second piston, mû aussi par l'accumulateur, et qui opère le démoulage.

Une machine à plateau tournant produit environ 5 tonnes par
heure ; deux machines semblables accouplées exigent une force
de 60 chevaux et occupent 20 ouvriers par poste de 10 heures.
La main-d'œuvre est donc deux fois plus forte que dans le système
Mazeline : les frais de premier établissement sont aussi plus
considérables ; enfin ces machines n'ont pas réalisé, au point de
vue de la qualité, des résultats aussi bons qu'on pouvait les
attendre, parce que, pour augmenter la production, on y a donné

aux moules une longueur exagérée dans le sens de la compression (20 à 25 centimètres).

A Méons, on emploie une machine fondée sur le même principe, mais le plateau circulaire est remplacé par un charriot portant deux groupes de moules et animé d'un mouvement alternatif. Chaque moule vient occuper successivement deux positions : dans l'une se fait le moulage, dans l'autre le démoulage et le remplissage. Dans cette usine, la consommation de brai descend au-dessous de 5 0/0, ce qui est un résultat remarquable ; mais il est difficile de déterminer la part qui doit en revenir au système de moulage.

En fait, les machines hydrauliques sont peu répandues.

125. Machine Evrard. — 4° Machines à moules ouverts (syst. Evrard) (fig. 60, 61).

Si on refoule le charbon dans un tube ouvert et bien rempli, il se développe un frottement considérable. Ce frottement suffit pour rendre le mouvement impossible dans un tube de 8 centimètres de diamètre et de 40 de longueur ; la masse refuse d'avancer, quelque pression qu'on développe, et le tube éclate; avec un tube moins long ou plus large, le charbon sortira sous forme de cylindre fortement comprimé.

Dans la machine Evrard, les tubes ont environ 0 m. 13 de diamètre et 0 m. 35 à 0 m. 40 de longueur. A l'une des extrémités est une trémie par laquelle le charbon tombe dans le tube : le piston s'avance ensuite, ferme la trémie et refoule le charbon. La course du piston est de 0 m. 14 et le cylindre d'aggloméré avance à chaque coup de 3 centimètres seulement ; la pression dans ces conditions est de plus de 100 atmosphères; la densité atteint 1,36, chiffre plus fort que celui qu'on obtient avec les autres systèmes, et le produit est très homogène, car on ne comprime à chaque coup qu'une faible longueur. L'extrémité du tube est formée de deux parties demi-cylindriques ; la partie supérieure est maintenue par un ressort ou par un contre-poids qui règle la résistance à la sortie. La fente existant entre les deux parties permet l'échappement de l'eau.

Seize tubes semblables sont réunis sur un plateau circulaire, et les 16 pistons reçoivent leur mouvement d'un excentrique: ils peuvent battre 30 coups par minute, ce qui donne 12 à 15 tonnes par heure. Cette machine occupe 10 hommes. La main-

d'œuvre est donc moindre que dans les autres systèmes ; en
revanche, la force dépensée est plus considérable : il faut environ 7 chevaux par tonne et par heure, au lieu de 5 ou 6. La

Coupe suivant AB.

Plan.

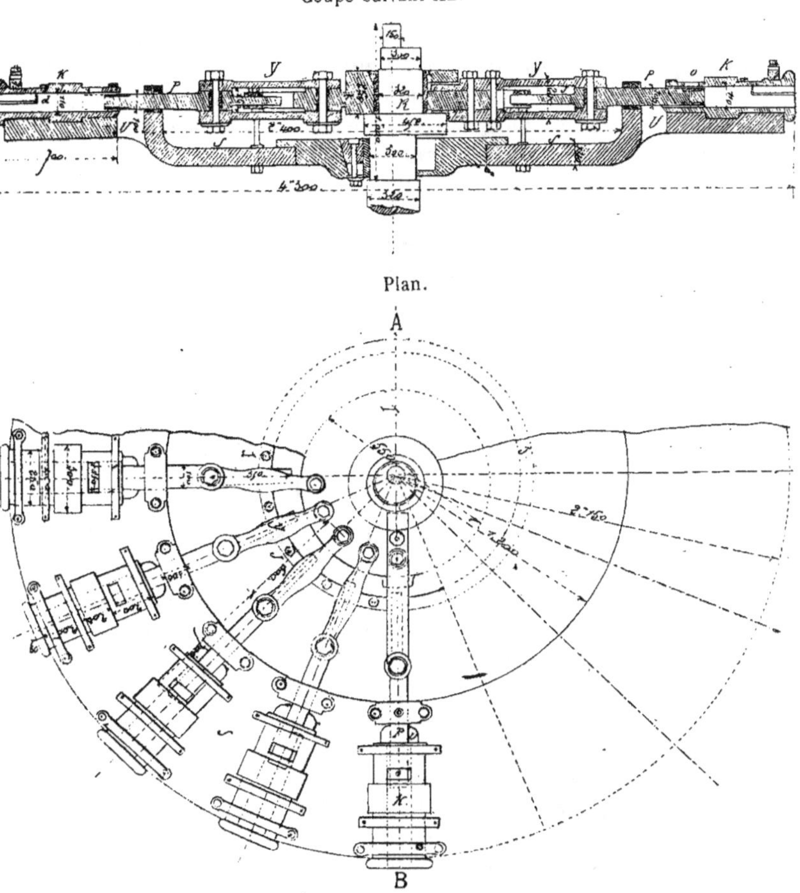

Fig. 60 et 61. — Machine système Evrard.

consommation de brai est aussi assez élevée (8 à 10 0/0), et on
ne peut guère employer que le brai gras, car il faut avoir un
mélange bien plastique. Le système Evrard présente l'inconvénient de donner des agglomérés de forme circulaire, qui occu-

pent plus de place lorsqu'on les entasse : aussi la marine préfère-t-elle les briquettes rectangulaires fabriquées par les autres machines.

Dans le Nord, on emploie beaucoup les machines Bouriez. Elles sont construites d'après le même principe que la précédente ; mais le moule est à section carrée et plus grand (25 cm. de côté). Le tube est aussi plus long. Il n'y a que deux moules placés parallèlement à côté l'un de l'autre et actionnés par deux pistons liés ensemble. Le mode de commande et les dispositions générales de la machine sont donc plus simples et plus solides.

126. Choix d'une machine. — Parmi les différentes machines que nous avons signalées, les plus employées actuellement sont la machine Mazeline, la machine Couffinhal, qui tend à la remplacer dans les installations nouvelles, et la machine Bouriez. Les deux premières se prêteront mieux à l'emploi du brai sec, la seconde est peut-être celle qui exigera le moins de brai, la machine Bouriez paraît être celle qui donnera l'installation la plus simple et le minimum de main-d'œuvre.

Pour obtenir de bons agglomérés, le point le plus important est de bien préparer la pâte : avec un mélange bien fait, toutes les machines donnent de bons résultats. A ce point de vue, cependant, il y a lieu d'établir deux catégories.

Les machines à moules ouverts laissent suinter l'eau pendant le moulage : on peut donc y passer des mélanges humides. On y obtient de bons résultats avec des charbons à 10 0/0 d'eau : cet élément y est même utile pour donner de la plasticité à la pâte. Aussi, avec cette machine, on emploiera toujours le chauffage à la vapeur. Au contraire, dans les machines à moules fermés, l'eau, après la compression, reste interposée dans la briquette dont elle diminue la solidité. Elle devient très nuisible quand sa proportion dépasse une certaine limite (5 0/0 environ). On ne pourra donc employer le chauffage à la vapeur que si le charbon livré à l'atelier est bien sec ; sinon, il faudra le chauffer dans des fours. A ce point de vue, la machine Couffinhal offre un léger avantage sur celle de Mazeline : la compression étant plus lente, un peu d'eau suinte par le bord du piston ; elle peut donc recevoir des mélanges moins secs.

En général, la principale qualité que l'on doive demander à

la machine de moulage est la solidité. Il faut se méfier des
machines à bon marché qui sont souvent mal établies : les arrêts
et les réparations feraient payer chèrement les économies qu'on
voudrait réaliser sur le prix de la machine. On doit faire en sorte
que les organes les plus exposés à l'usure, comme les caisses
motrices, les garnitures des pistons et des moules, soient faciles
à remplacer.

127. Dispositions d'ensemble. — Dans l'étude de l'ensemble de l'usine, on devra chercher à éviter toute main-d'œuvre
inutile. La machine à mouler est installée en bas, près des quais
de chargement ou des magasins de briquettes. Les appareils de
chauffage sont à un étage supérieur, et envoient directement
leurs produits à la machine. Le charbon et le brai sont élevés à
cet étage, s'il y a lieu, par des norias ou des ascenseurs hydrauliques. On peut aussi fondre le brai en bas, et l'envoyer par
des tuyaux au moyen d'un monte-jus. Quand le mélange se fait
à froid avec du brai solide, on divise en général le trajet en deux
parties pour diminuer la hauteur de l'usine. Les matières sont
broyées à l'étage supérieur, tombent dans les distributeurs, puis
dans le mélangeur et de là dans une fosse ; une chaîne à godet
les y reprend et les élève au niveau du réchauffeur, d'où ils
descendent à la machine de moulage. Tous les organes de
distribution et de transport doivent être actionnés par le même
moteur que la machine, de manière que l'alimentation soit toujours en rapport avec la production.

128. Frais. — L'installation d'un atelier pour 100 tonnes par
jour coûtera de 100 à 150.000 fr. Ainsi les frais d'amortissement
ne dépasseront pas 50 centimes par tonne : toutefois on compte
souvent 1 franc pour amortir plus rapidement ; en y ajoutant les
frais généraux et l'intérêt du fonds de roulement, on peut
compter de 1 à 2 fr. par tonne suivant la situation de l'usine.

La main-d'œuvre spéciale ne dépasse guère 0 fr. 80 (1 fr. 60
avec le système Révolier) ; mais si on compte l'approchage de la
houille et du brai, le chargement des briquettes sur wagons, etc.,
la main-d'œuvre totale variera de 1 à 2 francs.

On consomme de 2 à 5 0/0 de charbon pour le chauffage des
chaudières.

Les frais d'entretien et de réparations de toutes natures
peuvent atteindre 1 ou 2 fr. par tonne.

La dépense principale est l'achat du brai : il vient en général d'Allemagne ou d'Angleterre et coûte, en France, de 60 à 80 fr. la tonne ; ainsi une tonne d'agglomérés en contient pour 4 à 8 francs. On voit combien il est important d'en réduire la proportion.

En somme, le prix de fabrication d'une tonne de briquettes varie en pratique de 7 à 12 francs. Il faut y ajouter, pour avoir le prix de revient total, la valeur d'une tonne de houille lavée ; car le charbon subit presque toujours un lavage avant d'être aggloméré.

129. Propriétés des agglomérés. — Les agglomérés ont une densité de **1,20** à **1,35** et un pouvoir calorifique généralement supérieur à celui des houilles, à cause du lavage et aussi des principes combustibles contenus dans le brai. Ils donnent une flamme longue et fumeuse. Ils sont plus durs que les houilles. Leur cohésion dépasse 60 0/0 et atteint parfois 75 0/0. Ce sont des combustibles de très bonne qualité, mais leur prix fait qu'ils n'ont guère d'emploi en métallurgie. Ils sont utilisés surtout par la marine et les chemins de fer. Pour ces usages spéciaux, les conditions de réception sont très difficiles, principalement pour la marine : il faut des briquettes très solides, à forme régulière, arêtes vives, surfaces lisses, etc. — Si l'on fabriqaait pour une industrie ordinaire utilisant les briquettes à peu de distance du lieu de production, par exemple pour une usine métallurgique, on attacherait peu d'importance à ces détails : une cohésion de 45 0/0 serait généralement suffisante, et par suite la fabrication exigerait moins de soins.

On a essayé de fabriquer des agglomérés sans brai en chauffant la houille à **300°** pour utiliser ses principes collants. Ce procédé ne réussit qu'avec les houilles grasses, dont les menus trouvent un écoulement plus facile dans la fabrication du gaz ou du coke.

130. Briquettes de lignites. — On peut agglomérer les anthracites et les lignites par les mêmes procédés que les houilles, mais les produits présentent peu de solidité et n'ont guère d'emploi.

On agglomère les lignites de Fuveau en mélangeant 70 0/0 de lignites avec **22** de houille et **8** de brai. On obtient ainsi des briquettes solides ; 1 kilogramme de ce combustible vaporise environ 1 kil. d'eau. Les lignites bitumineux peuvent être agglomérés sans brai, en les chauffant jusqu'au ramollissement des hydrocarbures et les moulant avec des pressions très fortes (1200 atm.)

131. Briquettes de tourbe. — La tourbe doit être façonnée en briquettes si on veut la brûler sur des grilles ordinaires.

On l'agglomère en général sans mélange. Pour cela il faut d'abord la dessécher jusqu'à une teneur de 10 0/0 d'eau environ : elle est alors assez plastique. Lorsqu'elle en contient moins de 8, elle est sèche et pulvérulente ; à plus de 12, elle laisse suinter de l'eau sous pression, et cette eau entraîne la tourbe menue.

Lorsque la tourbe est fibreuse, il faut d'abord déchirer les fibres et obtenir une bouillie de consistance homogène. A Essonne, on la broie sous des meules ; le fond de l'auge est percé de fentes qui laissent passer la matière broyée.

En Suède, la tourbe, entraînée par un courant d'eau, passe dans des malaxeurs horizontaux de 2 m. 55 de long et 0 m. 90 de diamètre : l'arbre porte 9 séries de couteaux, entre lesquels s'engagent d'autres couteaux fixés aux parois, et fait 25 tours par minute. Cet appareil consomme 4 chevaux de force et passe 3 tonnes de tourbe par 10 heures. On peut employer aussi des malaxeurs verticaux, à arbre munis de couteaux (fig. 62). Dans la machine Wersmann (fig. 63) la tourbe est broyée par un mou-

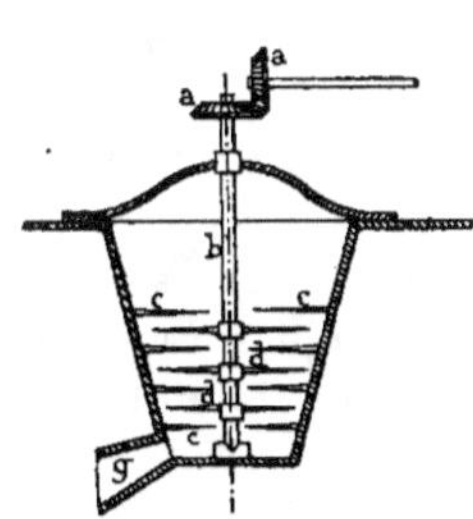

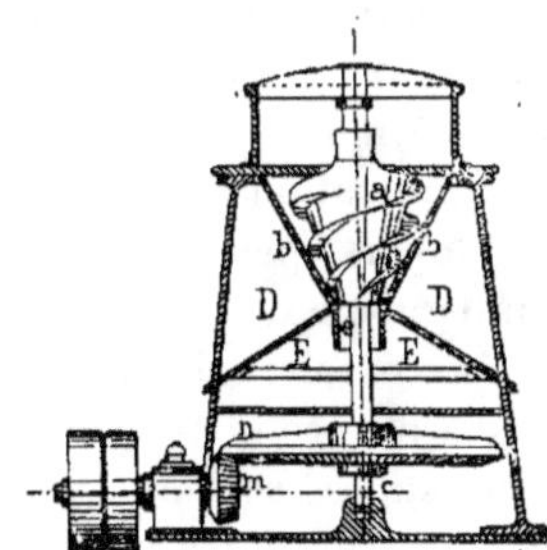

Fig. 62.—Machine de Staltach.   Fig. 63.—Machine à agglomérer Wersmann.

lin à noix conique, muni d'une spirale qui tranche les fibres. La pâte fine s'écoule par la tôle perforée *b*, les gros fragments sortent par le collet *e*. On obtient une pâte bien préparée, mais il y a une certaine perte de tourbe, et le passage des pierres peut briser la spirale.

Après cette première préparation, la tourbe est desséchée par un des procédés déjà indiqués.

Le moulage ne présente aucune difficulté et ne demande pas une grande pression. En Suède, on le fait à la main : deux hommes moulent 600 briquettes de 5 kilogrammes par jour. En Bavière, on emploie des machines à moules ouverts analogues aux tubes de la machine Evrard : elles ont l'avantage de bien laisser suinter l'eau. On peut aussi se servir des roues tangentielles.

Les briquettes de tourbe sont en général employées sur place ou à de faibles distances ; elles n'ont donc pas besoin d'une grande cohésion. Celles qu'on fabrique en Bavière ont une densité de 1,20 à 1,40 : il en faut 140 kil. pour remplacer 100 kil. de houille.

En métallurgie, la tourbe n'est guère employée que dans des fours à gaz : il n'est pas alors nécessaire de l'agglomérer, on peut brûler le menu dans des foyers convenablement disposés.

Les lignites terreux peuvent s'agglomérer comme la tourbe, à condition de les dessécher à 10 0/0 d'eau et de les broyer s'ils présentent des fragments trop gros.

Nous avons terminé la revue des différents combustibles solides. On pourrait placer ici la description des combustibles liquides ou gazeux. Mais les premiers ne sont pas employés en métallurgie : il n'y a même qu'en Amérique et en Russie que le pétrole donne lieu à quelques emplois industriels. Quant aux gaz, dont les applications sont très importantes, ils sont fabriqués dans des foyers spéciaux, dits gazogènes, formant souvent une partie intégrante des fours où on les brûle, ou bien ils sont des produits accessoires de certains fours métallurgiques. Leur emploi n'est à proprement parler qu'un mode détourné d'utilisation des combustibles solides. Nous les étudierons en même temps que les fours où on les produit.

CHAPITRE II

EMPLOI DES COMBUSTIBLES

---

§ 1. — ÉTUDE DES DIFFÉRENTS SYSTÈMES DE FOURS

132. Généralités. — Un four est un appareil où l'on cherche à échauffer une certaine quantité de matières à une température déterminée, dépendant de l'opération qu'on veut effectuer. — Pour cela, ces matières doivent absorber une certaine quantité de chaleur, constante dans chaque cas particulier et dépendant uniquement de leur nature et de la température à obtenir. Pour produire ce résultat avec la moindre dépense de combustible, il faut faire passer le plus complètement possible dans les matières à échauffer la chaleur développée par la combustion.

133. Principe du chauffage méthodique. — Lorsqu'on brûle un combustible quelconque, la chaleur produite est d'abord absorbée presqu'entièrement par les produits mêmes de la combustion, gaz et cendres, lesquels se trouvent portés à une haute température. Une petite partie de cette chaleur se dissipe par rayonnement et conductibilité à travers les parois du four. Elle est irrévocablement perdue. Il en est de même de la portion qui a servi à échauffer les cendres. La chaleur emmagasinée dans les gaz peut seule être utilisée, et le problème du chauffage méthodique se réduit à faire passer le plus complètement possible la chaleur d'une masse donnée de gaz chauds dans une masse donnée de matières froides.

134. Circulation inverse des flammes et des matières solides. — Le seul moyen d'atteindre ce but, ou d'en approcher, est de faire circuler les gaz en sens inverse des matières à échauffer : de cette manière, à mesure qu'ils se refroidiront, ils rencontreront des matières de moins en moins chaudes, auxquelles ils pourront encore céder de la chaleur. Il est évident que si le trajet ainsi parcouru est assez long, les gaz pourront se refroidir jusqu'à la température ambiante, et toute la chaleur qu'ils contenaient sera passée dans les matières. (Nous faisons abstraction pour le moment de la portion qui se perd par les parois du four : nous supposons que ces parois soient constituées par une matière non conductrice).

Si nous considérons maintenant les matières à échauffer, qui s'avancent en sens inverse, leur température va s'élevant à mesure qu'elles avancent, mais comme elles rencontrent des gaz de plus en plus chauds, elles continuent néanmoins à leur emprunter de la chaleur. Elles arriveront à leur maximum de température au point où se trouve l'origine du courant gazeux. La chaleur qu'elles auront absorbée sera d'autant plus considérable que le trajet parcouru aura été plus long, que les matières auront rencontré une masse relative de gaz plus considérable, et que ces gaz auront été plus chauds à l'origine.

Considérons un four en marche régulière. Il a une certaine production, c'est-à-dire qu'on y fait passer dans l'unité de temps un certain poids P de matières ; elles y entrent à la température ambiante, que nous pouvons supposer égale à zéro, pour simplifier, et en sortent après s'être échauffées jusqu'à la température T, déterminée par la nature de l'opération qu'on veut réaliser. D'autre part il reçoit du foyer, pendant le même temps, un volume de gaz proportionnel à la quantité du combustible brûlé. Ces gaz y entrent à une température t_1, qui est la température de combustion pratique, et en ressortent après s'être refroidis jusqu'à t_2. Ils ont donc cédé une quantité de chaleur proportionnelle à $v\,(t_1 - t_2)$. D'ailleurs les matières solides en ont gagné une quantité proportionnelle à PT. Si on suppose pour un moment qu'il n'y ait aucune perte de chaleur par les parois, tout ce qui aura été cédé par les gaz aura été gagné par les matières ; on peut donc écrire la relation :

$$v\,(t_1 - t_2) = k\,\text{PT},$$

k étant un coefficient qui dépend des chaleurs spécifiques respectives.

135. Influence du volume. — Ceci posé, le combustible sera d'autant mieux utilisé que les gaz auront cédé une plus grande partie de leur chaleur, c'est-à-dire que leur température de sortie t_2 sera plus faible. Mais les gaz se refroidiront d'autant plus qu'ils séjourneront plus longtemps dans le four. Appelons θ le temps qu'ils mettent à le traverser : il faudra qu'au bout du temps θ le four ait reçu un volume de gaz suffisant pour le remplir, c'est-à-dire égal à sa propre capacité, V. D'autre part, le volume qu'il reçoit pendant le temps θ est donc $v\theta$ et on peut écrire :

$$v\theta = V.$$

Ainsi, θ est égal à $\dfrac{V}{v}$; le refroidissement sera donc d'autant plus complet que ce rapport sera plus grand, et comme le dénominateur v dépend de la consommation de combustible, on peut formuler ce principe :

Dans un four en marche régulière, la chaleur est d'autant mieux utilisée que le volume du four est plus grand par rapport à la consommation de combustible.

Si maintenant nous considérons deux fours de dimensions inégales et où l'on brûle dans l'unité de temps le même poids de combustible, le plus grand sera, d'après ce que nous venons de dire, celui qui utilisera le mieux la chaleur ; par suite on pourra y chauffer dans le même temps une plus grande quantité de matières, c'est-à-dire qu'il donnera une plus forte production avec la même consommation de combustible. Si au contraire on leur demandait à tous les deux la même production, c'est le plus grand qui consommerait le moins de combustible. On peut donc mettre notre principe sous cette autre forme.

Un four économisera d'autant mieux le combustible que son volume sera plus grand par rapport à la production.

On retrouverait les mêmes conclusions en répétant ce raisonnement sur le courant des matières solides. Ces dernières absorberont d'autant mieux la chaleur des gaz qu'elles resteront plus longtemps en contact avec eux, c'est-à-dire qu'elles séjourneront plus longtemps dans le four. Or le temps que durera leur séjour sera proportionnel au rapport existant entre la capacité du four et sa production.

136. Rapport entre le volume et la production. — Il ne

faudrait pas croire cependant qu'il y aura un intérêt réel à augmenter indéfiniment le volume d'un four. L'échange de chaleur entre deux corps est d'autant plus rapide que l'écart des deux températures est plus grand. Lorsque les gaz se seront refroidis jusqu'à une température assez basse, l'échange deviendra très lent : les dernières parties de leur parcours seront donc moins utiles que les premières. Il viendra un moment, où, en allongeant encore ce parcours, on n'obtiendrait plus qu'un effet minime, hors de proportion avec les frais de toute nature que motiverait l'agrandissement de l'appareil. Il y a donc une limite à partir de laquelle l'augmentation de volume du four cesse d'être utile et peut devenir onéreuse. Il convient, par suite, de modifier l'énoncé de notre principe, et la règle pratique sera la suivante :

Pour chaque opération et pour chaque espèce de four, il y a, entre la production et le volume du four, un certain rapport qui procure la meilleure utilisation de la chaleur.

137. Forme des fours. — Nous n'avons parlé jusqu'ici que du volume du four ; cependant sa forme n'est pas indifférente. Pour que nos raisonnements soient justes, il faut que le volume entier soit réellement utilisé : c'est-à-dire que toutes les molécules de gaz qui le traversent s'y refroidissent également, quel que soit le trajet suivi. Si le four présentait une section trop grande ou une forme trop irrégulière, il pourrait arriver que certains filets gazeux le traversassent beaucoup plus vite que d'autres et sans s'y refroidir. Il pourrait arriver aussi que les matières solides s'y répartissent d'une manière très inégale, et que leur échauffement ne fût pas régulier. — Il faut au contraire que toutes les molécules de gaz, de même que tous les fragments de matière solide, se trouvent placés dans les mêmes conditions et s'échauffent ou se refroidissent également. C'est le but qu'on doit se proposer en étudiant la forme du four. Il ne peut être atteint que si les dimensions transversales du four sont relativement restreintes. L'élément le plus variable sera donc la longueur, comptée dans le sens du trajet des gaz. Aussi les règles données plus haut resteraient pratiquement vraies si dans leur énoncé on substituait la longueur du four à son volume. Elles conduiraient au contraire à des résultats déplorables si on voulait les appliquer en augmentant le volume des fours sans s'inquiéter de leur forme.

138. Influence du volume absolu. — Si on s'en tenait aux considérations précédentes, il reviendrait au même d'augmenter le volume des fours ou de réduire leur production. Mais il faut tenir compte des pertes de chaleur qui s'effectuent par les parois. Or ces pertes sont à peu près proportionnelles, dans un temps donné, à la surface extérieure de l'appareil. Cette surface croît comme le carré des dimensions, c'est-à-dire moins vite que le volume, qui est proportionnel au cube : les pertes par les parois ont donc une importance relative d'autant plus grande que les fours sont plus petits et leur proportion plus faible. En outre, la dépense de combustible n'est pas la seule à considérer : il faut aussi songer aux frais de main-d'œuvre et de construction. Or si l'on compare les frais de construction d'un grand four à ceux d'un petit, on reconnaît que l'augmentation de dépense est loin d'être proportionnelle à l'augmentation du volume ; de même, le nombre d'ouvriers employés est loin de croître proportionnellement à la production du four. Par suite, nous pouvons poser cette deuxième règle :

Il y a avantage à employer des fours à grand volume et à forte production.

Cette règle sera vraie tant qu'on n'arrivera pas à des dimensions excessives et de nature à causer des difficultés pratiques ou à rendre la marche irrégulière.

139. Influence de l'écart des températures. — Le degré d'utilisation de la chaleur ne dépend pas seulement de la durée du contact entre les gaz et les matières, mais aussi de l'écart de température des deux courants. La quantité de chaleur cédée par un corps à un autre dans un temps donné est proportionnelle à l'écart des températures, d'après la loi de Newton, et même en réalité à une puissance de cet écart un peu supérieure à l'unité. En outre, si les gaz sont plus chauds, ils contiendront plus de calories sous le même volume : il en résulte que pour échauffer un poids de matière donné, on pourra employer un plus faible volume de gaz. Ainsi la masse relative des matières solides sera plus considérable, ce qui est encore une raison pour que le refroidissement des gaz soit plus rapide. On peut donc formuler une troisième règle :

Plus l'écart entre la température des gaz et celle des matières sera grand, plus leur chaleur sera facile à utiliser.

La température primitive des gaz est ce que nous avons appelé la température de combustion. En pratique, elle lui sera inférieure, mais elle en est toujours fonction. Par suite, entre les différents combustibles, ceux qui auront la température de combustion la plus élevée seront ceux qui donneront les meilleurs résultats. Pour un combustible donné, toutes les circonstances tendant à augmenter la température de combustion procureront une économie de combustible et permettront d'augmenter la production du four, si le volume reste le même.

140. Emploi de l'air chaud. — En général, on réalise cette condition en alimentant les fours avec de l'air chaud : cet air apporte un certain nombre de calories et permet d'économiser une quantité correspondante de combustible. Supposons l'air chauffé à 500°, chaque kilogramme d'air contiendra à peu près 100 calories. Or un kilogramme de charbon exige au moins **11** à **12** kilogr. d'air pour brûler ; il en résulte que, pour chaque kilogramme de charbon on introduira dans le four 1200 calories sous forme d'air chaud : comme la combustion du charbon en dégage 8000, on pourra économiser 15 0/0 du combustible, sans que la chaleur reçue par le four soit diminuée. Mais le volume des gaz produits sera réduit dans la même proportion que la consommation de combustible, et leur température sera plus forte ; par suite, leur chaleur passera plus rapidement dans les matières solides ; le four sera en quelque sorte l'équivalent d'un four plus grand marchant à l'air froid : aussi on réalisera une économie notablement plus forte que celle que nous venons de calculer. Cette économie sera nette lorsqu'on pourra, comme le cas s'en présente parfois, chauffer l'air sans dépense spéciale de combustible. L'emploi de l'air chaud sera d'autant plus utile que le combustible aura par lui-même une température de combustion plus faible. Il est donc spécialement indiqué pour les fours où l'on utilise des combustibles médiocres.

Si l'on considère maintenant des opérations différentes, l'écart entre la température des gaz et celle des matières sera d'autant plus grand que cette dernière sera moins élevée. On voit donc que la chaleur sera d'autant plus facile à utiliser que la nature de l'opération exigera une température plus faible.

141. Refroidissement des matières. — Dans certaines

opérations, les matières doivent sortir chaudes du four : c'est ce qui arrive, par exemple, quand on a réduit un minerai et qu'il faut séparer le métal fondu de la scorie. Mais, dans d'autres cas, les matières doivent seulement subir une transformation, à la suite de laquelle elles peuvent être refroidies sans inconvénient. Alors, si on les laissait sortir encore chaudes, la chaleur qu'elles emporteraient serait perdue. Pour l'utiliser, il faut ajouter au four une seconde partie où les matières se refroidiront en circulant en sens inverse d'un courant d'air. Cet air, après s'être échauffé aux dépens des matières déjà traitées, passera ensuite dans la première partie du four et restituera sa chaleur aux matières fraîches. Si on se contente de le mélanger aux produits de la combustion, il aura pour effet d'en diminuer la température et d'en augmenter le volume, il rendra donc leur refroidissement ultérieur moins rapide ; mais si on peut s'en servir pour alimenter le foyer, il augmentera au contraire la température de combustion, et on aura réalisé les meilleures conditions possibles.

Ainsi un appareil de chauffage méthodique complet peut se représenter par le diagramme ci-dessous :

Il sera parfait si les gaz et les matières traitées sortent, de chaque côté, à la température ambiante. Il n'y aura alors d'autres pertes que celles qui résultent de l'échauffement des parois et du rayonnement.

142. Four à charge fixe. — Le chauffage méthodique ne peut se réaliser qu'à condition de faire circuler les matières d'un bout à l'autre du four. Dans bien des cas, la nature du travail exige que les matières restent immobiles : toute la charge du four doit être traitée en même temps et portée dans toutes ses parties à la température exigée par l'opération. C'est cette température minima qui doit régner dans toute l'enceinte, au moins un certain temps. Les gaz ne peuvent donc en sortir qu'à une température supérieure, et ils emportent beaucoup de chaleur sensible. C'est une cause de perte d'autant plus importante que la température est plus élevée. Ainsi les fours à charge fixe utilisent mal la chaleur, et sont d'autant plus dispendieux que la température à obtenir est plus forte.

143. Différence de volume. — Quoiqu'il n'y ait plus ici

de chauffage méthodique, ce que nous avons dit de l'influence du volume reste vrai. Les grands fours permettent de réduire les frais de toute nature en les répartissant sur une plus forte production, et les pertes de chaleur par les parois y sont relativement moins importantes. En outre, il faut remarquer que l'opération se divise en deux phases. Au commencement, les matières chargées froides s'échauffent progressivement, celles qui sont près du point d'entrée des gaz s'échauffent plus vite : la température reste plus basse dans la partie la plus éloignée du four, et les gaz peuvent s'y refroidir davantage. Ce n'est qu'au bout d'un certain temps que la température devient uniforme et que la perte résultant de la chaleur sensible qu'emportent les gaz devient maxima. Pendant cette première période, la chaleur est un peu mieux utilisée, et cet effet sera d'autant plus sensible que le four sera plus grand. A ce point de vue, on peut distinguer les fours à chauffage graduel et les fours à chauffage rapide. Quand la nature de l'opération demande que les matières s'échauffent lentement, la première période dure longtemps, et il y a avantage à augmenter le volume du four. Si au contraire il faut échauffer brusquement les matières, le four est en général très-chaud au moment où on les charge, et ne peut recevoir de trop grandes dimensions. C'est dans ce cas que la chaleur sera le plus mal utilisée. On est limité, dans l'agrandissement des fours à charge fixe, non seulement comme toujours par les difficultés de construction et de travail, mais aussi par la nécessité d'obtenir une température uniforme, condition qu'on aurait de la peine à réaliser dans une trop grande enceinte.

144. Influence de la production. — Il y a aussi avantage à augmenter le plus possible la production. On réduit par là l'importance relative des frais de main-d'œuvre, d'amortissement, d'entretien, etc. ; on réduit aussi celle des pertes de chaleur par les parois. En effet ces dernières ne dépendent, dans un temps donné, que de la température et de la surface extérieure du four : si ces éléments ne sont pas changés, elles restent constantes et auront d'autant moins d'importance qu'elles se répartiront sur une plus forte production. Ainsi, *dans un four donné, le combustible sera d'autant mieux utilisé que la production sera plus forte*. C'est précisément l'inverse de la règle énoncée pour les fours à chauffage méthodique.

Tout ce que nous avons dit de l'influence de la température de combustion et de l'emploi de l'air chaud reste vrai pour les fours à charge fixe. La chaleur utilisée augmentera avec l'abaissement de température que subissent les gaz en traversant le four, et comme leur température de sortie est déterminée par la nature de l'opération, toutes les circonstances qui élèveront leur température primitive procureront une économie de combustible.

145. Emploi des flammes perdues. — Les gaz qui sortent des fours à charge fixe étant toujours très chauds, on s'en sert souvent pour chauffer d'autres appareils qui exigent une moindre température : on peut, par exemple, les faire passer dans des fours annexes, où les matières subissent un chauffage préalable, avant d'achever leur traitement dans le four principal ; on peut aussi les employer à chauffer l'air nécessaire à la combustion, ou les faire passer sous des chaudières quand on a besoin de force motrice.

146. Classification des fours. — En résumé, au point de vue du mode d'utilisation de la chaleur, on peut distinguer les fours en deux classes : les fours à charge mobile et les fours à charge fixe. Les premiers seuls peuvent réaliser le chauffage méthodique, et ils s'en rapprochent d'autant plus que le trajet parcouru par les matières y est relativement plus long. Les seconds utilisent forcément très mal la chaleur. On remarquera que, dans les premiers, la température reste constante dans chaque point du four, mais va en décroissant à mesure qu'on considère des régions plus éloignées du point d'arrivée des gaz ; dans les seconds, au contraire, la température est en général la même dans toutes les parties de l'enceinte, mais elle varie pendant les diverses phases de l'opération et va en croissant à mesure que les matières, chargées froides, s'échauffent. Ainsi les premiers pourraient s'appeler fours à température inégale, mais fixe ; les seconds fours à température variable, mais uniforme.

. On peut encore distinguer les fours à marche continue, et les fours à marche discontinue. La marche continue ne peut être vraiment obtenue que dans les fours à charge mobile. Les matières étant régulièrement introduites par une extrémité du four et extraites par l'autre, peuvent s'y succéder indéfiniment, sans aucun arrêt ni variation dans l'état calorique du four, tant qu'on n'est pas obligé de le mettre hors feu, soit pour le réparer, soit par suite de toute autre cause, comme manque de matières premières, ou changement dans la situation commerciale. C'est ce que l'on appelle *une campagne*. La dépense de chaleur nécessaire pour échauffer les maçonneries ne se fait qu'une fois au commencement de chaque campagne, et le reste du temps il n'y a de perte par les parois que celles qui sont dues au rayonnement extérieur. Il y a intérêt, tant au point de vue de l'économie de combustible qu'à celui des dépenses d'entretien, à faire des campagnes longues.

Pour les fours à charge fixe, la marche ne peut être continue ; la charge est introduite dans le four toute à la fois, puis défournée à la fin de l'opération : il y a donc un moment d'arrêt forcé entre deux opérations. Dans certains cas, la nature même du travail exige qu'on laisse l'appareil se refroidir complètement pour faire le chargement ou le déchargement ; alors toute la chaleur absorbée par la maçonnerie est perdue : la marche est essentiellement discontinue. C'est une cause de perte notable de temps et de combustible. Elle sera d'autant moins importante que le four sera plus grand, et que par suite elle se répartira sur le traitement d'un plus fort poids de matières. Dans d'autres cas, on peut défourner et enfourner sans laisser refroidir. Il n'y a alors entre deux opérations qu'un arrêt relativement court, donnant lieu à des pertes de chaleur moins fortes : le four est à marche semi-continue, et une campagne se compose d'une série d'opérations successives, qui cesse quand on arrête complètement pour réparer le four. Ici encore il y a intérêt à faire de longues campagnes.

Les classifications que nous venons d'indiquer se prêteraient mal à la description des nombreux types de fours employés dans l'industrie, car les conditions théoriques sur lesquelles elles sont fondées peuvent se réaliser toutes indifféremment dans des fours de toutes formes. Nous suivrons une autre classification qui offre des rapports plus étroits avec le mode de construction et le fonctionnement pratique des fours. Nous distinguerons les fours à *foyers séparés* et ceux à *enceinte unique*. Dans les fours de la première classe, les matières sont séparées du combustible. Ce dernier est chargé dans un compartiment spécial, nommé foyer, où s'effectue la combustion ; les gaz chauds qui s'y produisent passent de là dans une enceinte contiguë, où ils circulent au contact des matières à échauffer, et qu'on nomme le laboratoire. Dans les fours de la seconde classe, il n'y a qu'une enceinte : les matières à traiter sont mélangées au charbon, et c'est au milieu d'elles que s'effectue la combustion. L'air nécessaire à la combustion peut être appelé dans les fours par le tirage d'une cheminée ; il peut aussi y être lancé par une machine soufflante. A ce point de vue, on peut faire dans chacune des deux classes précédentes deux subdivisions, les fours à *tirage naturel* et les fours *soufflés*. Nous étudierons ensuite, dans un chapitre spécial, les fours à gaz, qui constituent un mode particulier d'utilisation des combustibles.

§ 2. — FOURS A FOYERS SÉPARÉS

Nous avons à étudier dans ces appareils trois parties : 1° le foyer où on produit la chaleur ; 2° le laboratoire où on l'utilise ; 3° la cheminée qui doit assurer le tirage.

1° FOYERS

Le foyer est la partie du four où on brûle le combustible. Le but que l'on doit poursuivre est de réaliser la combustion complète, c'est-à-dire de transformer tout le carbone en acide carbonique, sans employer d'excès d'air, car toute combustion incomplète correspond à la perte d'un élément utile et d'autre part tout excès d'air augmente le volume des gaz produits dans le foyer et diminue leur température : or la chaleur emmagasinée dans une plus grande masse de gaz moins chaude est, comme nous l'avons vu, moins facile à utiliser.

117. Foyers ordinaires. — Les foyers ordinaires se composent d'une sorte de cuve rectangulaire, peu profonde, dont le fond est formé par une grille qui supporte le combustible. Au-dessous de la grille est un espace ouvert par un côté, où tombent les cendres qui passent entre les barreaux : c'est le cendrier ; c'est par là que s'introduit l'air. L'écartement des barreaux doit être adapté à la nature du combustible. L'épaisseur de la charge doit être assez faible pour que l'acide carbonique ne se transforme pas en oxyde de carbone en traversant les couches de charbon rouge ; la combustion serait alors incomplète, et ne dégagerait pas toute la chaleur que peut produire le combustible. L'épaisseur réelle ne doit guère dépasser 15 à **20** centimètres ; lorsque les combustibles donnent du mâchefer, c'est-à-dire des cendres à demi-fusibles qui s'agglomèrent en masse, on le laisse souvent s'accumuler sur la grille, et l'épaisseur totale de la charge peut être forte, mais le combustible n'en occupe qu'une partie.

148. Tirage. — La quantité de charbon brûlée dans un temps donné est proportionnelle au volume d'air qui passe : elle dépend donc de l'activité du tirage et de la surface de la grille. Le tirage ne doit varier qu'entre de certaines limites ; s'il est trop faible ou trop fort, il produit une combustion incomplète : dans le premier cas l'acide carbonique séjourne trop longtemps sur les charbons et a le temps de se décomposer, puis, le foyer étant froid, la houille peut distiller lentement et les hydrocarbures se dégager sans brûler ; dans le second cas, la température locale s'élève trop, et la dissociation produit de l'oxyde de carbone, et, comme la vitesse est forte, les filets d'air et de gaz combustible peuvent cheminer sans se mélanger, de sorte qu'on trouve dans la cheminée à la fois de l'oxyde de carbone et de l'oxygène libre.

149. Surface de grille. — En pratique, on est obligé de régler le tirage d'après la température locale qu'il s'agit de produire : il est d'autant plus actif que le four doit être plus chaud. La quantité de houille brûlée par heure et par mètre carré de surface de la grille varie entre les limites suivantes :

Fours de grillage.......................... (basse température)	15 — 40 kil.
Chaudières..................................	40 — 120 »
Fours de fusion { pour plomb.............. (températ. moyenne) { pour cuivre................	60 — 80 » 75 — 150 »
Fours de puddlage.......................... (haute température)	150 — 200 »
Fours de fusion de l'acier.................. (température extrême)	200 — 400 »
Foyers de locomotives......................	jusqu'à 750 »

C'est dans les chaudières qu'on arrive à réaliser la combustion la plus parfaite. Ainsi, à ce point de vue, les fours où l'on a besoin d'une température modérée peuvent utiliser le combustible mieux que les fours à haute température, pour lesquels on est obligé de recourir à un tirage excessif.

Le volume d'air strictement nécessaire est de 7 à 8 mètres cubes par kilogramme de houille, et il diminue à mesure que les combustibles contiennent plus de cendres ou d'eau ; il descend à 4 m³ pour les tourbes et les bois.

En général, on est obligé de faire arriver l'air en excès pour assurer la combustion complète, et ces chiffres sont augmentés de 50 0/0 environ dans la pratique.

Les chiffres donnés plus haut permettront de calculer la surface d'une grille destinée à brûler une quantité de combustible donnée. Les dimensions sont limitées par la nécessité de ne pas rendre la conduite trop difficile. Les grilles sont presque toujours rectangulaires, et leur plus long côté a rarement plus de 1 m. 50 ; très rarement il va jusqu'à 2 mètres : en général il est voisin de 1 mètre.

150. Conduite du foyer. — Le chauffeur chargé de conduire un foyer a trois rôles principaux à remplir : régler le tirage, opérer le décrassage et le chargement.

On agit sur le tirage en manœuvrant le registre qui règle l'ouverture de la cheminée, et aussi en modifiant la disposition du charbon sur la grille. Plus la couche que l'air doit traverser est haute et compacte, plus elle lui oppose de résistance. Pour réaliser la combustion complète, il faudrait maintenir entre le tirage et l'épaisseur un certain rapport qui correspondrait à la production minime d'oxyde de carbone : mais cela n'est pas toujours possible. Les températures très élevées ou très basses ne s'obtiendront qu'avec un tirage trop fort ou trop faible, et dans des conditions peu économiques ; il dépendra de l'habileté du chauffeur d'atténuer ces inconvénients. En général, pour réaliser les températures élevées, il faudra charger fortement la grille et employer le tirage maximum ; pour les températures basses, il faudra diminuer le tirage et charger peu la grille, de manière à avoir un excès d'air. Parfois, cependant, des considérations spéciales conduisent à modifier ces règles. Ainsi, la présence d'un excès d'air dans le four est nuisible pour certaines opérations; on est alors obligé d'opérer tout le temps avec une grille très chargée. Parfois on se résigne à produire dans le foyer une assez grande quantité d'oxyde de carbone dont on cherche à provoquer la combustion dans le laboratoire.

Il faudra tenir compte aussi de la nature du combustible. Les charbons menus, ceux qui se tassent facilement, opposent plus de résistance à l'air et doivent brûler sous une épaisseur plus faible. La couche de combustible doit être disposée de manière que l'air passe également à travers toute la surface de la grille et ne trouve pas en certains points des passages trop faciles. Comme il tend à suivre le plus court chemin, il faut contrarier cette tendance en augmentant l'épaisseur ou en tassant le combustible dans les régions où l'air afflue en trop grande abondance.

Toutes ces difficultés, que l'expérience seule peut apprendre à surmonter, deviendront plus graves lorsque la marche du four ne sera pas continue, et qu'il faudra obtenir des températures variables. Le chauffeur devra alors, pendant chaque phase de l'opération, tout disposer non seulement pour obtenir la température voulue, mais aussi pour préparer la grille en vue des changements que nécessitera la phase suivante de l'opération. C'est surtout lorsqu'il faut donner des coups de feu brusques et énergiques que le foyer doit y être préparé longtemps à l'avance. Il faut arriver au moment du coup de feu avec une grille très chargée et un tirage modéré : alors on n'a qu'à augmenter le tirage et fermer les portes, le combustible qui remplissait le foyer et qui était déjà chaud s'allume rapidement sur une grande épaisseur. On n'obtiendrait aucun résultat s'il fallait au contraire recharger d'un seul coup sur la grille une grande quantité de charbon frais : la température ne s'élèverait que très lentement. On ne peut guère obtenir de hautes températures et surtout donner de forts coups de feu, qu'avec des combustibles de bonne qualité et en assez gros fragments.

151. Chargement. — Le combustible doit être renouvelé à mesure qu'il s'épuise. Pour cela, le chauffeur ouvre la porte du foyer et jette à la pelle une couche qu'il étale et égalise de manière à maintenir partout l'épaisseur convenable.

Le chargement occasionne toujours des pertes de chaleur dues à l'air froid entrant par la porte du foyer. La couche de combustibles frais que l'on introduit commence par distiller lentement,

les hydrocarbures s'échappent sans brûler parce que cette
couche reste relativement froide pendant quelque temps, et que
de plus l'air qui la traverse a déjà perdu une grande partie de
son oxygène dans les couches inférieures où le charbon est rouge.
L'oxyde de carbone aussi se dégage en plus grande quantité, parce qu'au lieu de brûler à la surface de la charge, comme dans
les périodes où le foyer est actif, il est refroidi par le contact
du combustible nouveau et ne peut s'allumer. La couche supérieure restera d'autant plus longtemps froide que la charge aura
été plus considérable : on doit donc entretenir le foyer par de
petites charges souvent répétées ; mais il ne faut pas non plus
qu'elles soient trop fréquentes, l'afflux d'air froid par la porte deviendrait nuisible à son tour. Il y a donc dans chaque cas particulier un juste milieu à chercher. Il faut du reste charger rapidement et refermer le plus vite possible les portes.

On voit que l'habileté du chauffeur aura une grande influence
sur les résultats obtenus : la consommation de charbon peut varier de 20 0/0 suivant la manière dont le feu est conduit ; même
quand on compare entre eux des chauffeurs expérimentés.

152. Systèmes spéciaux. — On a imaginé bien des systèmes pour faciliter le chargement. Cette question se lie à celle de
la fumivorité : en effet, c'est surtout au moment où l'on charge
qu'il se dégage une fumée épaisse, contenant des hydrocarbures et du carbone en suspension ; si l'on arrivait à brûler tous
les éléments combustibles, la cheminée ne répandrait dans l'atmosphère que des gaz invisibles.

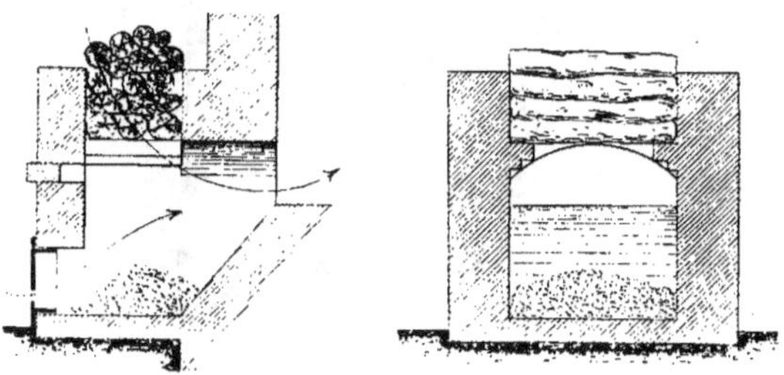

Fig. 64. — Foyer alandier à bois.

Pour atteindre ce but, il faudrait que les produits de la distillation ne pussent s'échapper sans passer par les parties chaudes

9

du foyer, où ils brûleraient. C'est ce qui arrive dans les alandiers (fig. 64) où l'on brûle du bois. Le foyer se compose d'un conduit coudé : le bois chargé à l'extérieur descend et s'échauffe à mesure que la combustion lui fait place ; l'air suit le même chemin, les gaz produits dans la partie antérieure traversent avec l'air chaud la partie la plus active du foyer. Les cendres, qui sont en petite quantité dans le bois, sont enlevées de temps en temps par une porte latérale.

153. Grilles inclinées. — On a essayé bien des systèmes pour appliquer ce mode de chargement à la houille, en le combinant avec l'emploi d'une grille. Aucun n'a été adopté dans les usines métallurgiques. On arrive cependant à un bon résultat par l'emploi des grilles inclinées (fig. 65). Le chargement se

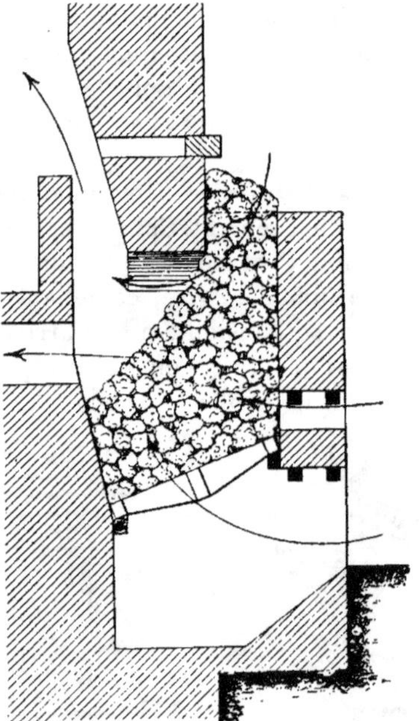

Fig. 65. — Foyer à grille inclinée.

fait par une trémie qui reste toujours pleine ; la houille glisse par son poids à mesure que la combustion lui fait place. La partie antérieure est occupée par le combustible frais qui distille : il s'y dégage des hydrocarbures mêlés à un courant d'air relativement froid ; au fond se trouve le charbon rouge, et il s'y dégage de l'oxyde de carbone qui s'échappe avec un excès d'air chaud ; ces deux courants se mélangent vers le fond du foyer avant de sortir, et les gaz combustibles sont brûlés. — Ce système très simple présenterait sans doute de grands avantages partout où l'on n'a pas de très bons chauffeurs : la seule difficulté est de trouver pour chaque cas l'inclinaison qui convient à la nature du combustible employé.

154. Grilles à gradins. — Les grilles inclinées sont employées surtout pour les combustibles menus, sous la forme de grilles à gradins : on remplace les barreaux par une série de plaques formant une sorte d'escalier.

Ces grilles conviennent très bien pour brûler la tourbe, la sciure de bois, etc.

155. Foyers fumivores. — Tous les procédés de chargement rationnel peuvent aider à obtenir la fumivorité.

On peut aussi diminuer la proportion des éléments non brûlés en disposant les foyers de manière que les gaz froids qui se dégagent pendant le chargement ne puissent s'échapper sans se mélanger à d'autres courants plus chauds. Cette condition est réalisée dans les grilles inclinées lorsqu'elles sont bien conduites. Un autre procédé consiste à employer deux foyers ordinaires accolés, dont les produits se réunissent : on les conduit de manière que l'un d'eux soit à son maximum d'activité au moment où l'on charge l'autre : alors l'air chaud venu du premier détermine la combustion des fumées données par le second.

Dans le foyer Tenbrinck, employé sur les locomotives du chemin de fer d'Orléans, la grille est inclinée ; immédiatement au-dessus se trouve un petit bouilleur qui coupe les courants de gaz et les force à se mélanger ; ce brassage détermine une combustion bien plus complète.

On emploie aussi dans les foyers de locomotives, à la place du bouilleur ci-dessus, une voûte en briques qui aide beaucoup à produire la fumivorité et augmente le rendement du combustible de 5 à 6 0/0.

Dans un grand nombre de foyers dits fumivores, on place

sur le trajet des gaz un appel d'air spécial pour achever leur combustion. Cet air aura d'autant plus d'effet qu'il sera plus chaud. On peut le faire circuler préalablement au contact des parois chaudes du foyer ou du four. Ces procédés, excellents en théorie, ne donnent pas toujours des résultats économiques : on réalise rarement la fumivorité, et on n'en approche qu'en employant un excès d'air qui refroidit les gaz.

En somme, tous les foyers possibles ne donnent de bons résultats qu'avec du soin et des chauffeurs habiles, lesquels savent tirer un parti presqu'aussi bon des foyers ordinaires : aussi tous ces procédés étudiés avec ardeur à une certaine époque ont été à peu près abandonnés. On n'applique dans les usines métallurgiques que ceux qui sont très simples, comme les grilles inclinées, et la fumivorité, quoique rendue obligatoire par une loi, ne préoccupe guère les industriels.

156. Décrassage. — Le décrassage consiste à enlever les cendres, qui, en s'accumulant, encombreraient le foyer et gêneraient la combustion. Si les cendres sont bien fusibles, elles tombent d'elles-mêmes. Si elles sont pulvérulentes ou friables, on provoque leur chute en les secouant et les broyant avec des crochets qu'on introduit entre les barreaux ou par une fente laissée libre entre la maçonnerie et la grille, au-dessus d'une de ses faces. Il faut éviter, pendant ce travail, de faire tomber des fragments de charbon dans le cendrier et de provoquer la formation de cheminées, c'est-à-dire de vides par lesquels l'air traverserait facilement la couche de combustible sans réagir sur lui.

Le décrassage présente des difficultés spéciales lorsque les cendres s'agglomèrent en formant des mâchefers solides, qu'on a de la peine à broyer et à faire passer entre les barreaux. La formation des mâchefers est d'autant plus à craindre que la température locale près de la grille est plus forte. On emploie divers artifices pour diminuer ces difficultés. On peut rendre les barreaux mobiles autour de leur axe : dans leur position normale, ils ont leur diagonale horizontale ; au moment du décrassage, on les tourne plusieurs fois et on les place de manière que le côté du carré soit horizontal : l'intervalle laissé entre eux est alors plus grand, ce qui facilite la chute des mâchefers : de plus le mouvement de rotation contribue à les briser. Quand les mâchefers sont trop solides, on enlève complètement une partie des bar-

reaux au moment du décrassage ; la grille présente alors de larges vides par lesquels on peut faire tomber les mâchefers sans les
briser.

Quand la marche du four est intermittente, on peut ne faire
le décrassage complet qu'au moment des arrêts. Pour le rendre
plus rapide, on se sert avantageusement de grilles mobiles, pouvant basculer autour d'un de leurs côtés comme charnière. On fait
basculer la grille, et toute la charge tombe dans le cendrier, puis
on relève la grille et on la regarnit : les mâchefers sont enlevés
et triés pour recueillir les fragments de combustible encore utilisables. Pour appliquer ce procédé sans arrêter complètement le
four, on a construit des grilles divisées en deux moitiés dont
chacune peut basculer indépendamment de l'autre. On décrasse
alors chaque moitié de la grille alternativement, comme nous
venons de l'indiquer, en choisissant le moment où l'autre moitié
est bien garnie et capable de maintenir seule pendant quelque
temps la température du four.

Lorsqu'on tient à faire le décrassage sans troubler la marche
du foyer, on peut soutenir le combustible par une fausse grille.
On laisse s'accumuler sur la grille une assez grande hauteur de
mâchefers, sur lesquels le combustible continue à brûler. Puis
on introduit par des orifices pratiqués dans une des parois du
foyer, une série de ringards qu'on enfonce à travers le combustible et qu'on charge avec des poids : ils forment une grille provisoire qui supporte la couche de combustible, et on peut faire
tomber tous les mâchefers qui restent entre cette fausse grille et la
vraie, soit en enlevant quelques barreaux de celle-ci, soit en la
faisant basculer tout entière.

Lorsque la nature du combustible s'y prête, on peut rendre
le décrassage continu. Il faut alors employer des grilles inclinées
qui ne vont pas tout à fait jusqu'au fond du foyer (fig. 66), de
manière à laisser entre leur extrémité inférieure et le mur un
intervalle libre. Cet intervalle est bouché par les mâchefers qui
glissent sur la grille et viennent s'y accumuler en formant un
talus vers le cendrier ; de temps en temps on enlève la base de
ce talus, qui se reforme à mesure, sans toucher à la couche de
combustible.

Lorsqu'on brûle des menus maigres et donnant des mâchefers,
il y a avantage à laisser ceux-ci s'accumuler sur la grille ; ils y
forment une couche qui laisse passer l'air et qui s'oppose à la

chute du menu à travers les barreaux : c'est ce qu'on appelle
la combustion sur grille de mâchefer. Dans ce cas particulier,
la formation des mâchefers est avantageuse. Les menus maigres

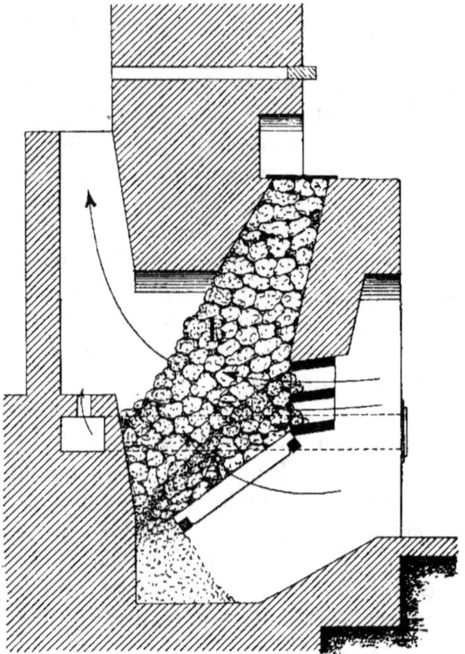

Fig. 66. — Foyer à décrassage continu.

à cendre pulvérulente ou fusible sont plus difficiles à brûler ; il
faut recourir aux grilles à gradins ou aux foyers soufflés dont
nous parlerons plus tard : ces derniers conviennent spécialement au cas où les cendres sont fusibles, et les grilles à gradins sont préférables pour les cendres pulvérulentes. Quant aux
menus gras, on peut les brûler dans un foyer ordinaire, à condition de les charger sur une grille déjà bien garnie, et au besoin
de les mouiller un peu pour augmenter leur cohésion.

En définitive, malgré les soins qu'on peut apporter à la conduite d'un foyer, on a reconnu que la perte par combustion
incomplète ne descendait pas au-dessous de 7 0/0 et pouvait
atteindre 20 0/0 avec un chauffeur médiocre. Dans les fours

métallurgiques, où on a souvent à donner des coups de feu et où les exigences spéciales de l'opération obligent à négliger parfois la question d'économie, ces pertes sont toujours fortes. Il faudrait y ajouter les pertes par le rayonnement et par la conductibilité des parois ; on manque de moyens pour évaluer ce genre de pertes (du moins la portion attribuable au foyer) : elles sont d'autant plus fortes que le foyer est plus actif. On peut affirmer que dans les fours métallurgiques la chaleur reçue par le laboratoire ne représente guère plus des trois quarts de celle que peut dégager théoriquement le combustible.

On voit combien la conduite est chose délicate et importante, de combien de circonstances complexes le chauffeur doit tenir compte pour obtenir un bon résultat. Toutes les fois qu'on emploiera un nouveau combustible ou qu'on modifiera les dispositions des fours, les chauffeurs seront déroutés, et les premiers essais réussiront médiocrement, d'autant plus qu'il faut compter avec la routine et souvent avec la mauvaise volonté des ouvriers, qui n'aiment pas à changer leurs habitudes. On ne doit pas l'oublier quand on veut juger de l'efficacité d'une innovation quelconque. Tout perfectionnement à introduire dans le travail ne réussira qu'à force de persévérance et de surveillance assidue.

2° LABORATOIRE

Le laboratoire est la partie du four où sont placées les matières à échauffer ; les gaz sortis du foyer le parcourent en abandonnant une fraction plus ou moins importante de la chaleur qu'ils ont emmagasinée. La température qui y règne dépend du rapport qui existe entre sa capacité totale et la masse de gaz qui le traverse dans un temps donné. Comme celle-ci est proportionnelle au poids de combustible brûlé, on peut caractériser à ce point de vue chaque four par un chiffre indiquant combien il y a de mètres cubes dans le laboratoire pour 100 kil. de houille brûlés par heure dans le foyer. Ce chiffre varie, non seulement avec la température, mais aussi avec le temps plus ou moins long qu'on doit mettre à la réaliser ; un four s'échauffera d'autant plus vite qu'il sera plus petit : aussi le rapport que nous venons de définir sera, à température égale, plus faible pour les fours à chauffage rapide que pour ceux où le chauffage est lent.

Nous avons vu qu'il existait un certain rapport entre la quantité de combustible brûlée par heure et la surface de la grille : on pourra donc aussi caractériser les fours par le rapport existant entre le volume du laboratoire et la surface de la grille. Ce rapport variera entre des limites plus étroites que le précédent, car plus la température est élevée, plus le tirage est actif, par suite plus la quantité de combustible brûlée en un temps donné sur une même surface de grille est forte. Nous donnons ci-dessous un tableau des valeurs que prennent ces deux rapports pour un certain nombre de fours.

Nature de l'opération		Température	Volume du laboratoire en m³	
			par 100 k. de houille brûlée par heure.	par mètre carré de surface de grille.
Cuisson des briques.	Chauffage graduel.	Rouge faible.......	100	35
Cuisson des briques réfractaires.......		Rouge vif..........	35	20
Grillage des sulfures métalliques.......		Variable : atteignant progressivement le rouge vif	15 à 30 ·	5 à 10
Réduction des minerais de zinc.......		Rouge vif approchant du rouge blanc à la fin............	6 à 10	5 à 8
Fusion des mattes ou des métaux fusibles	Chauffage rapide.	Rouge cerise.......	2 à 3	2 à 3
Puddlage..........		Rouge vif atteignant le rouge blanc....	0,60 à 1,20	1,20 à 1,60
Fusion de la fonte...		Rouge vif, marche rapide..........	0,50	2
Fusion de l'acier....		Blanc	0,30	0,80

(·) Observation : Dans certains fours de grillage, la température maxima n'est réalisée que dans la partie du laboratoire la plus rapprochée du foyer.

Pour réduire les frais de premier établissement et de main-d'œuvre, il y a avantage à donner aux fours le plus grand volume possible. Les dimensions sont déterminées par des règles empiriques qui dépendent de la forme et de la destination de l'appareil. Si le four est trop grand, le chauffage devient irrégulier et la manœuvre trop difficile ; il en résulte dans chaque cas particulier des limites de dimensions que l'expérience seule permet d'établir. Ces limites déterminent pour la production un maximum qu'on ne peut dépasser sans inconvénients, et dont il y a intérêt à se rapprocher. Aussi les fours de cette classe ont en général des dimensions et des productions peu variables. Le plus souvent elles sont assez restreintes pour que chaque usine soit obligée d'employer plusieurs fours. La puissance de l'usine dépend alors du nombre des fours.

Généralement ces fours ne réalisent pas du tout le chauffage méthodique ; les matières chargées dans le laboratoire y restent à peu près à la même place pendant tout le temps d'une opération, et on les retire encore chaudes. Toutes les parties du laboratoire doivent être portées à la même température, et les gaz en sortent forcément à une température un peu plus élevée : ils emportent donc beaucoup de chaleur. Il y a en outre des pertes considérables par les parois ; pour en diminuer l'importance, il faut augmenter autant que possible la charge du four et le nombre des opérations. En effet, une partie du combustible sera brûlée uniquement pour maintenir la température et compenser les pertes par les parois ; cette partie de la consommation sera constante et n'augmentera pas avec la production du four.

Dans quelques cas particuliers, on peut charger les matières à une extrémité du laboratoire et les amener progressivement jusqu'auprès du foyer. Les flammes traversent le laboratoire en sens inverse, et le chauffage est méthodique. La température est alors variable d'un bout à l'autre d'un laboratoire : elle va en diminuant à partir du foyer. Le volume du four n'est plus limité que par des considérations purement pratiques.

Les principaux types de fours à foyer indépendant sont les fours à alandiers et les fours à cuve.

157. Fours à réverbère. — Les premiers sont les plus répandus. On y étend la matière en couche peu épaisse sur une aire appelée sole et recouverte par une voûte peu élevée. La sole est séparée du foyer par une espèce de murette appelée *pont* ou *autel* ; à l'autre extrémité se trouve le conduit qui emmène les gaz à la cheminée et qu'on nomme rampant.

La quantité de matières que peut recevoir le four dépend de la surface de la sole. Sa largeur est limitée par la nécessité d'en rendre toutes les parties accessibles. Elle excède rarement

3 mètres quand il y a des portes de travail des deux côtés, et **1** m. 50 quand il n'y en a que d'un seul. La longueur ne peut guère dépasser 5 mètres (sauf dans les fours à plusieurs postes dont nous parlerons plus tard); elle reste généralement au-dessous de 3 mètres dans les fours où on veut obtenir une température uniforme, et au-dessous de 2 mètres quand l'opération nécessite une grande chaleur.

Dans les fours à réverbère, le volume du laboratoire dépend surtout de la surface de la sole; aussi peut-on les caractériser par le rapport existant entre cette surface et celle de la grille. On peut, à ce point de vue, les distinguer en deux groupes ; les fours de fusion, où la température est forte et le chauffage presque toujours rapide, et les fours de grillage, où la température est modérée et le chauffage lent. Pour les premiers, le rapport est faible et varie de 0, 60 à 5 ; pour les seconds, il va jusqu'à 15.

On peut encore distinguer les fours à un et à plusieurs postes. Les premiers sont ceux qui ne reçoivent qu'une charge à la fois. Cette charge, étendue sur toute la surface de la sole, est chauffée toute entière en même temps : la température doit donc être la même dans toutes les parties du four. Les gaz en sortent forcément très chauds ; le chauffage n'est pas méthodique.

Dans les fours à plusieurs postes, il y a à la fois plusieurs charges pour lesquelles l'opération est à un moment donné à des degrés d'avancement divers. Chacune de ces fractions est placée d'abord près du rampant, puis on la fait avancer vers l'autel, par intervalles, à mesure que les précédentes lui font place. On réalise ainsi le chauffage méthodique. Comme la température ne doit plus être uniforme sur toute la surface de la sole, sa longueur n'est plus limitée : elle peut atteindre 15 mètres, et parfois on l'augmente encore en faisant passer les flammes sur une seconde sole superposée à la première. Ces fours utilisent bien mieux la chaleur que les autres. Ainsi pour le grillage de la galène, ils procurent, si on les compare aux fours à charge fixe, une économie de combustible de 30 à 40 0/0. En augmentant la longueur du four et le parcours des matières, on permettra aux gaz de se mieux refroidir et on économisera le combustible, mais on accroîtra les frais de main-d'œuvre et de premier établissement. Il y aura donc une limite, que l'expérience indiquera. Ce perfectionnement ne peut guère s'appliquer qu'aux fours de grillage, dans lesquels la matière reste solide jusqu'à la fin de l'opération. Les fours à charge fixe, au contraire, sont spécialement employés pour les fusions.

158. Sole. — Dans les fours de fusion, la température doit être uniforme dans toutes les parties de la sole, au moins à la fin de l'opération, et cette température doit être généralement assez élevée. La sole y est presque toujours de forme ovale ; elle va se rétrécissant vers l'extrémité opposée au foyer, afin de compenser le refroidissement des gaz, et d'obtenir une température uniforme. Dans les fours de grillage, la sole est à peu près rectangulaire : toutefois il faut toujours la disposer de façon que toutes les parties puissent être atteintes avec des ringards manœuvrés par les portes de travail.

159. Voûte. — La hauteur de la voûte mesurée près de l'autel varie de 0 m. 30 à 0 m. 90 ; on la réduit quand on veut obtenir une haute température ou une atmosphère réductrice : on rabat ainsi sur la sole les flammes et l'oxyde de carbone non brûlé qui occupe toujours la zone supérieure du courant gazeux ; on l'augmente lorsqu'on veut une température modérée et une atmosphère oxydante, comme dans les fours de grillage.

La voûte est formée par une surface cylindrique dont les génératrices sont perpendiculaires au grand axe du four ; elle s'abaisse vers le rampant pour maintenir une chaleur suffisante dans cette partie, qui est la plus éloignée du foyer. Dans les fours à plusieurs postes, où la température ne doit pas être uniforme, la sole, ayant la forme d'un rectangle très allongé, est couverte par une voûte en berceau dont les génératrices sont parallèles au grand axe du four, ce qui rend la construction plus facile.

160. Rampants. — Le rampant est placé dans l'axe du four ; quelquefois on le rejette de côté pour dévier les flammes vers la porte de travail et diminuer l'action oxydante due aux rentrées d'air par cette porte. Quand la sole est large, on peut construire deux rampants de chaque côté pour mieux répartir les gaz.

La section du rampant doit être de 1/6 à 1/4 de celle de la grille. Parfois on le rétrécit pour augmenter la pression dans le four et s'opposer aux rentrées d'air par les portes ; c'est un tort : il vaut mieux obtenir ce résultat au moyen d'un registre mobile placé dans le rampant ou dans la cheminée, et qui ne crée pas une résistance permanente au passage des gaz.

161. Portes. — Les fours à haute température n'ont en général qu'une porte de travail, placée de côté; parfois on la met à l'extrémité du rampant, dans l'axe du four; on évite ainsi les rentrées d'air dans le laboratoire, mais le travail est plus difficile.

Lorsque la température doit être modérée, lorsque les nécessités de l'opération exigent un brassage complet ou l'intervention de l'air, comme dans les fours de grillage, on multiplie les portes et on en met souvent une rangée de chaque côté.

Dans les fours à plusieurs postes, les postes sont espacés de 1 m. 50 à 2 mètres, de manière qu'on puisse faire avancer la matière au moyen de ringards et de spadelles. Les embrasures des portes sont évasées vers l'intérieur pour qu'on puisse atteindre toutes les parties de la sole avec des ringards.

Malgré les divers moyens que nous avons signalés, il est presque impossible d'empêcher les rentrées d'air par les portes, et l'atmosphère d'un four à réverbère à tirage naturel est presque toujours oxydante.

162. Pont. — Le pont est la partie des fours à réverbère qui se dégrade le plus vite : on le fait souvent creux, de façon à ce qu'il soit refroidi par un courant d'air ; parfois même on y place une caisse en fonte à circulation d'eau. La sole est en général établie sur une voûte; quand elle est très exposée aux corrosions, on la forme d'une plaque de fonte qu'on recouvre d'un garnissage convenablement choisi et que l'air refroidit par dessous. Les embrasures des portes sont garnies de cadres en fer, et on place devant des taquets en fonte qui puissent supporter le choc des outils.

Les parois intérieures sont en briques réfractaires : on les entoure de maçonnerie ordinaire, de façon à former un massif en forme de parallélipipède. Ce massif, que la dilatation disloquerait, est cerclé par de fortes armatures en fer. Dans les fours à haute température, il vaut encore mieux réduire au minimum le volume des maçonneries et entourer la chemise réfractaire d'un revêtement complet en tôle épaisse ou en plaques de fonte.

163. Brassage mécanique. — Dans les fours à réverbère, les pertes de chaleur par les parois sont très importantes, le laboratoire offrant une surface très grande par rapport à son volume. Aussi, dans un four faisant un travail déterminé, la consommation de combustible est loin de croître proportionnellement à la production, car une grande partie est brûlée uniquement pour maintenir la température des maçonneries. Dans un four à puddler, par exemple, la consommation par jour reste à peu près la même, que l'on fasse dix ou douze opérations. On conçoit donc le grand avantage qu'il y a à élever la production d'un four à réverbère, soit en augmentant sa charge, soit en rendant les opérations plus rapides. On est arrêté, à ce double point de vue, par les difficultés du travail et les limites naturelles des forces de l'ouvrier. L'emploi des fours à brassage mécanique diminue ces difficultés. Parfois on adapte à des fours fixes des agitateurs mécaniques qui brassent les matières étendues sur la sole et remplacent le travail de l'homme. Dans d'autres fours, la sole est circulaire et reçoit un mouvement de rotation assez rapide pour assurer le brassage. Parfois, le laboratoire tout entier est constitué par un cylindre mobile autour de son axe. Ces appareils fonctionnent comme les réverbères ordinaires et n'utilisent pas mieux la chaleur ; mais, pour les opérations qui exigent un brassage énergique, ils diminuent ou suppriment la fatigue de l'ouvrier : par suite, on peut y traiter de plus fortes charges et leur donner de plus grandes dimensions, ce qui procure une économie de combustible et de main-d'œuvre.

En revanche, on a une augmentation des frais de construction et d'entretien.

164. Fours tournants américains pour la cuisson des ciments. — Les fours tournants procurent, dans le traitement des matières sèches ou peu humides (avec emploi d'une faible quantité de fondants) que l'on trouve en grande quantité aux Etats-Unis, une économie considérable de main-d'œuvre par rapport aux fours fixes, lesquels conviennent mieux, de leur côté, pour les matières riches en fondants que l'on rencontre en Europe. Aussi, bien qu'ils consomment plus de charbon que ces derniers, les fours tournants sont-ils très employés en Amérique, en raison surtout de la cherté de la main-d'œuvre dans ce pays.

Le tableau ci-après montre la production journalière des

divers systèmes de fours en usage aux États-Unis pour la cuisson des ciments, avec la dépense en main-d'œuvre et en charbon par baril de 164 litres produit :

	Production par jour	Dépense par baril	
		Main-d'œuvre	Charbon
Four intermittent.	15 à 30 barils	»	0 f. 45 à 0 f. 65
— continu.....	40 à 80 —	0 f. 60 à 0 f. 70	0 f. 25 à 0 f. 30
— tournant....	120 à 180 —	0 f. 13 à 0 f. 20	0 f. 55 à 0 f. 75

En outre de l'économie de main-d'œuvre, le fonctionnement en procure une autre, estimée à 0 fr. 07 par baril, et qui provient d'un amortissement moins élevé : en effet, deux fours tournants ont une production sensiblement égale à celle de cinq fours ordinaires.

Quant à l'excédent de dépense de combustible qu'exige le fonctionnement, il provient du grand volume d'air employé pour la combustion, de la température élevée des gaz à la cheminée, enfin de la perte de chaleur par rayonnement.

La fig. 67 montre une disposition de four tournant employée à Sanducky, aux États-Unis, pour le traitement des matières humides. La bouillie renfermée dans les récipients situés à gauche est refoulée graduellement par une pompe dans le four, où

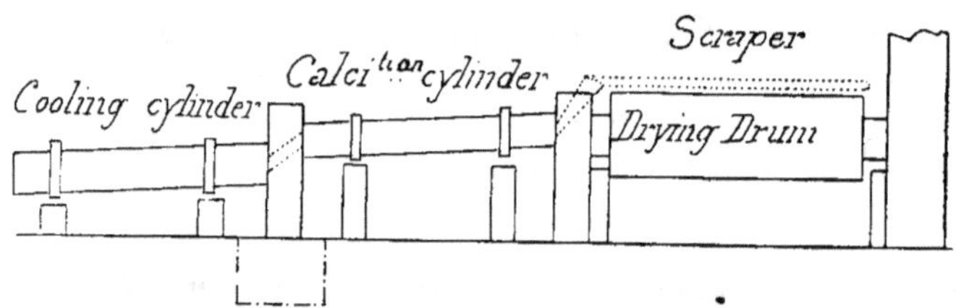

Fig. 67. — Four tournant pour le traitement des matières humides.

elle est séchée, dépouillée de son acide carbonique et calcinée ; les scories s'écoulent par la partie inférieure.

Pour le traitement des matières sèches, on emploie en Amérique le four représenté fig. 68, qui découle du four Ransonne, breveté en Angleterre dès 1885 : mais il a des dimensions plus grandes que ce dernier, et il est chauffé au charbon pulvérisé au lieu de l'être au gaz de gazogène ; pour réduire la main-d'œuvre, il fonctionne d'une façon entièrement mécanique.

La durée du passage des matières dans ce four, qui a une température très élevée, est seulement de 3 heures pour un appareil de 12 m. de long et de 1 m. 40 de diamètre, faisant 1 tour par minute ; dans les fours fixes, la calcination dure de 3 à 6 jours. La production du four tournant est donc beaucoup plus grande (elle s'élève à 4 t. par heure dans l'appareil de 12 m. ci-dessus) ; en outre, le produit obtenu renferme une proportion de matière active plus grande, et au contraire moins de scories ; ses composés chimiques sont aussi plus stables.

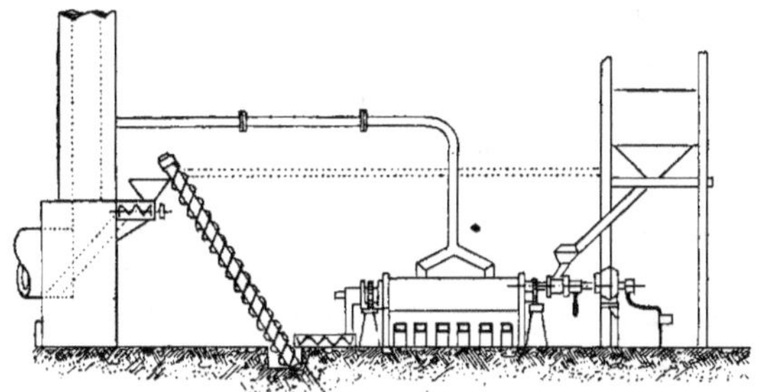

Fig. 68. — Four tournant pour le traitement des matières sèches.

Ces résultats justifient le développement pris par ce système de four en Amérique ; il n'y a presque plus, au contraire, de fours tournants en Angleterre, où cependant celui de Stokes pour matières humides a obtenu à une époque assez récente un certain succès.

165. Fours à banquettes. — Les fours de galère, ou fours à banquettes, sont employés lorsqu'on veut chauffer une matière en vase clos. Ils se composent d'une enceinte rectangulaire ou ovale, recouverte d'une voûte. La grille est au milieu et en contre-bas, entre des banquettes sur lesquelles on place des creusets, des moufles, des caisses contenant la charge. Les cheminées sont aux angles, de façon à bien répartir les flammes. Parfois, on cherche à les rabattre sur les banquettes, en ouvrant dans celles-ci de petits conduits qui communiquent avec une galerie aboutissant à une cheminée unique.

La température dépendra du rapport entre le volume du four et la surface de la grille. Les dimensions sont limitées par la nécessité d'avoir une température suffisante dans toutes les parties du laboratoire. Aucun point de celui-ci ne devra être trop éloigné de la grille. La forme doit être étudiée de manière à augmenter autant que possible la charge, c'est-à-dire le volume relatif occupé par les vases clos.

Ceux-ci doivent avoir des dimensions transversales assez faibles pour que la chaleur pénètre jusqu'au centre.

On peut rattacher à la même catégorie les fours à cornues ou à tubes, comme les fours de distillation du zinc, ou ceux dans lesquels on produit le gaz d'éclairage. Dans ces appareils, les vases clos ont la forme de tubes soutenus seulement par les deux bouts. On peut en placer plusieurs rangées superposées ; la grille est en bas, et la flamme monte entre les tubes. La place est mieux utilisée que dans les fours à banquettes, et la charge plus forte, relativement au volume.

Dans tous ces fours, le chauffage n'est pas méthodique. En outre, l'emploi des vases clos est très désavantageux, parce que les matières ne reçoivent la chaleur qu'indirectement. Le combustible est donc très mal utilisé.

166. Fours à alandiers. — Les fours à alandiers se composent d'une chambre assez élevée, dont la section horizontale est un rectangle ou un cercle ; elle est recouverte par une voûte percée d'une ou plusieurs cheminées. Les foyers sont disposés autour du four ou sous la sole, et les flammes traversent le laboratoire de bas en haut.

On entame les matières de toute la hauteur, en ayant soin de ménager des passages pour les gaz ; pour faire cette opération, il faut entrer dans le four par une large porte qu'on mure, une fois le chargement effectué. Par suite, ces fours ont une marche discontinue, c'est-à-dire qu'on les laisse refroidir complètement après chaque opération.

Ces arrêts occasionnent de grandes dépenses de combustible, car toute la chaleur emmagasinée par les parois est perdue.

Les fours de cette espèce doivent en général se chauffer graduellement, et il y a avantage à les faire le plus grands possible.

De cette façon, pendant la première partie de l'opération les gaz ayant à traverser une grande masse de matières peuvent sortir froids ; ce n'est qu'à partir du moment où toutes les parties du four sont échauffées que la perte de chaleur devient importante.

Les dimensions sont limitées par la difficulté d'obtenir une température égale dans une enceinte trop vaste. Il faut notamment que les flammes pénètrent bien jusqu'au centre du laboratoire. Pour obtenir ce résultat, on place quelquefois les foyers dans des chambres voûtées, ménagées sous la sole : les flammes arrivent alors par des carneaux traversant la sole, et peuvent déboucher au centre même du four. Cette disposition permet d'agrandir la section horizontale sans inconvénient. Ces fours reçoivent souvent plusieurs cheminées, disposées en divers points de la voûte pour mieux répartir les flammes.

167. Fours à cuve. — Les fours à cuve à foyers latéraux se composent d'une cuve prismatique ou évasée, où l'on charge les matières par l'orifice supérieur, pour les retirer par des ouvreaux situés à la base ; elles descendent à mesure que la place devient libre au-dessous. A une faible hauteur au-dessus du sol, la cuve reçoit les gaz d'un ou plusieurs foyers latéraux. Ces gaz parcourent la cuve de bas en haut et sortent à la partie supérieure. La cuve est souvent surmontée d'une cheminée, à la base de laquelle est une porte pour le chargement des matières. On voit immédiatement que ces fours réaliseront le chauffage méthodique ; mais leur volume est limité par toutes les considérations que nous développerons tout à l'heure à propos des fours à cuve ordinaires. On ne peut y réaliser que des températures modérées, parce que le tirage ne peut être actif, à cause de la résistance offerte par la longue colonne de matières remplissant la cuve. Ils sont employés pour les calcinations, quand on ne peut adopter les fours à cuve ordinaires, ce qui est très rare : ce cas se présente pour la calcination de la calamine et pour celle de l'argile réfractaire.

168. Rendement calorifique des fours à foyers séparés. — Si l'on excepte les fours à cuve et les fours à plusieurs postes, aucun de ceux que nous venons de décrire ne réalise le chauffage méthodique. Les matières y restent immobiles, et les gaz doivent sortir du laboratoire à une température au moins égale à celle que nécessite l'opération. Ils emportent donc une grande partie de la chaleur produite. Dans un four de fusion, par exemple, la température est souvent de 11 à **1200°** : c'est celle qu'auront les gaz à leur sortie, et comme ils ne sont pas primitivement à plus de 15 ou 1600°, on voit qu'au moment où ils quittent le four, ils ont à peine cédé 1/5 ou 1/4 de leur chaleur ; la perte de ce chef est donc de 75 0/0. Elle sera plus forte encore dans les fours à fondre l'acier où la température doit atteindre 1400°. Elle sera plus faible dans les fours à chauffage progressif, parce que pendant la première partie de l'opération, tant que les matières n'ont pas atteint leur température maxima, les gaz peuvent sortir plus froids. Elle sera moins importante dans les fours de grillage et surtout dans les fours à plusieurs postes, parce que les gaz, parcourant un trajet beaucoup plus long, peuvent sortir à une température qui s'abaisse jusqu'à **300°** et même un peu moins. La perte de chaleur descend dans les cas les plus favorables à 15 0/0. Dans le chauffage des chaudières, qui est celui où on réalise le mieux la circulation méthodique, elle ne descend pas au-dessous de 8 0/0.

Une autre partie notable de la chaleur se perd par les parois : cette perte est d'autant plus importante que la température est plus élevée.

Dans les chaudières, elle s'élève à **25** 0/0 ; dans les fours métallurgiques, elle doit atteindre au moins 40 ou 50 0/0, parfois plus. La forme du four à réverbère, qui offre une grande surface pour un petit volume, est de nature à développer beaucoup ces pertes.

En définitive, lorsqu'on compare la chaleur réellement utilisée à celle que pourrait produire théoriquement le combustible, on reconnaît que la proportion est à peine de **2** ou **3** 0/0 dans les fours de fusion de l'acier, 8 à 10 0/0 dans les fours de fusion ordinaires, 17 0/0 dans les fours de grillage, **20** à 30 0/0 dans les fours à plusieurs postes.

169. Emploi des flammes perdues. — Dans les forges, on peut souvent employer les flammes perdues des fours à réverbère pour chauffer des chaudières. On peut encore s'en servir pour chauffer l'air nécessaire à la combustion ; ce procédé est utile surtout lorsqu'on brûle des combustibles médiocres comme le bois et la tourbe, on augmente ainsi la température produite dans le foyer. A la suite des fours de fusion, on met souvent une seconde sole (cassin), chauffée par les flammes perdues, où se pré-

parent les matières. Pendant qu'une fusion se fait sur la première
sole, la charge qui doit être fondue à l'opération suivante s'é-
chauffe sur la seconde sole, sans dépense spéciale de combustible.
Puis on la fait passer sur la première sole, où elle arrive chaude
et fond plus vite.

Le plus souvent on n'utilise par ces procédés que la chaleur
sensible des gaz : cependant il n'est pas rare qu'ils contiennent
de l'oxyde de carbone en proportion assez forte pour pouvoir
brûler. Pour en tirer parti, il faudra faire passer les gaz, au
sortir du laboratoire, sur une grille où l'on entretiendra un feu
avec des fagots ou avec du menu charbon : on aura soin d'élargir
les conduits en ce point de manière à diminuer la vitesse du
courant. L'oxyde de carbone brûlera, et les gaz ainsi réchauf-
fés seront envoyés directement sous les chaudières, ou dans
l'enceinte quelconque où on veut les utiliser.

170. Fours annulaires. — Le rendement calorifique peut
être augmenté beaucoup par l'emploi des fours annulaires. On
peut considérer ces appareils comme constitués par une série
de fours rangés en cercle et communiquant entre eux. A un moment donné, un seul de ces fours est chauffé, et ses flammes
perdues, avant de se rendre à la cheminée, passent par les autres fours qu'elles échauffent progressivement. Par un jeu de
registres convenable, tous les fours peuvent permuter de rôle
ensemble : chacun d'eux n'est chauffé directement qu'au moment
d'y terminer l'opération, et, avant cette période, il passe par
une série de phases pendant lesquelles il reçoit des flammes
perdues de plus en plus chaudes à mesure qu'il est plus voisin
de celui des fours actuellement chauffé. C'est en quelque sorte
le foyer qui se déplace et va au-devant des matières, de manière
à réaliser la circulation relative nécessaire au chauffage méthodique, tout en laissant les matières immobiles.

Ces fours ont sur les fours à plusieurs postes et sur les
fours à cuve un avantage théorique : c'est que le trajet relatif
des matières n'est plus limité par aucune considération ; on peut
donc l'allonger autant qu'on veut et se rapprocher indéfiniment
des conditions absolues du chauffage méthodique. En pratique,
toutefois, cet agrandissement du four, qui n'est pas accompagné
d'un accroissement de production, entraîne des frais de premier
établissement onéreux.

L'utilisation de la chaleur dans ces appareils peut dépasser 30 0/0. Ils conviennent spécialement aux opérations qui exigent une marche discontinue. En effet, chacun des fours peut passer par des périodes alternatives de chauffage et de refroidissement et marcher comme un four discontinu ; tandis que l'ensemble constitue un appareil à marche continue.

Nous reparlerons plus loin de ce genre de fours, et nous les étudierons en détail à propos des fours de calcination.

171. Choix des combustibles. — Les houilles grasses et les houilles sèches sont les combustibles qui conviennent le mieux pour le chauffage des fours à foyers séparés. On peut aussi y brûler du bois, et même des lignites et des tourbes quand la température ne doit pas être trop élevée. Lorsque le laboratoire est grand et doit être chauffé énergiquement dans toutes ses parties, il faut des houilles à longue flamme et de bonne qualité.

Pour utiliser les houilles maigres, on emploie parfois un artifice consistant à faire marcher le foyer comme une espèce de gazogène. On brûle le combustible sous une forte épaisseur, de manière à produire de l'oxyde de carbone qui va brûler dans le four, au contact de l'air rentrant par les joints des portes et des fissures de toute nature. On arrive ainsi à obtenir des flammes avec un charbon qui, sur une grille conduite à la manière ordinaire, n'en donnerait pas. Mais la combustion de l'oxyde de carbone, dans ces conditions, ne sera jamais complète.

CHEMINÉES .

172. Considérations générales. — Les cheminées constituent le moyen le plus économique d'assurer le tirage quand on y utilise, comme c'est le cas presque général dans les usines, la chaleur perdue des fours. Mais si on est obligé de brûler du combustible pour échauffer la colonne, comme cela a lieu dans les cheminées servant à l'aération, les ventilateurs sont plus économiques. Suivant le rendement mécanique de ces machines, on peut estimer qu'un ventilateur fournira de 7.000 à 14.000 mc. d'air par kilogramme de houille brûlé, tandis qu'une cheminée n'en fournira guère plus de 1.000.

On emploie souvent aussi pour produire le tirage dans certains fours des jets de vapeur ou d'air comprimé. Le rendement de ces procédés est moindre que celui des cheminées : un injecteur marchant à l'air comprimé peut donner 400 à 450 mc. d'air par kilogramme de houille brûlé ; un injecteur à vapeur donnera 600 mc. par kilogramme de houille, soit environ 100 mc. par kilogramme de vapeur.

M. Prat emploie avec un certain succès depuis quelques années, pour remplacer les hautes cheminées habituelles, un procédé de tirage artificiel qu'il désigne sous le nom de tirage par entraînement, et qui n'exige que des cheminées de faible hauteur $\left(\frac{1}{3}\right.$ de la hauteur habituelle) et un diamètre correspondant.

La dépression donnée par les cheminées est relativement faible ; en y supposant les gaz entre 200 ou 250°, on peut admettre qu'elle serait d'environ 1 centimètre de colonne d'eau pour 20 m. de hauteur de la cheminée. Celle-ci étant déterminée d'après la dépression que l'on veut obtenir et les résistances offertes par les conduits plus ou moins développés qui précèdent la cheminée, on ajoute le plus souvent au chiffre ainsi déterminé une certaine hauteur, car il faut prévoir le développement ultérieur des usines. En fait, la détermination de la hauteur est souvent arbitraire et on l'exagère parfois inutilement ; il ne semble pas qu'il y ait grand intérêt dans la plupart des cas à dépasser 50 à 60 m.

On peut être amené à augmenter la hauteur pour deux motifs, soit parce que l'usine se trouve dans une vallée profonde, où les courants d'air peuvent nuire au tirage, soit parce que l'on veut diminuer autant que possible les inconvénients de la fumée pour le voisinage, en la répartissant sur un plus grand rayon.

La section peut se calculer d'après le poids de combustible à brûler dans tous les foyers desservis ; on emploie souvent pour ce calcul la formule empirique suivante :

Cette formule est établie en admettant l'emploi de 20 kg. d'air par kg. de combustible. Pour les usines métallurgiques, on peut aussi admettre que la section de la cheminée doit varier, suivant sa hauteur, entre le tiers et le cinquième de la surface des grilles : la section devra être naturellement plus large pour les grilles à fort tirage. Ici encore il sera utile de se réserver une certaine marge et de majorer un peu les chiffres obtenus par le calcul.

Une cheminée détermine avec sa base une certaine dépression tandis qu'au sommet la pression intérieure est plutôt supérieure à la pression atmosphérique, puisque les gaz tendent à s'échapper. Les fours placés avant une cheminée marchent donc en dépression, c'est-à-dire que l'air tend à y rentrer par les issues. On peut, jusqu'à un certain point, modifier cet état de choses en étranglant au moyen du registre les conduits par lesquels les gaz se rendent à la cheminée ; on s'oppose alors à leur sortie et ils tendent à s'échapper par toutes les issues. La fumée sort par les portes du four.

Il est évident que dans ces conditions le tirage diminue ; il ne se maintient en quelque sorte que par la vitesse acquise d'un four à haute température qui pourrait marcher de cette manière par intervalle dans un temps limité.

On peut faire marcher les fours en pression si l'on place la cheminée en partie avant le four ; le foyer se trouve alors en contre-bas, et les flammes se rendent dans le laboratoire par un conduit vertical d'une certaine hauteur. Ce système s'emploie souvent dans les fours chauffés par des gazogènes ; avec les foyers ordinaires, il donnerait lieu à une certaine perte de température des flammes. L'on ne peut non plus établir qu'une différence de niveau très faible entre le foyer et le laboratoire ; mais comme la colonne gazeuse est alors très chaude, cette différence peut suffire pour donner un fort tirage et faire régner dans le four un léger excès de pression. Quand les fours ordinaires marchent comme nous le disions tout à l'heure avec le registre baissé, c'est la hauteur même du foyer qui forme cheminée et qui maintient jusqu'à un certain point le tirage.

Il paraît préférable, lorsque l'on veut faire marcher les fours en pression, d'employer des foyers soufflés ; dans la plupart des usines, où la production des vapeurs ou de la force motrice a lieu sur une grande échelle, l'emprunt qu'il faudrait y faire pour alimenter les ventilateurs soufflants ne représentera qu'une dépense négligeable. Il sera sans doute compensé par la possibilité de faire marcher les foyers plus activement et par l'économie qui en résultera sur l'installation des fours.

Les cheminées se construisent le plus souvent en briques ; la forme carrée, qui permet d'employer les briques ordinaires, ne s'applique plus qu'aux petites cheminées qui font, pour ainsi dire, partie intégrante du four qu'elles desservent. Autrefois on construisait ainsi une cheminée pour chaque appareil ou pour chaque groupe d'appareils. Cette pratique a à peu près disparu et on tend de plus en plus à centraliser le service dans une ou plusieurs grandes cheminées desservant tous les foyers d'une partie de l'usine. La forme ronde est alors plus rationnelle, car elle réduit au minimum le volume de la maçonnerie pour une section donnée ; on emploie alors des briques spéciales moulées d'après le rayon de la cheminée et qui très souvent sont creuses.

La colonne est en général posée sur un socle plus épais, auquel on donne une hauteur à peu près égale à la racine carrée de la hauteur totale.

Les dimensions doivent être calculées de manière que la pression résultant du poids de la maçonnerie ne dépasse pas 6 kg. par centimètre carré, et que la résultante de l'action du vent tombe à l'intérieur de la construction. On emploie pour la colonne la forme conique avec une conicité de 25 à 30 mm. par mètre.

L'épaisseur va en diminuant depuis la base jusqu'au sommet ; cette variation est obtenue par la superposition d'une série de troncs de cônes que l'on nomme rouleaux et qui ont généralement 5 à 8 mètres de hauteur. Chaque rouleau est posé sur le précédent de manière à laisser à l'intérieur un redan de la largeur d'une brique, soit de 11 à 12 cm. suivant les cas. L'extérieur a donc la forme d'un tronc de cône régulier, et l'intérieur celle d'une série de troncs de cônes superposés rattrapant toujours la même section à leur sommet.

On choisira d'abord l'épaisseur au sommet qui doit correspondre aux dimensions d'une brique, ce qui peut être de 11, 22 ou 34 cm. Il vaut mieux en général prendre l'épaisseur de 22, qui permettra au besoin un exhaussement ultérieur ; une épaisseur supérieure pourra être adoptée pour les cheminées exposées à des feux violents. Le socle est formé par une colonne cylindrique dont l'épaisseur dépasse celle du dernier rouleau d'une épaisseur de briques à l'intérieur et de une ou deux à l'extérieur. Il se prolonge au-dessous du sol jusqu'aux carneaux communiquant avec les différents fours et repose sur la fondation, qui se compose en général de couches de béton ; ces couches reposent elles-mêmes sur des pieux battus et des pilotis lorsque le terrain n'est pas solide. Le socle est souvent carré ou polygonal : on y ménage des ouvertures qui peuvent servir à sécher les maçonneries ou à faire des réparations intérieures.

La colonne de la cheminée est armée souvent de cercles de fer qui l'entourent à des intervalles réguliers. Parfois on établit aussi des cercles intérieurs noyés entre les briques. L'utilité de cette dernière pratique est contestée : la présence au milieu de la maçonnerie de cercles de métal qui se dilatent plus qu'elle peut être une cause de dislocation. Aujourd'hui, on supprime souvent les cerclages intérieurs pour éviter l'action destructrice de la dilatation de la partie la plus chaude de la cheminée, et on construit à la base une double enveloppe intérieure en briques réfractaires de 5 à 7 mètres de hauteur, qui ne touche pas la maçonnerie et la protège contre le contact des gaz les plus chauds. Les cheminées doivent être munies de paratonnerres, sans quoi elles seraient fréquemment détruites par la foudre. On place souvent la pointe du paratonnerre suivant l'axe, en la soutenant par des armatures métalliques ; elle peut alors s'altérer rapidement par la fumée souvent acide. Il est préférable de disposer deux pointes sur les côtés. Ce sont deux barres en laiton légèrement divergentes et armées de pointes de platine. On les soude sur les premiers cercles d'armature, d'où part le conducteur qui se rend jusqu'au sol et s'y ramifie en branches qui vont se perdre dans des puits ou dans des tas de braise mouillée.

Les cheminées se construisent en général aujourd'hui sans échafaudage. Une plate-forme suspendue en haut de la partie de la colonne déjà faite sert au travail ; des poulies placées sur la colonne elle-même servent à monter les matériaux par l'intérieur.

En Allemagne, on emploie souvent des briques spéciales moulées sous forme de voussoirs assez grands. Le montage est alors beaucoup plus rapide ; on arrive à construire une cheminée en deux ou trois semaines. On reproche à ces constructions expéditives d'être peu solides, d'avoir des joints trop épais ; cet inconvénient dépendra en grande partie du soin avec lequel auront été moulés les voussoirs, et avec la précision avec laquelle on aura su tenir compte du retrait des briques à la cuisson.

On fixe en général, à l'intérieur, des échelles en fer en vue de servir aux visites et aux réparations ; mais cette précaution est un peu illusoire, car les échelles sont souvent mises promptement hors de service par l'action des gaz, et il ne faut pas se ris-

quer sur ces échelles sans grande attention. Quand on peut arrêter la cheminée, on fait les réparations à l'intérieur en scellant de
nouveaux échelons auxquels on enroche à mesure les échafaudages ; si on doit réparer par l'extérieur, la construction de
l'échafaudage peut devenir très-coûteuse. On a imaginé pour
ce travail plusieurs types d'échafaudages mobiles.

En Allemagne, on remplace les échafaudages par des échelles
maintenues par des crampons, que l'on enfonce à l'extérieur dans
la maçonnerie. On place ainsi une première échelle, au sommet
de laquelle on accroche une console en planches ; sur celle-ci
on appuie une deuxième échelle, qui sert à placer les crampons
et que l'on fixe ensuite le long de la cheminée, puis on continue
de même. On peut prolonger les consoles tout autour de la cheminée, en plaçant de proche en proche des crampons que fixe un
ouvrier couché à plat ventre sur le bord de la console. Ce mode
de réparation est économique, mais périlleux et fatigant.

Les cheminées peuvent être détériorées soit par la dilatation,
soit par les tassements dans le sol, qui déterminent des crevas-
ses, soit par flexion résultant de la poussée du vent. Lorsqu'elles
évacuent des gaz très acides, la condensation corrode la partie
supérieure ; cette dernière, qui est en outre la plus exposée au
vent, doit être faite en briques de choix. On y emploie quelquefois des briques vitrifiées que l'on appelle briques de verre.

Quand les cheminées se sont inclinées par suite de tassements,
on arrive quelquefois à les redresser d'un seul coup. Pour cela
on scie la maçonnerie au-dessous de la partie déviée, de manière à enlever une certaine épaisseur du côté convexe. A mesure
que l'on opère ce sciage, on soutient la colonne supérieure par
de forts vérins ou par des coins. Lorsque le sciage est terminé,
on enlève graduellement ces supports ou on abaisse les vérins,
de manière que la partie qui se trouvait en porte-à-faux vienne
reposer doucement sur sa base. Ce travail, pour être réussi,
exige que l'on ait mesuré très exactement le profil actuel de la
cheminée et calculé avec précision la hauteur à scier de chaque
côté.

Quand on démolit une cheminée, il peut y avoir intérêt à utiliser les briques. Pour éviter de les briser, MM. Bancroft ont
établi dans une circonstance de ce genre un couloir vertical
s'élevant jusqu'en haut de la cheminée et aboutissant en bas à
une caisse en tôle fermée. Ce couloir avait une section peu supé-

rieure à celle des briques : en les y jetant, leur chute produisait une certaine compression de l'air, qui ralentissait suffisamment leur vitesse pour éviter leur détérioration à l'arrivée dans la caisse.

Les cheminées en tôle se détériorent plus vite que les cheminées en briques : leur durée ne dépasse pas ordinairement 15 ans, mais leur construction est plus rapide et plus économique ; leur poids est moindre aussi, ce qui peut être d'un grand avantage en cas de fondations établies sur un terrain peu solide. On les monte sur un socle en maçonnerie où l'on boulonne un anneau en fonte sur lequel on vient river les premiers rouleaux. Les viroles de tôle rivées ont une épaisseur diminuant de bas en haut, allant par exemple de 14 à 7 mm. Le montage peut se faire sans échafaudage au moyen d'une plate-forme mobile que l'on fixe sur les viroles et qui sert à les y river successivement.

Ces cheminées doivent être amarrées avec des haubans pour résister à l'action du vent.

173. Tirage mécanique. — Aujourd'hui les grandes cheminées, dont l'installation est coûteuse, rencontrent moins de faveur, et on tend à les remplacer par des procédés de tirage mécanique qui offrent l'avantage de mieux se prêter à produire un appel régulier, et d'avoir plus d'élasticité. Une cheminée donne une dépression à peu près constante, qui ne dépend que de sa température. Si les résistances au passage des gaz augmentent pour une cause quelconque, l'appel diminue et on n'a aucun moyen de l'activer, tandis qu'un ventilateur peut être réglé de manière à donner le volume nécessaire : s'il consume une certaine force, il permettra en revanche de mieux utiliser le combustible, les gaz pouvant alors subir un refroidissement complet.

On peut aussi placer à l'extrémité des carneaux ou à la base de la cheminée un ventilateur aspirant et soufflant qui aspire tout les produits de la combustion.

Ces appareils sont généralement en fonte. Ils ne peuvent supporter une température trop élevée et on ne peut les employer que si les produits de la combustion y arrivent déjà refroidis. Ils s'oxydent assez vite et se rongent si les gaz sont sulfureux ; ils peuvent encore s'engorger par les dépôts de poussières ou de suie : on devra donc les faire précéder de chambres ou de carneaux assez vastes pour que les gaz y arrivent épurés.

171. Tirage par entraînement. — M. L. Prat a appliqué dans plusieurs installations de chaudières un système qui ne

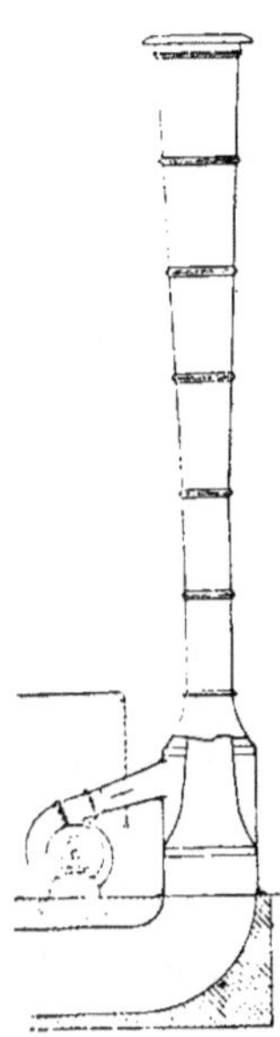

Fig. 69. — Tirage par entraînement système Prat.

présente pas les mêmes inconvénients. Le ventilateur est placé (fig. 69) en dehors du trajet des produits de la combustion ; il injecte de l'air à la base de la cheminée, cet air agissant sur les gaz par entraînement comme la vapeur dans l'injecteur Giffard.

Les gaz arrivent par un cornet central conique ; l'air injecté se répand autour, dans une chambre assez large, puis le mélange s'échappe par un ajutage évasé, dont la hauteur doit être égale à peu près à sept fois le diamètre. La section est 15 fois plus petite que celle d'une cheminée équivalente, et la hauteur trois fois plus faible.

Cet appareil fonctionne à *travail constant*, c'est-à-dire que le produit du débit par la dépression reste à peu près le même. Dans de certaines limites, la dépression augmente avec les résistances et en raison inverse de la quantité de gaz appelée. Dans des conditions de bonne marche, la dépression est un peu supérieure à la pression de l'air injecté : elle peut atteindre une valeur quadruple lorsque les résistances deviennent considérables, mais alors il y a très peu de débit.

On a pu réaliser des dépressions de 160 mm. avec une combustion de 500 kil. par m² de grille et par heure. La puissance du ventilateur n'excède guère 1 0/0 de celle de la force motrice à desservir, soit un cheval pour 100 à 200 kil. de charbon brûlé par heure.

L'appareil peut être employé seul, l'ajutage en tôle, dont la hauteur varie de 6 à 15 m., servant de cheminée. On peut aussi le placer à la base d'une cheminée existante, dont on augmentera ainsi beaucoup l'énergie.

On a parfois employé pour activer le tirage des trompes à vapeur, comme l'injecteur Körting : ces appareils ne fonctionnent qu'avec de petits orifices ; leur rendement mécanique est médiocre, et ils ne peuvent guère s'appliquer pour de grands appels d'air. On s'en sert plutôt comme souffleurs, en les plaçant au-dessous de chaque grille.

§ 3. — FOURS A FOYERS SOUFFLÉS

175. Foyers à grille. — Un foyer ordinaire peut être alimenté avec de l'air soufflé : il suffit de fermer le cendrier par une cloison que traverse une tuyère, et où l'on ménage une porte pour l'enlèvement des cendres. Cette disposition peut être appliquée à tous les fours que nous venons de décrire, rien n'est changé à leur marche ; seulement la pression intérieure est alors plus forte que la pression atmosphérique, et l'air ne tend plus à rentrer par les portes du laboratoire. C'est un avantage dans les opérations où l'atmosphère du four ne doit pas être oxydante. En revanche, le travail devient plus pénible, à cause des flammes qui sortent par toutes les ouvertures.

La pression de l'air n'a pas besoin d'être forte, puisque les résistances à surmonter ne sont pas plus grandes que dans les fours à tirage naturel. Le volume d'air à fournir peut être considérable si l'atelier comprend un certain nombre de fours : on peut le calculer d'après la quantité de combustible à brûler à raison de 10 m³ environ par kilogramme, puisque dans ces fours on ne doit pas employer un excès d'air. La consommation ordinaire d'un four à réverbère actif varie de 100 à 200 kil. par heure : il lui faudra donc de 20 à 40 m³ d'air par minute.

Pour alimenter ces sortes de foyers, on emploie le plus souvent des ventilateurs à force centrifuge. On leur donne de petits diamètres et de grandes vitesses. On peut aussi employer des trompes Siemens ou des injecteurs Körting.

176. Foyers sans grille. — Pour éviter les pertes d'escarbilles et obtenir une combustion complète, on a essayé d'employer des foyers où le charbon est entassé dans une enceinte prismatique, et l'air injecté au moyen d'une tuyère, sous une pression assez forte.

Ces foyers dégagent une forte proportion d'oxyde de carbone dont on produit la combustion au moyen d'une seconde tuyère placée au-dessus : ils fonctionnent donc à peu près comme des gazogènes. Leur substitution à des foyers ordinaires a procuré dans certains cas une économie de combustible de 30 à 40 0/0. Ils conviennent surtout pour des fours à haute température ; ils sont moins faciles à conduire que les foyers à grille quand on veut obtenir des températures variables. Le décrassage, qui se fait par une porte située à la partie inférieure, est assez difficile parce que la combustion, très active, et la température locale élevée provoquent la formation de mâchefers fortement agglomérés. Ce sont les combustibles purs ou à cendres fusibles qui se prêteraient le mieux à ce genre de foyers.

177. Fours Crampton. — On peut rattacher aux fours à foyers soufflés le four Crampton. Cet appareil n'a pas de véritable foyer : le charbon, réduit en poussière menue, est versé dans une trémie au-dessous de laquelle passe un courant d'air soufflé ; ce courant entraîne la poussière en suspension, et on obtient un mélange inflammable qui va brûler dans le laboratoire même. On réalise une combustion assez complète, mais il faut du charbon très pur et très inflammable ; les applications de ce procédé sont donc très restreintes.

§ 4. — FOURS A ENCEINTE UNIQUE ET A TIRAGE NATUREL

Lorsque le combustible est mélangé aux matières que l'on veut échauffer, les résistances opposées au passage de l'air deviennent bien plus fortes, et le tirage naturel ne suffit plus à déterminer une combustion active. Aussi les fours de cette catégorie ne peuvent être employés que pour réaliser des températures modérées. On ne s'en sert guère que pour les calcinations.

On peut diviser cette classe de fours en trois catégories : 1° les fours à charge mobile et à marche continue ; 2° les fours à charge fixe et à marche discontinue ; 3° les fours annulaires, qu'on peut considérer comme des groupes de fours de la 2ᵉ catégorie réunis de manière à constituer un ensemble à marche continue.

178. Fours coulants. — Les fours de calcination à charge mobile sont appelés fours coulants. Ils se composent en général d'une cuve verticale. L'orifice supérieur, appelé gueulard, reçoit des couches alternatives de charbon et de matières. A la base sont des ouvreaux par lesquels on soutire régulièrement les matières calcinées, et qui servent à l'entrée de l'air. La marche du four est continue ; les couches supérieures descendent par leur poids à mesure que le vide se fait au-dessous ; le combustible s'échauffe et s'enflamme aussitôt qu'il a atteint une température suffisante. Supposons d'abord que la combustion se fasse à la base même de la cuve ; celle-ci sera traversée de bas en haut par un courant de gaz chauds, qui se refroidiront à mesure qu'ils s'élèveront. Ainsi le chauffage est méthodique, et, d'après nos principes généraux, la chaleur sera bien utilisée à condition que le volume du four soit en rapport avec sa production. Celle-ci étant donnée d'avance, on aura à construire le four de manière qu'il ait un volume déterminé, que l'expérience indique pour chaque opération.

179. Dimensions. — La hauteur sera limitée par la nature plus ou moins friable des matières à calciner et du combustible : si les fragments venaient à s'écraser sous le poids et à se tasser trop fortement, l'air ne pourrait plus passer. La hauteur ne peut guère dépasser 8 mètres ; elle atteint cependant **12 à 13** mètres dans les plus grands fours à chaux. Dans les cas les plus ordinaires, elle reste au-dessous de 5 mètres.

Les dimensions transversales ne doivent pas être trop fortes, sans quoi l'air ne pourrait pas arriver jusqu'au centre et la chaleur ne serait pas uniforme. En général, quand la section est circulaire, le diamètre à la base ne doit guère dépasser **2 à 3** mètres, quand l'air n'entre que par des ouvreaux latéraux. Pour l'augmenter, on a cherché à introduire l'air par la sole même, que l'on remplace par une grille ou par un cône en fonte à jour : on peut porter alors le diamètre à 5 mètres (1). Parfois on

(1) Voir les fours de grillage des minerais de fer.

adopte une section allongée : dans ce cas les ouvreaux étant percés tout le long du grand côté, on peut l'allonger impunément ; toutefois la marche sera toujours plus régulière dans les fours à section circulaire.

180. Profil. — D'après notre second principe général, ces fours utiliseront la chaleur d'autant mieux qu'ils seront plus grands. Il y a donc intérêt à augmenter leur production et à assurer le service d'une usine avec le plus petit nombre de fours possible. Le diamètre à la base et la hauteur étant limités, on cherche à réaliser le plus grand volume possible en évasant les parois de bas en haut : leur pente ne doit pas être plus faible que 65 à 70° afin que la descente des charges soit régulière. Il ne faut pas non plus élargir outre mesure le gueulard, car le chargement devient trop difficile et le combustible se répartit inégalement dans les différents points de la section : aussi on donne souvent aux parois de la cuve une double inclinaison ; elle s'élargit au milieu de façon à former un ventre, puis se rétrécit pour réduire le gueulard à des dimensions modérées. Le diamètre du ventre peut excéder de **1** à **2** mètres ceux de la base et du gueulard, qui sont généralement à peu près égaux.

Quand le four n'est pas trop large ou trop haut, on peut lui donner la forme d'un tronc de cône, régulièrement évasé de bas en haut : ce profil, qui procure le maximum de volume avec le diamètre donné à la base, sera avantageux quand il ne conduira pas à un diamètre exagéré pour le gueulard. Parfois, au contraire, on adopte la forme tronconique, mais avec l'évasement en sens inverse, de haut en bas : ce profil sera justifié quand les matières auront une tendance à se coller ou à s'accrocher ; il facilitera leur descente.

181. Zone de refroidissement. — Si le volume du four est très grand, le combustible pourra se trouver échauffé à sa température d'inflammation avant d'être arrivé en bas ; dès lors il brûlera non plus en face des ouvreaux, mais à une certaine hauteur. En ce point régnera le maximum de température : ce sera la zone de calcination ; au-dessous les matières calcinées rencontreront l'air frais qui vient par les ouvreaux, et se refroidiront en l'échauffant ; on réalisera ainsi la seconde partie d'un appareil de chauffage méthodique, et, si le volume est assez grand, les matières sortiront froides par le bas, les gaz froids par le gueulard. Les limites pratiques imposées à la hauteur et à la section empêchent de réaliser complètement ces conditions ; cependant on arrive à utiliser le combustible d'une manière très satisfaisante.

182. Déchargement. — Dans les fours de calcination ordinaires, les orifices de déchargement restent toujours ouverts ; la matière sortant du four s'étale sous les ouvreaux avec son talus naturel. Pour défourner, il faut la reprendre à la pelle : alors de nouveaux fragments glissent sur la sole, dont le centre est bombé en forme de cône, et viennent prendre la place de ceux qu'on a enlevés. On peut faciliter cette opération en exhaussant le four : l'ouvreau se prolonge alors par un couloir incliné sur lequel les matières peuvent glisser ; elles sortiraient d'une manière continue et ne pourraient séjourner dans le four si ce couloir était libre, mais il est fermé par une trappe mobile qui arrête leur chute. Lorsqu'on veut défourner, on soulève cette trappe, et les matières tombent dans les wagonnets qui viennent se placer sous l'extrémité du couloir. Lorsque la sole est fermée par une grille, on ménage sous cette grille une galerie d'accès qui permet d'amener les wagonnets sous le four, et on y fait tomber la charge en enlevant un ou deux barreaux qu'on replace dès qu'il est sorti assez de matières. Parfois aussi la grille ne sert qu'à l'entrée de l'air, et on conserve au-dessus de son niveau des ouvreaux pour le déchargement. Il est bon de ménager dans la région inférieure des parois des orifices par lesquels on puisse introduire des ringards pour détruire les accrochages.

183. Combustibles employés. — Les combustibles employés dans les fours de calcination ne doivent pas être collants ni trop difficiles à brûler, à cause de la faiblesse du tirage ; on y utilise principalement les houilles sèches ou maigres, le charbon de bois, le bois et la tourbe crus ou desséchés. Comme le combustible ne constitue qu'une faible partie de la charge, on peut utiliser des menus et des déchets de peu de valeur.

Le tirage est produit par la colonne de gaz chauds qui remplit la cuve : pour le rendre plus fort, on peut surmonter le four d'une cheminée à la base de laquelle on ménage une large ouverture pour le chargement.

184. Construction. — Le four se compose en général de deux enveloppes : la chemise réfractaire, qui peut avoir de 20 à 40 cm. d'épaisseur, et le massif extérieur, en maçonnerie ordinaire, soutenu par quatre gros piliers entre lesquels sont les embrasures. Ces deux enveloppes laissent entre elles un vide de quelques centimètres pour faciliter la dilatation : on le remplit souvent de sable ou de débris de briques. Autrefois, on faisait le massif extérieur très épais, pour éviter les pertes de chaleur ; aujourd'hui, on le diminue beaucoup : parfois même on le supprime, l'enveloppe réfractaire reste seule, consolidée par des cercles en fer ou par un revêtement en tôle et soutenue par. des supports isolés en fonte. Cette construction, plus légère et moins dispendieuse, facilite l'accès du four et les réparations.

185. Fours à charge fixe. — Les fours à charge fixe comprennent les fours intermittents pour la cuisson du calcaire, du plâtre, ou des briques : les stalles, les cases, les tas de grillage ou de calcination, les fours et les meules de carbonisation, etc.

186. Tas. — La calcination en tas est le mode de chauffage le plus élémentaire et le plus primitif. Le four y est réduit à sa plus simple expression : il n'y a plus qu'une aire en terre damée, parfois en maçonnerie ou en béton, sur laquelle on entasse les matières à calciner, en y intercalant quelques couches de combustible et en disposant le tout de manière à former une masse perméable à l'air. Cette masse est couverte d'un revêtement en terre battue, en poussier ou en gazon, qui remplace l'enceinte en maçonnerie des fours ordinaires. A ce point de vue, les tas peuvent être considérés comme des fours à enceinte temporaire.

Dans ces conditions, le combustible est forcément très mal utilisé. Aussi l'emploi des tas n'est motivé que dans les circonstances où l'économie de combustible n'a aucun intérêt. C'est ce qui arrive quand on calcine des minerais bitumineux ou quand on grille des minerais riches en soufre : la matière à chauffer contient alors par elle-même des éléments combustibles qui suffisent souvent à dégager la chaleur nécessaire, ou auxquels on n'ajoute que de petits bois ou du charbon menu de peu de valeur.

Si les tas utilisent mal la chaleur, ils suppriment les frais de premier établissement : ils conviennent donc pour les opérations où la nature des choses oblige à changer souvent d'emplacement, comme pour la carbonisation. Les fours fixes, au contraire, ne conviennent que lorsqu'on doit s'en servir assez longtemps pour amortir les frais de construction.

187. Stalles et cases. — Au lieu d'élever les tas sur une aire libre, on peut les placer dans des stalles formées de trois murs verticaux ; une des faces seulement reste libre. On peut aussi fermer ces stalles par un quatrième mur percé d'ouvreaux pour le passage de l'air ; enfin on peut les couvrir d'une voûte : elles prennent alors le nom de cases. Si les cases prennent une certaine hauteur, on les charge par un orifice situé près de la voûte, et on défourne par des ouvreaux placés sur la sole. Alors, si au lieu d'enlever à la fois toute la charge on la retire et la renouvelle par petites portions, la marche de l'appareil devient continue et il se transforme en four coulant.

Dans tous ces appareils, la hauteur est limitée par la crainte d'entraver le tirage, et les dimensions transversales le sont par la nécessité de laisser l'air arriver jusqu'au centre : on peut les augmenter en remplaçant la sole par une grille.

La marche est presque toujours discontinue, et la chaleur n'est guère mieux utilisée que dans les tas. Cependant l'enveloppe en maçonnerie diminue les pertes par rayonnement et permet de réaliser une plus haute température : aussi les stalles et les cases sont préférables pour les opérations qui demandent un chauffage énergique, comme le grillage des mattes. Elles exigent aussi des frais de main-d'œuvre un peu moindres que les tas. Leur emploi n'est du reste à recommander que dans les circonstances où l'économie de combustible offre un peu d'intérêt : sinon, on doit préférer les fours coulants, toutes les fois que la nature de l'opération ne les exclut pas.

Ce dernier cas se présente quand il faut chauffer des matières qui ne pourraient supporter des chocs sans se détériorer, comme les briques. Dans ces conditions, l'emploi des fours à charge fixe s'impose : mais on peut le rendre économique et le combiner avec les exigences du chauffage méthodique en adoptant les fours annulaires, dont le type est le four Hoffmann.

188. Fours annulaires. — Un four annulaire constitue en quelque sorte une rangée continue et indéfinie de fours pouvant communiquer entre eux. Considérons une série de fours rangés en ligne droite et numérotés en partant de l'extrémité gauche. Supposons qu'on fasse la calcination d'une matière quelconque dans le premier de ces fours : on enverra les flammes perdues dans le deuxième et les suivants, qui doivent avoir été préalablement chargés avec des matières fraîches. Supposons qu'après avoir parcouru six fours successifs, les produits de la combustion soient refroidis : on les laissera s'échapper à la cheminée par le rampant du 7ᵉ four. Quant au 8ᵉ, il ne joue encore aucun rôle : on y charge des matières fraîches qui commenceront à s'échauffer dans la phase suivante.

Lorsque la calcination est achevée, au bout d'un jour par exemple, on cesse de chauffer le 1ᵉʳ four, et on met en feu le second, qui a déjà été porté à une certaine température par les flammes perdues. On ferme le rampant du 7ᵉ four et la porte du 8ᵉ ; on ouvre le rampant de ce dernier, et les produits de la combustion parcourent toujours 6 fours, les numéros **3 à 8**, avant de s'échapper. On charge le four 9, qui entrera dans la circulation le jour suivant.

On voit que, par cette manœuvre, les fours **2 à 9** ont pris chacun le rôle du four qui le précédait. Cette permutation produit le même effet que si les matières s'étaient toutes avancées vers la gauche de l'intervalle de deux fours.

On continuera ainsi en avançant chaque jour vers la droite : au bout de 8 jours, par exemple, c'est le 8ᵉ four qui sera en feu, et les matières que nous y avons vu charger, après s'être échauffées progressivement pendant 6 jours aux dépens des flammes perdues des fours précédents, achèveront de se calciner. Chaque jour, elles se seront trouvées un peu plus près du foyer, et auront subi le chauffage méthodique tout en restant immobiles. Le four se sera en quelque sorte déplacé par rapport à elles de gauche à droite, et tout se sera passé comme si elles avaient parcouru elles-mêmes, de droite à gauche, l'espace qui sépare le 8ᵉ four du premier.

Au moment que nous considérons, les gaz brûlés traversent les fours de 9 à 14, et sortent par ce dernier, qui seul communique avec la cheminée : ces six fours sont dans la période d'échauffement ou d'enfumage. Le four 15 est en chargement, il commencera à entrer en enfumage le jour suivant.

Quant aux fours 1 à 7, ils sont pleins de matières déjà calcinées ; comme il est inutile de sortir ces matières chaudes, on ne les décharge pas immédiatement. Ces fours restent pleins, et on y fait passer l'air nécessaire à la combustion, qui s'y échauffe avant d'arriver dans le 8ᵉ four et qui restitue à l'appareil la chaleur absorbée par la charge des premiers fours. S'il faut, par exemple, trois jours pour que la charge d'un four se refroidisse dans ces conditions, on laissera derrière le four en feu trois fours pleins, les nᵒˢ 5 à 7 dans le cas actuel ; l'air entrera par le nᵒ 4 et subira un chauffage méthodique en traversant les trois fours 5, 6 et 7, qui sont de plus en plus chauds à mesure qu'on avance vers la droite. Quant au nᵒ 4 et aux précédents, où la charge a eu le temps de se refroidir, on peut les défourner.

Le lendemain, lorsqu'on mettra en feu le four 9, on pourra décharger le four 5, où les matières seront complètement refroidies et qui servira à son tour à l'entrée du courant d'air.

On continuera ainsi en transportant indéfiniment le feu vers la droite. Il y aura toujours, à la droite du four en feu, six fours en enfumage, et à sa gauche quatre fours en refroidissement : l'air entrera par le quatrième four du côté gauche, et les gaz sortiront par le sixième four du côté droit ; enfin le septième four à droite sera en chargement et le quatrième à gauche en défournement.

Si l'on considère une charge, elle passe douze jours dans le four. Le lendemain du jour où on l'a introduite, elle entre en enfumage et y reste six jours, pendant lesquels elle reçoit des gaz de plus en plus chauds, car le foyer se rapproche chaque jour d'un four ; le 8ᵉ jour, le four où elle se trouve, déjà très échauffé, sera mis en feu, et la calcination s'achèvera.

Pendant les quatre jours suivants, cette même charge se refroidira sous l'influence d'un courant d'air de plus en plus frais, car chaque jour cet air entrera par une porte plus rapprochée et traversera un four de moins avant d'arriver sur elle. Enfin le douzième jour cette charge, complètement refroidie, sera défournée.

De son côté, le courant gazeux traverse toujours onze fours. L'air passe successivement sur trois charges de plus en plus chaudes avant d'arriver au foyer, et les produits de la combustion traversent six charges de plus en plus froides avant de se rendre à la cheminée.

Les gaz sortent froids, ainsi que les charges, et toutes les conditions du chauffage méthodique sont remplies, bien que les matières restent immobiles.

On remarquera qu'il n'y a jamais plus de douze fours occupés à la fois. Dès lors il ne sera pas nécessaire d'en avoir un plus grand nombre. On pourra réaliser nos hypothèses avec douze fours rangés le long d'un cercle, entre lesquels on opérera chaque jour une permutation circulaire.

L'appareil se compose en réalité d'une galerie circulaire, divisée en douze compartiments qui communiquent entre eux. Chacun d'eux s'ouvre sur l'extérieur par une porte qui sert au chargement et au défournement ; il communique en outre avec la cheminée par un rampant muni d'un registre. Une cloison

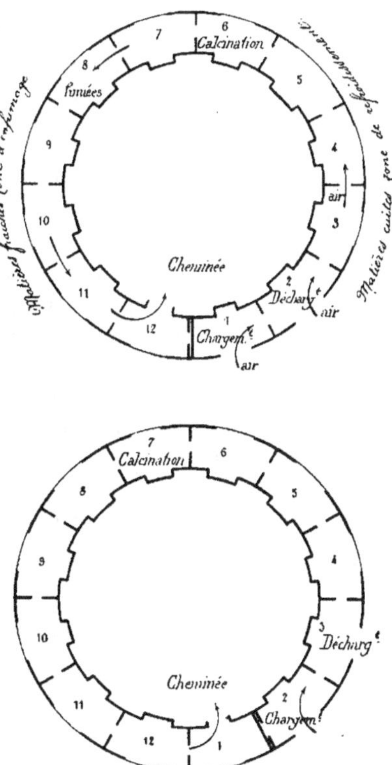

Fig. 70, 71. — Fours annulaires.

mobile, placée entre deux compartiments, barre la galerie à l'endroit où les fumées doivent s'échapper.

Si nous numérotons les compartiments en partant de la cloison et cheminant vers la droite (fig. 70), les numéros **1** et **2** ont seuls leurs portes ouvertes : on charge le premier et on défourne le second. Tous les rampants sont fermés, sauf celui du numéro **12**, qui se trouve à gauche de la cloison : ainsi l'air entrant par les portes de **1** et de **2** est obligé de faire tout le tour pour sortir par le rampant de **12**. Les numéros **3** à **5** sont pleins de matières déjà calcinées, qui sont entrées dans la période de refroidissement. L'air qui a passé par ces cinq compartiments arrive chaud au numéro **6** ; dans celui-ci on projette, par des ouvertures percées dans la voûte, du charbon menu ; ce charbon s'enflamme au contact de l'air chaud. Les produits de la combustion traversent ensuite les numéros **7** à **12**, où les matières fraîches subissent l'enfumage, et ils sortent froids par le rampant du numéro **12**.

Pour faire la permutation, on murera la porte du numéro **1**, on déplacera la cloison qu'on remettra entre **1** et **2** (fig. 71), on ouvrira le rampant de **1** et on fermera celui de **12**. Ainsi les matières récemment chargées dans **1** entreront dans la période d'enfumage. On cessera de projeter du charbon dans le numéro **6**, et on alimentera de la même façon le numéro **7**. On chargera des matières fraîches dans le numéro **2**, qui est vide, et on ouvrira la porte du numéro **3** pour détourner sa charge, qui a achevé de se refroidir.

De cette façon le numéro **1** s'est substitué au numéro **12**, dont il a pris le rôle, le numéro **2** au numéro **1**, et ainsi de suite. Tout se passe comme si le four tout entier avait tourné d'un douzième de circonférence dans le sens du mouvement des gaz, ou comme si les matières s'étaient déplacées de la même quantité en sens inverse.

La cloison fera tout le tour du four en douze jours, en avançant chaque jour d'un compartiment : chaque jour on introduira une charge à droite de la cloison et on retirera la suivante, qui aura séjourné **12** jours et sera passée par les mêmes phases que si elle avait fait, en sens inverse du courant gazeux, le tour de l'appareil.

On peut faire les permutations à des intervalles plus **courts** ou plus longs, par exemple toutes les **12** ou toutes les **48 heures**, suivant le temps qu'exige la calcination complète. Le four peut du reste avoir un plus grand nombre de compartiments, si l'on veut prolonger la période d'enfumage : ce nombre est souvent porté à 16 et même à 18.

189. Dimensions. — Le volume des compartiments est déterminé par la production du four ; si on en défourne un toutes les vingt-quatre heures, il faudra que chacun d'eux puisse contenir la quantité de matières qu'on veut calciner chaque jour. La hauteur doit être suffisante pour que le menu charbon ait le temps de brûler en tombant, et assez faible pour que la température ne soit pas inégale. Elle varie entre 2 et 3 mètres ; il vaut mieux ne pas dépasser 2 m. 50. La largeur ne doit pas être trop forte pour que le courant gazeux ne se répartisse pas irrégulièrement : elle est en général un peu plus grande que la hauteur, et varie de 2 mètres à 3 m. 50. La longueur sera calculée d'après le volume : il faut compter que les 2/3 seulement de la capacité sont occupés par la charge. Au point de vue de l'utilisation du combustible, il vaut mieux développer la longueur que les autres dimensions.

Le nombre des compartiments sera déterminé par le temps nécessaire pour l'enfumage et le refroidissement. On reconnaîtra qu'il est suffisant si les gaz arrivent à la cheminée assez froids. Ils ne doivent conserver que la température nécessaire au tirage, qui ne dépasse guère 100° et peut même s'abaisser jusqu'à 50°. La cheminée doit être assez haute : on lui donne environ 50 mètres, et une section à la base à peu près égale à celle de la galerie.

190. Détails de construction. — Au lieu de faire la galerie circulaire, on la compose le plus souvent de deux parties droites raccordées par deux courbes (fig. 72-73). La construction est alors plus simple ; on peut aussi lui donner la forme d'un rectangle allongé. Les rampants s'ouvrent au bas de chaque compartiment et débouchent dans une galerie unique, placée à l'intérieur du four et communiquant avec la cheminée ; leur orifice est fermé par une cloche qu'on peut manœuvrer de la plateforme qui surmonte le four. Vers l'extérieur, il y a deux enceintes séparées par une couche de sable et percées de larges ouvertures, pour qu'on puisse entrer dans le four : ces ouvertures sont

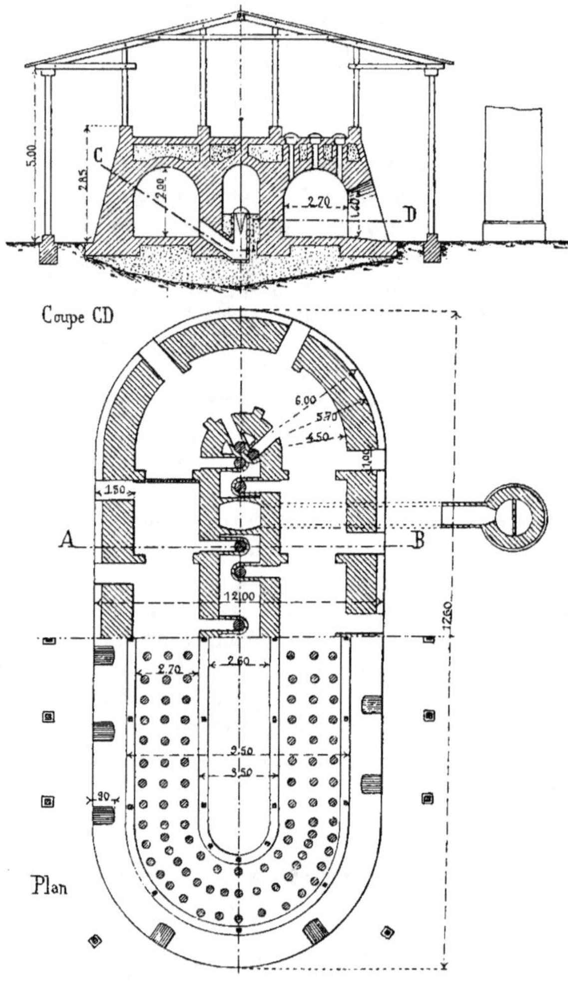

Fig. 72, 73. — Four Hoffmann ovale à 14 compartiments.

murées après le chargement. Les maçonneries des rampants et de la galerie sont également noyées dans une couche de sable supportant une plate-forme continue.

Les gaz tendent toujours à suivre les parois et surtout la voûte

La communication entre deux compartiments doit se faire par une voûte assez basse et assez étroite pour forcer le courant à s'infléchir et à se rabattre sur la sole. On peut appliquer de distance en distance contre les parois latérales, surtout du côté intérieur, des briques pour contrarier le passage des gaz. Enfin on peut placer les rampants sous la sole, et y amener les gaz par une série d'orifices pratiqués sur toute la largeur.

La cloison est formée par une plaque de tôle, qu'on fait glisser dans une rainure pratiquée dans l'intervalle des compartiments. Souvent on fait sortir les gaz un ou deux compartiments avant l'endroit où est la cloison : dans ce cas, elle n'est pas exposée à la chaleur et on peut la remplacer par une toile ou par des feuilles de papier collées, dont le déplacement est plus facile.

191. Conduite. — Le chauffeur qui se tient sur le four doit jeter le charbon par petites quantités de 1 kil. à 1 k. 50, en opérant très vite et replaçant immédiatement les tampons qui ferment les orifices de la voûte. Il voit par ces ouvertures si le four est assez chaud et règle la consommation de combustible en conséquence. Il fait varier le tirage en ouvrant plus ou moins la cloche du rampant ; on reconnaît que l'appel d'air est suffisant lorsque les fumées ne sont plus noires, ce qui montre que la combustion est à peu près complète.

Le chargement doit être fait avec soin : il faut que les ouvriers entrent dans le four et disposent les matières méthodiquement en ménageant bien le passage des gaz sur toute la section.

192. Rendement. — Les fours annulaires, bien conduits, utilisent jusqu'à 80 0/0 de la chaleur. Les gaz étant refroidis à moins de 100°, en emportent moins de 10 0/0, et les pertes par les parois sont peu importantes à cause de l'épaisseur du massif et de la faible température à laquelle est portée sa surface.

193. Applications diverses. — Ces appareils servent surtout pour la cuisson de la pierre à chaux, des briques, ou des tuiles. On peut les faire fonctionner comme des fours à foyers séparés ; il suffit de construire chaque compartiment sur le modèle d'un four à banquettes ou à alandiers, en plaçant au centre ou bien au-dessous de la sole une grille qu'on allume pendant la période de calcination seulement. Comme on ne peut pas ramener sous cette grille l'air qui s'est chauffé dans la partie du parcours, il y a nécessairement excès d'air et les résultats sont moins bons. Le plus souvent, quand on veut traiter dans un four annulaire une matière qui ne peut supporter le contact du charbon, on préfère recourir au chauffage au gaz, dont nous parlerons bientôt.

On pourrait encore appliquer ces appareils à la dessiccation. Il suffirait de faire déboucher dans chaque compartiment des conduits munis de registres communiquant avec un foyer d'où arriverait un courant d'air chaud : cet air serait envoyé à volonté dans un point quelconque de la galerie, puis en ferait le tour avant de s'échapper par les rampants. Au lieu de charger du combustible dans le compartiment qui doit être au maximum de température, on y enverrait l'air chaud en ouvrant le registre qui le mettrait en communication avec le foyer ; le lendemain, il suffirait de fermer ce registre et d'ouvrir le suivant pour déplacer le point d'entrée de l'air dans le sens convenable. Toutes les autres manœuvres resteraient les mêmes que dans le cas ordinaire, et on réaliserait ainsi la dessiccation méthodique.

Les fours annulaires tiennent beaucoup de place et leur construction est coûteuse : ils ne peuvent donc convenir que pour des productions régulières et considérables. Ils donnent lieu à de grands frais de main-d'œuvre, à cause de la difficulté du chargement. Leur emploi est tout indiqué lorsqu'on veut calciner des matières qui, à cause de leur forme ou de leur fragilité, ne peuvent supporter les chocs et veulent être maniées avec soin : dans ce cas, la nature même de l'opération rend inévitable la grande dépense de main-d'œuvre. On ne peut chauffer les matières de cette espèce que dans des fours discontinus, où il y a beaucoup de chaleur perdue : or le four annulaire peut être considéré comme un groupe de fours qui, pris chacun à part, ont une marche intermittente, mais dont la réunion constitue un appareil continu, où la chaleur perdue par un des fours est toujours recueillie par les autres. Son rôle naturel est donc de remplacer les fours discontinus. Mais toutes les fois qu'on pourra employer les fours à cuve, ils exigeront moins de main-d'œuvre, et, s'ils sont bien conduits, ils ne consommeront pas beaucoup plus de combustible.

§ 5. — FOURS A ENCEINTE UNIQUE ET A AIR SOUFFLÉ

Cette classe comprend les fours à cuve et les bas foyers.

194. Fours à cuve. — Les fours à cuve soufflés sont employés pour produire de fortes températures, et les matières qu'on y charge en sortent presque toujours à l'état de fusion. On peut y distinguer trois parties : 1° l'ouvrage, qui se trouve en bas, et autour duquel débouchent les tuyères amenant l'air : la partie inférieure de l'ouvrage où se rassemblent les matières fondues prend le nom de creuset ; 2° les étalages, partie élargie qui surmonte directement l'ouvrage ; 3° la cuve, dont l'orifice supérieur s'appelle le gueulard.

Le four est traversé d'une manière continue par deux courants circulant en sens inverse : l'un se compose des matières solides et du combustible chargés ensemble au gueulard, qui descendent en s'échauffant ; l'autre des gaz produits par la combustion du charbon devant les tuyères, qui montent en se refroidissant.

195. Courant gazeux. — Le courant gazeux se compose à l'origine d'oxyde de carbone et d'azote : en effet le charbon en face des tuyères se transforme d'abord en acide carbonique, et y détermine, dans une zone restreinte, une température très élevée ; mais ce gaz ne peut s'échapper sans traverser des couches de charbon rouge, et il repasse presqu'immédiatement à l'état d'oxyde de carbone en subissant un abaissement notable de température. Les gaz au sortir de l'ouvrage contiendront donc environ 35 0/0 d'oxyde de carbone et 65 0/0 d'azote, avec quelques traces d'hydrogène provenant de la décomposition de la vapeur d'eau contenue dans l'air. Ils sont à ce moment à une température de 1600 à 1700°. Le carbone brûlant dans l'air à l'état d'oxyde de carbone ne donnerait que 1500° ; mais au moment où il arrive devant les tuyères, le combustible est déjà chauffé à 1000 ou 1200°, ce qui relève la température de combustion de 150 à 200° environ.

Ces gaz s'élèvent à travers les étages en se refroidissant ; à mesure qu'ils montent, leur composition change.

En général les matières traitées dans les fours à cuve sont des oxydes réductibles : aussi l'oxyde de carbone réagissant sur ces corps se transforme partiellement en acide carbonique. Enfin, dans la partie la plus élevée de la cuve, les gaz rencontrent des matières fraîches qui s'y dessèchent et s'y calcinent : le courant gazeux se charge par suite de vapeur d'eau et d'acide carbonique (si le lit de fusion contient des carbonates). Ainsi la composition des gaz, au gueulard, sera très variable : cependant il est rare qu'ils ne contiennent pas au moins 15 à 20 0/0 d'oxyde de carbone. Le reste a pu se transformer en acide carbonique. Quant à leur température, elle sera d'autant plus basse que leur trajet aura été plus long, c'est-à-dire que le volume du fourneau sera plus fort par rapport à sa production : elle est plus souvent supérieure à 400° ; cependant, dans les fours bien construits et ayant une marche économique, elle s'abaisse à 300, 250 et même 200°. Au-dessous de cette température, l'échange de chaleur entre les gaz et les matières solides devient très lent, et on n'obtient plus un refroidissement sensible des gaz en augmentant encore le volume du fourneau.

196. Courant solide. — Le courant solide subit de son côté, à mesure qu'il descend, une série de modifications que nous aurons à étudier dans chaque cas particulier. On peut y distinguer trois phases : 1° la calcination : elle a lieu dans la cuve où les matières, en s'échauffant, abandonnent leurs éléments volatils ; 2° la réaction : elle se passe surtout dans les étalages, et commence dès que les matières sont assez échauffées pour réagir les unes sur les autres ou sur le courant gazeux ; les oxydes se réduisent, et les différents corps se combinent de façon à former des composés nouveaux généralement fusibles ; 3° la fusion : elle commence dans les étalages et se termine dans l'ouvrage, pour les corps les plus réfractaires ; les matières fondues achèvent de réagir les unes sur les autres et se rassemblent dans le creuset, où elles se classent par ordre de densité, et d'où on les fait écouler séparément.

197. Production. — La production d'un four à cuve est réglée par la quantité de vent qu'on insuffle dans un temps donné ; en effet le poids de combustible brûlé est proportionnel à celui de l'air lancé par les tuyères, et chaque kilogramme de charbon brûlé produit dans l'ouvrage un vide qui détermine la descente des couches supérieures. Ainsi on pourra activer ou ralentir la marche du four en modifiant celle de la machine soufflante. Toutefois, si on marchait trop rapidement, les matières ne séjourneraient plus dans le four assez longtemps pour s'échauffer à la température voulue : il faudrait, pour compenser cette cause de refroidissement, brûler plus de charbon. En général, si on augmente la production, la température finale des matières diminuera, à moins que l'on n'augmente la proportion de combustible ; inversement, si on diminue la production, la température augmentera, à moins qu'on ne diminue la proportion de combustible. Il y aurait donc économie à marcher lentement, mais cette économie n'est sensible que jusqu'à une certaine limite et est compensée par l'augmentation des frais de main-d'œuvre, de construction, etc..

En résumé, un four étant donné, la production doit rester comprise entre certaines limites pour que la marche soit économique : ces limites, que l'expérience seule peut déterminer, varient avec l'opération qu'il s'agit de réaliser et la nature des matières traitées.

198. Volume. — Réciproquement, s'il s'agit de construire un four, on doit lui donner un volume en rapport avec la production qu'on se propose d'obtenir. Nous indiquerons pour chaque cas particulier les règles qui permettent de fixer ce volume.

Ce principe n'est autre que le premier principe général que nous avions déjà établi en étudiant la marche d'un four quelconque.

Conformément au second principe général, il y aura intérêt à employer des fours à grand volume, et par suite à réaliser la production d'une usine avec le plus petit nombre de fours possible. Toutefois, le volume sera limité par la nécessité de ne pas dépasser pour chaque dimension le maximum pratique au-delà duquel la marche deviendrait irrégulière : ce sont ces conditions que nous allons étudier.

199. Hauteur. — La hauteur doit être restreinte de façon que les matières qui remplissent la cuve ne s'écrasent pas et n'opposent pas en se tassant un trop grand obstacle au passage de l'air : le maximum sera donc d'autant plus faible que les minerais et le combustible seront plus friables. Dans les hauts-fourneaux à fer marchant au coke, on a poussé parfois la hauteur jusqu'à 30 mètres, mais il vaut mieux ne pas dépasser 18 ou 20 mètres. Pour les hauts-fourneaux au bois, la hauteur ne dépasse pas en général 12 mètres ; cependant on peut aller sans inconvénient jusqu'à 15 m. Quant aux fours à cuve destinés au traitement des autres minerais métalliques, ils ont rarement plus de 7 mètres de haut, et quand le minerai est pulvérulent la hauteur s'abaisse parfois à 5 et même à 3 mètres.

On réserve en général le nom de hauts-fourneaux aux fours à cuve qui ont plus de 10 mètres de haut, celui de fours à manche aux fours très peu élevés, et on appelle demi-hauts-fourneaux ceux qui ont des dimensions moyennes.

D'après les remarques déjà faites, les fours à manche sont peu économiques, et leur emploi tend à disparaître.

200. Diamètre de l'ouvrage. — Le diamètre de l'ouvrage doit être assez faible pour que la température y soit uniforme et suffisamment élevée. La combustion qui s'opère devant chaque tuyère y détermine la formation de trois zones. La première, qui se trouve à la bouche même de la tuyère, est occupée par l'air que la combustion n'a pas encore absorbé entièrement ; elle est relativement froide et contient de l'azote, de l'oxygène libre et de l'acide carbonique. A mesure qu'on s'éloigne de la tuyère, la proportion de ce dernier gaz augmente ainsi que la température, et on arrive à la seconde zone, où il n'y a plus d'oxygène libre et où l'acide carbonique domine ; la température y atteint le rouge blanc. Enfin, dans la troisième zone, l'acide carbonique, se trouvant en présence d'un excès de charbon rouge, se décompose en oxyde de carbone, et la température est moins élevée. Les surfaces de séparation de ces zones ont une forme ovoïde, allongée dans le sens de l'axe de la tuyère ; elles sont d'autant plus longues et étroites que la pression du vent est plus forte : elles sont plus restreintes avec les combustibles poreux, comme le charbon de bois, qu'avec les combustibles compacts, comme le coke, parce que, plus le charbon est poreux, plus la combustion est vive et plus la décomposition de l'acide carbonique est facile.

On a mesuré l'étendue de ces zones dans un haut-fourneau au bois, en introduisant par deux tuyères opposées une barre de fer. Au moment où on la sort, le point qui se trouvait à la bouche de la tuyère est encore noir, puis l'éclat va en augmentant sur une longueur de 12 à 15 centimètres environ, correspondant à la première zone ; il atteint ensuite le rouge blanc, qui règne sur une longueur de 15 à 18 centimètres, correspondant à la zone de combustion, puis il diminue de nouveau dans la partie voisine du centre, où se produit la formation de l'oxyde de carbone. Le milieu de la barre n'est qu'au rouge cerise, puis on retrouve un second maximum de température et une région froide près de la tuyère opposée. Ainsi, l'ouvrage ayant 1 m. 50 de diamètre, les zones de combustion ne s'étendent de chaque côté qu'à 30 centimètres des tuyères, et il y a au centre une colonne moins chaude de 0 m. 90 de diamètre.

Dans les fours à coke, où la pression est plus forte et le charbon plus dur, ces zones s'étendraient plus loin.

Théoriquement, il faudra faire l'ouvrage assez étroit pour que les zones de combustion se rejoignent et qu'aucune matière ne puisse tomber dans le creuset sans les avoir traversées. Le diamètre devra être d'autant plus faible que la température à réaliser sera plus forte et que les matières traitées seront plus réfractaires : du reste il augmentera avec la pression du vent.

En général le maximum est de 1 mètre à 1 m. 50 : dans quelques cas, avec des matières fusibles, on peut aller jusqu'à 2 mètres. Dans les fours à faible pression, on reste au-dessous de 1 mètre.

201. Diamètre du gueulard. — Le diamètre du gueulard est limité par les nécessités du chargement ; il ne doit guère dépasser 2 m. 50, sans quoi l'on ne peut plus répartir la charge d'une façon régulière. Certains hauts-fourneaux ont des gueulards de 3 mètres et même de 3 m. 50, mais ces dimensions exagérées ont presque toujours des inconvénients. Dans les petits fours à cuve, il ne dépasse guère 1 mètre à 1 m. 50.

202. Profil. — La cuve a en général la forme d'une surface de révolution : la hauteur étant limitée, ainsi que les deux diamètres extrêmes, on cherche souvent à augmenter le volume en élargissant le milieu.

203. Fours à étalages. — La région où se trouve le maximum de largeur prend le nom de ventre : elle se raccorde au gueulard par la cuve, dont la forme se rapproche plus ou moins de celle d'un tronc de cône évasé de bas en haut, et à l'ouvrage par les étalages, qui constituent un tronc de cône évasé en sens contraire. Il faut éviter les changements brusques de section : en général les parois devront toujours faire avec un plan horizontal un angle d'au moins 70°, sans quoi la descente des charges ne serait pas régulière ; pour les étalages, cet angle peut être abaissé à 60° lorsqu'on veut réaliser un grand volume, cependant il vaut mieux s'en tenir au minimum de 70°. Pour les mêmes raisons, il est bon de raccorder les différentes parties de la cuve par des surfaces courbes. Le ventre est placé à peu près au tiers de la hauteur, à partir de la base : cela a peu d'importance pourvu que les règles précédentes soient observées ; son diamètre ne doit pas dépasser une fois et demie celui du gueulard : il est du reste limité par les règles relatives à l'inclinaison des parois. En général, la marche est d'autant plus régulière que la forme du fourneau est plus élancée, c'est-à-dire que le rapport entre la plus grande largeur et la plus petite est plus faible.

204. Fours évasés. — Dans les fours dont la hauteur n'est pas considérable, on donne souvent à la cuve une forme évasée depuis le bas jusqu'en haut. Ce genre de profil a l'avantage d'augmenter le volume total, de diminuer la vitesse des gaz au gueulard, et de modérer par suite l'entraînement des poussières, qui est une cause de pertes sensibles avec les minerais pulvérulents : il est très bon toutes les fois qu'il ne conduit pas à des diamètres exagérés pour le gueulard.

205. Fours rétrécis. — Les anciens fours à manche présentaient parfois, au contraire, un rétrécissement de bas en haut. Cette forme n'a guère de raison d'être, et on ne l'adopte plus, au moins dans les fours métallurgiques. Elle serait motivée pour des matières qui foisonneraient en s'échauffant et auraient une tendance à s'accrocher aux parois : dans ce cas l'évasement de haut en bas faciliterait la descente.

206. Section horizontale. — La section horizontale des fours à cuve est en général circulaire. Parfois on lui donne la forme d'une ellipse ou d'un rectangle ; les tuyères sont rangées sur les longs côtés, et le creuset a une pente double vers les petits côtés, par lesquels se fait la coulée. Ce système permet d'agrandir la section sans augmenter la distance entre deux tuyères opposées ; mais la marche est toujours moins régulière que dans les fours à section circulaire.

207. Fours trapézoïdaux. — Dans les anciens fours destinés à la réduction des métaux autres que le fer, la section avait la forme d'un rectangle ou d'un trapèze. Les tuyères étaient rangées sur une seule face appelée rustine ; la face opposée servait à la coulée et s'appelait poitrine, la cuve était formée par quatre murs verticaux ou inclinés. Dans ce système, la largeur de l'ouvrage, mesurée parallèlement à l'axe des tuyères, ne doit pas dépasser un maximum de 15 à 70 centimètres, variable avec la pression du vent ; la longueur, comptée parallèlement à la face de rustine, est en rapport avec le nombre des tuyères : l'écartement de deux tuyères peut être de 0 m. 40 environ. Les règles déjà énoncées et relatives aux autres dimensions subsistent. La descente des charges est toujours irrégulière dans les angles, et actuellement on adopte la forme circulaire dans presque tous les fours de construction récente.

208. Creuset. — Le creuset est la partie du four située audessous des tuyères et où se rassemblent les matières fondues ; son diamètre est le même que celui de l'ouvrage, sa profondeur est déterminée par la quantité de matière qui doit s'y accumuler entre deux coulées.

On distingue les fours à avant-creuset et les fours à poitrine fermée. L'avant-creuset est un bassin extérieur communiquant avec la matière : la plus légère court par dessus le bord de ce bassin lorsqu'elle a atteint un niveau suffisant ; la plus lourde est soutirée par un trou de coulée qui débouche au fond du creuset et qu'on ferme en temps ordinaire avec un tampon d'argile. Lorsque la poitrine est fermée, il y a deux trous de coulée : l'un est au fond du creuset comme dans le cas précédent, l'autre un peu au-dessous des tuyères : ce dernier doit rester toujours ouvert de façon que le bain ne puisse monter jusqu'aux tuyères.

Les fours à poitrine fermée ont en général une marche plus régulière que les autres. L'avant-creuset est toujours une cause de refroidissement et par suite d'engorgements.

209. Gueulard. — Dans les anciens fours, le gueulard était ouvert : on le surmontait souvent d'une cheminée, à la base de laquelle était l'ouverture de chargement. Dans les fours récents, le gueulard est fermé par un appareil qui permet d'introduire rapidement les charges ; au-dessous de cet appareil se trouvent des conduits par lesquels s'échappent les gaz.

210. Chargement. — Le chargement doit se faire de manière à accumuler le charbon dans les parties de la section les plus éloignées des tuyères, c'est-à-dire vers la poitrine, ou au centre, lorsque les tuyères sont disposées régulièrement tout autour de l'ouvrage. En effet, le courant gazeux tend à s'élever directement le long des parois où sont placées les tuyères, et par suite la chaleur serait plus forte dans cette partie de la section si on ne l'équilibrait pas en accumulant le combustible dans les autres parties. On obtient un chargement assez bon en versant indistinctement toutes les matières près du bord : le minerai, qui est lourd et pulvérulent, reste où il tombe, et le combustible, qui est plus léger et en plus gros fragments, tend à rouler sur le talus qui se forme et à se réunir au centre.

211. Chauffage de l'air. — Les gaz qui s'échappent du gueulard retiennent toujours une assez forte proportion d'oxyde de carbone, et sont combustibles. On peut s'en servir pour chauffer des chaudières ; on peut aussi les brûler dans des appareils spéciaux où se chauffe l'air qui alimente le four même : de cette façon, on peut porter cet air à une température élevée (500 et même 700°) sans dépense spéciale de combustible. Nous avons déjà montré tous les avantages de la marche à l'air chaud : la consommation de charbon sera moins forte ; la température du courant gazeux sera plus élevée à l'origine, mais son volume relatif sera plus faible et son refroidissement plus rapide : aussi observe-t-on souvent que, dans les fours marchant à l'air chaud, les gaz au gueulard sont plus froids que dans les fours où l'air n'est pas chauffé.

Chaque kilogramme de carbone dégage, en se transformant en oxyde de carbone, 2473 calories et exige un peu plus de 5 kil. d'air pour sa combustion. Ces 5 kil. d'air, chauffés à 100°, apporteront un peu plus de 100 calories : cette chaleur remplacera celle que dégagerait la combustion de 50 grammes de carbone. On pourra donc compter sur une économie de 5 0/0 du combustible chaque fois qu'on augmentera la température de l'air de 100°.

212. Construction. — Autrefois on donnait aux parois des fours à cuve une grande épaisseur, et on les entourait de forts massifs de maçonnerie ordinaire, percés seulement de quelques embrasures voûtées qui donnaient accès à l'avant-creuset et aux tuyères. Maintenant on les construit d'une façon bien plus légère : on a reconnu l'inutilité de ces grands massifs. La cuve seule est entourée d'un revêtement en maçonnerie ordinaire ; ce revêtement, peu épais, est soutenu par des colonnes ou des supports isolés qui laissent l'accès de l'ouvrage parfaitement libre : celui-ci a des parois assez minces de façon que l'air extérieur les refroidisse et les empêche de se corroder sous l'action de la chaleur et des scories ; souvent même on active le refroidissement en faisant circuler de l'eau autour de l'ouvrage, et surtout autour des tuyères.

Les combustibles employés dans les fours à cuve sont surtout le charbon de bois et le coke. Le premier a l'avantage d'avoir des cendres peu abondantes, fusibles et exemptes de soufre, mais son prix est élevé ; de plus on en fait toujours une forte consommation parce qu'il est poreux et favorise la production de l'oxyde de carbone. Or l'utilisation du combustible est d'autant moins complète qu'il s'échappe plus d'oxyde de carbone par le gueulard : ainsi on brûle presque toujours moins de coke que de charbon de bois ; l'emploi du coke devient donc de plus en plus général. — On peut aussi employer les houilles sèches, les houilles maigres et l'anthracite toutes les fois que ces combustibles ne sont pas trop friables.

213. Alimentation d'air. — La marche du four dépend essentiellement de la régularité avec laquelle on lui fournit l'air soufflé. La quantité d'air à lancer est d'environ 5 kil. par kil. de charbon ou, en volume, de $4^{m3},50$. La pression doit augmenter avec la hauteur du four ; elle est de **2 à 3** centimètres de mercure pour les fours peu élevés, de **10 à 20** pour les hauts-fourneaux : elle varie avec la nature du combustible.

Si π est la hauteur du four en mètres, la pression de l'air, exprimée en centimètres de mercure, pourra être fixée approximativement à $\frac{\pi}{2}$ si on brûle du charbon de bois, $\frac{2\pi}{3}$ si on brûle du coke, π si on brûle de l'anthracite. La pression dépendra aussi de la nature des matières traitées : elle devra être d'autant plus forte que celles-ci seront plus menues, plus sujettes à tasser et à opposer de la résistance au passage des gaz.

214. Rendement calorifique. — Le charbon brûlant à l'état d'oxyde de carbone ne produit que 30 0/0 de la chaleur que dégagerait sa combustion complète : ainsi il y a de ce fait une perte de chaleur de 70 0/0 dans les fours à cuve. Cependant si le four est employé à la réduction d'un oxyde, une partie de l'oxyde de carbone repassera à l'état d'acide carbonique, et produira de nouveau une certaine quantité de chaleur; cette quantité sera d'autant plus grande qu'il y aura plus d'acide carbonique dans les gaz au gueulard : ainsi la plus ou moins grande abondance de ce corps est un indice de marche plus ou moins économique. Si on emploie les gaz à chauffer l'air, on retrouvera encore une partie de la chaleur perdue par combustion incomplète. Si on suppose l'air à 500°, 6 kil. d'air contiendront 600 calories, soit 7 à 8 0/0 de ce que pourrait dégager la combustion complète du charbon. Dans les cas les plus favorables, la chaleur reçue réellement par le four pourra atteindre 50 0/0 de celle que pourrait donner le combustible ; elle reste bien au-dessous quand on marche à l'air froid et qu'il se produit un peu d'acide carbonique dans la cuve.

Les pertes par les parois sont beaucoup plus faibles que dans les fours à réverbère, parce que la surface extérieure de l'appareil est beaucoup moins considérable par rapport à son volume : elles restent toujours inférieures à 10 0/0. La chaleur emportée par les gaz peut varier de 10 à 20 ou 30 0/0 de la chaleur reçue par le four, suivant que la marche est plus ou moins satisfaisante. — Ainsi un haut-fourneau convenablement construit et marchant à l'air chaud pourra utiliser 70 à 80 0/0 de la chaleur reçue, c'est-à-dire 35 à 40 0/0 de celle que pourrait produire la combustion complète du charbon. Un four de petites dimensions et marchant à l'air froid n'utilisera que 40 à 50 0/0 de la chaleur reçue, soit 15 à 25 0/0 de la chaleur théoriquement disponible.

On voit qu'en définitive l'utilisation de la chaleur sera toujours plus complète que dans les fours à réverbère, car ceux-ci utilisent toujours moins de 10 0/0 quand il s'agit d'opérations à haute température, comme les fusions.

La marche d'un four à cuve sera d'autant plus satisfaisante que les gaz du gueulard seront plus froids et que la proportion de l'acide carbonique qu'ils contiennent, comparée à celle de l'oxyde de carbone, sera plus forte.

215. Bas foyers. — Les bas foyers sont en quelque sorte des fours à cuve réduits à l'ouvrage. Il est clair que dans ces appareils il n'y a plus trace de chauffage méthodique, et la chaleur est très mal utilisée : aussi sont-ils à peu près abandonnés. Dans les rares cas où on les emploie encore, on cherche à les rendre un peu plus économiques en les recouvrant d'une voûte qui concentre la chaleur, et en utilisant les gaz pour chauffer les chaudières ou d'autres fours.

216. Four à water-jacket. — Le four à water-jacket a été créé en Amérique pour le traitement des minerais de cuivre ; il est aussi employé en Italie et en France.

Il se compose (fig. 74-75) d'une enveloppe métallique à double paroi, avec circulation d'eau à l'intérieur, constituant le water-jacket, — d'une partie en briques surmontant l'enveloppe métallique ci-dessus, — et d'un creuset qui peut être extérieur ou intérieur : dans ce dernier cas le creuset est généralement entouré sur toute sa hauteur par l'enveloppe d'eau.

Le water-jacket peut être construit en tôle de fer ou d'acier, en fonte, en bronze, ou encore en cuivre ; la lame d'eau y a une épaisseur très variable (de 5 à 25 centimètres) suivant la quantité d'eau dont on dispose et suivant la quantité plus ou moins grande de sels calcaires qu'elle renferme.

Il est généralement formé de plusieurs tronçons, munis de collerettes qui servent à les assembler au moyen de boulons : quand ces tronçons sont en tôle de fer ou d'acier, l'épaisseur du métal est voisine de 10 à 12 mm. : cette épaisseur se réduit de 3 à 5 mm. pour le cuivre.

La forme du water-jacket est généralement cylindrique quand son diamètre ne doit pas dépasser 1,30 m ; au-dessus, le vent pénétrerait difficilement au centre de la charge et on emploie de préférence la forme rectangulaire. Deux couronnes métalli-

ques rivées aux extrémités des derniers tronçons forment les
fonds : de très grandes précautions doivent être prises dans la
construction pour éviter qu'il ne se produise de fuites dans le
four.

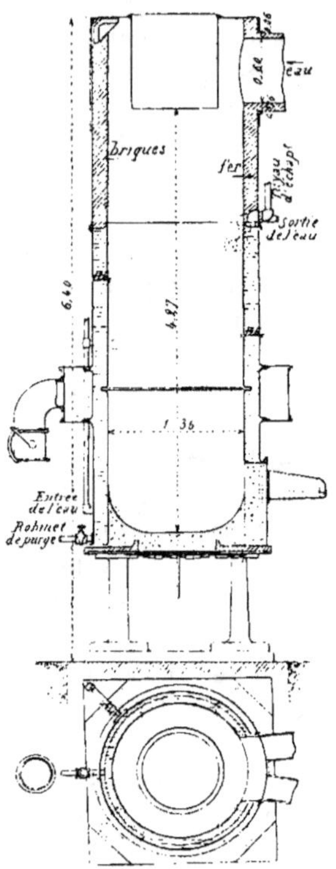

Fig. 74-75. — Four à water-jacket.

L'eau de circulation pénètre dans le water-jacket vers sa partie
inférieure, tangentiellement aux parois ; elle s'élève au fur et à
mesure qu'elle s'échauffe pour s'échapper à la partie supérieure,
qui est laissée ouverte quand elle n'est pas surmontée d'une partie en brique, ou bien munie d'un tuyau de sortie dans le cas
contraire. La température de l'eau à l'échappement doit être de
80 degrés C, environ, lorsque le débit en est bien réglé, soit par
exemple de 5.000 litres par heure pour un four de 1 m. de diamètre. Cette eau peut être reprise à la sortie, refroidie et réem-

ployée d'une façon continue, avec addition d'une petite quantité d'eau vierge pour remplacer les pertes dues aux fuites et à l'évaporation : elle peut être aussi utilisée pour l'alimentation de la chaudière ou divers autres usages, si l'on dispose d'une quantité suffisante d'eau froide pour la circulation. Diverses précautions doivent être prises pour éviter l'entartrement des parois quand on fait usage d'eau très calcaire ou d'eau de mer ; un robinet doit encore être disposé à la partie inférieure du water-jacket pour opérer la vidange de l'eau à l'arrêt du four, quand on a à craindre des gelées avant la remise en marche.

Le creuset peut être intérieur ou extérieur. Cette dernière disposition est employée avec les minerais sulfurés, ou lorsque la matte à produire doit avoir une teneur inférieure à 50 0/0 de cuivre. Le creuset extérieur convient principalement à la fusion pour cuivre brut ou matte riche : la fig. 74 montre cette disposition.

Le creuset extérieur, ou avant-creuset, est formé d'une enveloppe en tôle garnie intérieurement de brasque et boulonnée sur une plaque de fonte servant de base ; sa contenance doit être au moins de une tonne de matte. On dispose toujours deux creusets côte à côte, de manière qu'il y en ait constamment un en état de servir et que la marche continue du four soit assurée.

La quantité minimum de production, quand on veut faire usage d'avant-creusets, paraît être de 20 tonnes en 24 heures : les avantages qui résultent de leur emploi par rapport aux creusets intérieurs sont : l'obtention d'une marche plus régulière et la production d'une matte plus riche.

217. Cubilots. — On appelle spécialement cubilots les fours à cuve employés pour opérer la fusion des métaux ou de certains composés métalliques. Ces fours ne différant pas essentiellement des autres fours à cuve, leur forme et leurs dimensions seront soumises aux mêmes règles. On les fait le plus souvent cylindriques ; cependant, lorsqu'on veut leur donner un grand volume pour augmenter la production, il est bon d'élargir la cuve par rapport à l'ouvrage. Le diamètre de ce dernier ne doit pas dépasser 0 m. 80 à 1 m. La hauteur varie en général de 2 à 5 m.

La descente des matières est plus facile que dans les fours à cuve ordinaires, parce qu'elles sont en général chargées en gros morceaux, et que leur fusion s'opère rapidement sans passer par l'état pâteux. Aussi on peut, sans inconvénient, donner à l'ouvrage un rétrécissement brusque. Le chargement n'exige pas de précautions, comme dans le cas où on traite des matières pulvérulentes.

Les cubilots sont en général construits légèrement, et entourés de revêtements complets en tôle. On donne parfois ce nom à tous les fours à cuve construits sur le même type, quelle que soit leur destination.

Dans les cubilots, il ne se produit aucune réaction chimique ; ainsi l'oxyde de carbone ne rencontre dans la cuve aucun corps qui puisse l'oxyder. Comme la proportion de combustible y est faible et comme les charges, consistant en gros morceaux, offrent de larges passages aux gaz, une partie de l'acide carbonique produit devant l'orifice des tuyères échappe à la décomposition. Pour augmenter la proportion d'acide carbonique, on place quelquefois une seconde ligne de tuyères au-dessus de la première : l'air arrivant par ces tuyères est destiné à compléter la combustion en brûlant l'oxyde de carbone formé plus bas. Mais cet expédient ne paraît pas donner de bien bons résultats ; dans les cas les plus favorables, on n'arrive guère à transformer en acide carbonique plus de la moitié du carbone.

On emploie rarement l'air chaud ; mais, dans beaucoup d'appareils récents, le vent arrive par une conduite annulaire faisant le tour de l'ouvrage et séparée du four par une paroi mince, de sorte qu'il s'échauffe en refroidissant les parois de l'ouvrage.

Les petits cubilots ordinaires utilisent encore 15 à 20 0/0 de la chaleur totale que pourrait produire le combustible. Dans les grands cubilots perfectionnés, le rendement peut s'élever à 50 0/0.

218. Comparaison avec les réverbères. — Les fours à cuve et les réverbères constituent les deux types d'appareils les plus employés en métallurgie. D'après ce que nous avons vu, les premiers utilisent mieux le combustible. Ils présentent, il est vrai, l'inconvénient d'exiger des combustibles spéciaux, qui reviennent généralement plus cher que ceux qu'on peut brûler dans les réverbères. Cette circonstance diminue parfois la différence qui existe entre les deux appareils au point de vue économique ; cependant l'avantage reste presque toujours au four à cuve. Il donne lieu aussi à moins de frais de main-d'œuvre, et peut être desservi par des ouvriers moins habiles : en dehors du fondeur, tous les hommes employés au service des fours à cuve sont de simples manœuvres, tandis que la conduite d'un four à réverbère exige des chauffeurs et des ouvriers expérimentés.

Le four à cuve est donc préférable, en général, toutes les fois qu'on peut l'employer. C'est la nature de l'opération qui déterminera le choix de l'appareil. Les fours à cuve à tirage naturel ne développent pas de très hautes températures et ne servent qu'aux calcinations ou aux grillages. Les fours à cuve soufflés conviennent dans le cas où les matières doivent être fondues et où le travail doit ou peut se faire dans une atmosphère très réductrice. Le four à réverbère, au contraire, donne plutôt une atmosphère oxydante, ou tout au plus neutre ; il a l'avantage de s'adapter à toute espèce d'opérations, de se prêter mieux que le four à cuve au chauffage des matières pulvérulentes et de ne pas exposer les produits au contact du combustible, qui peut souvent être nuisible.

Pour les opérations qui par leur nature permettent l'emploi des deux types indifféremment, le four à cuve sera toujours plus économique ; mais le réverbère donnera quelquefois de meilleurs produits : on pourra donc le préférer, surtout s'il s'agit de produits ayant une grande valeur, et dont l'élaboration n'exige pas une grande dépense de combustible. Les conditions locales sont aussi à considérer. Ainsi en Angleterre, où le combustible est à bon marché et où les ouvriers sont en général forts et habiles, le réverbère est d'un emploi très général, même pour des opérations qui sur le continent sont presque toujours faites au four à cuve. Cette préférence peut se justifier dans certains cas, dans d'autres elle est une question d'habitude ; on ne se soucie pas de modifier les conditions de fabrication pour rechercher une économie qui paraît négligeable.

Nous discuterons dans chaque cas particulier, en étudiant les opérations métallurgiques, le choix du type de four.

MACHINES SOUFFLANTES.

La marche d'un four à cuve dépend essentiellement de celle de la soufflerie qui lui fournit l'air. Nous avons vu comment on peut calculer le volume et la pression de cet air d'après les dimensions et la consommation du fourneau. L'étude des machines soufflantes est du ressort de la mécanique : nous nous bornerons à quelques remarques sur les types qu'il convient de choisir dans chaque cas.

219. Types principaux. — On peut rattacher les machines soufflantes à trois catégories principales : 1° les machines à eau, simples, où l'eau sert à la fois de moteur et de garniture, comme dans la trompe, le chapelet, etc. ; 2° les machines à eau, à moteur spécial, qui se composent de deux parties : un appareil soufflant où l'eau sert de garniture, comme dans la cagnardelle, et un appareil moteur qui l'actionne et qui peut être quelconque ; 3° les machines à garniture sèche, comme les soufflets et les machines à piston.

Pour les fours à cuve de dimensions modérées, on peut employer les machines à eau, qui ont l'avantage d'être solides, faciles à construire et à réparer. Si on dispose d'une chute de plus de 5 mètres, on choisira la trompe, qui est la plus simple. Une trompe bien construite donne un volume d'air à peu près égal au volume d'eau qu'elle débite ; la pression est celle d'une colonne d'eau ayant une hauteur dix fois moins grande que la chute : cependant il est difficile de réaliser une pression supérieure à 18 centimètres de mercure.

Avec une chute plus faible, on devra employer un moteur hydraulique spécial, et on aura le choix entre un grand nombre de machines à eau. La meilleure paraît être la cagnardelle, qui peut donner 35 mètres cubes par minute avec une pression de 3 à 4 centimètres de mercure.

Les machines où l'eau ne sert que de garniture peuvent naturellement être mises en mouvement par des moteurs à vapeur.

Quand le four n'offre que peu de résistance au passage des gaz, comme c'est le cas pour les cubilots de faible dimension, on peut employer aussi des ventilateurs.

Lorsqu'on a besoin de pressions fortes, il faut recourir aux machines à piston, lesquelles conviennent dans tous les cas. Elles peuvent être actionnées, soit par un moteur hydraulique, soit par la vapeur : ce dernier cas est le plus fréquent. — Nous reviendrons sur les machines à piston en étudiant l'installation des hauts-fourneaux à fer.

220. Rendement. — Quand on veut calculer la force nécessaire pour alimenter un four à cuve, il faut tenir compte à la fois du rendement du moteur et de celui de la machine soufflante. Si V est le volume engendré par le piston, P la pression atmosphérique et P' la pression dans le porte-vent, $V\dfrac{P}{P'}$ serait le volume théoriquement fourni par la machine à chaque coup de piston : mais en réalité, à cause de l'imperfection des garnitures, elle ne fournit qu'un volume plus faible v. Le rapport $\dfrac{v}{V\dfrac{P}{P'}}$ est ce que nous appellerons le coefficient de rendement en volume : il atteint 0,85 dans les machines soignées et bien entretenues et peut s'abaisser jusqu'à 0,40 dans les cas les plus défavorables ; en moyenne, on peut le prendre de 0,76 quand on fait le projet d'une installation, afin de ne pas avoir de mécompte.

Appelons K ce coefficient et Q le nombre de mètres cubes d'air que le fourneau doit recevoir réellement par seconde : il faudra calculer la machine pour donner un volume théorique égal à $\dfrac{Q}{K}$; dès lors, si h est la pression évaluée en centimètres de mercure, la force en chevaux sera de :

$$\frac{136 \times h}{75} \times \frac{Q}{k}$$

et si m est le coefficient d'effet utile du moteur, elle deviendra :

$$\frac{Q}{mk} \times \frac{136\,h}{75}.$$

Le rapport $\dfrac{1}{mk}$ est ce qu'on peut appeler l'effet utile total de l'appareil : il peut être de 0,50 à 0,60 pour les bonnes machines à vapeur. Avec les moteurs hydrauliques, il ne dépasse pas 0,30, et il descend à 0,10 pour certaines machines primitives, comme la trompe.

221. Conduites de vent. — Les conduites qui réunissent la machine soufflante au fourneau, et qu'on appelle porte-vent, doivent être assez larges pour que la vitesse de l'air n'y dépasse pas 10 mètres par seconde. En général, on donne à une partie de ces conduites un diamètre assez fort pour que leur grand volume serve de régulateur à la pression (1). Les tuyaux de faible diamètre peuvent être en fer-blanc ou en zinc ; les gros sont en fonte ou en tôle rivée et goudronnée.

Le porte-vent se termine par une partie rétrécie qu'on appelle buse et qui s'engage dans la tuyère du fourneau : elle doit pouvoir se retirer à volonté. Nous renvoyons pour l'étude de ces détails, ainsi que pour celle des procédés de chauffage de l'air, au chapitre des hauts-fourneaux à fer.

Il se produit sur tout le trajet de l'air, entre la machine et le four, des pertes qu'on peut évaluer en moyenne à **10** 0/0 environ, et dont il faut tenir compte dans le calcul du volume d'air nécessaire. Du reste, on devra toujours donner à la machine un excès de puissance, pour ne pas être obligé de la surmener, car toute avarie grave se traduirait par des arrêts très préjudiciables. Pour la même raison, les machines soufflantes devront être construites très solidement.

Si nous considérons un four à cuve de moyenne dimension, exigeant une pression de 0 m. 10 de mercure, la force théoriquement nécessaire pour lui fournir un mètre cube d'air par seconde serait de **18** chevaux. En tenant compte du rendement et des pertes, il faudra une machine à vapeur de **40** chevaux pour faire ce service ; avec une machine hydraulique, il faudrait une chute représentant **80** chevaux. Si on veut calculer la force d'après la consommation du fourneau, il faudra **50** chevaux environ par tonne de charbon brûlée par heure si l'on marche à la vapeur, **100** chevaux si on utilise une chute d'eau. Ces nombres varieront proportionnellement à la pression ; on pourra les réduire de moitié par un four de faible hauteur, et il faudra les doubler pour un grand haut-fourneau

222. Charbon pulvérisé. — La houille réduite en poudre fine peut être mise en suspension dans un courant d'air. Si l'on dirige ce courant dans un four incandescent, les poussières brûleront : on obtient ainsi comme une sorte de gaz qui apporte en même temps l'élément combustible et l'élément comburant ; la combustion est vive et complète à cause du mélange intime et de la grande étendue relative des surfaces de contact offertes à l'air par les petits grains de houille.

(1) On trouvera dans les données numériques les formules relatives aux pertes de charge dans les conduites, ainsi qu'au débit des buses.

Ce système a été employé jadis pour chauffer les fours à puddler rotatifs, système Crampton. Il ne s'est pas répandu en métallurgie, mais depuis quelque temps on l'a repris en Allemagne pour le chauffage des chaudières et on a construit divers types d'appareils à cet effet.

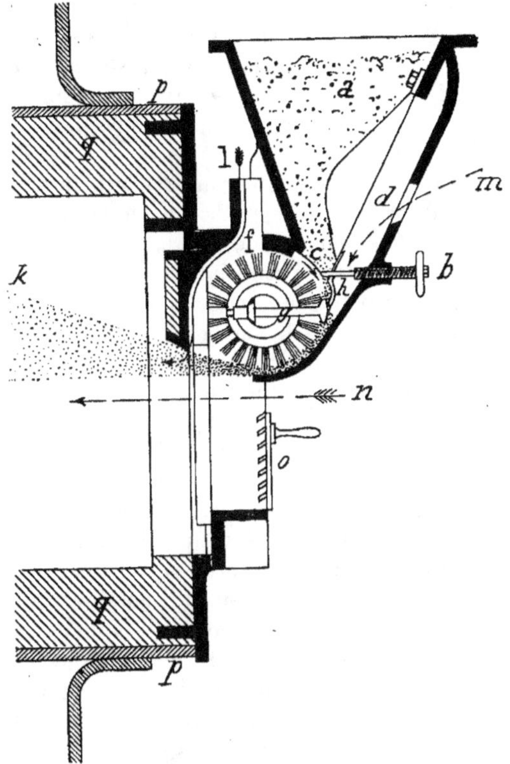

Fig. 76. — Appareil Schwartzkopff.

a Trémie contenant le charbon pulvérisé ; elle est fermée à sa partie inférieure par une lame élastique *c*, maintenue par la vis *b* et par la lame *d*, qui porte la partie à ressort *h*. — *f*, tambour muni de brosses en fil d'acier. — *g*, marteau fixé sur l'arbre, et qui à chaque révolution vient écarter la pièce *h* et permet à une certaine quantité de charbon de tomber à la partie inférieure de la trémie, d'où le tambour *f* la projette dans la chambre de combustion *k*. — *m*, *n*, *o*, arrivée de l'air.— *pp*, parois du foyer munies de pièces réfractaires *qq* (cas de foyer intérieur).

Dans les fours primitifs, l'air soufflé arrivait par un courant horizontal, dans lequel une trémie laissait tomber une nappe de charbon en poudre.

Pour obtenir un bon mélange, il est utile de tamiser la houille, afin de la bien répartir dans le courant, mais les tamis s'engorgent lorsqu'ils sont immobiles; il faut leur imprimer des secousses régulières.

L'appareil Wegener réalise ces conditions sans l'emploi de forces motrices autres que celles qui résultent du tirage de la cheminée. L'air est appelé par un tuyau horizontal au sommet duquel la houille tombe d'une trémie fermée par une toile métallique.

Au bas du tuyau se trouve une roue à palette formant turbine, que le courant d'air fait tourner ; l'axe de cette roue porte deux petites cames qui viennent secouer le tamis à chaque rotation. L'air chargé de poussière se rend ensuite à la chaudière par un tuyau horizontal; il débouche à côté d'un second tuyau amenant un supplément d'air pour achever la combustion, puis les flammes traversent une série de cloisons en chicane.

Cet appareil pourrait aussi bien marcher avec un courant d'air forcé ; il suffirait de donner à la turbine un rôle actif au lieu d'un rôle passif ; on la transformerait en ventilateur aspirant et foulant, et on la ferait tourner par une force motrice extérieure.

C'est ce qui a lieu dans l'appareil Schwartzkopff représenté fig. 76, et dont le fonctionnement est suffisamment indiqué par la légende qui accompagne la figure.

Ce système de chauffage ne peut s'employer qu'avec des houilles pures, donnant peu de cendres. Il faut aussi que l'allumage en soit facile, de sorte qu'il convient surtout aux houilles flambantes. Il faut remarquer que les charbons purs à longue flamme sont précisément les plus faciles à brûler dans les foyers métallurgiques ordinaires; il y a peu d'intérêt pratique à adopter des appareils plus délicats ; leur emploi ne pourrait être sérieusement motivé que s'il s'agissait d'utiliser des combustibles de cette nature donnant beaucoup de menu fin pour être brûlé sur une grille.

223. Combustibles liquides. — Le pétrole, les huiles retirées de la distillation des schistes bitumineux ou de celle des goudrons recueillis comme sous-produits dans la fabrication du gaz, constituent des combustibles très riches, qui sont composés d'hydrocarbure plus ou moins condensé, ayant des points de liquéfaction et des densités croissantes. La distillation a pour but de séparer les divers termes de la série. Les plus légers sont des essences très inflammables et d'un maniement dangereux, qui ne servent guère au chauffage que pour de petits appareils de laboratoire. Les huiles légères, un peu moins inflammables, sont le plus souvent réservées pour l'éclairage, parce qu'elles brûlent facilement. Le chauffage industriel utilise surtout les huiles lourdes, qui ont moins de valeur à mesure que l'hydrocarbure est plus condensé : la combustion complète est plus difficile à obtenir, et il peut se déposer du noir de fumée. C'est ce qui rend ces huiles impropres à l'éclairage ; elles s'enflamment aussi à des températures un peu plus élevées.

Pour obtenir une bonne combustion, il faut arriver à réaliser un mélange intime avec l'air. Le plus souvent on est amené à pulvériser l'huile ou à la volatiliser ; ce sont alors des vapeurs qui viennent brûler, et elles se comportent à peu près comme un combustible gazeux.

Dans les appareils ou procédés destinés à brûler les combustibles liquides, on peut distinguer 3 catégories :

1⁰ les foyers alimentés avec le pétrole liquide ;

2⁰ les brûleurs alimentés avec le pétrole pulvérisé ;

3⁰ les brûleurs qui utilisent la vapeur de pétrole.

1⁰ Le type des foyers à pétrole liquide est la grille de Sainte-Claire Deville, qui sert à chauffer les fours de laboratoire. Le pétrole liquide coule en minces filets venant d'un réservoir et vient tomber sur une plaque en fonte inclinée. En face de chaque filet de pétrole, la plaque perforée laisse arriver un jet d'air.

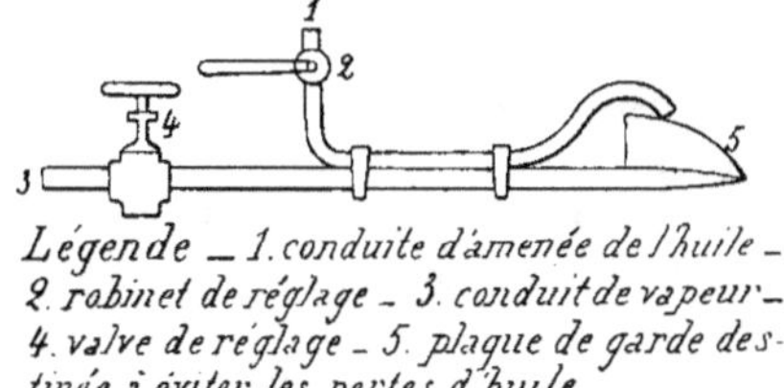

Fig. 77. — Brûleur type pour combustibles liquides.

Pour mettre l'appareil en train, on introduit par ces orifices des étoupes imbibées de pétrole que l'on enflamme, puis on laisse

couler d'abord très lentement le liquide. Il faut avoir soin de
maintenir les étoupes enflammées jusqu'à ce que le four soit
chauffé, sans quoi il pourrait se produire des mélanges déto-
nants. L'écoulement du pétrole se règle facilement avec des
robinets placés sur chacun des petits entonnoirs qui reçoivent
le liquide tombant du réservoir.

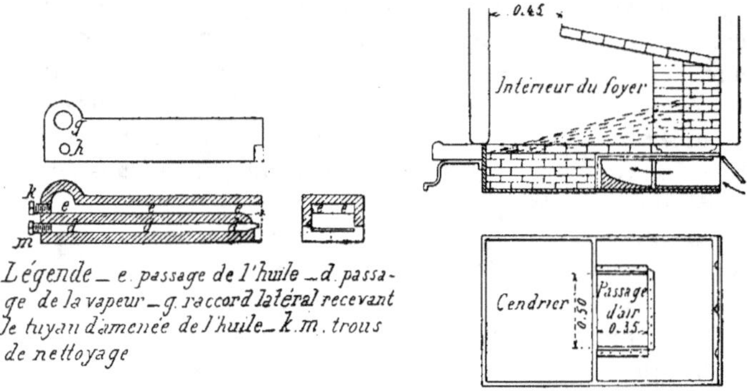

Fig. 78 à 82. — Application de brûleurs à pétrole aux locomotives
du chemin de fer d'Oraja au Pérou.

On peut appliquer ce système en grand à tous les fours à réverbère. Le foyer est alors remplacé par une plaque fixée un
peu au-dessous de l'autel, dans un compartiment muni de portes
pour le nettoyage. Les entonnoirs servant à faire tomber le pétrole sont fixés dans la voûte du foyer, et une série de regards
latéraux amènent l'air de combustion. Une fois le four échauffé,
le liquide qui tombe sur la plaque s'y vaporise et vient brûler
au-dessus de l'autel. On pourrait ménager aussi des arrivées
d'air par le *pont*.

Dans le four Dornsberg, employé pour fondre le fer en creuset,
le pétrole tombe en cascade sur une série de petites auges en
poterie, et l'air arrive par des fentes entre ces différentes auges.
Ces fours peuvent donner une température suffisante pour la
fonte de l'acier, surtout lorsqu'ils sont munis de régénérateurs ;
un petit four de ce genre a été employé pour fondre le nickel
pur.

La flamme obtenue dans ces appareils est souvent fuligineuse,
parce que l'air ne pénètre pas assez intimement dans les vapeurs
de pétrole qui se produisent en masse. Pour améliorer la com-

bustion, on peut faire tomber dans les entonnoirs quelques gouttes d'eau chaude : la vapeur d'eau, plus légère, divise les vapeurs d'hydrocarbure et les rend plus perméables. On voit immédiatement la flamme devenir blanche et claire.

2° Dans les brûleurs à huile de pétrole pulvérisée, on injecte sous pression un mélange d'huile avec de la vapeur ou de l'air. On peut employer à cet usage toute espèce d'appareils imités de l'injecteur Giffard. Le brûleur Dietrich se compose de deux cônes concentriques ; dans le cône intérieur, pénètre un jet de vapeur ou d'air comprimé ; autour du tuyau qui amène la vapeur, est disposé un anneau avec plusieurs orifices de communication. Le pétrole tombe goutte à goutte dans cet anneau et est pulvérisé et entraîné par le jet. Le mélange arrive alors à l'extrémité du cône, où il est entouré par un second ajutage ; l'air de combustion pénètre entre ces deux ajutages, appelé par le frottement comme dans un bec Bunsen. Une roue permet d'avancer plus ou moins le cône intérieur et de régler l'arrivée d'air en modifiant la distance entre les deux ajutages. Au moyen d'une aiguille mue par une vis, on peut aussi obturer le cône intérieur et régler l'injection de vapeur.

Des fours de forme quelconque peuvent être chauffés avec un ou plusieurs brûleurs. Tous les brûleurs sont alimentés de pétrole par un réservoir unique, sur les tuyaux de départ duquel on place des valves permettant d'arrêter rapidement l'écoulement de l'huile. Une installation de ce genre figurait à l'exposition de Chicago.

On a récemment employé pour les locomotives un système mixte consistant à placer les brûleurs à pétrole au-dessus d'un foyer où l'on entretient une couche de charbon incandescent ; le pétrole sert alors à donner les coups de feu nécessaires au moment où l'on a besoin de plus de vapeur, tandis que la grille marche d'une allure toujours égale.

L'appareil le plus récent imaginé dans ce but est l'éjecteur-mélangeur système Vétillard et Scherding (fig. 83). Le combustible s'y trouve pulvérisé au moyen d'une petite quantité de vapeur prise à la chaudière et d'une certaine quantité d'air qui est aspirée automatiquement par la tuyère centrale : cet air est en proportion voulue pour former un mélange parfaitement combiné et préparé à une combustion complète dès son arrivée dans le foyer.

Des éjecteurs semblables sont montés sur des locomotives des chemins de fer de l'Est et de l'État français : chaque machine possède deux appareils qui peuvent projeter chacun jusqu'à 100 kg. de liquide par heure dans le foyer.

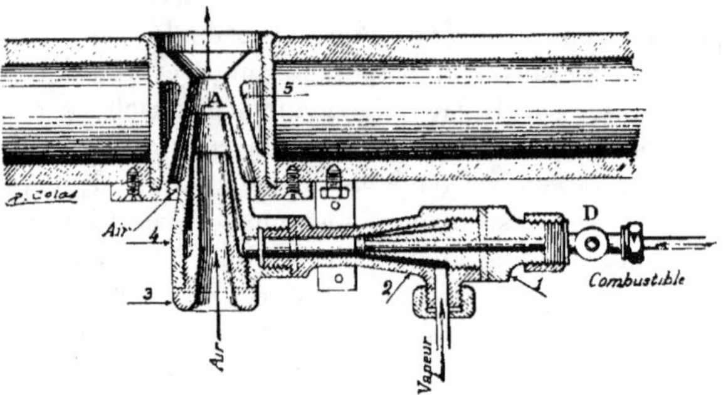

Fig. 83. — Brûleur Vétillard et Scherding.

L'huile employée est de l'huile de goudron de rebut coûtant environ 40 fr, les 1000 kg. ; la quantité de vapeur produite par kg. est de 11 à 12 kg., de sorte que le supplément de vaporisation obtenu par ce mode de chauffage correspond à une puissance d'environ 200 chevaux.

Ce combustible est aussi économique que du charbon coûtant 30 fr. la tonne et vaporisant par kg. 8 litres d'eau ; il permet d'augmenter beaucoup la puissance des locomotives sans fatigue pour la chaudière et en ménageant les forces du chauffeur, et son emploi est ainsi très avantageux pour la remorque des trains lourds et à vitesse élevée actuels.

Le carburateur Reichhelm et Machlet réalise le mélange auprès du réservoir même. L'air sous pression est amené dans le pétrole, qui est légèrement chauffé par un serpentin à vapeur ou par tout autre procédé. Le mélange d'air et d'huile pulvérisée traverse une sorte de filtre constitué par des grilles superposées, de manière à réaliser un bon brassage. On obtient de la sorte un véritable combustible gazeux qu'on désigne sous le nom d'air carburé et qui peut être utilisé et distribué comme le gaz d'éclairage.

Par suite de la détente de l'air, il se condense de l'eau et de l'essence. Ces liquides, au sortir de l'appareil, sont reçus par une conduite latérale qui les fait retomber dans le réservoir intérieur, où l'eau se sépare par différence de densité.

3° Les brûleurs Seigle sont fondés sur un principe très différent Les huiles que l'on brûle sont préalablement vaporisées, cette vaporisation s'obtient par la chaleur. L'huile est injectée dans une enveloppe annulaire en bronze, où elle serpente autour de plusieurs cloisons, et de là elle passe dans le tuyau central qui amène la vapeur à l'extrémité du brûleur ; au-dessous de ce tuyau, se trouve un réservoir où on peut verser du pétrole et le brûler au début pour chauffer le brûleur. L'air arrive à l'extrémité par une fente. Pour le chauffage des chaudières, on prolonge la flamme en ajoutant à la suite du brûleur une série de cônes séparés par des fentes où arrivent de nouveaux accédeurs. L'appareil est logé au milieu d'un cylindre intérieur et entouré de tous côtés par l'eau à chauffer ; dans les fours métallurgiques, on pourrait ménager des arrivées d'air à travers les parois au voisinage de l'extrémité du brûleur. Le brûleur est monté sur une espèce de lyre dont les branches creuses servent à l'arrivée du pétrole comprimé. Il peut pivoter sur ses tuyaux et s'orienter dans tous les sens après l'allumage ; on peut donc s'en servir comme d'un chalumeau incliné qu'on placerait dans la voûte du four.

Quoiqu'on puisse l'incliner ainsi à volonté, il marche cependant mieux quand il est vertical.

Ajoutons que le brûleur Seigle a été combiné surtout en vue de l'éclairage. Il donne une flamme brillante, mais la combustion n'y est pas complète.

La pulvérisation paraît en somme la solution la plus rationnelle pour le chauffage des fours, et dans la plupart des usines il ne sera pas difficile d'avoir à sa disposition, pour réaliser cette pulvérisation, soit de la vapeur, soit de l'air soufflé. La pulvérisation à l'air exige que l'air ou le pétrole soit légèrement chauffé ; elle offre encore peut-être l'inconvénient d'introduire un excès d'air.

Il est utile que l'huile soit filtrée à l'avance à travers des tamis ou des couches de paille de fer, sans quoi les petits orifices des brûleurs pourraient être exposés à s'engorger. On peut d'ailleurs disposer le brûleur de manière qu'il soit facile de le remplacer, pour procéder au dégorgement des orifices obstrués.

Remarquons encore que les brûleurs Seigle ont été alimentés surtout avec des huiles minérales brutes, contenant des éléments relativement volatils. Il n'est pas certain qu'ils marcheraient aussi bien si l'on employait exclusivement des huiles lourdes.

M. Serpollet a appliqué avec succès en 1898 le chauffage aux huiles lourdes à une voiture de tramway de la Compagnie générale des Omnibus de Paris : l'huile était vaporisée dans le brûleur même, comme dans le système Seigle ci-dessus. La voiture pesait 16 tonnes en charge ; la consommation d'huile, sur une ligne encombrée et très chargée, était inférieure à 2 kg. par kilomètre parcouru : c'était environ la moitié du poids de coke dépensé par les autres automotrices à vapeur à générateur Serpollet en usage sur la même ligne. Le prix de cette huile étant environ le double de celui du coke, le prix de revient des deux modes de traction était ainsi le même pour le combustible.

Il résulte d'autre part des différentes applications faites en grand qu'une tonne de charbon peut être remplacée, suivant la qualité, par une quantité de pétrole variant de 400 à 600 litres. Pour les fours à haute température, le pétrole, ayant un grand pouvoir calorifique, offre relativement plus d'avantages, et 400 litres équivalent à une tonne de bon charbon. En Amérique, où les 100 litres coûtent moins de 2 francs, il y a évidemment économie à employer le pétrole par rapport à du charbon à 15 francs la tonne. Dans nos pays, où l'hectolitre d'huile lourde coûte rarement moins de 8 à 10 fr., la comparaison n'est pas possible au point de vue du prix, et ce mode de chauffage ne peut jouer qu'un rôle tout à fait accessoire, au moins en métallurgie. Mais il présente certains avantages qui pourront le faire adopter dans quelques cas particuliers. Il est, par exemple, d'un maniement beaucoup plus facile et plus souple que le charbon : l'extinction et l'allumage d'un four sont ainsi beaucoup plus rapides ; on peut donner aisément des coups de feu et faire varier la température en proportionnant la dépense à l'effet que l'on doit obtenir. Dans les fours à marche intermittente, on est obligé d'entretenir toujours le foyer, et on brûle beaucoup de charbon en pure perte ; dans ces conditions, la dépense de pétrole deviendra relativement beaucoup plus faible pour les températures très élevées, comme celle de la fusion de l'acier. Pour ce travail, les fours à foyer ordinaire sont insuffisants, et on ne peut employer de charbon que dans des fours Siemens ; ceux-ci ne marchent bien qu'à condition d'être volumineux et de fonctionner d'une manière permanente. La fusion de l'acier n'est donc pratique par ce procédé que dans des usines ayant une forte pro-

duction. Avec le pétrole, on peut faire marcher des fours de
petit volume, permettant de fondre de petites charges avec une

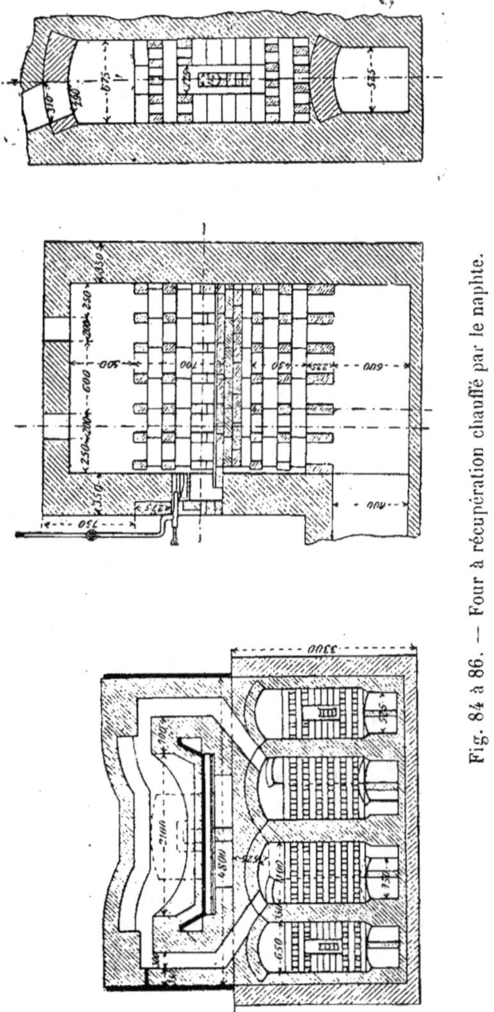

Fig. 84 à 86. — Four à récupération chauffé par le naphte.

marche intermittente. Aussi l'a-t-on souvent adopté pour les
fabrications de moulages d'acier où l'on n'opérait que sur de
petites quantités.

Le four à naphte représenté fig. 84 à 86, construit sur le principe du four Siemens, est employé en Russie pour diverses opérations métallurgiques.

§ 6. — COMBUSTIBLES GAZEUX

Les combustibles gazeux employés en métallurgie sont :

1° Les gaz perdus des hauts-fourneaux ;

2° Ceux que l'on prépare par la combustion incomplète des combustibles solides dans des foyers spéciaux appelés gazogènes.

224. Gaz des hauts-fourneaux. — Les gaz qui s'échappent des hauts-fourneaux contiennent en général 25 à 30 0/0 d'oxyde de carbone, avec 15 à 20 0/0 d'acide carbonique : le reste se compose d'azote, l'hydrogène formant à peine quelques millièmes. — Leur pouvoir calorifique est de 600 à 700 calories. Il faut, pour brûler 1 kil. de ces gaz, 0 k. 60 à 0 k. 75 d'air. La température de combustion peut être de 1500 à 1700° au plus.

Ces gaz sont presque toujours chargés de poussières entraînées : il est bon de les purifier pour faciliter la combustion et pour ne pas encrasser les appareils. A cet effet, on les fait passer dans de larges tambours en tôle où leur vitesse se ralentit et où les poussières se déposent : parfois on les lave en les faisant circuler au contact de l'eau ou en les exposant à une pluie d'eau dans des tuyaux verticaux. Ce traitement leur fait perdre leur chaleur sensible, qui est du reste presque toujours assez faible.

Ces gaz ne sont guère employés qu'au chauffage des chaudières ou des appareils à air chaud. Leur température de combustion est trop faible pour certains fours métallurgiques ; ils sont en outre difficiles à brûler par suite de leur forte teneur en acide carbonique. M. de Ehrenwerth a proposé de les enrichir en les faisant passer à travers des gazogènes à cuve, où leur acide carbonique se décomposerait au contact du charbon rouge et régénérerait de l'oxyde de carbone. Ils deviendraient alors propres à chauffer les fours à haute température. Ce procédé pourrait rendre des services dans certains cas ; nous ne savons s'il a été appliqué en grand.

225. Gaz des gazogènes. — Au lieu de chercher à brûler les combustibles complètement dans des foyers ordinaires, on peut les brûler incomplètement dans des foyers spéciaux, de manière à transformer le carbone en oxyde de carbone et à dégager les hydrocarbures : on obtient ainsi des gaz combustibles que l'on brûle dans les fours qu'il s'agit de chauffer.

Par ce procédé on perd la chaleur dégagée pendant la combustion incomplète, mais cette perte est compensée par des avantages nombreux.

Supposons qu'on brûle de cette façon du carbone pur : il faudra pour 1 de carbone $\frac{4}{3}$ d'oxygène et $\frac{16}{3}$ d'air. Le gaz produit contiendra donc à peu près 35 0/0 d'oxyde de carbone et 65 0/0 d'azote ; son pouvoir calorifique sera de 840 calories et on aura 6 kil. de gaz par kil. de charbon. La chaleur perdue sera de 2.400 calories, puisque le carbone pouvait en fournir 8.000.

Cette perte sera réduite si on utilise les gaz encore chauds : en effet ils sortent de l'appareil où se fait la combustion incomplète à une température d'au moins 500°, et 6 kil. de gaz à cette température contiennent plus de 600 calories à l'état de chaleur sensible. Ainsi la perte ne sera que de 1800 calories, soit 23 0/0 de la chaleur qu'aurait dégagée la combustion complète du carbone ; mais nous avons vu que dans les foyers ordinaires la combustion n'était jamais complète et que la perte de ce chef s'élevait en moyenne à 10 0/0 : ainsi, si l'on parvenait à réaliser la combustion complète du gaz, la perte de chaleur spéciale à ce système de chauffage ne serait que de 15 à 20 0/0, suivant qu'on emploierait les gaz plus ou moins chauds.

Si on fabrique le gaz avec de la houille, la perte théorique sera relativement moins grande, car on distillera sans perte les hydrocarbures auxquels la houille doit une partie de son pouvoir calorifique.

En pratique, on n'arrive pas à obtenir la transformation complète du carbone en oxyde de carbone : il se forme toujours un peu d'acide carbonique. Le gaz produit avec une houille grasse contient en général, en poids :

Oxyde de carbone. . . .	23 à 25 0/0
Acide carbonique. . . .	5 à 6
Hydrocarbures	2 à 3
Hydrogène	0 à 0,6
Azote	65

Son pouvoir calorifique est de plus de 1000 ; on en obtient environ 5 kil. par kil. de houille. La perte de chaleur totale sera donc de 25 à 30 0/0, suivant le mode d'emploi. Le poids d'air nécessaire à la combustion sera un peu inférieur à celui du gaz, et par suite la température théoriquement développée sera de 2.000° environ.

226. Avantages de la gazéification. — Voyons maintenant les avantages de ce mode de combustion.

1° Les combustibles impurs donneront des gaz aussi riches en oxyde de carbone que les combustibles les plus purs, car les cendres seront sans influence sur la composition des gaz ; elles ne feront qu'en diminuer la quantité. Par exemple, un combustible à 30 0/0 de cendres produira le même effet qu'un combustible pur, à condition de brûler 140 du premier pour 100 du second. Or, si on calcule la température de combustion des gaz dont nous avons donné la composition, on voit qu'elle atteint 1900° pour le gaz provenant du carbone pur, qu'elle dépasse 2000° pour le gaz de houille. Ces températures sont suffisantes pour presque toutes les opérations métallurgiques, et dans les fours ordinaires on ne peut les réaliser qu'avec des combustibles purs. Ainsi la gazéification permet d'utiliser les plus mauvais combustibles, même dans les cas où jadis on était forcé de recourir aux meilleurs.

2° Il est facile de chauffer le gaz avant de le brûler, tandis qu'il n'est pas possible de chauffer à de hautes températures un combustible solide. Par ce procédé du chauffage préalable, on élève beaucoup la température de combustion, et on arrive à réaliser couramment des températures supérieures à celles que donnaient dans les anciens fours même les meilleurs combustibles. Ainsi la fusion de l'acier sur sole était à peu près impossible dans les fours à réverbère ordinaires : on la produit facilement dans les fours à gaz, même avec de mauvais combustibles.

3° Nous verrons que les gaz offrent des facilités particulières pour chauffer les grandes enceintes : leur emploi permet donc d'agrandir les fours, ce qui procure de grandes économies de main-d'œuvre et de combustible.

Outre ces avantages généraux, les fours à gaz présentent encore pour certaines opérations des avantages particuliers, comme celui de pouvoir réaliser à volonté, par un mélange convenable d'air et de gaz, une atmosphère réductrice ou oxydante, de permettre le chauffage direct des matières qui, comme le verre fondu, ne pourraient pas être exposées à la fumée, etc. Aussi l'emploi de ces fours se répand de plus en plus et trouve chaque jour de nouvelles applications dans toutes les industries : on peut considérer leur introduction dans la métallurgie comme un des plus grands progrès réalisés de notre temps.

D'après ce que nous avons dit, tous les combustibles peuvent servir à alimenter les gazogènes : la seule différence entre les résultats produits est que le gaz sera d'autant plus riche que le combustible contiendra plus d'hydrocarbures. Dans certaines régions, on recherche pour cet usage les houilles à gaz et les houilles pures ; les gazogènes sont alors plus faciles à conduire : le gaz étant naturellement riche et abondant, on est moins exposé à voir les fours se refroidir si le gazogène fonctionne mal. Toutefois, à mesure que les ouvriers s'habituent à diriger ces foyers spéciaux, on reconnaît en général qu'il y a avantage à utiliser des combustibles médiocres : la différence de prix fait plus que compenser la diminution dans la quantité de gaz produite.

La gazéification constitue le meilleur et souvent l'unique moyen d'employer les houilles maigres, lorsqu'il faut chauffer de grandes enceintes, et d'utiliser les houilles très impures, les tourbes ou les lignites : on peut même alimenter les gazogènes **avec** de la sciure de bois et des déchets qui seraient sans aucune valeur.

GAZOGÈNES

Les gazogènes doivent avoir des dispositions différentes suivant qu'on veut y brûler des combustibles secs, comme les houilles, ou des combustibles humides, comme les lignites, les tourbes et le bois. Il y a lieu de distinguer en outre les gazogènes à tirage naturel et les gazogènes soufflés.

226. Conditions générales. — Pour gazéifier un combustible sec, il suffit de le brûler sous une épaisseur assez grande pour que l'acide carbonique ne puisse s'échapper sans traverser une couche de charbon rouge. L'épaisseur nécessaire est de 0 m. 40 pour les charbons maigres ; elle atteint 0 m. 50 ou

0 m. 60 pour les houilles grasses, parce que dans ce cas il reste
à la surface une couche assez épaisse, refroidie par la distillation
des hydrocarbures.

228. Gazogènes à grille. — Le gazogène le plus employé
pour la combustion des houilles se compose d'une cuve voûtée

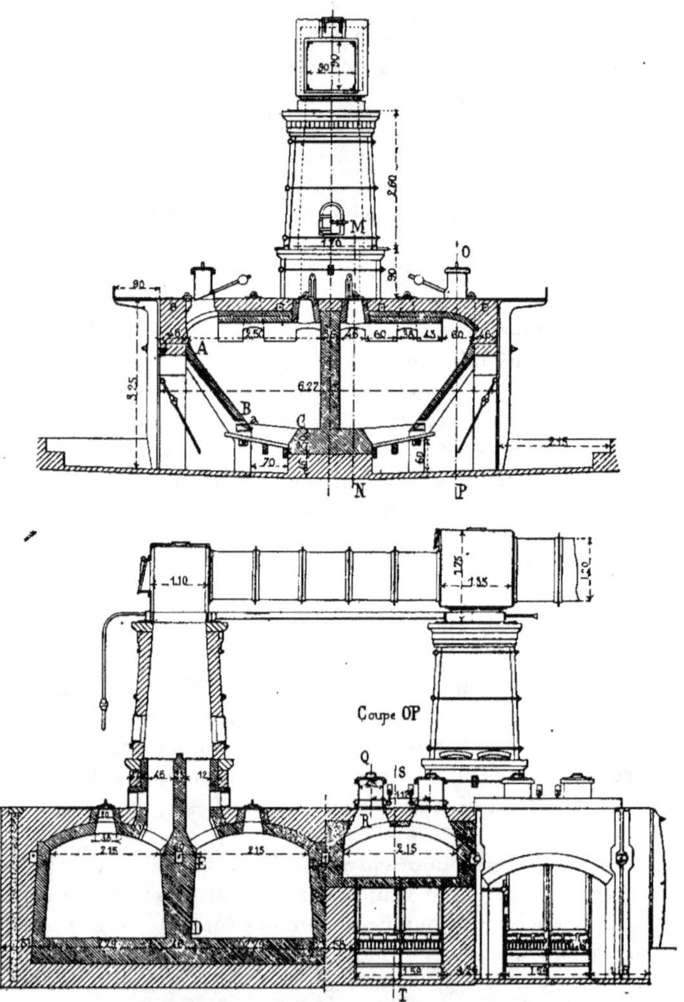

Fig. 87-88. — Gazogène Siemens pour charbons gras.

(fig. 87-88) dont le fond est fermé par une grille inclinée ; le devant est fermé par une cloison oblique, appelée poitrine. La voûte est percée de deux ouvertures ; celle de devant sert au chargement et est recouverte par une cloche, l'autre sert à la sortie des gaz et peut recevoir un registre pour isoler l'appareil des conduites ; en outre, on ménage aussi dans la voûte de petits regards fermés par des tampons, qui permettent d'observer l'intérieur du four.

Le combustible, chargé sur la poitrine, glisse en formant un talus plus ou moins incliné et s'étale de lui-même sur la grille ; il s'échauffe en descendant. Les hydrocarbures volatils se dégagent dans la partie supérieure, où l'air ne peut arriver, et s'échappent sans altération ; le charbon rouge arrive sur la grille où il se transforme en oxyde de carbone si la couche est assez épaisse.

229. Forme et dimensions. — L'inclinaison de la poitrine et celle de la grille doivent varier d'après la nature du charbon. Celle de la poitrine varie de 60 à 75° : elle doit être d'autant plus forte que le charbon est plus collant, parce qu'il glisse plus difficilement ; celle de la grille varie dans le même sens de 10 à 50°. C'est de ces deux éléments que dépendra surtout la bonne marche du foyer, et il faut les étudier avec soin pour chaque combustible nouveau.

La longueur de la grille, comptée perpendiculairement à la poitrine, varie (en projection horizontale) de 0 m. 60 à 0 m. 90 : plus elle est faible et plus il est facile d'obtenir une marche régulière ; la largeur varie de 1 à 2 m.

Si l'on considère la section transversale, la paroi de fond présente en général un ressaut de manière que sa base soit à peu près perpendiculaire à la grille, sans quoi la partie postérieure de celle-ci resterait inactive, l'air ne pouvant y passer sans traverser une trop grande couche de charbon. Les parois latérales sont verticales ou s'évasent vers le bas, pour faciliter la chute du charbon quand celui-ci est sujet à foisonner en s'échauffant.

Le chargement se fait par des trémies placées dans la voûte du four, au-dessus de la poitrine. Ces trémies sont recouvertes par des cloches, et leur fond est fermé par des trappes qu'on manœuvre de l'extérieur ; on les tient pleines de charbon qu'on fait tomber en ouvrant la trappe : comme à ce moment la cloche est fermée, il n'y a pas de rentrées d'air.

230. Production. — Lorsque le tirage est naturel, il doit être assez lent, et on brûle en général de 1000 à 1100 kil. de houille grasse par 24 heures dans un gazogène de dimensions moyennes ; on a été jusqu'à 1400, mais il vaut mieux rester en-dessous de 1000 et augmenter le nombre des gazogènes affectés au service de chaque four. Avec les houilles maigres, on craint moins de brûler les goudrons, et il y a intérêt à forcer la production parceque le gaz est moins riche : on la porte à 1800 ou 2000 kil. ; on a même été jusqu'à 3000.

231. Décrassage. — Le décrassage de la grille doit se faire sans arrêter l'appareil et sans produire dans le charbon des vides par lesquels l'air affluerait et brûlerait une partie du gaz. Le procédé le plus général consiste à introduire par des orifices percés dans la poitrine une série de ringards formant fausse grille ; on enlève ensuite les barreaux de la vraie grille, et on fait tomber tout le mâchefer resté entre les deux. On peut faciliter cette opération en rendant la grille mobile autour d'une charnière qui permet de la faire basculer d'un seul coup.

Lorsque la grille est trop inclinée, on peut employer l'artifice que nous avons indiqué pour les foyers ordinaires, c'est-à-dire laisser au fond un intervalle qui reste constamment obstrué par un talus de mâchefer, dont on enlève la base à des intervalles réguliers.

Pour les combustibles pulvérulents, on remplacera la grille à barreaux par une grille à gradins : la forme générale du foyer ne sera pas changée.

232. Gazogènes à poitrine ouverte. — Pour les charbons non collants (anthracites, houilles sèches, lignites), on emploie en général le type de gazogènes représenté (fig. 89-90). Il n'a pas de grille : la partie inférieure de la poitrine est formée par des plaques entre lesquelles peut passer l'air ; on modère l'appel en plaçant des briques entre ces plaques. Le décrassage se fait par l'espace resté libre au-dessous de la dernière plaque. Comme l'air n'entre que par devant, il ne peut pénétrer très loin de la poitrine : aussi la distance entre les deux faces, qui est de 1 m. sur la figure, est souvent réduite à moins de 0, 50. La production est en général plus faible que dans les gazogènes à grilles ; avec les houilles flambantes, elle ne dépasse guère 8 à 900 kil. par 24 h. : quand on brûle des lignites ou des anthracites on la pousse jusqu'à 2000, la gaz produit étant beaucoup moins riche.

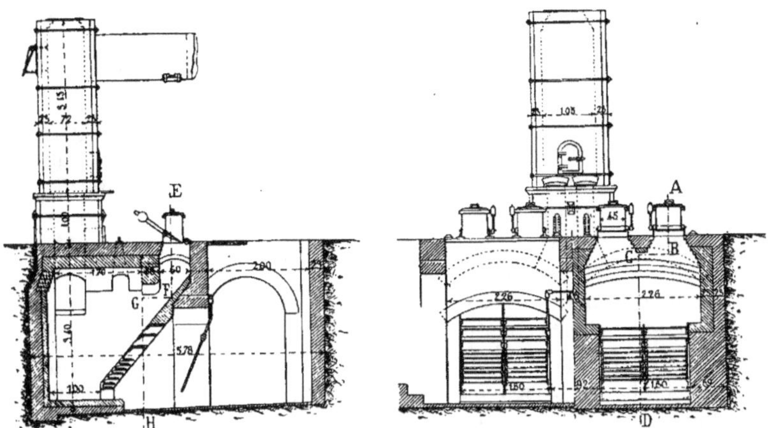

Fig. 89-90. — Gazogène Siemens pour charbons maigres.

233. Conduite d'un gazogène. — Le chauffeur chargé d'un gazogène n'a autre chose à faire qu'à charger et à décrasser très régulièrement. Si la marche est bonne, l'intérieur du foyer, vu d'en haut, doit toujours être noir, car la couche supérieure est occupée par du charbon frais qui distille, et si le feu y montait, c'est que le tirage serait trop fort, et il y aurait du gaz brûlé. Au moment du chargement, il faut étrangler un peu le tirage, pour créer une pression intérieure qui empêche l'air de pénétrer par les orifices de chargement et de produire des mélanges explosifs. Lorsque la production de gaz se ralentit ou que celui-ci devient pauvre, il faut bien se garder de piquer le feu et de l'activer comme dans un foyer ordinaire ; on obtiendrait un résultat inverse de celui que l'on rechercherait : le seul remède est de charger pendant quelque temps du charbon plus pur ou plus riche en matières volatiles, jusqu'à ce que la marche soit redevenue normale. Du reste, en prévision de ces éventualités, il est bon d'avoir toujours quelques gazogènes en réserve, et de ne pas borner leur nombre au strict nécessaire.

Un chauffeur dessert en général deux grilles. Les frais de la gazéification peuvent s'élever à 5 fr. environ par gazogène et par jour. Un gazogène donnant 300 à 400 m³ à l'heure, le prix de revient par 100 m³ est de 0 fr. 15.

234. Arrosage. — On fait souvent couler à la partie antérieure de la grille des gazogènes une pluie d'eau qui tombe dans le cendrier et le refroidit. La vapeur qui se dégage se décompose en traversant le foyer et donne de l'hydrogène qui enrichit le gaz. En outre le travail est moins pénible et le décrassage plus facile, parce que la grille reste moins chaude et que les mâchefers n'y adhèrent pas : on peut réaliser de ce fait une économie de 10 0/0, qui aurait même atteint dans certains cas 30 0/0. Pour que l'arrosage produise de bons effets, il faut qu'on puisse régler facilement la venue d'eau ; le tuyau doit être muni d'un robinet à aiguille, manœuvré par un pas de vis : la quantité d'eau convenable peut être de 30 à 50 litres par heure pour un gazogène brûlant dans le même temps 100 kil. de houille. C'est surtout avec les combustibles maigres que l'arrosage est utile, parce que les gazogènes où on les brûle sont toujours plus chauds que ceux où il se produit des distillations.

Un peu de vapeur injectée peut encore empêcher la fusion du mâchefer et donner des cendres pulvérulentes.

235. Gazogènes à grille soufflée. — Le soufflage présente des avantages nombreux : il permet de forcer la production en augmentant l'épaisseur de la couche de combustible ; il assure une marche plus régulière ; il rend la pression intérieure des fours supérieure à la pression atmosphérique, ce qui est utile dans beaucoup d'opérations. On peut l'appliquer aux gazogènes à grille en fermant le cendrier et y plaçant une tuyère. La pression n'a pas besoin d'être forte, et on peut se servir d'injecteurs ou de trompes à vapeur (injecteur Koerting, trompe Siemens) : la présence de la vapeur d'eau en petite quantité est avantageuse parce que sa décomposition fournit de l'hydrogène. Ces sortes de gazogènes sont employés surtout pour les combustibles pulvérulents ou impurs, poussier de coke, anthracite, lignites, tourbes. Comme la poussière, en se tassant, arrête le tirage, quand on veut la brûler sous une forte épaisseur il devient indispensable de recourir au vent soufflé.

236. Gazogènes à cuve. — Dans les gazogènes à grille soufflée, le décrassage ne peut se faire sans interrompre la marche. Pour ce motif, on préfère souvent les gazogènes à cuve. Le premier de ces appareils, construit par Ebelmen, se composait d'une cuve de 4 m. de hauteur, ayant la forme d'un haut-fourneau (fig. 91) : on chargeait avec le combustible des fondants de manière à former avec les cendres des silicates fusibles qui sortaient par un trou de coulée. Ce gazogène convient bien pour le bois et pour les combustibles maigres et purs. Pour les charbons gras, il faudrait adopter des formes propres à faciliter leur chute; pour les menus, il faudrait diminuer la hauteur. Ce procédé de fondre les cendres n'est pas entré dans la pratique. En général, on préfère les enlever à l'état solide. Il faut alors placer les tuyères assez haut pour qu'on puisse laisser les cendres s'accumuler au-dessous, et les extraire à des intervalles assez éloignés par des portes situées à la base de la cuve.

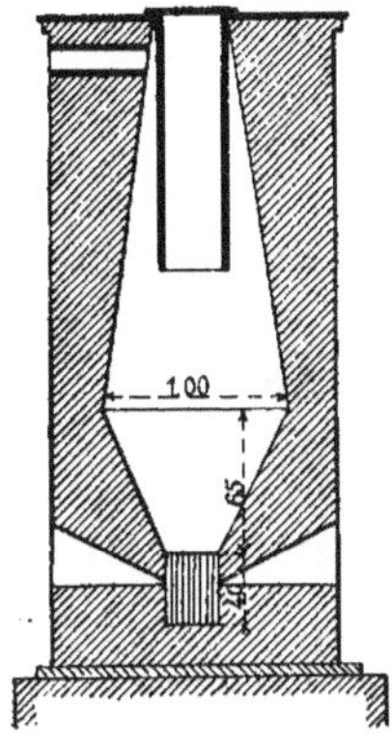

Fig. 91. — Gazogène Ebelmen.

237. Gazogène Buire-Lencauchez. — Le gazogène Buire-Lencauchez a été employé en France dès 1884 pour alimenter des machines à gaz du type Simplex. C'est un gazogène à cuve et à grille à air soufflé, avec introduction d'eau sous la grille (fig. 92). La cuve cylindrique est cerclée de tôle et séparée de cette enveloppe par une couche de sable. Le charbon est chargé par la trémie. L'eau tombe d'abord dans un barreau creux, où elle s'échauffe (ce barreau creux n'existe pas dans tous les gazogènes Lencauchez) et de là dans le cendrier ; le trop-plein s'écoule par le tuyau S. L'air envoyé par un ventilateur arrive en C sur la surface de l'eau chaude et s'élève à travers la cuve, chargé de vapeur. Le gaz est lavé dans une colonne de coke. (Cet accessoire serait inutile dans beaucoup d'opérations métallurgiques). La charge se fait environ toutes les 4 heures, et le décrassage, par la porte P, une fois par 24 heures. Le gazogène consomme environ 100 litres d'eau par heure et le laveur 500 litres. On y brûle de l'anthracite ; le gaz a un pouvoir calorifique de 1519 calories (au m³) et sa composition en volume est la suivante :

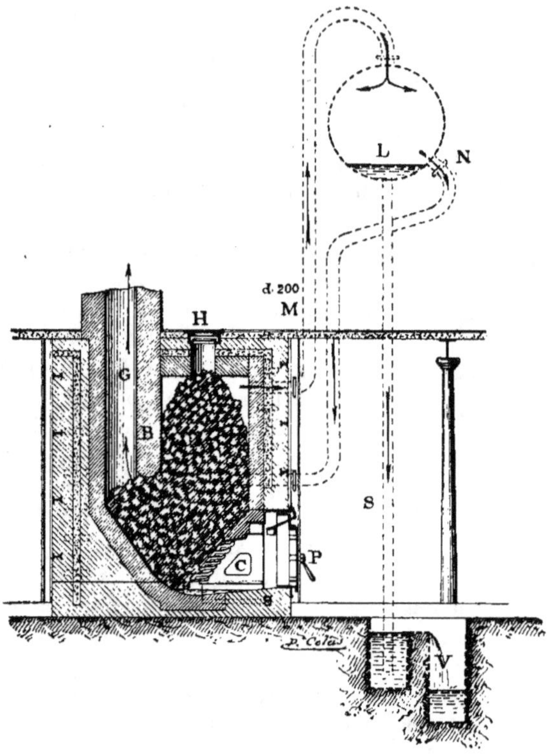

Fig. 92. — Gazogène Buire-Lencauchez (type 1883).

$$H = 20$$
$$CO = 21$$
$$C^2H^4 = 3,5$$
$$C^4H^4 = 0,5$$
$$O = 0,5$$
$$CO^2 = 5$$
$$Az = 49,5$$

Lorsque les combustibles sont trop chargés d'eau, on ajoute à l'appareil un réservoir en tôle L, où la vapeur qui se dégage du combustible vient se condenser, pour de là s'échapper dans un caniveau V ; quant au gaz qui se rend avec la vapeur dans le réservoir, il retourne au gazogène par le tuyau N.

Les gazogènes les plus perfectionnés de notre époque sont à

barrage ou à prise de gaz centrale, à enveloppe métallique (tôle), à bonne fermeture hermétique des gueulards, trémies de chargement et trous de piquage, afin d'éviter les fuites de gaz. De plus, ils doivent être à cendrier fermé, même pour marcher à air libre, afin d'utiliser le rayonnement de leurs grilles au chauffage de l'air primaire et de la vapeur d'eau qui vient d'un radier-bassin d'évaporation; de sorte que le cendrier, fermé par une porte à double paroi, à matelas d'air isolant, devient un générateur et un surchauffeur de vapeur et d'air, pour fournir au moins 350 gr. de vapeur d'eau par kilogramme de houille chargée au gueulard, afin de bien assurer la production partielle de 35 à 45 0/0 du gaz à l'eau sans avoir recours à des complications mécaniques incompatibles avec la construction des gazogènes.

Les grilles de ces gazogènes doivent être faciles à manœuvrer pour l'enlèvement des cendres et des mâchefers.

Les mêmes gazogènes peuvent marcher à l'air libre, comme être soufflés par ventilateurs, jets de vapeur ou autres souffleries; mais, quand le combustible, par sa nature, est rebelle au traitement au gazogène et réclame une forte pression de vent, pour lui faire traverser la charge, le jet de vapeur ne peut plus être utilement employé, au-dessus des pressions de 50 à 60 mm. d'eau, attendu que la quantité de vapeur consommée par mètre cube d'air soufflé croît comme le carré des charges, et bientôt le volume de vapeur est tellement grand par rapport à celui de l'air, qu'il y a extinction complète, car au lieu de 350 gr. de vapeur par kilogramme de houille, anthracite, etc., soit 140 à 150 gr. de vapeur d'eau par mètre cube d'air, on en a 3, 4, 6 et 10 fois plus; de là l'arrêt net des gazogènes par extinction. Les meilleures conditions pour souffler les gazogènes au jet de vapeur sont celles qui ne réclament que des pressions de vent de 15 à 25 mm. d'eau; au-dessus de cette pression, il faut recourir aux souffleries mécaniques (1).

238. Prix de revient.. — Le prix de revient de 1^{m3} de gaz de gazogène, pour le coke, l'anthracite et les houilles, est généralement le $\frac{1}{4}$ du prix de revient d'un kilog. de ces combustibles; mais il faut 4^{m3} de ce gaz pour fournir l'équivalent de 1^{m3}

____

(1) Etude sur divers gaz combustibles, par A. Lencauchez. Extrait du _Bulletin_ de mai 1899 de la _Société des Ingénieurs civils de France_.

de gaz d'éclairage, et 5^{m3} pour équivaloir à 1 kg. d'anthracite de choix.

Si l'anthracite coûte 40 fr. la tonne, le mètre cube de gaz produit revient à :

$$\frac{40}{1000 \times 4} = 0,01\,\text{fr.}$$

Pour les combustibles inférieurs, comme les lignites, le bois et la tourbe, le rendement. en volume, de gaz, n'est que la moitié de ce qu'il atteint pour les houilles, soit $1,650^{m3}$ à $2,348^{m3}$ au plus, suivant les qualités.

Pour un bois sec coûtant 30 fr. la tonne et donnant $1,650^{m3}$ de gaz, le prix de revient du mètre cube est de :

$$\frac{30}{1000 \times 1,650} = 0,0182\,\text{fr.}$$

239. Gazogènes pour la tourbe. — Pour les combustibles non collants, comme la tourbe et le bois, on peut employer des

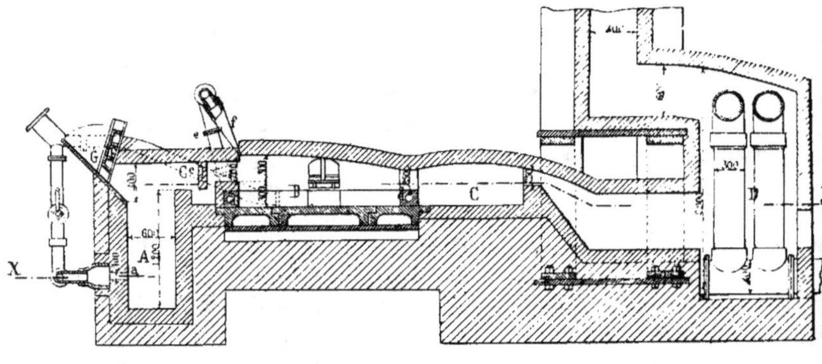

Coupe XY

Fig. 93-94. — Four de puddlage au gaz de tourbe.

euves prismatiques (fig. 93, 94). Du reste, ces combustibles riches en eau et en matière volatile ne développent pas dans le gazogène une température très-élevée ; les cendres ont donc peu de tendance à s'agglomérer et le décrassage reste relativement facile. Aussi ce genre d'appareils convient bien pour la tourbe.

240. Gazogène Wilson. — Pour les houilles ordinaires, on peut employer le gazogène Brook et Wilson (fig. 95 à 97).

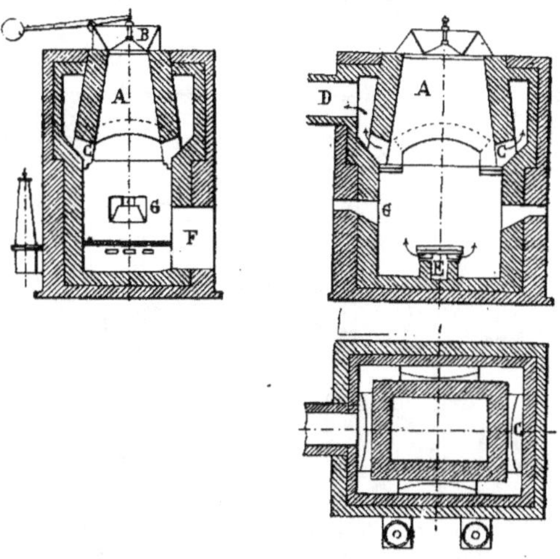

Fig. 95 à 97. — Gazogène Brook et Wilson.

C'est une cuve à section rectangulaire s'évasant vers le bas. Au centre est une double tuyère alimentée par un injecteur Koerting ; le gaz s'échappe par les parois, dans une enveloppe qui entoure toute la partie supérieure de la cuve. On peut y brûler 4000 kil. par 24 heures. Le mode de décrassage n'est pas encore très satisfaisant ; il occasionne des chutes de combustible.

241. Gazogène de Raismes. — La température élevée qui se développe dans les gazogènes soufflés agglomère les cendres et les fait adhérer aux parois. Pour éviter cet inconvénient, on a construit aux forges de Raismes des gazogènes où les parois de la cuve sont constituées par des bâches refroidies (fig. 98 à 102) ; de cette façon les mâchefers n'y adhèrent pas et le décras-

sage se fait facilement. La cuve présente des étalages qui empêchent le charbon de se tasser devant la tuyère. La houille y

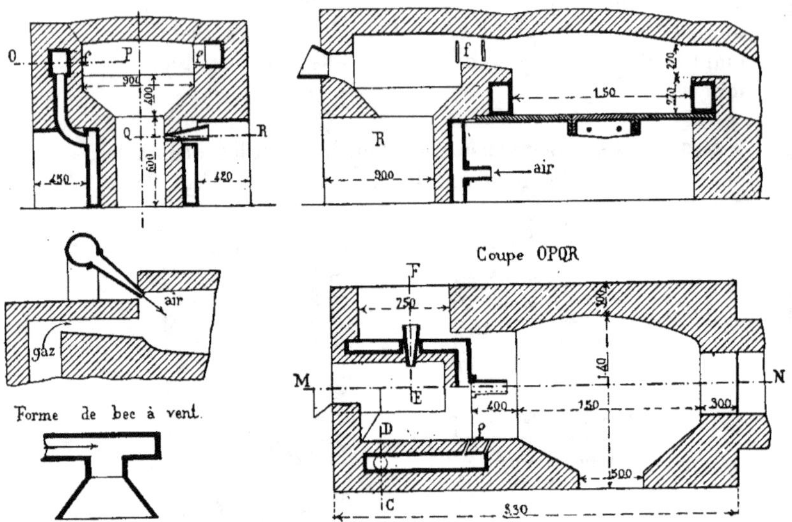

Fig. 98 à 102. — Four de Raismes.

forme voûte et ne tombe pas pendant le décrassage, qui se fait
toutes les six heures par les portes du bas et dure à peine dix minutes. On referme ensuite les portes, et on crève la voûte de
charbon par le haut pour recharger. La quantité d'air insufflée est
d'environ 10^{m3} par minute, à la pression de **3** ou **4** centimètres
de mercure. Cet appareil semble mieux combiné que le précédent pour la combustion des houilles.

242. Conclusion. — En somme, les gazogènes à cuve restent
d'un emploi assez rare, sauf pour la tourbe. La fusion des cendres,
qui n'a pas été tentée, croyons-nous, depuis les premiers essais
d'Ebelmen, serait peut-être le meilleur moyen de leur assurer
une marche régulière. Les gazogènes à grille soufflée sont d'un
usage fréquent pour les combustibles médiocres ; ils permettent
de compenser leur qualité inférieure en augmentant la production. Toutefois, les difficultés du décrassage empêchent souvent
de les employer pour les opérations qui demandent une température très élevée et où un arrêt momentané dans la produc-

tion d'un des gazogènes peut déterminer le refroidissement du four. Pour ces opérations difficiles, on préfère employer le gazogène ordinaire et y brûler de bon combustible toutes les fois que la situation de l'usine le permet.

213. Emploi d'un ventilateur aspirant. — Si l'on veut augmenter la production d'un gazogène à grille, on peut encore essayer un procédé appliqué depuis quelque temps déjà à St-Chamond. Il consiste à placer sur la conduite qui réunit le gazogène au four un ventilateur qui fonctionne comme exhausteur, en aspirant les gaz du foyer pour les refouler dans le laboratoire. Le décrassage se fait comme à l'ordinaire, et on peut activer le tirage à volonté et augmenter en conséquence l'épaisseur du charbon.

214. Combustibles humides. — Si on chargeait dans un gazogène ordinaire un combustible humide, comme le sont en général les bois, les tourbes, les lignites terreux, la vapeur d'eau se dégagerait avec les hydrocarbures, et le gaz serait ainsi mélangé à un corps inerte qui diminuerait son pouvoir calorifique. Supposons qu'il y ait 20 0/0 de vapeur d'eau, le pouvoir calorifique serait réduit d'un cinquième, et comme la vapeur d'eau a une chaleur spécifique très forte, la température de combustion serait abaissée dans une bien plus grande proportion : on ne pourrait plus faire les opérations qui nécessitent une grande chaleur. Le gaz humide serait l'équivalent de ce qu'est, pour un foyer ordinaire, un combustible impur.

Il y a trois moyens d'éliminer la vapeur d'eau :

1° Dessécher le combustible avant de le gazéifier ;

2° Décomposer la vapeur en lui faisant traverser le charbon rouge ;

3° Dessécher le gaz après l'avoir produit dans un gazogène ordinaire.

215. Dessiccation préalable. — 1° On peut dessécher le combustible par les différents moyens que nous avons déjà étudiés. On a essayé d'opérer la dessiccation dans le gazogène même ; pour cela on se servait d'un four à cuve, dont le gueulard restait ouvert. La conduite communiquant avec le four s'ouvrait aux $\frac{2}{3}$ environ de la hauteur de la cuve : une partie seulement des gaz s'y dégageait, et une autre fraction, variable suivant l'activité du tirage, s'échappait par le gueulard et servait à dessécher le combustible avant que celui-ci n'arrivât dans la moitié inférieure de la cuve. Ce système est très défectueux ; en effet, on n'utilise que la chaleur sensible du gaz qui sert à la dessiccation, et on perd tous les éléments combustibles qu'il contient : or son pouvoir calorifique est de 800 calories et sa chaleur sensible de moins de 200, car le gaz est à peine à 800° et sa chaleur spécifique est inférieure à $\frac{1}{4}$. On voit qu'il serait plus économique de faire la dessiccation dans des appareils spéciaux, en y brûlant au besoin une partie des gaz.

246. Décomposition de la vapeur. — 2° On peut décomposer la vapeur en forçant tous les gaz à traverser la couche de charbon rouge ; alors l'hydrogène est rendu libre, l'oxygène se change en oxyde de carbone. Le gaz devient donc plus riche en principes combustibles.

Ce procédé est évidemment le meilleur quand on peut l'appliquer, et il offre de tels avantages qu'on a parfois proposé d'injecter exprès de la vapeur dans les gazogènes alimentés avec du combustible sec (gaz à l'eau). Mais, pour que l'appareil ne s'arrête pas, il faut que la chaleur absorbée par la décomposition de la vapeur d'eau reste inférieure à celle que dégage la combustion incomplète du carbone, sans quoi le charbon se refroidirait et s'éteindrait rapidement. Or, d'après la formule $HO + C = CO + H$, 1 kil. de carbone décompose 1 kil. 1/2 d'eau contenant 0,166 d'hydrogène : la chaleur absorbée est égale à celle que produirait la combustion de 0,166 d'hydrogène, soit environ 5700 c. : la chaleur produite par la formation de l'oxyde de ce carbone étant de 2500 c., il reste 3.200 calories à fournir et pour cela il faut brûler 1 k. 30 de charbon à l'état d'oxyde de carbone : donc la décomposition de 1 k. 50 d'eau ne peut s'effectuer que s'il y a en même temps combustion incomplète de 2 k. 30 de charbon en tout. — Ainsi, il ne faut pas que le combustible (en le supposant pur) contienne plus de 40 0/0 d'eau, pour que l'opération soit possible : dans ces conditions, le **gaz** produit contiendrait 40 0/0 d'oxyde de carbone et 1 0/0 d'hydrogène. En pratique, la marche devient difficile dès que la proportion d'eau dépasse 30 0/0 ; le gaz contient du reste toujours une certaine quantité d'acide carbonique.

Les appareils où l'on décompose la vapeur sont des gazogènes
à flamme renversée (fig. 103, 104). Le plus simple se compose

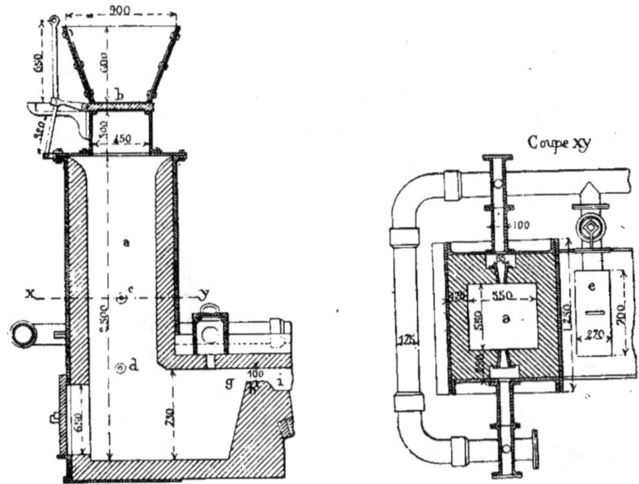

Fig. 103-104. — Gazogène à flamme renversée.

d'une cuve fermée à la partie supérieure par une trémie servant
au chargement; en bas se trouve une tuyère servant à l'insuf-
flation de l'air, et en face l'orifice de sortie des gaz : cet orifice
doit être assez bas, et la cuve assez étroite pour que les gaz ne
puissent sortir sans traverser la zone où le charbon est rouge :
telle est la règle essentielle qui détermine les dimensions. Il est
bon de souffler avec l'air chaud, pour faciliter la décomposition
de la vapeur. Ce genre de gazogènes est assez employé pour la
tourbe, les lignites terreux, etc.

247. Refroidissement des gaz. — 3° Quand la proportion
d'eau est très forte, il n'y a pas d'autre moyen que de dessécher
les gaz : pour cela il suffit de les refroidir, car à la température
ordinaire les gaz ne peuvent retenir plus de 2 0/0 de vapeur
d'eau. C'est ce qu'on fait dans le gazogène Lundin (fig. 105),
où l'on brûle de la sciure de bois contenant 50 0/0 d'eau ;
c'est un gazogène de forme ordinaire avec une grille à gradins
et soufflé, parce que le refroidissement ne peut s'opérer sans
nuire au tirage. Les gaz passent d'abord dans des tuyaux hori-

zontaux où on injecte de l'eau froide avec des pommes d'arrosoir, puis dans une cheminée pleine de toiles métalliques sur lesquelles tombe une pluie d'eau.

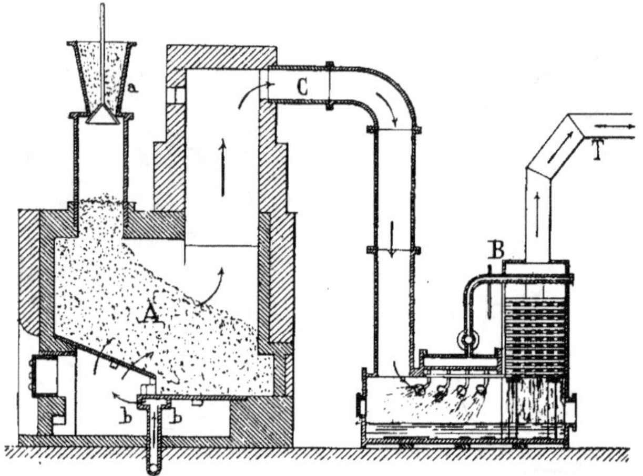

Fig. 105. — Gazogène Lundin.

248. Dispositions générales. — Il faut presque toujours plusieurs gazogènes pour alimenter un four, et une usine importante en emploie toujours un assez grand nombre. On peut les disposer de deux manières différentes : 1° on peut les réunir tous en batterie dans une partie de l'usine et recueillir tous les gaz dans une conduite unique qui les distribue aux différents fours ; 2° on peut placer à côté de chaque four les gazogènes qui le desservent.

249. Gazogènes en batteries. — Dans le premier cas, les gaz sont plus propres parce que les goudrons, les poussières, etc. se déposent dans la conduite au lieu d'encrasser les fours ; ils ont une composition plus régulière parce que les variations de marche se compensent ; la surveillance est aussi plus facile, mais on perd presqu'entièrement la chaleur sensible des gaz, qui ont le temps de se refroidir avant d'arriver aux fours.

250. Gazogènes accolés aux fours. — Dans le second cas, on utilise cette chaleur sensible, parce que les gaz arrivent au four encore chauds. En outre, les gazogènes étant indépendants, il est plus facile de faire des essais sur un combustible nouveau ou sur un système de gazogènes ; puis, comme chaque chauffeur est affecté spécialement à un four, on peut lui donner une part de responsabilité dans la marche de cet appareil, ce qui est impossible lorsque les produits de tous les gazogènes sont confondus. En somme la seconde disposition paraît être actuellement l'objet d'une préférence générale.

Il convient de remarquer que les gazogènes disposés en batterie doivent être conduits en *allure froide*, car la chaleur sensible des gaz y est perdue, et il faut s'attacher avant tout à ne brûler dans le gazogène aucun des éléments utiles. Au contraire les gazogènes accolés aux fours pourront être conduits en *allure chaude*, surtout s'ils sont destinés à alimenter des fours ordinaires et non des fours Siemens. Il y a en effet intérêt à ce que les gaz arrivent dans le four le plus chauds possible, et à ce que les goudrons ne se déposent pas dans le trajet. La température des gaz à la sortie peut varier de 700° à 1100°. Elle est toujours plus forte avec les combustibles maigres qu'avec ceux qui contiennent des matières distillables. Elle augmente avec l'activité du tirage. Elle diminue rapidement quand l'appareil reçoit de la vapeur d'eau sous une forme quelconque.

251. Tirage. — Pour obtenir un bon tirage, il faut placer les gazogènes plus bas que les fours ; de cette façon, les gaz étant plus légers que l'air tendent à s'élever et l'appareil peut marcher sans que la pression dans les fours soit inférieure à la pression atmosphérique. En effet, soit H cette pression au niveau des gazogènes, h la différence de hauteur de ceux-ci et des fours, d la densité moyenne du gaz par rapport à l'air : la pression intérieure dans les fours sera H-hd et la pression extérieure au même niveau H-h. Comme d est plus petit que 1, la première sera plus forte : les gaz circuleront donc dans les fours comme s'ils étaient alimentés avec de l'air soufflé à très basse pression, et il n'y aura pas tendance aux rentrées d'air. La différence de hauteur ne doit pas excéder 4 ou 5 mètres sans quoi le tirage serait trop fort.

252. Siphon. — Autrefois on plaçait les gazogènes au niveau des fours, et on courbait la conduite de manière à former une sorte de siphon (fig. 106). Si nous considérons les deux branches de ce siphon, il est évident que dans la branche ascendante, AB, les gaz seront plus chauds que dans la branche descendante, CD : si donc h est la hauteur du siphon, d_1 et d_2 les densités

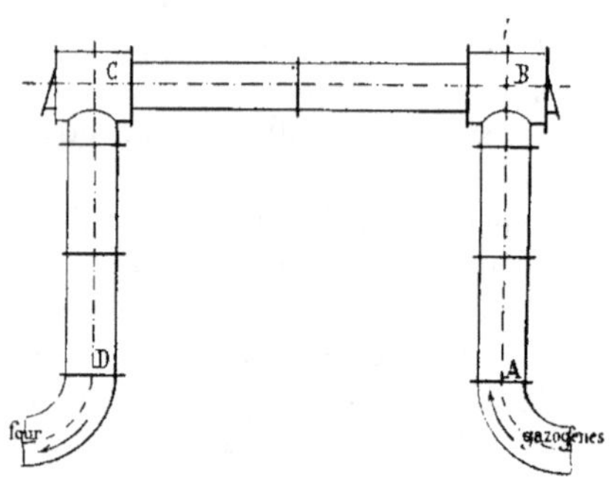

Fig. 106. — Siphon.

moyennes du gaz dans les deux branches, et H la pression atmosphérique à l'entrée du siphon, au point A, la pression à la sortie, au point D, sera : $H - hd_1 + hd_2$. Elle sera donc supérieure à A et les gaz circuleront dans les fours sous l'influence de cet excès de pression. Ce système, qui a l'inconvénient de refroidir les gaz, est rarement employé maintenant.

253. Conduites. — La section des conduites de gaz doit être le sixième environ de la surface des grilles : comme le tirage est assez lent, cela suffira largement pour ne pas donner aux gaz une trop grande vitesse. Pour les gazogènes soufflés, il faudra donner aux conduites environ 15 décimètres carrés par tonne brûlée en 24 heures.

Les conduites doivent être munies d'orifices nombreux et bien disposés pour le nettoyage ; ces orifices sont fermés par des soupapes légères, pouvant faire office de clapet de sûreté en cas d'explosion.

Les conduites aériennes des gazogènes installés en batterie se font en tôle ; lorsque les gazogènes sont près des fours, les conduites sont en briques réfractaires.

254. Gazogènes spéciaux. — Les appareils que nous avons décrits donnent des gaz où il entre environ 75 0/0 d'éléments nertes, dont la présence réduit beaucoup le pouvoir calorifique et la température de combustion. Il y aurait intérêt à disposer pour certaines opérations de gaz plus riches. Cependant les tentatives faites dans ce sens n'ont pas abouti jusqu'à présent à la création d'un procédé qui ait pu entrer dans la pratique courante.

255. Distillation. — Le gaz d'éclairage obtenu par la distillation en vase clos des houilles grasses, et composé principalement d'hydrocarbures, a un pouvoir calorifique de 10.000 calories environ. Son prix ne permet de l'employer que dans les circonstances où l'on recherche la commodité avant tout, sans se soucier de l'économie. Toutefois, on peut se demander si, dans les usines qui consomment beaucoup de coke, on ne pourrait pas fabriquer ce produit dans des appareils distillatoires et utiliser comme combustible spécial le gaz qui se dégagerait. La chaleur nécessaire à la distillation serait fournie par la combustion d'une partie du coke : il en faudrait sacrifier à peu près le tiers pour cet usage. Mais, dans bien des cas, on pourrait utiliser, pour chauffer les cornues de distillation, la chaleur perdue d'autres fours.

M. Lencauchez a proposé un gazogène distillateur où l'opération se fait en deux phases. Il se compose d'un gazogène ordinaire, sous la voûte duquel sont placés, du côté de la sortie des gaz, trois moufles plats : les gaz chauds traversent ces moufles et circulent autour. La houille est d'abord chargée dans les moufles, puis, quand elle est distillée, on fait tomber le résidu sur la grille du gazogène, qui se trouve alimenté avec du coke. Dans cet appareil, tous les gaz produits sont mélangés, et, en théorie, il ne donne pas de gaz plus riches qu'un gazogène ordinaire : mais, en pratique, il permet de conduire la gazéification plus régulièrement. La houille se distille bien à l'abri de l'air, et il n'y a plus de crainte de brûler les hydrocarbures : la combustion du coke sur la grille est plus facile à régler. Le procédé peut donc rendre des services pour des houilles riches en matières volatiles.

En modifiant un peu cet appareil, en fermant les moufles et ne les chauffant qu'à l'extérieur, on pourrait recueillir à part les gaz riches de la distillation de la houille et les réserver pour les opérations qui demandent le plus de chaleur.

256. Fabrication de l'oxyde de carbone. — En faisant passer de l'acide carbonique sur du charbon rouge, on peut préparer de l'oxyde de carbone pur. La difficulté est de produire l'acide carbonique pur économiquement. Dans le procédé Archereau, on cherchait à régénérer ce gaz par la combustion d'une partie de l'oxyde de carbone. Ce dernier traversait d'abord une cuve contenant un mélange de charbon et de peroxyde de fer, qu'il réduisait en donnant de l'acide carbonique, puis une cuve pleine de charbons rouges, où chaque équivalent d'acide carbonique donnait deux équivalents d'oxyde de carbone. Les gaz, aspirés par un ventilateur, étaient divisés en deux moitiés : l'une était utilisée dans des fours, l'autre, après avoir traversé un réchauffeur, était renvoyée dans la cuve à oxyde de fer, où elle pouvait reproduire une nouvelle quantité d'acide carbonique égale à celle primitivement mise en jeu. Ce cycle de transformations est représenté par les deux équations :

$$CO^2 + C = 2\,CO$$

$$CO + \frac{1}{3}\,Fe^2O^3 = CO^2 + \frac{2}{3}\,Fe.$$

Ce procédé, que nous avons décrit à cause de son principe ingénieux, n'a pas donné de résultats pratiques. La réduction du fer est difficile à réaliser avec production complète d'acide carbonique : les deux réactions en jeu se font du reste avec absorption de chaleur et nécessiteraient, en conséquence, l'emploi onéreux de deux appareils chauffés extérieurement.

257. Gaz à l'eau. — Nous avons vu que la décomposition de la vapeur d'eau pouvait donner des éléments combustibles ; parfois on injecte exprès de la vapeur pour utiliser ce phénomène et surtout pour enrichir le gaz donné par les anthracites ou par le coke, qui ne contiennent pas du tout d'hydrocarbure. On cherche à faire marcher le foyer de manière à composer le plus de vapeur d'eau possible et à obtenir un gaz riche en hydrogène. Dans les gazogènes à cuve, où l'on souffle de la vapeur, la proportion est forcément limitée, sans quoi on refroidirait trop. Pour augmenter cette proportion et obtenir ce que l'on appelle spécialement le gaz à l'eau, on a construit des gazogènes à marche alternative, que l'on échauffe d'abord en marchant à l'air, puis que l'on refroidit en injectant de la vapeur d'eau jusqu'à ce qu'ils soient près de s'éteindre. On les réchauffe de nouveau par la marche à l'air et ainsi de suite. Plusieurs gazogènes de ce genre, dont on fera alterner la marche, pourront fournir d'une manière continue du gaz à l'eau.

Ces appareils peuvent être organisés de deux manières, suivant que l'on veut utiliser seulement le gaz à l'eau ou recueillir aussi le gaz à l'air.

Dans le premier cas, s'il s'agit uniquement de fabriquer le gaz à l'eau, les gazogènes seront entourés de régénérateurs, c'est-à-dire de chambres pleines de briques incandescentes qui servent à chauffer l'air.

L'une des cuves est soufflée avec de l'air ; les gaz qui en sortent sont très chauds. On les dirige dans une partie des régénérateurs, où ils viennent brûler de manière à chauffer les chambres de briques ; pendant ce temps, l'autre partie des régénérateurs sert à chauffer l'air que l'on envoie dans les gazogènes. On arrive à développer ainsi dans la cuve une température très élevée, et, lorsqu'elle est pleine de charbon au blanc, on arrête ; l'autre moitié des régénérateurs sert à surchauffer la vapeur que l'on injecte dans la seconde cuve. Au bout d'un certain temps, cette seconde cuve sera refroidie ainsi que les régénérateurs où circulait la vapeur. On renversera alors les rôles. La vapeur sera envoyée dans les régénérateurs qui viennent d'être portés à haute température et dans la première cuve qui, ayant marché quelque temps à l'air, est pleine de charbon chauffé à blanc. La seconde cuve sera à son tour soufflée à l'air, de manière à la réchauffer, et les gaz employés à réchauffer la seconde partie des régénérateurs. On continuera ainsi par périodes alternatives, et il y aura toujours une des cuves fournissant du gaz produit uniquement par l'eau. Ce gaz est beaucoup plus riche que celui qu'on obtiendrait avec l'air, parce qu'il ne contient pour ainsi dire pas d'azote. Théoriquement, il devrait se composer uniquement d'oxyde de carbone et d'hydrogène, mais il contient toujours un peu d'acide carbonique, qui n'a pas été décomposé et dont la proportion augmente à mesure que l'air est surchauffé : on diminue cette proportion par l'emploi de la vapeur surchauffée.

Au lieu de marcher ainsi, on peut se contenter de souffler les cuves alternativement à l'air et à la vapeur, en recueillant à part les deux gaz et en les employant tous deux au chauffage du four comme gaz combustible, le gaz à l'eau étant réservé pour les opérations qui demandent la plus haute température. Dans ces conditions de marche, il faut employer trois cuves pour ne pas refroidir les gazogènes ; la marche à la vapeur doit en effet durer deux fois moins longtemps que la marche à l'air. Si l'on mélange les deux gaz obtenus dans toutes les cuves, on aura alors un résultat qui sera à peu près le même qu'en soufflant dans un seul gazogène des quantités de vapeurs d'eau limitées ; seulement la marche sera peut-être un peu plus facile à régler.

258. Gaz à l'air et à l'eau. — On peut produire une certaine quantité d'hydrogène en soufflant dans un gazogène à cuve ordinaire un mélange d'air et de vapeur. Mais, comme nous l'avons déjà montré, la quantité d'eau qu'on peut ainsi décomposer est forcément limitée, et, si l'on s'approche trop de la limite, l'appareil se refroidit, sa marche devient irrégulière, il s'y produit trop d'acide carbonique. On facilite l'opération en employant l'air et la vapeur surchauffés. Dans ces conditions, on a pu produire des gaz contenant près de 2 0/0 d'hydrogène (en poids) et 35 0/0 d'oxyde de carbone, ce qui correspond à un pouvoir calorifique de 1400. Ce procédé a été imaginé par Teissié du Motay en 1871 ; il a été perfectionné en 1879-1880 en Amérique, où il est connu sous le nom de système Strong.

259. Procédé Strong. — Si l'on mélange les gaz produits pendant les deux périodes, leur moyenne n'est pas plus riche que celui qu'on pourrait obtenir dans un gazogène où l'on soufflerait l'air et la vapeur ensemble. Mais la marche de l'appareil est plus sûre ; on peut toujours la régler en renversant à propos le courant. Du reste, on est libre de recueillir chaque gaz à part et de réserver le plus riche pour les opérations difficiles. L'inconvénient de ce procédé est d'exiger des installations complexes et coûteuses.

Le soufflage à la vapeur ne fonctionne bien qu'avec des combustibles maigres : pour l'appliquer aux houilles grasses, il faudrait sans doute le combiner avec une distillation préalable.

Aucun de ces procédés perfectionnés ne s'est répandu jusqu'à présent dans la pratique. Il faut remarquer, du reste, qu'en dehors de la fusion du platine, toutes les opérations métallurgiques peuvent se faire avec les gaz ordinaires. Un gaz très riche

n'aurait que l'avantage d'être plus facile à bien utiliser par suite
de sa haute température de combustion. Il en résulterait sans
doute une économie ; mais, pour qu'elle fût réelle et assurée, il
faudrait que la production même du gaz pût se faire facilement
et à bon compte.

Le gaz à l'eau a une température de combustion plus forte,
parce que son pouvoir calorifique est plus grand sous le même
volume : 1^{m3} de gaz à l'eau vaut $2,5$ à 3^{m3} de gaz à l'air. Aussi on
l'utilise mieux dans les fours, et il y a économie sur la quantité
de calories reçue par le four ; mais le gaz à l'eau coûte bien
plus cher, et son emploi n'est pas économique comme résultat
final.

Le gaz de gazogène obtenu avec les combustibles maigres,
comme le coke, ne produit que 1140 à 1200 calories au mètre cube ;
on arrive à 1500 calories avec le gaz à l'eau et à l'air ; quant au
gaz à l'eau, seul, il possède 2400 calories. Le gaz Riché, de bois,
dont nous parlerons tout à l'heure, a un pouvoir calorifique de
3000 calories.

L'avantage du gaz à l'eau est de permettre surtout d'utiliser
les combustibles maigres ; les procédés de fabrication de ce gaz
remontent au delà de 1858. Il n'est guère employé en métallurgie que dans cinq ou six établissements, en Angleterre, en
Allemagne et en Amérique, pour le soudage des tôles, opération pour laquelle il présente de réels avantages ; mais depuis
quelques années on l'utilise aussi sous le nom de gaz pauvre
pour la production de force motrice. Divers gazogènes : Fichet
et Heurtey, Pierson, Charon, Taylor, Letombe, etc., ont été
imaginés pour la production de ce gaz.

Le gazogène Fichet et Heurtey est représenté fig. 107 ; la
légende qui accompagne cette figure permet de suivre la marche de l'opération.

Un mélange d'air et de vapeur surchauffée est projeté par le
souffleur I autour du faisceau tubulaire T parcouru par les gaz
chauds, puis redescend par le conduit d ménagé dans la garniture du gazogène ; il est finalement envoyé par une tuyère à travers la couche épaisse de charbon incandescent qui se trouve à
la partie inférieure de l'appareil producteur de gaz.

Ce mélange d'air et de vapeur arrive donc dans le gazogène
à une température aussi élevée que possible, et son passage à
travers le charbon incandescent détermine la production d'un

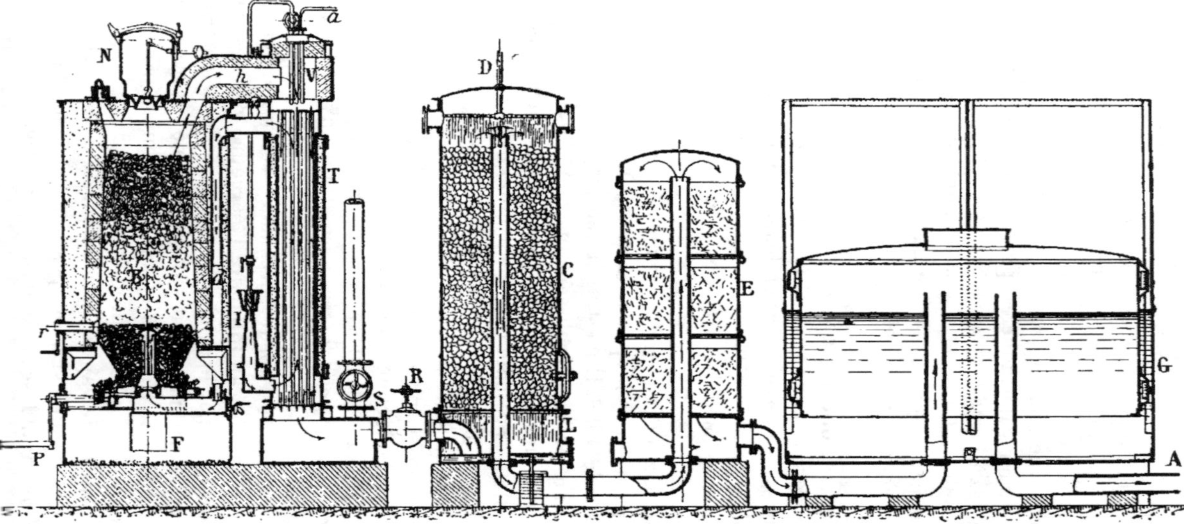

Fig. 107. — Gazogène Fichet et Heurtey.

a, tuyau d'arrivée de vapeur des chaudières Field. — A, tuyauterie de gaz à la sortie du gazomètre. — B, gazogène. — C, colonne de coke avec laveur L — D, tourniquet hydraulique. — E, épurateur physique. — F, cendrier du gazogène. — G, gazomètre. — *h*, canal de sortie des gaz chauds. — *d*, tuyau d'amenée au gazogène de l'air soufflé, humide, et surchauffé. — *r*, regard limitant la zone d'incandescence. — I, injecteur-souffleur du mélange d'air et de vapeur. — N, trémie de chargement du combustible. — P, manivelle de décrassage.— R, valve de distribution. — S, socle à cendres. — T, faisceau tubulaire parcouru par les gaz chauds à leur sortie du gazogène. — *t*, tubes dans lesquels circule le mélange d'air et de vapeur, avant son entrée dans le gazogène. — V, surchauffeur de vapeur.

gaz composé de 50 à 55 0/0 seulement de gaz inerte et d'une proportion de gaz à l'eau relativement élevée. La température du foyer permet en effet d'envoyer dans le gazogène une forte proportion de vapeur d'eau, de sorte que le gaz ainsi produit est un *gaz mixte*; sa composition, d'après M. Aimé Witz, est d'environ :

50 0/0 d'azote provenant de l'air ;

20 0/0 d'hydrogène provenant de la décomposition de la vapeur d'eau au contact du charbon incandescent ;

20 0/0 d'oxyde de carbone, formé par la combinaison du charbon avec l'oxygène de l'air et la vapeur d'eau ;

5 à 7 0/0 d'acide carbonique provenant de la même cause ;

2 à 3 0/0 de carbures d'hydrogène, etc.

En marche normale, son pouvoir varie entre 1250 et 1350 calories par mètre cube (1).

Le combustible qu'on brûle dans cet appareil est de l'anthracite. Le gaz produit est utilisé pour actionner des moteurs à gaz commandant des dynamos génératrices, dans des installations de traction électrique : le cheval-heure y est obtenu au moyen d'une dépense de 600 à 700 grammes de combustible.

Le gazogène Gardie (fig. 108) peut s'employer pour les opérations métallurgiques ou céramiques, ainsi que pour la production de force motrice : il fonctionne au moyen d'air sous pression, ce qui lui permet, sous des dimensions restreintes, de fournir, d'une façon régulière, un grand débit de gaz, lequel est à la pression de l'air employé pour la soufflerie.

La production est ainsi subordonnée à la distribution du comburant et, par suite, l'installation ne nécessite pas de gazomètre ; l'emploi des hautes pressions favorisant les réductions, on obtient une gazéification complète, et le gaz obtenu est en même temps dépourvu des impuretés habituelles aux gaz pauvres : goudrons et eaux ammoniacales, ce qui entraîne la suppression des appareils de lavage et de condensation.

Le gazogène est constitué par une chemise en acier *a*, garnie intérieurement d'un revêtement en terre réfractaire *e*; le combustible (charbon maigre ne collant pas et ne renfermant pas plus de 8 0/0 de matières volatiles, mais pouvant contenir jusqu'à 20 0/0 de cendres et être employé sous forme de menus

____

(1) *Bulletin technologique* de décembre 1899.

de la grosseur de petits pois) est introduit dans le réservoir cylindrique h, en enlevant l'obturateur B : un robinet g permet de le verser au fur et à mesure des besoins dans l'entonnoir i, lequel a pour but de maintenir la hauteur du combustible constante dans le gazogène.

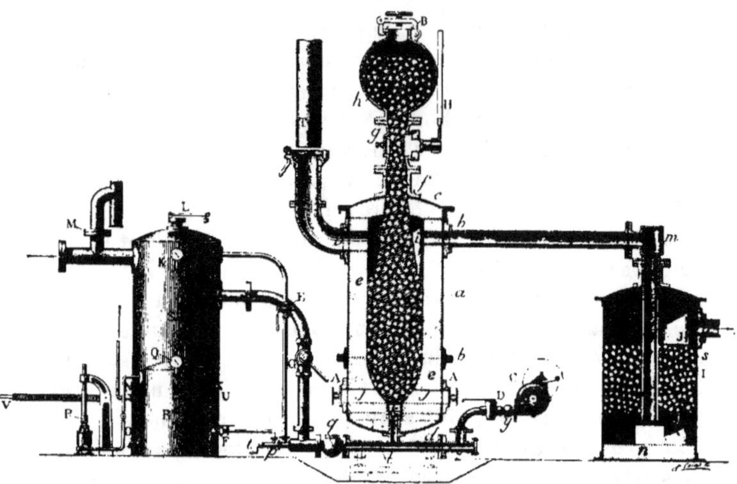

Fig. 108. — Gazogène Gardie.

L'air sous pression, produit par un ventilateur ou par un compresseur, est refoulé dans le réservoir S, et de là dans le gazogène, par la tubulure l et la tuyère en acier k ; un injecteur p, réglable au moyen de la manette à aiguille t, sert à injecter dans l'air une certaine quantité d'eau finement pulvérisée venant du réservoir R ; cette eau augmente le pouvoir calorifique du gaz produit et empêche les mâchefers d'adhérer au fourneau lorsqu'on veut opérer le décrassage.

Le gaz obtenu est donc un gaz mixte ; il s'élève dans la cuve et se rend par l'espace annulaire entourant l'entonnoir i, et par le tuyau r, dans un épurateur à coke I, où il se débarrasse des poussières entraînées, et d'où un tuyau x le conduit au lieu d'emploi.

Le débit et la composition du gaz sont réglables à volonté dans de grandes limites et peuvent rester ainsi constants, ou varier beaucoup, au contraire, suivant la pression de l'air et la quantité d'eau injectée : le pouvoir calorifique peut varier lui-même entre **1100** calories au mètre cube — soit le pouvoir calorifique du gaz à l'air — et **1500** calories — pouvoir calorifique du gaz mixte. La teneur en acide carbonique n'excède en aucun cas **2 0/0**. Dans les applications métallurgiques, la température obtenue dans les fours peut s'élever jusqu'à **1800** degrés C.

Le combustible employé dans le gazogène Pierson, alimentant la station centrale des tramways électriques de Cassel, près de Dunkerque, est de la braisette d'Anzin ; le pouvoir calorifique du gaz obtenu, mesuré à la bombe eudiométrique A. Witz, est de **1243** calories par m³. La consommation de combustible par cheval-heure est de **0,800** kg.

260. Bombe eudiométrique de M. Aimé Witz. — Pour déterminer le pouvoir calorifique des divers gaz, M. A. Witz emploie un procédé qu'il a décrit dans son *Traité théorique et pratique des moteurs à gaz*, et qui consiste à faire détoner, dans une bombe d'une contenance de 255$^{cm^3}$ environ, un mélange tonnant formé du gaz à analyser et d'un poids d'air en proportion voulue, et à mesurer au calorimètre la chaleur dégagée dans la réaction explosive.

A la place de l'air, on peut aussi employer comme comburant de l'oxygène ; dans le cas d'un gaz pauvre, par exemple, on prend 1 volume d'O pour 4 de gaz. La combustion est alors plus complète et l'expérience plus exacte ; mais la bombe demande à être construite plus solidement et d'une façon plus complètement étanche.

Cette bombe est formée (fig. 109) d'un cylindre en acier de 60 mm. de diamètre intérieur et de 90 mm. de hauteur, fermé par deux couvercles vissés. Le couvercle supérieur porte un excitateur d'étincelle, destiné à allumer le mélange tonnant, et le couvercle inférieur est muni d'une soupape autoclave D débouchant dans un ajutage cylindrique de 27 mm. de diamètre.

Ce couvercle inférieur a, intérieurement, une forme conique, comme le montre le dessin ; toutes les surfaces de l'appareil sont nickelées, et le poids d'acier et de nickel est soigneusement relevé et taré par le constructeur.

M. Witz indique comme suit le moyen de se servir de cet appareil.

La bombe étant entièrement remplie de mercure est renversée sur ce liquide à la façon d'une éprouvette ; le mélange ton

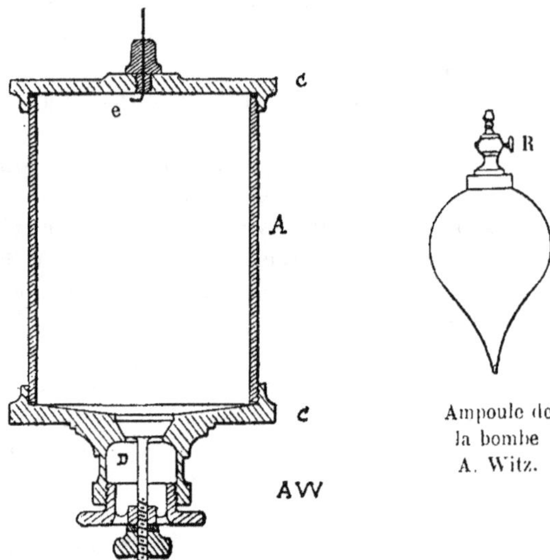

Fig. 109. — Bombe eudiométrique à Witz.

nant y est introduit en le transvasant d'une cloche, dans laquelle
il a été préparé à l'avance, par l'intermédiaire d'un tuyau en
caoutchouc ; le gaz passe à une pression déterminée dans la
cloche.

La forme conique du fond permet à la bombe de se vider
complètement du mercure et de se remplir entièrement de gaz
tonnant à une pression légèrement supérieure à la pression
atmosphérique ; on rétablit l'égalité en desserrant un peu la soupape D pendant un instant très court, de manière à livrer issue
à l'excès de gaz : il faut que cette opération se fasse en tenant la
bombe verticalement dans la position de la figure. On lit au baromètre la pression atmosphérique au $\frac{1}{10}$ de mm. et l'on prend
pour température du gaz celle de la cuve à mercure.

Le mélange tonnant est préparé sur la cuve à eau en se servant de l'ampoule de verre indiquée fig. 109. Cette ampoule, fermée par un robinet R à sa partie supérieure, se termine à la partie inférieure par un bout effilé ; le gaz ou l'air arrive par le haut à travers un tuyau de caoutchouc, et il se substitue lentement à l'eau qui s'écoule par le bout : l'ampoule jauge 200 cm3, et l'erreur commise à chaque remplissage peut être inférieure à 15 cm3. On vide ensuite le contenu dans une cloche, en glissant l'ampoule en des-sous, dans l'eau, et en ouvrant le robinet R. Si l'on mélange 6 am-poules d'air et une ampoule de gaz, on a un mélange tonnant au $\frac{1}{6}$.

La bombe étant chargée, on l'introduit dans un calorimètre renfermant près d'un litre d'eau, de manière à l'y noyer, et on fait passer l'étincelle : l'explosion a lieu sans aucun bruit. La température de l'eau s'élève d'une quantité δ, et il est aisé d'en déduire la chaleur dégagée : chaque division du thermomètre équivaut à $0°,15102$: on observe au viseur à distance, et en di-visant chaque intervalle au $\frac{1}{10}$, on apprécie le millième et demi de degré.

Voici un exemple des relevés ou calculs à faire.

Mélange de 1 de gaz et de 6 d'air.

Poids d'eau	999 gr,	865
Poids en eau du calorimètre de la bombe et du thermo-mètre	120 gr,	994
Poids d'eau total	1120 gr,	859
Élévation de température. .	0°,	1627
Température initiale du gaz.	15°	
Pression atmosphérique . .	776 mm,	2
Chaleur dégagée	0 cal,	1824

Ce dernier chiffre représente la chaleur dégagée par la com-bustion d'un volume de gaz égal au $\frac{1}{7}$ du volume de la bombe, lequel est exactement de $0^{lit},2568$; pour 1 mètre cube de gaz à 0° et 760 millimètres de pression, la chaleur dégagée serait dans ces conditions :

$$p = \frac{760}{776,2} \frac{1 \times \alpha.15}{1} \frac{7 \times 1000}{0,2568} 0,1824 = 5136^{cal}.$$

Ce procédé est le plus facile à employer et le plus exact, dit M. A. Witz. car il n'exige aucune analyse.

261. Gaz à l'eau, de bois. — Le gazogène Riché a été étudié pour distiller les déchets de bois, de manière à obtenir du gaz riche en vue surtout d'actionner des moteurs à gaz.

La distillation se fait dans des cornues en fonte entièrement fermées : les gaz sortent par le bas, et, en traversant le charbon rouge, les hydrocarbures se transforment en produits stables. Le gaz n'a pas besoin d'épuration.

Les cornues sont chauffées par des foyers latéraux dont les flammes se diffusent d'abord dans une grande chambre placée entre deux rangées de cornues. Pour la mise en feu, on remplit la cornue de charbon de bois jusqu'à ce qu'il soit au rouge, puis on y charge régulièrement le bois.

Une cornue peut donner 8 à 10 ^{m3} à l'heure. Le gaz contient (en volume) :

CO	23	à 25
C^2H^4	13	— 15
H	40	— 50
CO^2	15	— 5

Il a un pouvoir calorifique de 3.000 calories au mètre cube.

100 kilog. de bois donnent 60 à 80^{m3} de gaz : avec 20 kilog. de charbon de bois, on consomme 40 à 50 kilog. de houille pour le chauffage. On pourrait aussi chauffer les cornues avec du bois : on obtiendrait environ 1^{m3} de gaz (soit 1 cheval-heure dans le cas d'application à la force motrice) avec 2,5 à 3 kilog. de bois.

L'inventeur a aussi essayé d'employer ce gaz pour la fusion de l'acier : l'avantage du gaz riche serait de permettre de chauffer à haute température des fours de petit volume, il pourrait rendre ainsi des services pour l'installation d'usines dans les pays de forêts.

Les cornues pourraient dans certains cas être chauffées avec les flammes perdues des fours, par exemple dans les usines où l'on brûle de la houille, lorsqu'en même temps on peut s'y procurer des déchets végétaux quelconques à bon marché.

262. Air carburé. — Vers 1890, une société s'est constituée à New-York pour la construction d'appareils destinés à chauffer les métaux au moyen d'air carburé.

Ce combustible gazeux est obtenu dans un générateur système Reichhelm et Maehlet, au moyen d'un courant d'air forcé qui pulvérise très finement de l'essence de pétrole et provoque par sa détente la condensation des vapeurs aqueuses de l'air. Le mélange d'air sec et d'atomes de pétrole est rendu, de la sorte, homogène et fixe dans une certaine mesure.

On peut produire ainsi un mélange renfermant jusqu'à 1 litre de pétrole par 3^{m3} d'air, et 2^{m3} de ce mélange auraient la même puissance calorifique que 1^{m3} de gaz de houille.

La société ci-dessus a construit des appareils à air carburé pour certaines opérations métallurgiques, comme la fonte au creuset, le recuit, le forgeage, etc.; mais l'emploi de ce combustible est surtout indiqué pour la production de force motrice pour automobiles, moteurs d'embarcations, etc.

La soufflerie, pour les opérations métallurgiques, consiste en un ventilateur à ailettes du type des machines rotatives, donnant une pression au refoulement de 0,035 kg. à 0,105 kg.

§ 7. — FOURS A GAZ

263. Conditions de la combustion des gaz. — Les fours à gaz ne diffèrent des fours ordinaires que par la suppression du foyer, qui est remplacé par un appareil destiné à assurer la combustion du gaz. Ces appareils doivent réaliser deux conditions :

264. Allumage. — 1° Le gaz et l'air doivent toujours y arriver séparément et ne se mélanger qu'en un point où leur température soit nécessairement assez haute pour que le gaz s'allume. Si le mélange s'opérait à froid, il se produirait des explosions au moment où il arriverait dans le four. A ce point de vue, les appareils industriels diffèrent des appareils de laboratoire ; dans ceux-ci, on mélange le gaz et l'air d'avance pour obtenir une combustion plus vive et une plus forte température : on peut le faire parce que le mélange étant amené au fourneau par des tuyaux métalliques de faible diamètre et sous une pression régulière, la flamme ne saurait y remonter ; dans les fours industriels, où les conduits ont de larges sections et sont souvent en briques, où l'on a à craindre des variations dans la pression des gaz, on ne pourrait adopter ce système sans provoquer des explosions. Lorsque la température du four n'est pas très forte, on assure l'allumage des gaz au point même où ils rencontrent l'air, en y plaçant une grille sur laquelle on entretient un feu avec du petit coke ou des escarbilles : cet artifice est inutile si la combustion est vive et se produit en un point où il y a une masse suffisante de briques ; ces matériaux, une fois incandescents, conservent assez bien leur chaleur pour assurer le rallumage des gaz lorsque leur arrivée a été suspendue pendant quelque temps. La grille d'allumage est également inutile lorsque le gaz ou l'air arrive dans le four avec une température déjà élevée.

265. Mélange du gaz et de l'air. — 2° Pour bien utiliser les gaz, il faut qu'au point où se fait la combustion ils soient fortement brassés avec l'air. Sinon, la combustion est incomplète, quand même les gaz auraient à faire un très long trajet dans le four, et quand même l'air serait en grand excès : si rien ne les empêche de cheminer par courants parallèles, on trouvera dans les gaz qui sortent par la cheminée à la fois de l'oxyde de carbone et de l'oxygène libre.

Le mélange parfait des gaz est très difficile à réaliser, et c'est le point le plus important à étudier dans les appareils de combustion : parmi ceux que l'on rencontre dans l'industrie, il en est peu qui ne soient susceptibles d'être perfectionnés sous ce rapport.

266. Nature de la flamme. — Lorsque la combustion du gaz est complète et faite sans excès d'air, la flamme n'est ni oxydante ni réductrice. Ce sont ces conditions qui donnent le maximum de chaleur et qu'on devra réaliser autant que possible dans la plupart des cas. Parfois cependant il y a intérêt, pour certaines opérations, à avoir dans le four une atmosphère oxydante ou réductrice. On y arrivera facilement en réglant l'arrivée de l'air de manière qu'il soit en excès ou en défaut.

On peut juger, jusqu'à un certain point, de la nature de la flamme par son aspect. On peut aussi l'essayer avec une lame de cuivre : celle-ci se couvre d'oxyde noir dans une flamme oxydante, tandis qu'une lame qui a été préalablement oxydée redevient rouge dans une flamme réductrice.

267. Classification des fours à gaz. — On peut classer les fours à gaz en quatre catégories, suivant les conditions où s'opère la combustion. La première comprend ceux où l'air est employé froid, et appelé par tirage naturel ; la deuxième ceux où l'on emploie l'air soufflé ; la troisième ceux où l'air est préalablement chauffé à haute température, et la quatrième ceux où le gaz et l'air sont tous les deux surchauffés avant de se mélanger (four Siemens). Dans ces deux dernières, l'air est toujours appelé par tirage naturel. On peut encore classer ces fours d'après la température qu'ils réalisent. En général ceux de la première catégorie servent à produire des températures modérées dans des appareils assez vastes ; ceux de la seconde et de la troisième servent à produire de fortes températures ; ceux de la quatrième sont réservés aux cas où il faut obtenir des températures exceptionnelles, ou bien chauffer fortement de très grandes enceintes.

FOURS A TEMPÉRATURE MODÉRÉE

Quand on veut réaliser une température modérée, comme dans le chauffage des chaudières ou des appareils à tuyaux métalliques où l'on chauffe l'air des hauts-fourneaux, on peut employer le gaz et l'air froid.

268. Brûleurs à jets croisés. — Le système le plus simple consiste (fig. 110) à amener le gaz par un tuyau vertical, *a*, qui se

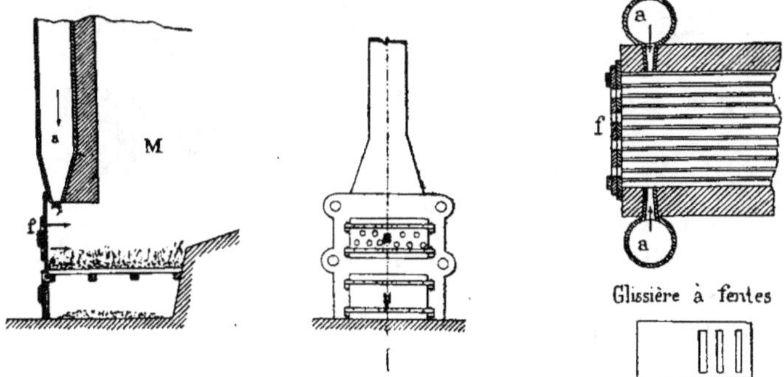

Fig. 110 et 111. — Brûleurs à jets croisés.

termine en bec de canard : le gaz s'étale alors en lame mince. En face de l'extrémité du tuyau est une porte percée de petits trous f, par lesquels l'air pénètre, appelé par le tirage de la cheminée : les deux gaz se croisent donc à angle droit, les petits jets d'air traversent la lame de gaz sans qu'il puisse y avoir refoulement parce que cette lame est mince et animée d'une grande vitesse. Une glissière permet de régler l'arrivée d'air : une grille placée devant la porte assure l'allumage ; on y entretient un feu d'escarbilles ou de petit coke.

La fig. 111 représente un autre brûleur du même genre où le gaz arrive de chaque côté de la grille par les tuyères a : l'air entre par les fentes de la porte f.

269. Brûleurs à lames parallèles. — On emploie souvent pour le chauffage des chaudières des appareils métalliques qui amènent l'air et le gaz sous forme d'une série de lames parallèles : ils ne valent pas le précédent ; le mélange y est imparfait. La fig. 113 représente un brûleur de ce type, où les gaz arrivent par une ouverture annulaire a et l'air par l'orifice central b, sous forme de veine cylindrique. La fig. 115 en représente une au-

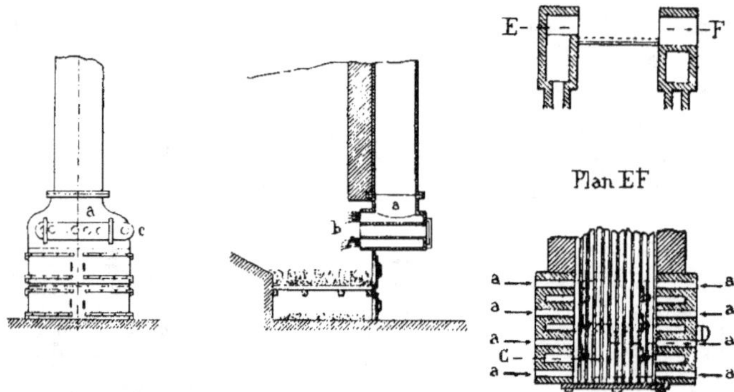

Fig. 112 à 115. — Brûleurs à lames parallèles.

tre où la grille d'allumage est entourée par deux caisses en fonte : le gaz s'échappe de ces caisses par les fentes b, l'air arrive sous forme de lames parallèles par les fentes a.

270. Chambre de combustion. — On obtient une combustion plus vive et presque complète en amenant les gaz et l'air dans une chambre en briques d'où ils ne peuvent sortir sans se

brasser : les briques sont rapidement portées au rouge vif, et
cette masse incandescente suffit à assurer l'allumage.

La chambre à combustion de M. Müller (fig. 116-117) se compose de trois compartiments séparés par des cloisons verticales : le
gaz arrive par celui du milieu, a. l'air par les deux autres, d. Le

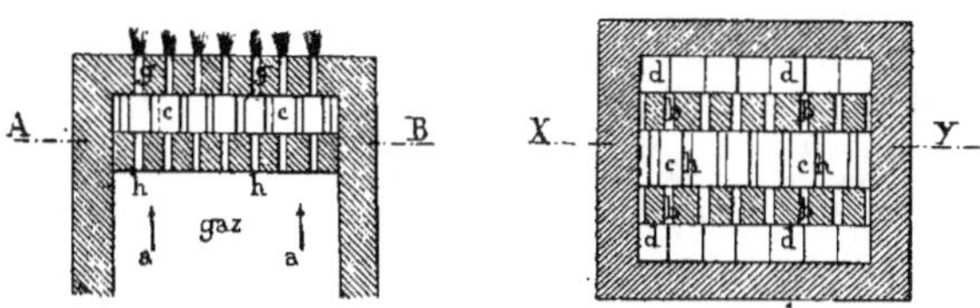

Fig. 116 et 117. — Chambre à combustion système Müller.

compartiment du gaz, a, est interrompu par une voûte percée de
fentes, h, qui le font communiquer avec la chambre de combustion : l'air arrive dans celle-ci par une autre série de fentes, b, ménagées dans les cloisons verticales. Les produits de la combustion
sortent par des fentes, g, qui traversent la voûte supérieure. Les
fentes des cloisons et des deux voûtes ne sont pas placées en
face les unes des autres, de manière que les gaz sont forcés de
s'infléchir et de se mélanger.

Lorsqu'on enlève la voûte supérieure, on reconnaît immédiatement que la proportion de gaz non brûlés qui s'échappe par la
cheminée devient plus forte, parce que le brassage est moins
complet.

Dans cet appareil, la température locale sera élevée, mais la
chaleur emmagasinée dans une masse de gaz très chauds n'en
est que plus facile à bien utiliser, même pour le chauffage des
fours à basse température.

L'emploi des chambres de combustion paraît être ce qu'il y a
de mieux pour le chauffage des grandes enceintes à température
modérée.

Les gaz qui en sortent peuvent être envoyés dans un laboratoire de forme quelconque, absolument comme ceux qui sortent
d'un foyer ordinaire. On pourrait, par exemple, les envoyer dans
la cuve d'un four de calcination.

271. Fours de calcination. — Il existe dans plusieurs usines des fours de calcination marchant au gaz. En général, les gaz sont amenés par un tuyau circulaire faisant le tour de la cuve, à une certaine hauteur, et débouchent dans cette cuve par une série de busillons. Une autre série d'orifices rangés en couronne au-dessus des premiers peut donner accès à l'air : il en arrive aussi du bas par les ouvreaux de déchargement. Les carneaux d'entrée d'air peuvent être plus ou moins obstrués par des tampons. On s'en sert pour surveiller et régler la combustion. Du reste, la marche de l'appareil est absolument la même que celle d'un four à cuve à foyers latéraux.

Les gaz n'y sont pas complètement utilisés, parce qu'en présence d'une masse de matières à température modérée ils ne brûlent pas bien : il vaudrait mieux, comme nous venons de le dire, opérer leur combustion dans une chambre spéciale.

272 Fours annulaires. — On peut encore chauffer au gaz des fours annulaires. Les gazogènes envoient alors leur produit dans une galerie faisant tout le tour de l'appareil : au-dessous de chaque compartiment se trouvent un ou plusieurs carneaux disposés suivant des rayons ; chacun d'eux communique avec la conduite de gaz par une ouverture munie d'un registre, et avec le four par une rangée de petits orifices percés dans la sole. Les autres parties du four n'ont pas besoin d'être modifiées.

Pendant le chargement, on dispose les matières avec soin, en laissant des vides au-dessus des orifices d'entrée du gaz. Quand on veut chauffer un compartiment, on ouvre le registre qui lui correspond et on admet le gaz par la sole ; on jette en même temps par les trous de la voûte des branches de bois enflammées, qui déterminent l'allumage. En marche normale, lorsqu'on met le gaz dans un compartiment, la charge y est déjà portée au rouge par les flammes perdues des compartiments voisins ; du reste l'air qui y arrive est chaud : dans ces conditions, les gaz une fois allumés ne s'éteignent plus. Pendant la période de mise en train, on assure leur combustion en laissant au-dessus des orifices des fagots allumés en permanence.

Parfois on recouvre les orifices d'entrée du gaz par des chandelles : ce sont des colonnes en briques creuses, qui distribuent le gaz sur toute la hauteur du four par une série de petits trous. Cette complication est inutile, car, ainsi que nous l'avons dit, les flammes tendent toujours à gagner la voûte,

§ 9. — FOURS A HAUTE TEMPÉRATURE

Quand on veut une température forte, on active la combustion en employant l'air soufflé ou l'air chaud.

273. Fours à air soufflé. — Le premier procédé est celui qu'on a employé tout d'abord pour les fours de puddlage ou de réchauffage au gaz (v. fig. 93-94). Le gaz arrive par un conduit rectangulaire ayant la largeur du pont et occupant la place du foyer, l'air par une série de buses placées au-dessus : on a ainsi des courants croisés et un mélange assez satisfaisant, mais il peut y avoir refoulement du gaz par l'air. Pour remédier à cet inconvénient, on a placé les buses sous le pont, ce qui offre l'avantage d'échauffer l'air et de rafraîchir l'autel, qui est la partie la plus exposée des fours à réverbère : mais les buses se dégradent rapidement et les réparations sont difficiles.

Dans ce genre de fours, les gaz arrivent en général assez chauds parce que le gazogène est placé à côté du laboratoire. Quant à l'air, on l'emploie à froid, ou bien on le chauffe en le faisant circuler dans un serpentin placé au bas de la cheminée, dans un compartiment où passent les flammes perdues au sortir du four : ce procédé est employé notamment en Suède dans les fours de réchauffage (fours Eckmann). L'air n'y est porté qu'à une température modérée, 2 à 300° : si on voulait chauffer davantage, le serpentin se dégraderait rapidement.

274. Fours à air chaud. — Pour avoir de l'air très chaud, il faut le chauffer dans des appareils en briques. C'est ce que l'on fait actuellement dans un grand nombre de fours à gaz de systèmes variés. Ces fours donnent en général une utilisation assez bonne du combustible : l'air y est appelé par le tirage naturel, de sorte que les refoulements sont moins à craindre ; ils paraissent préférables aux fours à air soufflé.

275. Four Ponsard. — On peut chauffer l'air avec la chaleur qu'emportent les produits de la combustion au sortir du four ; c'est ce que l'on fait dans le système Ponsard. Les gaz brûlés passent dans une série de briques creuses ; ces briques remplissent une grande chambre qui se trouve divisée par elles en une série de petits conduits entre-croisés : l'air nécessaire à la combustion passe par la moitié de ces conduits, les gaz chauds par l'autre. La construction est compliquée ; les briques se dégradent et cessent bientôt de joindre exactement : il faut des réparations fréquentes.

276. Four Lencauchez. — Les fig. 118 à 122 représentent un autre genre de récupérateurs, de construction plus simple, qui a été employé sous divers noms (Lencauchez, Gaillard et Hallot). L'air chaud monte dans des conduits verticaux, tandis que les fumées serpentent dans des conduits horizontaux superposés. Les deux courants inverses forment une série de lames minces parallèles. On arrive à chauffer l'air à une température qui dépasse 600°.

Ces fours sont toujours d'un entretien délicat : aussi on leur préfère souvent l'un des systèmes suivants, qui chauffent l'air par la chaleur perdue par les parois des fours. Ils ne demandent que des constructions simples et ils laissent libres les flammes perdues, dont on peut se servir pour chauffer des chaudières : en revanche, ils ne chauffent pas l'air à une température aussi élevée que les précédents.

277. Four Boëtius. — Dans le système Boëtius, on chauffe l'air avec la chaleur perdue par les parois du gazogène. La combustion incomplète d'un kilogramme de charbon dégage dans le gazogène 2500 calories : or, en admettant que les 5 ou 6 kilogrammes de gaz produits soient à 800°, ce qui est certainement un maximum, ils n'emportent guère que 1000 calories ; il en reste donc 1500 qui se perdent par le rayonnement du foyer, ou se dissipent à travers les parois. En faisant passer l'air par des carneaux ménagés dans l'épaisseur de ces parois, on pourra l'échauffer et restituer au four une partie de cette chaleur.

Le gazogène Boëtius (fig. 123 à 125) a ses parois doubles : l'air circule tout autour dans l'espace compris entre les deux parois, puis il va rencontrer les gaz immédiatement au-dessus de leur point de sortie ; le gazogène est placé à côté du four qu'il doit chauffer. Cet appareil a donné dans certains cas une économie de 20 ou 30 0/0 sur le combustible dépensé avec des gazogènes or-

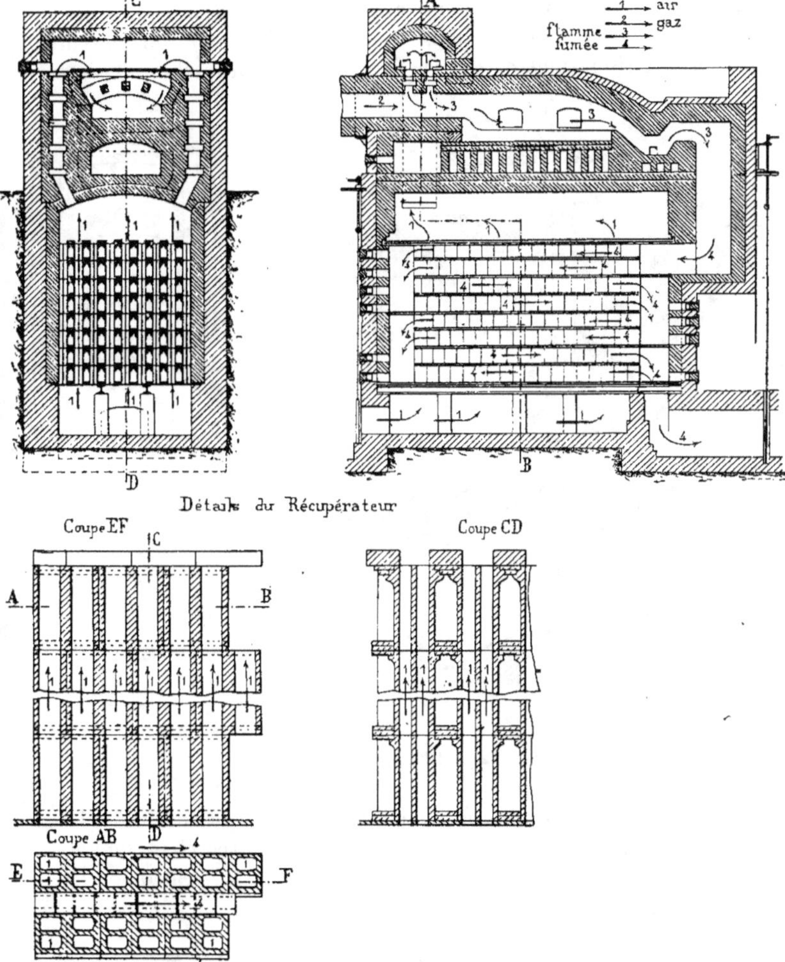

Fig. 118 à 122. — Récupérateur système Lencauchez.

dinaires. Nous ne pensons pas que dans la pratique il faille compter sur plus de 10 0/0. En effet, l'air n'est guère chauffé qu'à 400 ou 500° : chaque kilogramme d'air apporte donc environ 100 calories. Or le poids de l'air nécessaire à la combustion est inférieur à celui du gaz, et un gaz ordinaire a un pouvoir calorifique [de 1000] calories : l'économie théorique serait donc

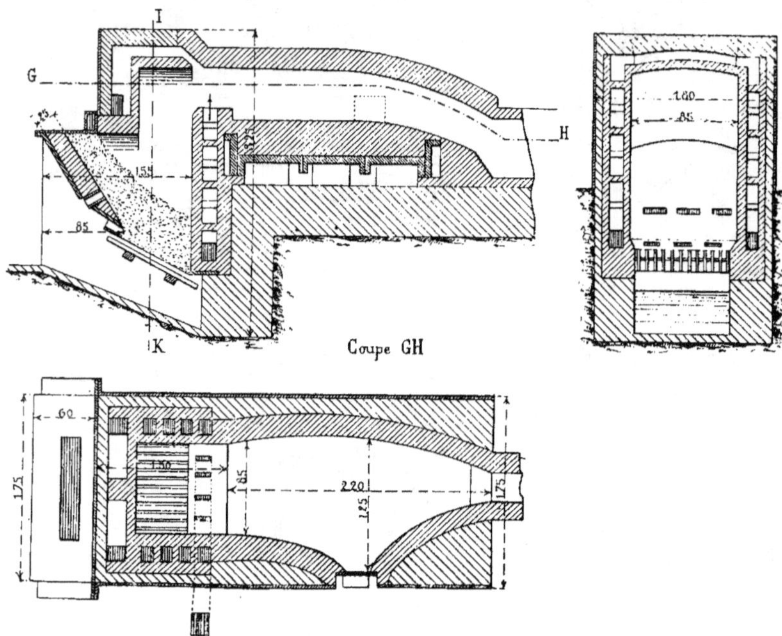

Fig. 123 à 125. — Four Boëtius.

de 10 0/0. Il est probable que dans les essais qui ont donné les résultats énoncés ci-dessus, il y avait eu d'autres changements apportés aux appareils, et d'autres causes de supériorité en faveur du gazogène Boëtius.

278. Four Bicheroux. — Dans les fours Bicheroux (fig. 126-127), on chauffe l'air en le faisant circuler sous la sole. Nous avons vu que, dans les fours à réverbère ordinaires, la chaleur perdue par les parois pouvait atteindre et même dépasser 50 0/0 de la chaleur totale produite par le combustible. Comme le rayonnement

est proportionnel à la surface libre, le tiers au moins doit se perdre par la sole : on peut donc en retrouver environ 15 à 20 0/0
en chauffant l'air par ce procédé. Le mode de construction est

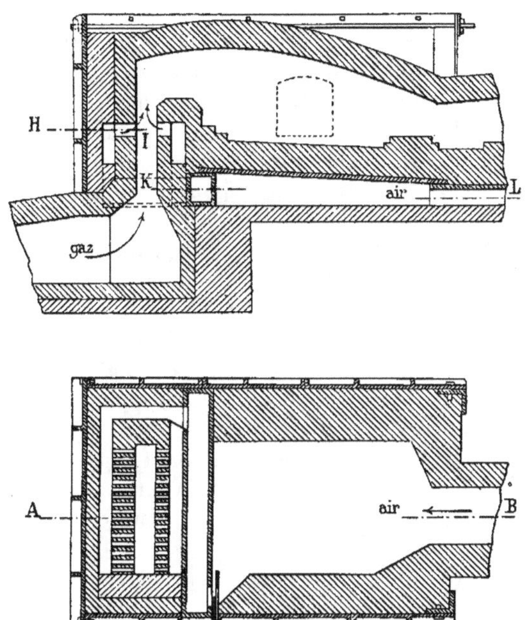

Fig. 126 et 127. — Four Bicheroux.

très simple ; l'air passe par une série de carneaux placés sous la
sole et vient sortir par le pont.

Ce système donne une économie aussi forte que celui de Boëtius et est peut-être plus simple : on pourrait les combiner ensemble, mais le bénéfice serait sans doute insignifiant ; on n'arriverait pas à augmenter beaucoup la température de l'air.

Comme nous l'avons déjà fait remarquer, les flammes perdues
des fours Boëtius ou Bicheroux peuvent être utilisées comme
celles d'un four ordinaire. Mais ces appareils ne chauffent pas
l'air à plus de 400 ou 500°, tandis qu'on porte sa température à
7 ou 800°, et même plus, avec les fours Ponsard et les systèmes
analogues : ceux-ci seront donc plus efficaces lorsqu'il s'agira de
réaliser de hautes températures.

279. Fours à chalumeau. — Un des meilleurs appareils pour réaliser la combustion complète des gaz est le chalumeau. Il se compose de deux tuyaux concentriques : le gaz arrive par l'espace annulaire qu'ils laissent entre eux et l'air comprimé par le tuyau central. Ils se réunissent à l'extrémité. Parfois le tuyau d'arrivée d'air est plus court, et il se fait dans l'extrémité de la conduite un mélange détonant qui s'allume à la sortie ; la flamme ne peut pas remonter parce que le tuyau est étroit et la vitesse des gaz assez forte : du reste, le volume occupé par le mélange détonant est assez faible pour qu'une explosion soit inoffensive.

On règle la proportion des deux gaz d'après l'aspect de la flamme, de manière à obtenir une combustion complète sans excès d'air. En faisant pénétrer l'extrémité du chalumeau dans un espace clos, muni d'ouvertures pour la sortie des flammes, on obtient une température très élevée. Le chalumeau doit être dirigé de manière que le jet de gaz aille frapper directement la matière à chauffer.

On ne peut chauffer ainsi que de très petits appareils. Ce procédé, très employé dans les laboratoires, a peu d'application dans l'industrie. On s'en est servi seulement pour chauffer certains fours à puddler rotatifs.

Le chalumeau alimenté avec de l'oxygène et de l'hydrogène donne les températures les plus élevées qu'on sache produire. On l'emploie pour la fusion du platine.

280. Chalumeau en briques. — Les fig. 128-129 représentent un chalumeau en terre réfractaire, disposé par M. Lencauchez pour brûler du gaz de gazogènes avec de l'air chaud et adapté à un four de fusion.

L'axe du chalumeau est vertical.

Le gaz arrive par une conduite circulaire et débouche par une série de petites ouvertures sur tout le pourtour du chalumeau. Une partie de l'air arrive au-dessus et chemine parallèlement à l'axe après s'être divisée en plusieurs veines cylindriques : le reste débouche au-dessous du gaz par une seconde conduite annulaire percée de petits trous. On opère ainsi un mélange très intime qui va brûler dans le four, en frappant la sole. D'après les essais décrits par M. Lencauchez, l'appareil résiste bien, même avec du gaz et de l'air très chauds, pourvu que la vitesse du courant soit forte et empêche la flamme de remonter. La vitesse

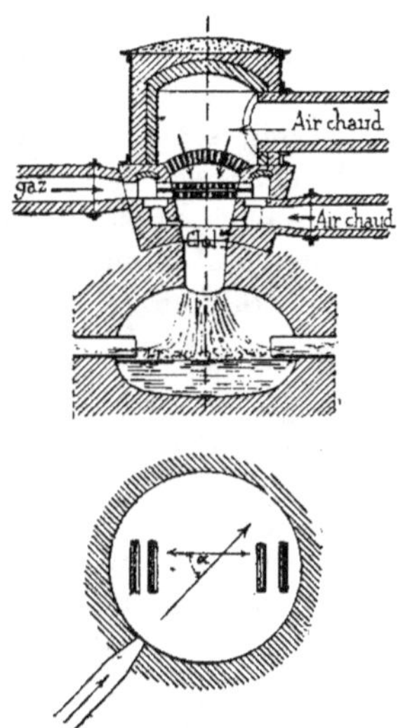

Fig. 128-129. — Four à chalumeau.

de sortie du mélange combustible doit excéder 10 à 15 mètres
par seconde, et être d'autant plus forte que le gaz est plus riche.

281. Avantages du chalumeau. — Le chalumeau produit
une combustion vive et rapide, parce que le mélange des éléments est fait d'avance. La combustion est localisée, aussi la
température est forte et la flamme courte, quoique la vitesse
des gaz soit considérable. On peut à volonté augmenter cette vitesse sans rendre la combustion incomplète, ce qui permet d'élever beaucoup la température.

Au contraire, dans les fours ordinaires, les gaz et l'air arrivent
isolément par masses considérables et ne peuvent se mélanger
que peu à peu. Aussi la combustion se prolonge sur un grand
espace, et la flamme est longue quoique la vitesse des gaz soit
faible et n'excède pas en général 2 mètres par seconde. La combustion n'est complète que si les gaz effectuent dans le four un
trajet assez long avec une vitesse modérée. Dès que cette vitesse
augmente par suite d'un tirage trop actif, la flamme s'allonge et
la combustion ne s'opère plus entièrement dans le four. Il en résulte que la température locale est limitée.

On voit que les fours ordinaires se prêtent mieux au chauffage des grandes enceintes, tandis que le chalumeau donne une température plus élevée. Il est probable que cet appareil, appliqué à des fours de dimension modérée, permettrait de réaliser la fusion des métaux réfractaires, sans recourir aux dispositions compliquées du système Siemens ou à l'emploi de gaz spéciaux. Toutefois, les essais en grand n'ont pas été assez nombreux ni assez prolongés pour qu'on soit absolument fixé sur la façon dont il se comporterait dans la pratique.

FOURS SIEMENS

282. Effets du chauffage des gaz. — Lorsqu'on veut produire une température extrêmement forte, comme celle qui est nécessaire pour la fusion de l'acier et du fer, il faut recourir au système Siemens (fig. 130-131), qui chauffe énergiquement à la fois l'air et le gaz. Cela est avantageux aussi pour le chauffage des grandes enceintes. En effet, la température de combustion étant très forte, d'après les lois de la dissociation, une partie des gaz restera non combinée, bien qu'ils soient mélangés intimement : à mesure que le mélange arrivera dans des parties plus froides, la combinaison aura lieu. Ainsi la combustion se fera non seulement au point d'arrivée des gaz, mais sur une grande partie de leur trajet : en un mot, la flamme s'allongera beaucoup. Cet effet se produit déjà dans les fours précédemment décrits, mais il est bien plus sensible dans les fours Siemens.

283. Chambres de régénération. — Le laboratoire d'un four Siemens est placé entre deux appareils qu'on nomme régénérateurs de chaleur. Chacun de ces appareils se compose de deux chambres pleines de briques empilées à claire-voie (fig. 132 à 135); le gaz et l'air arrivent séparément par deux de ces chambres, celles de gauche par exemple, et les produits de la combustion sortent indistinctement par les deux chambres de droite. Ils y abandonnent leur chaleur, et au bout d'un certain temps les briques de ces dernières deviennent incandescentes : alors on renverse le courant; l'air et le gaz arrivent par les deux chambres de droite et s'y échauffent en recueillant la chaleur emmagasinée

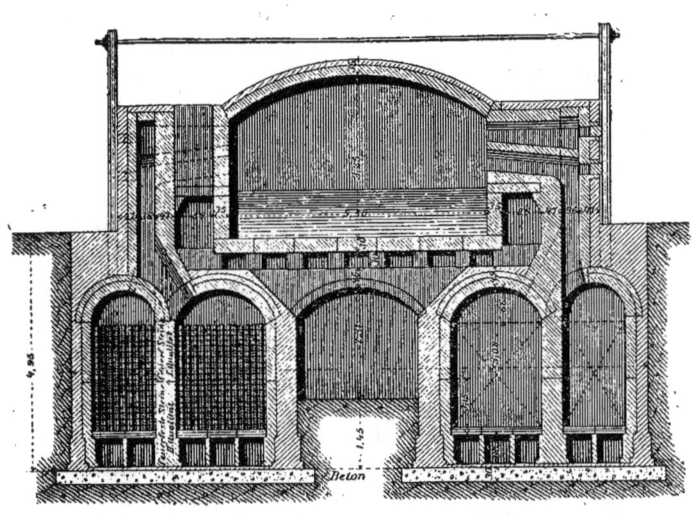

Fig. 130 et 131. — Four Siemens.

pendant la période précédente : les flammes sortent par les chambres de gauche et les échauffent à leur tour. Au bout d'un certain temps, les chambres de droite étant refroidies et celles de gauche incandescentes, on renversera de nouveau le courant, et ainsi de suite (1).

284. Volume des chambres. — Le poids des briques doit être suffisant pour emmagasiner la chaleur dégagée entre deux renversements. — On admet en général qu'il ne faut pas brûler, pendant chaque période, plus de 20 kil. de houille par mètre cube de volume des chambres. — (Le volume qui figure dans ce calcul est celui des deux chambres de chaque côté, c'est donc la moitié du volume total des quatre chambres).

On peut voir facilement que ces dimensions seront suffisantes. En effet, 20 kil. de houille produisent 100 kil. de gaz, qui exigeront pour brûler un peu moins de 100 kil. d'air. Le poids des produits de la combustion sera inférieur à 200 kil. D'autre part, comme les briques occupent à peu près la moitié de la capacité, et que leur densité est voisine de 2, un mètre cube de chambres contient environ 100 kil. de briques. Ainsi le poids des briques sera égal à cinq fois celui des gaz qui traversent les chambres entre les deux renversements. Comme leur chaleur spécifique est à peu près la même, en prenant la chaleur des gaz, elles s'échaufferont seulement de 1° pendant que ceux-ci se refroidiront de 5°. Ainsi, en supposant que les gaz sortent du laboratoire à 1500° au plus, ils pourront céder toute leur chaleur aux briques sans élever leur température moyenne de plus de 300°.

La température des briques est loin d'être uniforme sur toute la hauteur des chambres. A la fin d'une période d'échauffement, les briques voisines du four sont incandescentes et portées à plus de 1000° ; les briques inférieures doivent être à une température plus basse que celle des gaz qui se rendent à la cheminée, sans quoi elles ne pourraient plus leur prendre de chaleur :

(1) On dit souvent que théoriquement la température croîtrait à chaque renversement, et que cet accroissement n'aurait pas de limites sans la dissociation : cela ne nous paraît pas exact ; l'augmentation relative de température à chaque renversement devient d'autant plus faible que la température précédente était plus forte, et la somme de tous ces accroissements formerait une série convergente, dont on pourrait calculer la limite si l'on connaissait toutes les données de la question. Il y aurait donc, même au point de vue théorique, une limite à la température.

cette température ne doit guère dépasser 200°. — Pendant la période de refroidissement, les briques du bas, au contact de l'air frais, se refroidissent beaucoup plus vite que celles du haut : les plus voisines du four doivent rester incandescentes jusqu'à la fin de la période, sinon les gaz ne se chaufferaient plus assez avant de pénétrer dans le laboratoire, et la température de ce dernier diminuerait.

Ces observations peuvent aussi servir à régler la durée des périodes. Dès que les gaz se rendant à la cheminée sont trop chauds, que les briques du bas des chambres commencent à rougir, ou que les briques supérieures du côté de l'entrée des gaz s'assombrissent, il faut renverser le courant.

L'échange de chaleur entre les gaz et les briques ne dépend pas seulement du poids relatif de ces dernières, mais aussi de la plus ou moins grande étendue sur laquelle a lieu le contact. Il faut à peu près un mètre carré et demi de surface de chauffe pour chaque kilogramme de houille brûlé entre deux renversements. — Avec le mode ordinaire d'empilage des briques, cette règle se trouve satisfaite lorsqu'on observe la règle donnée plus haut relativement au volume des chambres.

En général, les renversements se font à des intervalles qui varient entre une demi-heure et une heure. On calculera le volume des chambres en conséquence. Lorsque les chambres sont grandes et les renversements espacés, la conduite du four est plus facile ; la température est plus stable parce que la grande masse des briques sert de régulateur. Si au contraire on multiplie les renversements et si l'on diminue le volume des chambres, on aura l'avantage d'économiser un peu sur la construction ; le four sera plus exposé à se refroidir si les gazogènes sont mal conduits, mais un chauffeur habile sera mieux maître de la température et pourra la faire varier plus vite si cela est nécessaire.

285. Dimensions. — Les chambres sont rectangulaires ; leur hauteur varie entre 2 et 3 mètres : par suite, leur section sera de un demi-mètre carré à un tiers par chaque mètre cube de volume. Nous avons vu que chaque mètre cube correspondrait à une circulation de 200 kil. de gaz et d'air, entre deux renversements. Ces 200 kil. occuperont, à la température à laquelle ils sortent du four, un volume maximum de 1000 à 1200 mètres cubes ; pour traverser en une demi-heure une section d'un tiers de mètre carré, ils ne prendront qu'une vitesse inférieure à **2** mètres par seconde : leur vitesse moyenne sera bien plus faible. Ainsi la section des chambres, telle qu'elle résulte des règles précédentes, est bien suffisante.

En construisant un four, on fera bien de donner aux chambres un volume plutôt exagéré. On ne les remplira de briques que sur une partie de la hauteur, et plus tard, si l'on veut activer la marche du four, on n'aura qu'à ajouter des briques dans la partie libre pour augmenter le volume utile des chambres.

286. Disposition des briques.. — Dans les premiers fours, les briques étaient disposées en chicane de manière à contrarier le mouvement des gaz et à prolonger le contact (fig. **132**) ; mais les poussières qui se déposent alors sur leur sommet obstruent les chambres et le nettoyage en est très difficile. On a essayé d'y remédier par l'emploi de briques taillées en biseau (fig. **133-134**). Maintenant, on empile les briques de façon à for-

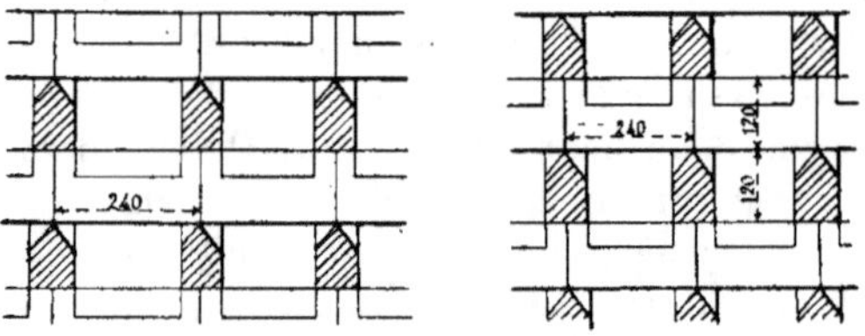

Fig. 133 et 134. — Disposition des briques.

mer une série de murailles à angle droit, qui divisent la chambre en conduits verticaux: ces murailles sont portées sur de

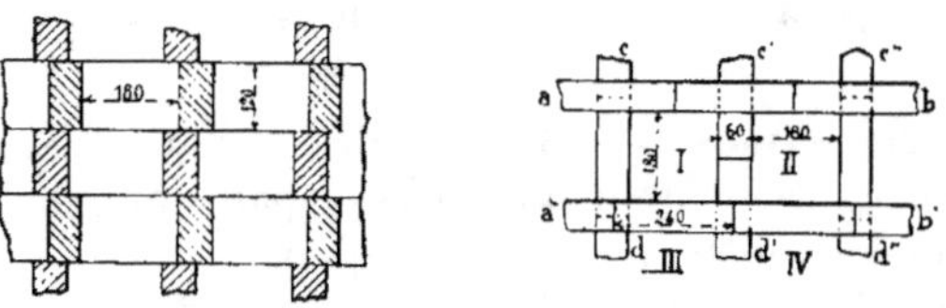

Fig. 132 et 135. — Disposition des briques.

petites voûtes pour mettre tous les conduits en communication par le bas. Les poussières s'accumulent alors au fond des chambres, ou on les y fait tomber en passant des raclettes dans chaque conduit ; on peut les enlever rapidement par de petites portes placées de distance en distance à la base des régénérateurs. Avec cette disposition, si les chambres sont très grandes, les gaz auront une certaine tendance à ne suivre qu'une partie des conduits : on peut y remédier en coupant la chambre en deux ou plusieurs compartiments par une cloison horizontale, qui s'oppose à l'ascension directe des gaz et les force à suivre un trajet sinueux.

Les murs extérieurs des chambres doivent être construits soigneusement, avec une double maçonnerie séparée par un intervalle bourré de sable, afin d'éviter les fuites ; en outre, quand les régénérateurs sont placés sur les côtés du four, comme on faisait autrefois, on met la chambre à air en dehors. Dans les installations récentes, les régulateurs sont placés sous les fours, afin d'occuper moins de surface. Les cloisons qui les séparent peuvent être toutes perpendiculaires à l'axe du four : alors les quatre chambres ont toutes leur longueur égale à la largeur du four. D'autres fois, le soubassement du four est divisé en quatre compartiments par deux cloisons perpendiculaires entre elles (fig. 135); la longueur des chambres est alors parallèle à celle du four : cette disposition rend la construction des carneaux moins facile.

Le volume d'air nécessaire à la combustion est inférieur au volume de gaz brûlé ; lorsque ce dernier arrive froid aux chambres, si on veut donner aux deux éléments la même température, il faut faire la chambre à gaz un peu plus grande que l'autre. Le plus souvent, dans ce cas, on les fait égales ; l'air est alors chauffé un peu plus que le gaz, ce qui diminue la différence de leurs densités. Quand les gazogènes sont contigus au four, le gaz arrive déjà chaud ; c'est au contraire la chambre à air qui doit être la plus grande : son volume est souvent double de celui de la chambre à gaz.

287. Dispositions des brûleurs. — Dans la disposition primitive des régénérateurs, la différence de densité des gaz et de l'air tend à assurer le brassage : l'air arrivant par la chambre la plus éloignée du four se trouve passer au-dessus du gaz, mais comme celui-ci est plus léger, il tend à s'élever et à croiser le courant d'air : seulement, si la pression du gaz vient à diminuer, il peut y avoir refoulement, parce que l'air tend à retomber dans la chambre à gaz : ç'a été une cause de difficultés fréquentes à l'origine. On peut y obvier en couvrant en partie la chambre à gaz (fig. 132) ; le gaz s'échappant par une issue plus étroite, prend alors une vitesse plus grande, et le brassage n'en est que plus énergique.

288. Voûtes surbaissées. — Quand les régénérateurs sont placés au-dessous des fours, l'air et le gaz sont amenés par une série de conduits verticaux alternés : ils arrivent donc sous formes de jets parallèles (v. fig. 140 à 142). Pour assurer le mélange, on donne aux voûtes une forme surbaissée, de façon qu'elles sont heurtées par le courant de gaz et le forcent à s'infléchir. Ces voûtes ont l'inconvénient de se dégrader très vite, et bien qu'on les construise en briques de silice de premier choix.

289. Voûtes bombées. — Dans plusieurs fours nouveaux (fours de verrerie, nouveaux fours Pernot), on a adopté des voûtes plus élevées en forme de cintre. Les arrivées d'air et de gaz doivent alors être disposées de manière à assurer le mélange et à diriger les flammes sur la sole. Les conduits d'air montent un peu plus haut que les autres, puis ils s'infléchissent de façon à venir déboucher au-dessus des conduits de gaz (fig. 136) ; l'ex-

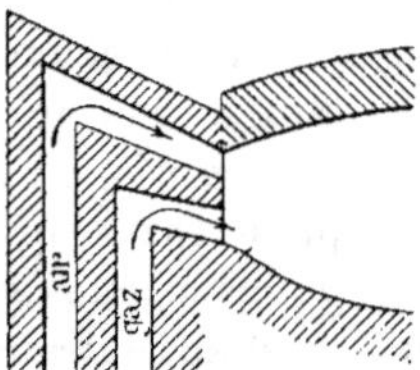

Fig. 136. — Four à voûte bombée.

trémité des carneaux est inclinée vers la sole et reçoit une obliquité différente de façon que les deux courants se mélangent naturellement : l'angle sous lequel les carneaux prolongés iraient se croiser doit être étudié de façon à assurer le chauffage uniforme de la sole. Les voûtes de ce système se trouvent relativement refroidies aux reins, c'est-à-dire au point le plus fragile, par le passage de l'air et des gaz : elles durent beaucoup plus longtemps que les voûtes surbaissées.

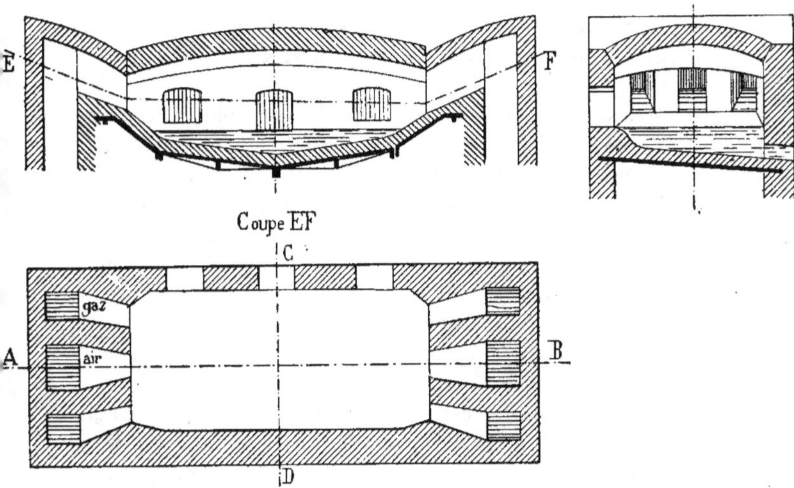

Fig. 137 à 139. — Four Siemens à voûte bombée.

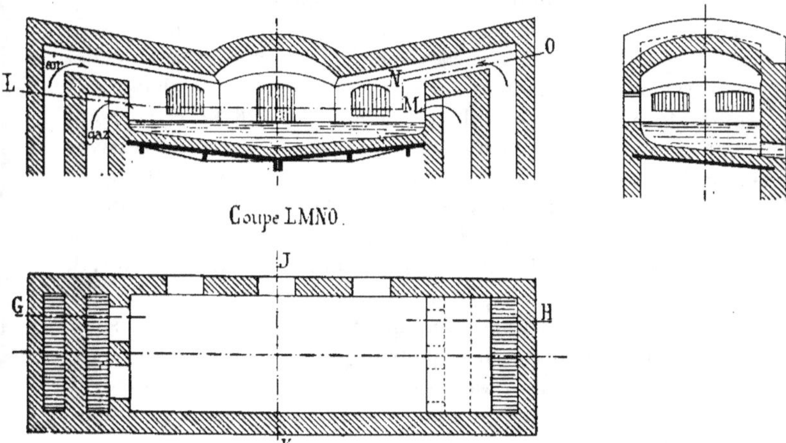

Fig. 140 à 142. — Autre disposition de four Siemens.

Dans d'autres fours à voûtes bombées (fig. 137 à 139), les gaz et l'air arrivent par trois conduits convergents, situés à la même hauteur, tous les trois inclinés vers la sole. Le mélange est peut-être moins complet qu'avec le système précédent, mais la construction est plus simple.

Les voûtes surbaissées offrent l'avantage de rabattre les flammes sur la sole ; mais, outre la difficulté de leur entretien, elles ont l'inconvénient de laisser un passage trop étroit aux gaz : ceux-ci cheminant vite et se mélangeant mal, la combustion n'est pas complète si le four n'est pas très long. Les voûtes bombées ne concentrent pas aussi bien la chaleur sur la sole, mais elles résistent mieux, et permettent au courant gazeux de se ralentir ; il en résulte une meilleure combustion.

On peut réunir jusqu'à un certain point les avantages des deux systèmes en adoptant le mode de construction représenté fig. 140 à 142. Le laboratoire est couvert par deux berceaux inclinés vers le centre et raccordé par une voûte sphérique. Dans ce four, l'air arrive près de la voûte, sous forme de nappe horizontale ; le gaz débouche au-dessous par deux ouvertures.

290. Valves de renversement. — Les conduits d'air et de gaz doivent être munis de valves pour opérer le renversement aussi vite que possible. A cet effet, le gaz arrive par un conduit dont le prolongement se dirige vers la cheminée et sur lequel s'embranchent deux autres carneaux, allant l'un à la chambre à gaz de droite, l'autre à celle de gauche (fig. 143-144) ; au point de croisement se trouve une valve qui peut prendre successivement deux positions à angle droit. On voit immédiatement que, dans la position indiquée sur la figure, la chambre de droite G_2 communique avec le gazogène par le conduit e tandis que la chambre G_1 est en relation avec la cheminée par le conduit s. Si on tourne la valve de 90°, ce sera l'inverse qui aura lieu. Le conduit d'amenée de l'air passe par une valve semblable, et il suffit de les tourner toutes les deux pour produire le renversement. On peut accoupler les deux valves et les manœuvrer ensemble : si elles sont indépendantes, il faut à chaque changement commencer par tourner la valve à gaz.

La valve à gaz est rapidement encrassée par les goudrons, lorsqu'on emploie des gaz chauds, et sa manœuvre devient pénible. En outre, l'ajustement de ces valves est délicat, et elles joignent

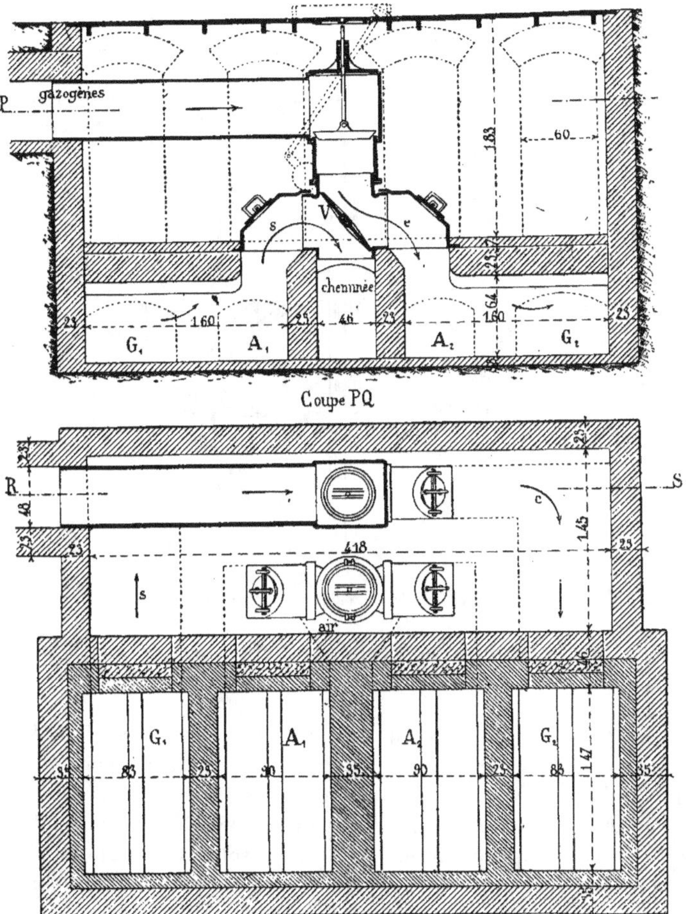

Fig. 143 et 144. — Valve de renversement de fours Siemens.

souvent mal, surtout après un certain temps d'usage : on préfère
maintenant les valves hydrauliques.

291. Valves hydrauliques. — Une valve hydraulique se
compose d'une tour divisée par des cloisons en 4 compartiments
formant autant de conduits verticaux (fig. 145-146).

Si nous considérons la valve air, l'un des compartiments, A,

communique par sa base avec le registre de prise d'air, celui qui
se trouve diamétralement opposé. C, communique avec la che-

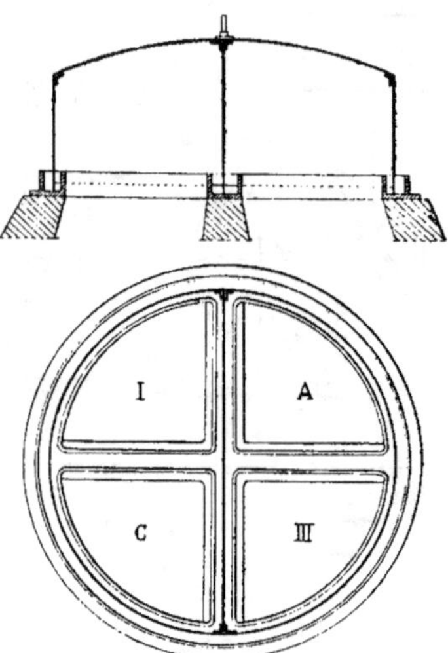

Fig. 145-146. — Valve hydraulique.

minée : les deux autres sont reliés aux chambres à air, le n° 1
avec celle de gauche, le n° III avec celle de droite.

292. Valve Hütter. — M. Hütter a fait construire dans les
verreries de Rive-de-Gier un appareil ingénieux qui permet de
faire la distribution de l'air et du gaz avec une seule valve ; le
renversement est alors plus rapide, et on évite les petites explosions qu'il provoque quelquefois ; en outre, cette valve ne laisse pas
comme la précédente le gazogène communiquer directement
avec la cheminée au moment où on la tourne : elle supprime donc
une cause de pertes de gaz.

La tour se compose de deux enceintes concentriques (fig. 147-
148). Celle du centre communique par sa base avec la cheminée. L'enceinte annulaire est divisée en six compartiments : A
reçoit l'air, G communique avec le gaz, I avec la chambre à air
de gauche, III avec celle de droite, II avec la chambre à gaz de
gauche, IV avec celle de droite. La cloche porte à l'intérieur un
système de cloisons complexes, qui sont représentées par un
trait noir sur la figure. Dans la position indiquée, A et G commu-

niquent respectivement avec les chambres à air et à gaz de
droite, tandis que I et II, et par suite les deux chambres de

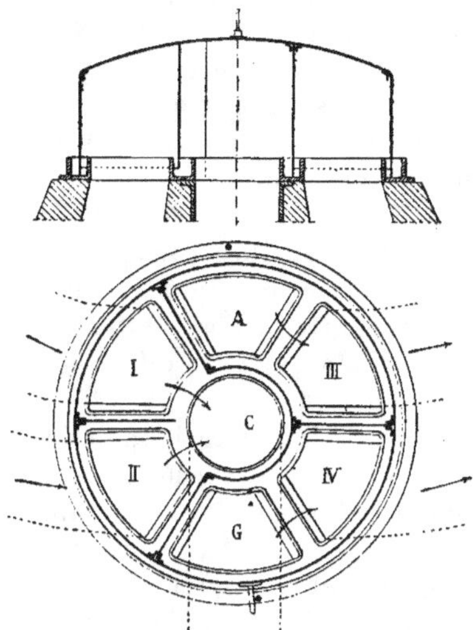

Fig. 147 et 148. — Valve Hütter.

gauche, communiquent avec la cheminée. Si on veut renverser
le courant, on soulève la cloche de manière à sortir des rigoles
les cloisons transversales, tandis que les parties circulaires,
plus hautes, y restent plongées. On tourne alors de 180° dans le
sens des aiguilles d'une montre, et le courant s'établit en sens
inverse, sans qu'il y ait eu à aucun moment communication directe entre le gazogène et la cheminée.

Avant les valves de distribution, on doit placer sur les conduites d'air et de gaz des registres permettant de régler l'appel.

293. Rendement des fours Siemens. — Les fours Siemens bien conduits utilisent à peu près **20 0/0** de la chaleur
totale que pourrait produire le combustible : ils sont donc supérieurs aux meilleurs fours à réverbère. Voici comment se répartissent les causes de perte. Un kilogramme de houille dont le
pouvoir calorifique est de 8000 donne cinq kilogrammes de gaz
dont le pouvoir calorifique est de 1000 ; la combustion de ces
gaz dégagera 5000 calories, soit environ **60 0/0** de ce que la

houille aurait pu donner : ainsi la perte due à la gazéification sera d'environ 40 0/0. Le poids total des produits de la combustion sera d'environ 10 kil. En admettant qu'ils s'échappent à 400°, ce qui est un maximum, ils emportent 800 calories, soit 10 0/0 de la chaleur totale : cette perte est plus faible que dans presque tous les autres fours, c'est ce qui fait la supériorité du système. Il reste environ 50 0/0 de la chaleur, dont les trois cinquièmes se perdent par les parois.

Le four représenté fig. 149-150, construit par Biedermann et Harvey, devait, à son apparition, procurer une économie importante (environ 50 0/0) par la régénération de l'acide carbonique contenu dans les fumées, c'est-à-dire par sa transformation en oxyde de carbone.

Or il y a peu de cas où la transformation de CO^2 en CO puisse être d'une certaine importance ; cependant ce four peut être substitué avantageusement aux fours à récupération, en raison de sa construction plus simple, mais il ne peut pas remplacer le four Siemens dans les opérations où il faut une température considérable, comme dans la fabrication de l'acier.

294. Mise en feu. — La mise en feu des fours à gaz exige des précautions spéciales. On commencera par faire fonctionner les gazogènes comme des grilles ordinaires, en y brûlant le combustible sous une faible épaisseur : on remplira ainsi le four et les conduits de gaz neutres ; en même temps, si le four a de grandes dimensions, on établira sur la sole un foyer provisoire, de façon à l'échauffer. Quand le four sera au rouge et qu'il n'y aura plus d'air dans les conduits, on augmentera progressivement l'épaisseur du combustible dans le gazogène, de façon à produire des gaz de plus en plus combustibles ; puis on admettra l'air peu à peu dès que les gaz seront assez riches pour s'allumer : on aura soin que l'air ne soit pas en excès tant que durera la période de mise en feu. Enfin, on supprimera le foyer auxiliaire lorsque les gaz combustibles arriveront d'une manière assez régulière pour maintenir le foyer au rouge.

Coupe A B C D

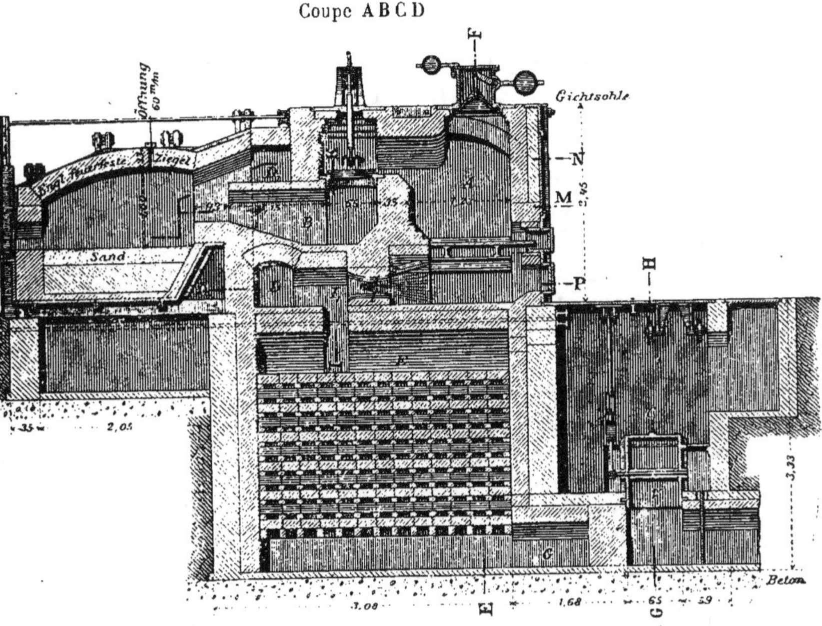

Coupe L M

Fig. 149-150. — Four Biedermann et Harvey.

A, gazogène. — B, carneau. — C, soupape d'entrée de l'air de combustion. — DD₁, carneau
'entrée de l'air de combustion. — E, chambre de récupération de l'air. — J, injecteur Koerting.

17

§ 11. — ÉTUDE DU RENDEMENT CALORIFIQUE
D'UN FOUR

295. Constatations expérimentales.— Pour étudier le rendement calorifique d'un four, il faut suivre attentivement sa marche pendant une période de temps assez longue pour avoir des résultats moyens, car cette marche n'est jamais parfaitement uniforme. On pèsera exactement la quantité de matières traitées et la quantité de combustible consommée pendant ce temps : on déterminera par l'analyse la proportion de carbone que contient ce combustible.

Si l'on veut faire une étude complète, il faudra en outre analyser les gaz qui sortent par la cheminée et mesurer leur température moyenne. Comme la composition de ces gaz est très irrégulière et varie d'un point à l'autre, il faut faire la prise d'essai pendant un certain temps et sur toute la largeur du courant gazeux. A cet effet, on placera en travers de la cheminée ou des conduits d'évacuation un tube en fer percé de trous, fermé à une extrémité, et communiquant par l'autre avec une trompe ou un aspirateur quelconque pour attirer les gaz et les emmagasiner dans un réservoir où ils se mélangeront. L'analyse complète des gaz demanderait la détermination de la vapeur d'eau, qui devrait être faite directement sur les gaz sortant de la cheminée, avant que leur état hygrométrique n'eût changé. Cette opération difficile ne se fait presque jamais : on se contente en général de doser dans les gaz l'acide carbonique, l'oxygène et l'oxyde de carbone.

Dans les fours à foyers ordinaires, une partie du carbone se perd à l'état solide, soit sous forme d'escarbilles tombées dans le cendrier, soit sous forme de noir de cheminée entraîné mécaniquement par les gaz. On peut déterminer la quantité qui se perd dans les escarbilles, en recueillant tous les produits qui tombent dans le cendrier, les pesant et recherchant par des incinérations leur teneur moyenne en carbone. Quant au noir de fumée, on peut le recueillir en faisant passer les gaz sur du coton ou sur des toiles ou mieux sur de la bourre d'amiante qu'on incinère ensuite.

Ces observations faites, on a tous les éléments nécessaires pour établir la balance des chaleurs produites et absorbées dans le four. Nous rapporterons tous les calculs qui suivent à la période de temps qui correspond à une consommation de 1 kil. de carbone, et que nous appellerons période d'étude.

296. Chaleur disponible. — D'après la composition du combustible, on peut calculer le poids π qui contient 1 kil. de carbone et, si C est son pouvoir calorifique, la chaleur disponible, Q_1, sera donnée par l'expression :

$$Q_1 = \pi C.$$

Elle serait égale à 8080 si le combustible ne contenait d'autre élément utile que le carbone, comme c'est le cas du charbon de bois et du coke.

297. Chaleur utilisée. — D'autre part, si p est le poids de matières traitées pendant la période d'étude, on peut calculer la chaleur qu'elles ont absorbée, d'après la température qu'elles possèdent au sortir du four, et leurs chaleurs spécifiques respectives. Si ces données sont mal connues, comme cela arrive souvent, on déterminera en bloc la quantité de chaleur que retient la matière en la plongeant dans le calorimètre au sortir du four : sachant la quantité de chaleur q que retient l'unité de poids, pq sera celle que retient le poids p. Si le four donne plusieurs produits, on tiendra compte, par le même procédé, de la chaleur absorbée par chacun d'eux. On aura ainsi une somme de produits, Σpq. Enfin, si l'opération est accompagnée de réactions comportant un dégagement ou une absorption de chaleur, il faudra pour chacune d'elles calculer la chaleur ainsi produite ou consommée, ce qui est possible dans un grand nombre de cas, grâce aux mesures thermochimiques que l'on possède maintenant sur la plupart des réactions usuelles : on fera la somme algébrique de ces quantités, en affectant du signe — les chaleurs dégagées. On aura encore une somme de produits, Σpc et la chaleur utilisée, U, sera donnée par la relation :

$$U = \Sigma pq + \Sigma pc.$$

Le rapport $\dfrac{U}{Q_1}$ sera le rendement calorifique brut du four.

298. Causes de pertes. — Mais les causes de pertes sont multiples, et il faut chercher à apprécier chacune d'elles. — Nous les diviserons en trois groupes : les pertes provenant de la combustion incomplète, dont nous désignerons la somme par c_1, la perte résultant de la chaleur sensible emportée par les gaz, c_2, et les pertes de toutes natures par les parois, c_3. — Les deux premiers termes peuvent se calculer, comme nous allons le voir.

299. Combustion incomplète. — Soit m le rapport que l'analyse indique entre le poids d'oxyde de carbone et d'acide carbonique contenus dans les gaz : soient x et y les quantités de carbone qui passent respectivement à l'état d'oxyde et d'acide carbonique, pendant la période que nous étudions : on a évidemment :

$$(1) \qquad \frac{x \times 14}{y \times 22} = m.$$

D'ailleurs si nous supposons que tout le carbone se retrouve dans les gaz, on a :

$$(2) \qquad x + y = 1.$$

Ces deux équations permettront de calculer x et y, et comme la fraction x a dégagé par unité de poids 2473 calories seulement au lieu de 8080, la perte qui en résulte sera :

$$(3) \qquad c_1 = x + 5607.$$

Dans le cas où il y a du carbone perdu à l'état d'escarbilles ou de noir de fumée, si ε représente le poids de carbone recueilli sous ces deux formes pendant qu'on brûlait le poids π de combustible, l'équation (2) se modifie et devient :

$$(2') \qquad x + y + \varepsilon = 1,$$

et comme cette fraction ε a échappé complètement à la combustion, l'expression de la perte de chaleur devient :

$$(3') \qquad c_1 = x \times 5607 + \varepsilon \times 8080.$$

Il faut remarquer que ε est en général nul dans les fours à cuve. Dans un foyer bien conduit, il ne dépasse pas quelques centièmes, et le plus souvent on le néglige par suite de la difficulté de le mesurer.

Considérons enfin le cas le plus compliqué, celui où il y a dans les gaz de l'hydrogène libre et des hydrocarbures. L'analyse complète des gaz permet de calculer le rapport n qui existe entre le carbone des hydrocarbures et celui de l'oxyde de carbone. Dès lors, nx représentera le carbone qui se sera échappé sous cette forme pendant la période d'étude, et l'équation (2) deviendra :

$$(2'') \qquad x + y + nx + \varepsilon = 1.$$

L'équation (1) subsiste toujours et l'on peut calculer x et y. D'ailleurs la portion du carbone représentée par nx ayant échappé entièrement à la combustion, il en résulte une perte de chaleur égale à $nx \times 8080$. Il faut maintenant tenir compte de la perte causée par la combustion incomplète de l'hydrogène. Or, soit h le rapport que l'analyse indique entre le poids de cet élément qui se retrouve à l'état libre ou d'hydrocarbures, et celui de l'acide carbonique ; $hy \times \dfrac{22}{6}$ sera l'hydrogène qui échappe à la combustion pendant la période considérée. Dès lors, l'expression complète de la perte e_1 deviendra :

$$(3'') \quad e_1 = x \times 5607 + (2 + nx) \times 8080 + hy\frac{22}{6} \times 29.161$$

L'analyse complète des gaz présentant de grandes difficultés, on se borne, en général, au dosage de l'acide carbonique et de l'oxyde de carbone ; cependant, on a reconnu que, dans les foyers ordinaires, le carbone se perd surtout à l'état d'hydrocarbure.

Dans tout ce qui précède, nous avons supposé que le carbone qui se trouve dans les gaz provenait uniquement du combustible. Il n'en est pas ainsi dans le cas où la matière traitée est un carbonate : sa décomposition donne une certaine quantité d'acide carbonique qu'il est facile de connaître. Soit g le poids de ce gaz que la charge du four dégage pendant la période d'étude, l'équation (1) deviendra alors :

$$(1) \; bis \qquad \frac{x \times \dfrac{11}{6}}{g + y \times \dfrac{22}{6}} = m.$$

Les autres ne seront pas modifiées.

e_1 étant calculé comme nous venons de le voir, la différence :

$$Q_1 - c_1 = Q_2$$

représentera la chaleur réellement produite, et le rapport $\dfrac{U}{Q_2}$ donnera le rendement réel du four, considéré indépendamment des défectuosités de la combustion : pour un four à foyer spécial, ce serait le rendement du laboratoire.

300. Chaleur emportée par les gaz. — Cherchons maintenant la perte provenant de la chaleur sensible des gaz. Si p et c représentent les poids et les chaleurs spécifiques respectifs de chaque gaz, t leur température moyenne, $t \times \Sigma pc$ représentera la chaleur qu'ils emportent. On peut admettre que la chaleur spécifique c est la même pour tous les gaz considérés, et sensiblement égale à 0,24. Reste à connaître le poids total des gaz produits pendant la période d'étude. On pourrait chercher à le déterminer expérimentalement en mesurant la vitesse moyenne du courant gazeux. Mais il est très difficile de mesurer avec exactitude cette vitesse. Il vaut mieux calculer le poids des gaz en partant de leur composition et du poids de combustible brûlé. Ce calcul est aussi le meilleur moyen d'évaluer le poids d'air employé à la combustion.

301. Calcul du poids de l'air. — Supposons d'abord que les matières traitées dans le four n'aient dégagé aucun corps volatil. Tout l'oxygène qui se retrouve dans les gaz, sous quelque forme que ce soit, proviendra de l'air employé à la combustion. Il sera facile de calculer le poids de cet air. En effet, l'oxygène, transformé en oxyde de carbone pendant la période d'étude, est $x \times \dfrac{8}{6}$, celui qui a formé l'acide carbonique est $y \times \dfrac{16}{6}$: enfin, s'il y a de l'oxygène libre, l'analyse donne le rapport o qui existe entre le poids de ce gaz et celui de l'acide carbonique, et comme $y \times \dfrac{22}{6}$ représente l'acide carbonique produit pendant la période d'étude, $o \times y \times \dfrac{22}{6}$ sera l'oxygène libre qui aura traversé le four pendant la même période. En multipliant la somme de ces trois termes par 4,33, on aura le poids total de l'air :

$$(4) \qquad A = \left[\frac{4}{3}x \times \frac{8}{3}y + \frac{11}{3}oy\right] \times 4,33$$

Pour avoir le poids total des gaz, il faut y ajouter celui du carbone brûlé qui est égal à $1 - \varepsilon$. On aura donc pour la perte de chaleur sensible :

$$(5) \qquad e_2 = (A + 1 - \varepsilon) \times t \times 0{,}24.$$

Si la charge du four dégage de l'acide carbonique, x et y doivent être calculés en se servant de l'équation (1) *bis*. D'autre part, il faut ajouter aux gaz le poids g d'acide carbonique dégagé. Si la charge dégage de l'oxygène, comme dans la réduction des oxydes métalliques, l'analyse des matières à l'entrée et à la sortie permet de connaître le poids absolu o' d'oxygène ainsi produit pendant la période d'étude ; ce poids doit être défalqué de celui de l'oxygène total qui se trouve dans les gaz, pour calculer l'air ayant servi à la combustion. L'équation (4) ainsi corrigée devient :

$$(4) \ bis \qquad A = \left(\frac{4}{3}x + \frac{8}{3}y + \frac{11}{3}oy - o'\right) \times 4{,}33.$$

La formule de e_2 devient, dans le cas le plus général :

$$(5) \qquad e_2 = (A + 1 - \varepsilon + g + o') \times t \times 0{,}24.$$

302. Calcul en présence de la vapeur d'eau. — Dans le cas où les gaz contiennent de la vapeur d'eau et de l'hydrogène, on peut en tenir compte de la même manière. Nous ne répéterons pas les raisonnements, nous indiquerons simplement les équations. Soit h le poids d'hydrogène et v le poids de vapeur, rapportés comme toujours à celui de l'acide carbonique, soit enfin v' le poids de vapeur d'eau que la charge du four dégage pendant la période d'étude, on aura pour le poids de l'air :

$$(4) \ ter \quad A = \overbrace{\left[\frac{4}{3}x + \frac{8}{3}y + \frac{11}{3}oy - o'\right] \times 4{,}33}^{A_1} + \overbrace{\left[\frac{11}{3}vy - v'\right] \times \frac{8}{9} \times 4{,}33}^{A_2}.$$

Le premier terme de cette somme, A_1, a servi à former des gaz, le second, A_2, à former de la vapeur, son azote, $A_2 \times \dfrac{77}{100}$ est resté dans les gaz. Comme la vapeur d'eau et l'hydrogène ont une chaleur spécifique notablement différente de celle des autres gaz, la chaleur perdue sera donnée par la formule :

$$(5)ter \quad c_2 = \left(A_1 + 1 - \varepsilon + y + o' + A_2 \times \frac{77}{100}\right) \times t \times 0,24 \times vy\,\frac{11}{3} \times 0,48$$
$$+ hy \times \frac{11}{3} \times t \times 3,30.$$

Si l'air employé est humide, et que (z) soit le poids de vapeur d'eau contenu dans 1 kil. d'air, l'équation (4) *ter* est à modifier. Le terme v', qui figure sous la parenthèse avec le signe — et qui représente la vapeur dégagée par la charge du four, doit être remplacé par la somme $(v' + Az)$ qui représente la totalité de la vapeur introduite dans les gaz et ne provenant pas de la combustion de l'hydrogène.

Si cette somme était supérieure au poids de vapeur trouvé dans les gaz, $vy \times \frac{11}{3}$, c'est qu'une partie de la vapeur aurait été décomposée dans le four. Dès lors, si v'' représente cette fraction, qui est donnée par la différence $v' + Az - vy \times \frac{11}{3}$, il faudra dans l'évaluation des chaleurs absorbées ajouter le terme $\frac{v''}{9} \times 34462$, qui représente la chaleur nécessaire à la décomposition du poids d'eau v''. En outre, cette décomposition aura mis en liberté une quantité d'oxygène égale à $v'' \times \frac{8}{9}$: il faudra donc, dans les formules (4) *bis* et (5) *bis*, remplacer le terme o', qui représente l'oxygène apporté par la charge, par la somme $\left(o' + v'' \times \frac{8}{9}\right)$.

Remarquons que dans les fours à cuve, toute la vapeur apportée par l'air est en général décomposée : donc, $v'' = Az$.

L'humidité de l'air atteint rarement $\frac{1}{100}$ et z est le plus souvent négligeable. Du reste, il est rare qu'on puisse appliquer ces formules complètes, par suite de la difficulté qu'on éprouve à doser la vapeur d'eau dans les gaz.

303. Répartition de la chaleur. — c_2 étant calculé par les procédés que nous venons de voir, on aura pour la répartition complète de la chaleur l'équation :

$$(6) \qquad Q_1 = U + c_1 + c_2 + c_3.$$

Tous les termes étant connus maintenant, sauf c_3, ce dernier, qui représente les pertes par les parois, se calculera par diffé-rence. On a essayé de le déterminer directement en mesurant la température des parois en divers points, et calculant la chaleur qu'ils peuvent céder par rayonnement. Mais ces mesures sont incertaines et délicates.

304. Cas de l'air chaud. — Dans le cas où l'air de combustion est préalablement chauffé à une température θ, il apporte une quantité de chaleur : $Q' = A\theta \times 0.24 + Az\theta \times 0,48$, et l'équation (6) devient :

$$(6) \; bis \qquad Q_1 + Q' = U + e_1 + e_2 + e_3.$$

305. Cas d'un four à gaz. — Appliquée à un four à gaz, l'étude dont nous venons de tracer la marche donnera en bloc le rendement de l'appareil complet, comprenant le gazogène et le laboratoire. Pour étudier séparément ces deux parties, il faudra analyser les gaz au sortir du gazogène et mesurer. leur température.

306. Étude du gazogène. — Soit m' le rapport $\dfrac{Co}{Co_2}$ trouvé pour ces gaz. On aura, pour la combustion du carbone dans le gazogène, les équations :

$$(a) \qquad x' + y' = 1$$

$$(b) \qquad \frac{x' \times 14}{y' \times 22} = m'.$$

Le poids d'oxyde de carbone produit sera $x' \times \dfrac{14}{6}$, et la chaleur qu'il pourra dégager en brûlant dans le four $x' \times \dfrac{14}{6} \times 2473$.

On calculera, comme dans le cas ordinaire, le poids total des gaz, G, et si leur température est t', la chaleur disponible pour chauffer le four sera :

$$q = x' \times \frac{14}{6} \times 2473 + G't \times 0,24.$$

La différence $Q_1 - q$ représentera la perte attribuable au gazogène.

D'autre part, comme la chaleur produite dans le gazogène est égale à $x' \times 2473 + y' \times 8080$, et que celle qu'emportent les gaz est égale à $G't' \times 0,24$, la différence donnera la perte faite par rayonnement des parois du gazogène.

Ces formules s'appliquent au cas où on ne brûle que du carbone, le plus souvent les gaz contiennent aussi de l'hydrogène et des hydrocarbures : il sera facile d'en tenir compte comme nous l'avons montré pour un four ordinaire. Leur présence aura pour effet principal d'augmenter le pouvoir calorifique des gaz.

Dans le cas le plus général, l'équation (a) deviendra :

$$(a') \qquad x' + y' + n' \times x' + \varepsilon = 1$$

en conservant aux lettres accentuées la signification définie pages 260-261 pour les mêmes lettres sans accent, et la chaleur disponible dans les gaz sera :

$$q' = x' \times \frac{14}{6} \times 2473 + n'x' \times 8080 + h'y' \frac{22}{6} \times 29161.$$

En somme, l'étude du gazogène, considéré séparément, se fera comme celle d'un four où la charge est nulle et où la portion utile de la chaleur, U, est celle qui reste disponible pour chauffer le four. Cette dernière aura pour expression générale : $q' = G' \times (c' + t' \times 0,24)$, si G' est le poids calculé des gaz, c' leur chaleur spécifique et t' leur température.

307. Étude du four.— L'étude du rendement du laboratoire se fera comme à l'ordinaire, mais les équations seront un peu modifiées. Si nous admettons, pour simplifier, la combustion totale de l'hydrogène et des hydrocarbures, et si nous représentons les données de l'analyse des gaz sortant du four par les lettres déjà employées précédemment, on aura la série d'équations :

$$x + y = x' + y' + n'x'$$

$$\frac{x \times 14}{y \times 22} = m.$$

$$A = \left[(y - y') \times \frac{8}{6} + h'y' \frac{22}{6} \times 8 + n'x' \times \frac{8}{6} + oy \frac{22}{6} - o' \right] \times 4,33$$

$$e_1 = x \times 5607$$

$$e_2 = (A + C') \times t \times 0,24.$$

308. Conclusion. — Les calculs dont nous avons indiqué le principe n'ont qu'un intérêt théorique. Mais il ne sera pas inutile de faire de temps en temps l'analyse des gaz et de mesurer leur température. Ces données fourniront des indices précieux sur la marche du four et sur le sens dans lequel elle peut être perfectionnée. En général, si ces gaz sont trop chauds, on pourra en conclure que le volume de l'appareil est trop petit relativement à sa production : s'ils contiennent trop d'oxyde de carbone ou d'oxygène libre, il faudra tâcher d'améliorer la conduite du foyer. Ces mesures suffiront du reste pour avoir une idée approximative de la répartition de la chaleur, en appliquant les formules simples (1) (2) (3) (4) (5), où l'on ne tient compte que du carbone. Cette étude approximative est presque toujours suffisante pour les fours à cuve, où l'on emploie en général des combustibles maigres.

CHAPITRE III (1)

CHAUFFAGE PAR L'ÉLECTRICITÉ

309. Production et mesure de l'énergie électrique. — Le régime d'un courant est défini par l'intensité (exprimée en *ampères*), la force électromotrice (en *volts*), et la résistance du circuit (en *ohms*). Entre ces trois quantités existe la relation $ri = e$. Le produit $ei = ri^2$ exprime la puissance du courant, ou l'énergie développée en une seconde. Si cette énergie n'est pas employée à produire des effets mécaniques ou des décompositions chimiques, elle se traduit par un dégagement de chaleur équivalent, lequel a pour effet d'élever la température des conducteurs, jusqu'à ce que les pertes par rayonnement compensent la chaleur produite. Ce principe est connu sous le nom de *loi de Joule*.

Le produit ei représente la puissance en *watts* et le travail par seconde en *joules*; pour ramener ces unités électriques aux unités mécaniques usuelles, il faut introduire le facteur g :

$\dfrac{ei}{9,81}$ représentera le travail par seconde en kilogrammètres,

$\dfrac{ei}{4200}$ la chaleur développée par seconde en grandes calories,

$\dfrac{ei}{736}$ la puissance en chevaux.

En industrie, on emploie d'ordinaire comme mesure de puissance le *kilowatt*. Un cheval-vapeur équivaut à 736 watts. Si l'on tient compte du rendement, on peut admettre qu'en transformant l'énergie électrique en énergie mécanique ou en chaleur, un kilowatt ne donnera pas beaucoup plus d'un cheval de puissance. Ainsi, un kilowatt-heure fournira en pratique de 600 à 700 calories utilisables.

Si, au contraire, on emploie des moteurs à vapeur pour produire l'électricité, il faudra environ deux chevaux pour produire un kilowatt utilisable, soit 859 calories par heure ; c'est-à-dire qu'un

(1) Les figures de ce chapitre sont en général empruntées à M. Minet.

cheval-heure, après la double transformation, donnera environ 430 calories. Suivant les installations, la consommation de charbon varie en général entre **2** et **5** kilogrammes par kilowatt-heure ; elle descend exceptionnellement à $1^{kg}5$ dans les installations puissantes les mieux établies marchant à l'allure la plus favorable.

Avec des forces hydrauliques, suivant le rendement des moteurs et la distance où le courant doit être envoyé, on peut compter entre **300** et **500** calories utilisables par cheval-heure disponible à la chute. La puissance réelle de la station génératrice pourra représenter environ 75 % de la puissance théorique de la chute : il y aura une perte de 5 à 10 % dans la transmission, et de 15 à 20 % dans l'utilisation à l'usine.

Dans de bonnes conditions, on peut avoir le kilowatt aux bornes de l'usine à 80 ou 100 francs par an.

La loi de Joule est applicable à chaque portion du circuit, c'est-à-dire que si la résistance entre deux points donnés est r, il s'y développera, par seconde, une quantité de calories égale à

$$\frac{i^2 r}{4\,200}.$$

Il en résulte qu'en augmentant la résistance on peut concentrer une grande production de chaleur sur un très faible espace ; c'est ainsi qu'un fil métallique fin, qui offre une grande résistance, peut rougir et fondre même par un courant très faible.

310. Régime de l'arc voltaïque. — Si le circuit est interrompu en un point, la résistance développée est énorme : le courant traverse l'espace vide sous forme d'*arc voltaïque*. On fait généralement jaillir l'arc entre deux charbons écartés de 1 à 5 centimètres. Le charbon positif entre en ébullition : la température maxima est donc celle de l'ébullition du carbone. On l'évalue à plus de 3.000°, mais il n'y a aucun moyen précis de la déterminer.

La température réelle ira en diminuant autour du charbon, et celle des matières placées sur le trajet dépendra d'un équilibre entre la production de chaleur et les causes de perte par conductibilité et rayonnement ; elle augmentera avec les dimensions de l'arc. Avec des arcs assez volumineux, on arrive à fondre les corps les plus réfractaires et à réduire tous les oxydes métalliques.

La distance des électrodes peut être augmentée quand il y a

dans l'intervalle des corps solides ou des vapeurs métalliques qui diminuent la résistance ; mais elle restera toujours en dessous de 10 centimètres. Les dimensions transversales doivent être en rapport avec l'intensité du courant: celle-ci peut varier pratiquement entre 5 et 40 ampères par centimètre carré de section de l'anode. La température sera d'autant plus élevée que la *densité* du courant (rapport de l'intensité à la surface) sera plus forte : mais aussi l'usure des électrodes augmentera. On dépasse rarement une densité de 20 ampères ; cependant M. Moissan est allé à 80 pour le traitement des oxydes les plus réfractaires.

Le charbon positif s'use deux fois plus vite que le négatif; celui-ci peut donc avoir une section plus faible. Cette différence disparaît quand on emploie des courants alternatifs. L'usure totale des deux charbons peut varier entre 3 et 8 centimètres de longueur par heure ; elle dépend beaucoup de leur qualité et du mode de fabrication.

La production de l'arc développe une force contre-électromotrice d'environ 35 volts. L'intensité réelle sera donc $i = \dfrac{e - 35}{r}$.

Pour un conducteur ordinaire, la résistance peut se calculer en multipliant par un facteur constant, qu'on appelle la résistance spécifique, le rapport de la longueur à la surface, exprimées en centimètres ; mais pour l'arc, elle dépend de la température, de la densité du courant, des substances qui se trouvent entre les électrodes. Elle varie en sens inverse de la densité, et on peut admettre pratiquement que, pour des densités ordinaires, le rapport $\dfrac{i}{e - 35}$ est compris entre 8 et 12. Mais il peut descendre à 1 pour des appareils de faible puissance et s'élever à 30 pour des appareils très puissants.

Les voltages pratiquement employés varient entre 50 et 120.

311. Chauffage par résistance. — Si au lieu d'un espace vide, on intercale dans le courant un espace occupé par une matière solide ou fondue, plus ou moins conductrice, le courant passera sans produire d'arc : on pourra employer des voltages plus faibles. On obtiendra, suivant la résistance et la densité du courant, toutes les températures voulues. A dimensions égales, la densité du courant devra croître à peu près proportionnellement à la température pour un corps donné, et en raison inverse de la racine carrée de la résistance des différents corps. Ainsi un

courant de 1.000 ampères par centimètre carré portera le charbon à une température voisine de 2.000 degrés, tandis qu'il en
faut 10.000 pour porter le cuivre à 1.000°.

312. Classification des fours électriques. — Les fours
électriques peuvent se rattacher, comme les fours ordinaires, à
deux types différents, suivant que le chauffage est direct ou indirect, c'est-à-dire que l'électricité traverse l'espace occupé par les
matières à échauffer, ou bien qu'elle chauffe un vase clos où ces
matières sont contenues. Dans les deux cas, on peut distinguer
deux procédés de chauffage : 1° par l'arc voltaïque, lorsque le
circuit est interrompu et que le courant traverse des espaces
vides ; 2° par résistance, lorsque le courant traverse sans interruption, soit la charge même du four, soit son enveloppe. Le
premier procédé donne des températures plus élevées, mais en
général un moins bon rendement.

313. Fours à arc. — Les fours à arc ont été les premiers
avec lesquels on a cherché à réaliser des applications industrielles, et le premier exemple a été le creuset Siemens, essayé
pour la fusion des métaux.

L'arc jaillissait entre un charbon et le métal à fondre, contenu dans un creuset en graphite. Le courant, comme dans
les lampes à arc, était réglé par l'action d'un solénoïde.

On peut rattacher au même mode de chauffage le procédé
employé parfois pour le recuit local des métaux, ou pour la
soudure. La pièce métallique est reliée avec le pôle négatif, et
on approche du point à chauffer un charbon relié au pôle positif
par un câble flexible. C'est ainsi que dans les plaques de blin-
dage trempées, on recuit les points où doivent être forés des
trous de boulons.

La plupart des fours à arc employés aujourd'hui comportent
deux électrodes D, D', placées face à face, entre lesquelles on
verse les matières à chauffer. Ces électrodes ont une direction
légèrement plongeante et pénètrent dans une cuve prismatique
peu profonde, fermée à la partie supérieure par un couvercle
mobile (fig. 151). Les parois peuvent être en briques réfractaires, garnies à l'intérieur d'une brasque de charbon et de
chaux. Dans les fours de petites dimensions, les parois sont
formées de blocs de chaux.

Dans les fours où l'on traite de petites quantités, comme celui de M. Moissan (fig. 152), les charges sont placées dans un petit

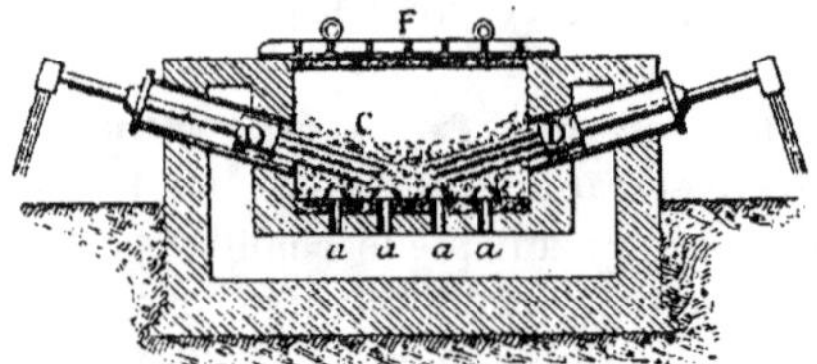

Fig. 151. — Four Crampton.

creuset en charbon que l'on retire ensuite pour couler les matières fondues. Dans les fours industriels, les charges sont versées directement sur les électrodes, et les produits se rassemblent au-dessous.

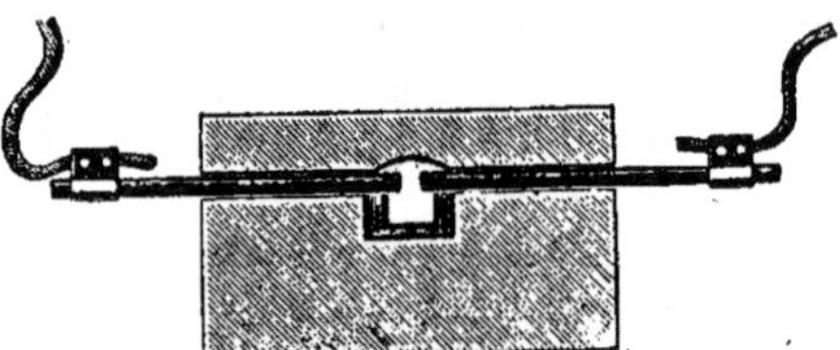

Fig. 152. — Four Moissan.

L'arc passe à travers la charge même, ce qui augmente la conductibilité de l'espace intermédiaire et permet de lui donner des dimensions un peu plus grandes. Mais comme cette conductibilité est variable, il faut faire varier en même temps la distance des électrodes mobiles. On doit donc observer à chaque instant le voltmètre et l'ampère-mètre pour régler le courant. On dispose aussi, à cet effet, de rhéostats à résistances variables que l'on peut intercaler dans le circuit.

La marche de ces fours est souvent discontinue, c'est-à-dire qu'on les vide après chaque opération. On peut la rendre semi-continue quand les produits sont fondus et qu'on peut les extraire par un trou de coulée : le rendement est alors meilleur.

Le rendement calorifique est assez difficile à apprécier, parce qu'il se produit en même temps des réductions par le charbon. En général l'usure des électrodes correspond au moins à la quantité de charbon nécessaire pour réduire les oxydes de la

charge. Il y a certainement une perte de chaleur importante
par suite de l'oxyde de carbone et des vapeurs de toute sorte qui
s'échappent à haute température.

On a parfois donné aux fours à arc la forme de cuves à
marche continue (four Stassano, fig. 153) ; les matières chargées

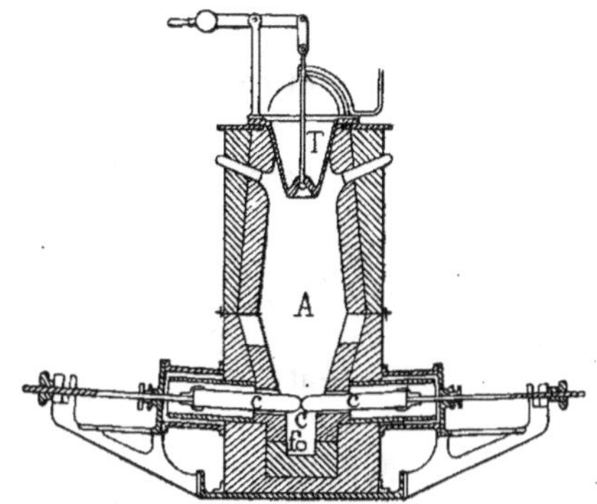

Fig. 153. — Four électrique Stassano.

à la partie supérieure s'échauffent au contact des gaz et des
vapeurs dégagées, et viennent se fondre entre les électrodes,
placées au-dessus du creuset. Ce serait un moyen de mieux utiliser la chaleur ; mais on a de la peine à obtenir une marche
régulière, à moins que les substances à traiter ne soient tout à
fait infusibles. Les charges sont exposées à se ramollir trop tôt,
à s'agglomérer et à former voûte au-dessus de l'arc électrique,
de sorte que la descente s'arrête.

Dans le creuset Siemens, le rendement ne dépassait pas
35 à 40 0/0. Dans des fours plus grands, il s'élève peut-être à
50 ou 60.

Par suite de la présence du carbone en ébullition, l'atmosphère
de l'arc électrique est forcément réductrice. Aussi ces fours
servent-ils surtout à la réduction des métaux, et les charges
qu'on y traite sont en général des mélanges d'oxydes et de
charbon pulvérulent. En raison de la haute température obtenue,
ils conviennent pour réduire les métaux réfractaires, comme le
chrome, le tungstène, etc. Mais pour les métaux plus fusibles,
cette température deviendra excessive et entraînera de grandes
pertes par volatilisation ; il vaut mieux avoir recours aux procédés d'électrolyse dont nous allons parler.

Ces métaux réfractaires sont rares, et la seule application industrielle importante du four à arc est jusqu'à présent la fabrication du carbure de calcium.

314. Fours à résistance. — Les procédés de chauffage direct par résistance sont ceux où le courant passe, sans interruption, à travers la matière à chauffer. Celle-ci peut être fondue ou solide. Le dernier cas ne peut être réalisé qu'avec les corps conducteurs comme les métaux ou le charbon. Mais tous les corps deviennent plus ou moins conducteurs quand ils sont fondus.

Lorsque le courant traverse ainsi un bain à haute température, il se produit toujours une décomposition électrolytique, qui met les métaux en liberté et les transporte à la cathode. Aussi ces fours s'appliquent spécialement à ce que l'on appelle l'*électrolyse par fusion ignée*. Ils peuvent servir à l'extraction de tous les métaux, et sont employés en pratique lorsqu'il s'agit d'un métal impossible ou difficile à réduire par le charbon. Ils seront préférables aux fours à arc toutes les fois qu'on n'aura pas affaire à des corps trop réfractaires, exigeant des températures extrêmes. Leur mode de marche exclut l'emploi des courants alternatifs.

La décomposition chimique produit une force de polarisation ε, de sorte que la force électromotrice disponible est $e - \varepsilon$, et l'intensité est $i = \dfrac{e - \varepsilon}{r}$. L'énergie dépensée est ei ; elle se décompose en deux parties : εi, employé à produire les réactions, et $(e - \varepsilon)\, i$, transformé en chaleur. La production du métal sera proportionnelle à l'intensité.

Dans un four donné, les pertes de chaleur varieront peu. Il y a donc intérêt à augmenter la production et par suite l'intensité, et à diminuer la résistance. D'autre part, les pertes varient en raison directe de la température et en raison inverse des dimensions des fours. Il y a donc intérêt à modérer la température et à employer de grands appareils. Les fours industriels devront recevoir plus de 100 kilowatts, et s'il est possible **200 ou 300**, ce qui correspondra à plusieurs milliers d'ampères.

Il y a toujours usure des électrodes : cette usure est très variable et dépend beaucoup de la fabrication des charbons ; dans de bonnes conditions, on peut l'estimer en moyenne à un kilogramme par 60 kilowatts-heure.

Le four (fig. 154) se compose en général d'une cuve prismatique. Le haut de la cuve peut être en maçonnerie, ou en tôle si le fer n'est pas attaquable par le bain employé. La sole, qui sert

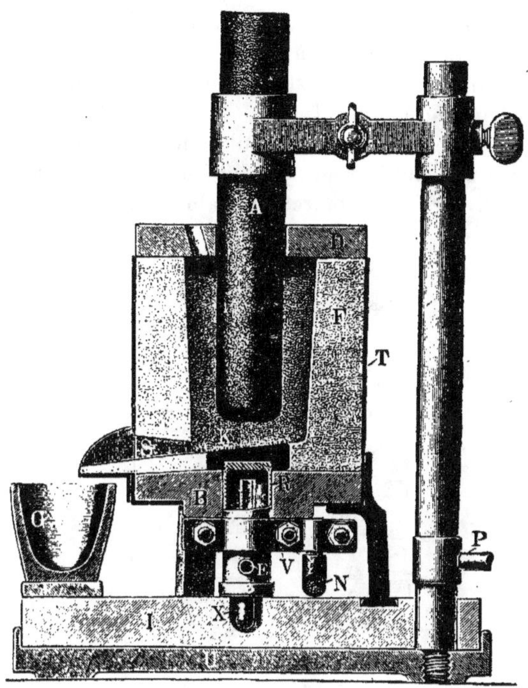

Fig. 154. — Four Borchers.

de cathode, est garnie de brasque : la communication avec le circuit se fait en dessous, par de larges pièces métalliques ; on peut employer des pièces en acier ou en bronze, refroidies par un courant d'eau. Le courant arrive par des cylindres en charbon suspendus au centre du four et formant anode.

On amorce l'appareil en approchant les électrodes assez pour faire jaillir l'arc ; on peut aussi les réunir par un petit cylindre de charbon qui devient incandescent. Aussitôt qu'il y a un peu de matière fondue, le courant la traverse facilement et on peut relever l'anode.

A partir de ce moment le travail devient continu. On verse les charges autour de l'anode : elles descendent et viennent se fondre au-dessous, pour former une couche de scories liquides. Le métal précipité par l'électrolyse se rassemble sur la sole, d'où on peut l'extraire par un trou de coulée.

Cette couche de métal fondu forme la surface de la cathode, et on doit maintenir l'anode à quelques centimètres au-dessus. De cette distance et de la résistance du bain dépendra à chaque instant l'intensité du courant.

Lorsque le produit n'est pas coulé, on peut rendre le creuset mobile en le plaçant sur un chariot que l'on retire à la fin de l'opération (fig. 155). La marche est alors discontinue.

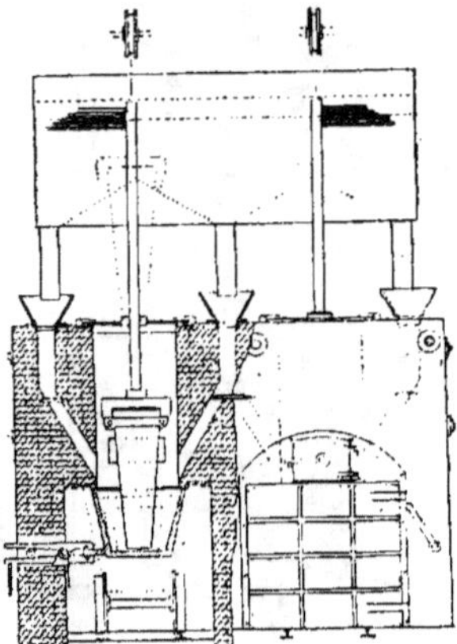

Fig. 155. — Four à creuset mobile.

C'est le cas de certains fours à carbure de calcium.

Le rendement de ces fours peut dépasser 75 0/0. La chaleur est produite au sein même de la masse, et si le four est assez grand, les parois ne s'échauffent pas trop. La température sera réglée à volonté par l'intensité du courant ; en général elle est beaucoup plus faible que dans les fours à arc. La partie supérieure du bain étant relativement froide, il y a peu de volatilisation, à moins que la réaction même n'ait pour effet de dégager des substances volatiles à l'anode.

Un point important est d'obtenir avec des mélanges convenables une scorie bien fusible et possédant le minimum de résistance électrique. On abaisse ainsi la température nécessaire, et on améliore le rendement.

Les fours à résistance fonctionnent en général à plus faible voltage que les fours à arc : on dépasse rarement 25 à 30 volts, et souvent on descend à 10 ou 15. Comme l'emploi des dynamos à ces faibles tensions n'est pas avantageux, on mettra souvent plusieurs fours en série, de manière à avoir une différence de potentiel totale d'au moins 50 à 60 volts. La densité de courant sera assez modérée : elle pourra atteindre 3 ou 4 ampères par centimètre carré pour les températures élevées (1.800°), $\frac{1}{2}$ ampère pour les températures moyennes (800°.)

Le chauffage par résistance solide est employé pour le travail et la soudure des métaux. Il n'y a pas besoin de fours. Le courant passe directement à travers la pièce de métal, le contact étant assuré par deux pinces de chaque côté de la partie qu'on veut chauffer.

Ce système se prête à une bonne utilisation de la chaleur : il a l'avantage d'être très commode et rapide.

Vu la faible résistance des métaux, il faut des courants de très grande intensité et de faible voltage. On emploie des courants alternatifs avec transformateurs.

315. — Fours à chauffage indirect — Les *fours à chauffage indirect* sont des fours à vases clos, où l'enveloppe seulement est chauffée par l'électricité. Ils peuvent servir aux fusions non réductrices, à l'affinage des métaux réfractaires.

M. Moissan emploie à cet effet un tube en charbon, incliné, dont la partie centrale est placée au milieu de l'arc. La charge est introduite par le haut du tube, les matières fondues s'écoulent à l'autre bout.

MM. Girard et Street ont établi, sur le même principe, des modèles de fours à tube vertical permettant le traitement des matières pouvant entrer en fusion (fig. 156 et 157).

Ce four ne peut avoir qu'un rendement calorifique faible : il vaut mieux chauffer l'enveloppe par résistance, quand la température à atteindre n'est pas trop élevée.

Les fours de ce dernier système ont servi surtout pour des études de laboratoire. Ainsi, pour étudier le recuit des métaux et réaliser des températures bien régulières, M. Charpy a employé un tube formé de deux feuilles en carton d'amiante, entre lesquelles s'enroule une spirale de fils de platine que le courant porte à l'incandescence ; le tube peut recevoir un mou-

vement de rotation qui rend la température plus uniforme.
On peut remplacer le fil de platine par un fil de nickel pur.

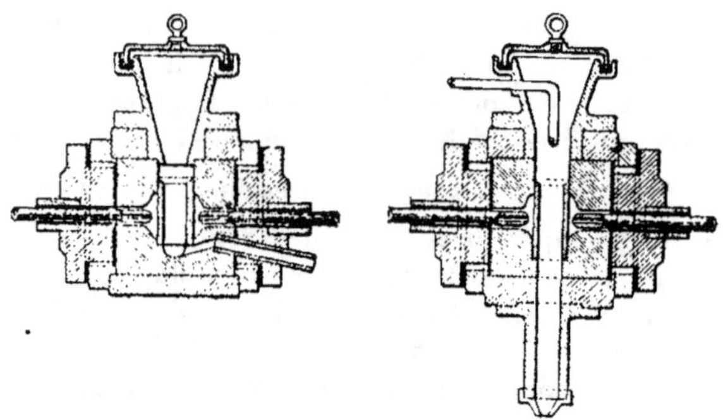

Fig. 156 et 157. — Fours Girard et Street.

On atteint dans ces fours la température de 1.500°. On peut aller
jusqu'à **2.000** en employant des tubes de charbon que le courant
traverse directement. Il faut naturellement des courants de
grande intensité, car la température dépendra de l'équilibre
entre les pertes par rayonnement et la chaleur produite par
résistance.

La partie chauffée doit être entourée d'une seconde enveloppe
en briques réfractaires, destinée à diminuer le rayonnement.

D'après des observations faites par MM. Linde et Rothe sur
un four à tube de 10 mm. de diamètre et de 62 cm. de longueur,
entouré de fil de nikel de **2** mm., et de deux tubes concentriques en terre, la résistance étant de 0,5 ohm à la température
ordinaire, on a observé le rapport suivant entre les températures
développées et l'énergie consommée en watts :

200°	60^w
400	180
600	380
800	640
1.000	930
1.200	1.310
1.300	1.540

On peut rapprocher de ces fours celui de M. Borchers (fig. 158),
où la matière à chauffer, au lieu d'être placée dans une enveloppe
incandescente, *entoure* une tige où passe le courant. C'est un

chauffage indirect par l'intérieur de la masse. On obtient ce résultat en réunissant deux gros charbons par un charbon beaucoup plus mince. La densité du courant dans le petit charbon

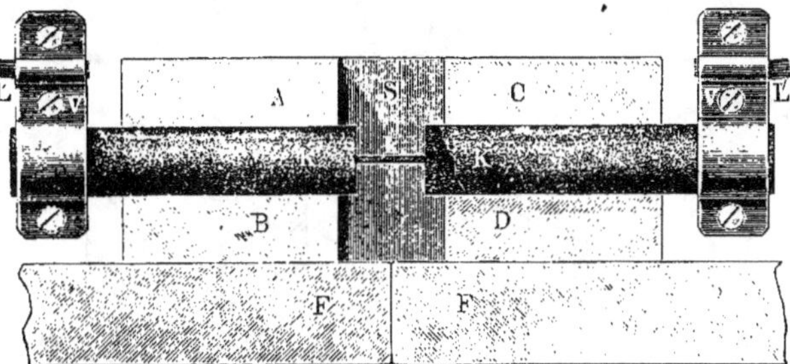

Fig. 158. — Four Borchers.

doit être de 1.000 ampères par centimètre carré pour les températures élevées. Un courant de 12 volts et 120 ampères peut chauffer à 1.800° une tige de 4 millimètres de diamètre sur 4 centimètres de longueur. C'est un procédé très logique au point de vue du rendement, car on recueille ainsi toute la chaleur qui se perdrait par le rayonnement, et l'utilisation théorique pourrait être parfaite. Mais il y aurait sans doute de grandes difficultés matérielles à chauffer ainsi de grandes masses, et nous ne croyons pas que ce système ait encore reçu d'applications industrielles.

316. Fours mixtes. — L'électricité étant un moyen de chauffage coûteux, toutes les fois qu'il s'agit de températures modérées il serait logique de ne lui demander que le coup de feu final et de soumettre à l'action du courant des matières déjà échauffées par les procédés ordinaires.

Tel est le but des fours mixtes. M. Minet a proposé à cet effet divers types d'appareils intéressants, permettant d'utiliser les gaz combustibles de hauts fourneaux ou les gaz brûlés des fours métallurgiques.

Le four (fig. 159) est formé d'une chambre centrale *A* avec trou de coulée *T* où se produisent les opérations ; des chambres de chauffe D. D, sont séparées de A par des cloisons en matières réfractaires, dont la nature dépend des matières traitées. Sous ces chambres D, D et communiquant avec elles par des orifices, se trouvent deux séries de carneaux : les uns CC servent au passage des gaz de hauts fourneaux, les autres C'C' à l'arrivée

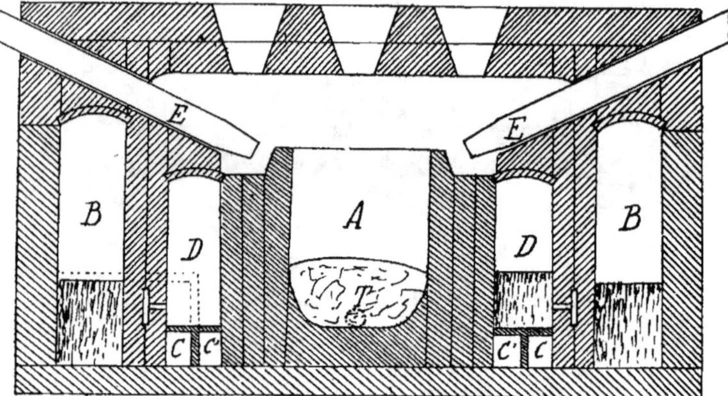

Fig. 159. — Four mixte système Minet.

des gaz riches ou pauvres employés; des entrées d'air permettent de produire la combustion complète de ces gaz.

Avant de pénétrer dans les carneaux C,C, les gaz des hauts fourneaux passent dans les galeries BB. Les charbons E servent d'électrodes.

On peut modifier la marche du four suivant les températures à obtenir.

Températures jusqu'à 500°. — Les gaz circulent dans B,B et D,D, et agissent par leur chaleur sensible.

Températures de 500° *à* 900°. — Les gaz circulent dans B,B sans combustion, et une partie passe par C,C pour venir brûler dans D,D.

Températures de 900° *à* 1.500°. — Les gaz circulent dans B,B sans combustion, une partie passe par C,C et vient brûler dans D,D ; les gaz riches ou pauvres provenant d'usines à gaz ou de gazogènes viennent dans C',C' pour brûler ensuite dans D,D.

Températures de 1.500° *à* 3.500°. — Comme ci-dessus avec, en plus, passage du courant dans les électrodes E,E.

Ce four mixte permet d'obtenir ainsi une échelle variée de températures, suivant les réactions à effectuer.

317. — Comparaison avec les procédés de chauffage ordinaires. — Un cheval-heure équivaut théoriquement à 635 calories ; aux bornes des fours électriques il pourra en donner 550 à 600, ce qui mettrait le prix des 1000 calories électriques entre un et deux centimes avec des forces hydrauliques, entre dix et vingt centimes avec des moteurs à vapeur.

Avec de bonnes houilles à 14 fr. la tonne, ce qui est un prix moyen dans le voisinage des bassins houillers, les 1000 calories coûteront 0 fr. 002 ; le prix de la calorie électrique sera donc cinq à dix fois celui de la calorie produite par combustion, et si on emploie la vapeur comme force motrice, le rapport s'élèvera à cinquante ou cent.

Pour qu'il y ait parité, il faudrait, dans le cas le plus favorable, que le prix du charbon s'élevât au-dessus de 70 francs dans une région où l'on dispose de chutes d'eau.

Mais pour établir une comparaison rationnelle, il faut tenir compte du rendement pratique. Le rendement du four électrique peut être de 60 à 80 0/0. Celui d'un four métallurgique ordinaire dépasse rarement 20 0/0 (si on laisse de côté les fours à cuve où l'utilisation est meilleure) ; il diminue à mesure que les dimensions du four deviennent plus faibles, et que la température à produire est plus élevée. Pour la fusion de l'acier en creuset il s'abaisse à moins de 5 0/0 ; un kilogramme de bon coke produit à peine 200 calories utiles. En comptant le coke à 30 fr., les 1000 calories utiles reviendront à 15 centimes tandis que les 1000 calories électriques reviendront à 3 centimes avec des forces hydrauliques. Même en produisant l'électricité avec des moteurs à vapeur, il y aura presque parité, et on pourra préférer ce moyen de chauffage à cause des commodités qu'il présentera dans certains cas.

En fait, jusqu'à présent, l'emploi industriel de l'électricité comme agent de chauffage reste limité aux fabrications qui sont impossibles, ou tout au moins très difficiles, dans les fourneaux ordinaires, comme celle de l'aluminium, du carbure de calcium, et accessoirement des ferro-siliciums ou ferro-chromes très riches. On peut prévoir qu'il s'étendra à quelques autres opérations exigeant des températures très élevées et de fortes dépenses de combustible, comme la fabrication du ferro-manganèse.

Dans l'élaboration des métaux, on emploie l'électricité avec succès pour la soudure, c'est-à-dire pour une opération discontinue, portant sur de faibles poids, où l'on recherche la commodité plutôt que l'économie.

Dans ces conditions, l'électricité peut reprendre l'avantage, car les fours métallurgiques ne sont économiques qu'à condition d'avoir de grandes dimensions et de travailler d'une manière continue : tout arrêt est une cause de pertes. Le rendement de ces fours devient donc très mauvais quand il s'agit de faibles productions et que les arrêts sont fréquents, tandis que celui des fours électriques reste à peu près le même.

Dans le cas de la soudure, il faut à peu près 2.000 kilogrammètres pour chauffer au blanc un centimètre cube de fer, ce qui correspondra, avec un bon moteur, à une dépense de charbon de 1 k. 5 par kilogramme de métal. Dans les grands fours à réchauffer, on ne dépense pas plus de 200 à 300 k. par tonne ; mais dans les fours où l'on réchauffe de petites pièces, la consommation monte à 600 ou 800, et il n'est pas douteux qu'elle puisse s'élever au double quand la marche est souvent interrompue. D'autre part le chauffage électrique est bien plus rapide, il occasionne moins de déchets et il peut se localiser exactement sur les points à souder, tandis que dans les fours on chauffe inutilement une fraction plus considérable des pièces. Ainsi l'électricité peut devenir moins coûteuse.

Si au contraire il s'agit de grandes productions, l'électricité ne pourra pas lutter en général avec les moyens de chauffage ordinaires, d'autant plus qu'elle se prête très difficilement aux chauffages de grandes enceintes. Son emploi se limitera alors à la production des températures exceptionnelles. Toutefois, on pourra songer à l'employer comme adjuvant, dans les fours mixtes, pour donner le dernier coup de feu.

318. Fabrication des charbons.—Pour l'électro-métallurgie par voie sèche et par voie humide, le charbon est à peu près le seul corps employé comme électrodes, sauf dans les cas où il se trouverait attaqué, comme dans la fabrication du chlorate de potassium. Le charbon est en effet la seule matière qui remplisse les conditions nécessaires pour le maintien d'un arc voltaïque puissant.

La qualité des charbons employés doit être appropriée à l'usage spécial auquel ils sont destinés. C'est ainsi que les charbons pour l'éclairage doivent être denses, homogènes, purs, présenter peu d'usure et être bons conducteurs.

Pour l'électro-métallurgie par voie sèche, il faut surtout que le charbon soit compact et résistant aux causes d'usure physiques et chimiques.

Les divers charbons employés sont des agglomérés formés de poudre de charbon (coke, charbon de cornue, anthracite pur), et d'une matière agglutinante (gomme, mélasse, goudron, ou brai).

Le mélange doit être moulé sous une pression très forte et autant que possible à la presse hydraulique. Le produit est cuit à haute température.

On fabrique ainsi des cylindres d'environ 1 m. 50 de longueur et de 1 à 4 décimètres carrés de section : pour des sections plus fortes, il vaut mieux en réunir plusieurs en faisceaux.

Les charbons d'électrode coûtaient autrefois 1 fr. le kil. ; leur prix a diminué de moitié, et, dans une usine qui les fabrique elle-même, on peut les avoir entre 0 fr. 25 et 0 fr. 30.

On peut augmenter la résistance des charbons en les cuisant à une température extrême, par chauffage électrique. Le four Girard et Street construit spécialement pour cet usage se compose d'un bloc f de matière réfractaire en un ou plusieurs morceaux, percé de deux canaux à angle droit: l'un sert à introduire le charbon c à traiter, l'autre donne passage à deux tiges de charbon a et b servant à la formation de l'arc (fig. 160).

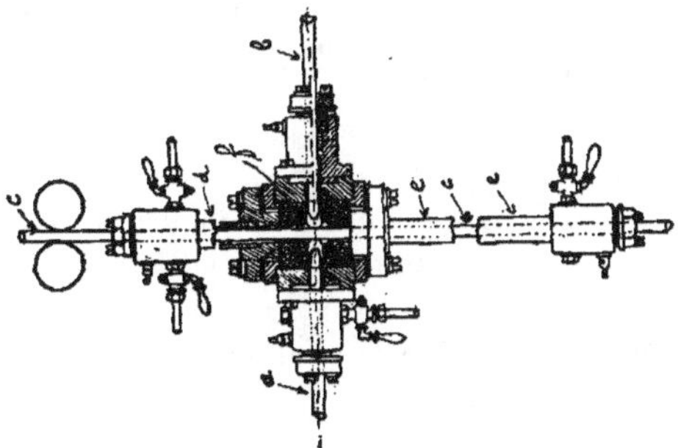

Fig. 160. — Four Girard et Street.

Le charbon à traiter c passe dans des tubes d et e au travers de presse-étoupes. Des galets donnent au charbon c un mouvement d'avancement continu, dont la vitesse dépend du résultat que l'on désire obtenir.

Il y a deux arcs formés, l'un entre b et c, l'autre entre a et c. Dans d'autres fours, il n'y a qu'un seul arc.

Si on le désire, l'opération peut s'effectuer dans une atmosphère de gaz quelconque, les presse-étoupes assurant l'étanchéité.

L'usure des charbons a et b étant très lente, le réglage des arcs se fait à la main.

Le charbon obtenu par ce procédé est environ 25 fois plus résistant aux agents chimiques que les charbons ordinaires ; la conductibilité électrique est augmentée dans le rapport de 4 à 1 ; la densité est également augmentée ; enfin l'usure du charbon dans l'arc est la moitié de celle des charbons ordinaires. Il contient environ 80 0/0 de graphite.

319. Étude et surveillance des fours électriques. — Pour contrôler la marche des fours électriques, on installe sur le circuit un ampèremètre qui indique l'intensité, et en dérivation sur les bornes du four un voltmètre qui indique la différence de potentiel. On doit faire les observations régulièrement. Pour l'étude théorique, il est utile de mesurer la température, avec un couple logé dans un tube assez long pour pénétrer dans la région la plus chaude du four ; dans la marche courante, on se contentera d'apprécier la température d'après l'éclat des produits coulés et la fluidité du bain.

Le produit ei représentera l'énergie développée dans le four. Si E est la force électro-motrice aux bornes de la dynamo, $\dfrac{e}{E}$ représentera le rendement de l'installation électrique et permettra de calculer les pertes d'énergie dans le circuit extérieur.

Quant aux pertes dans le four, on pourra les calculer si on connaît les chaleurs spécifiques des matières à échauffer, leur température finale, les chaleurs de fusion et les chaleurs correspondantes aux réactions chimiques. On aura alors la quantité Q de chaleur réellement utilisée, et le rapport $\dfrac{Q}{ei} \times 4.200$ donnera le rendement du four.

Dans les fours à résistance solide, on pourra mesurer les pertes par rayonnement en les faisant fonctionner à vide : l'énergie nécessaire pour les maintenir à température constante équivaudra alors à la chaleur perdue.

Pour régler la température, on peut : soit intercaler dans le circuit extérieur des résistances variables, soit faire varier la résistance du four en modifiant la distance des électrodes. Ce dernier moyen est évidemment préférable, car toute résistance supplémentaire augmente les pertes d'énergie. Il est cependant indispensable d'avoir des rhéostats pour compenser les variations de résistance, qui sont parfois très fortes dans les fours à arc, surtout au début et à la fin des opérations. Mais dans le régime normal, l'installation électrique et la puissance des machines doivent être étudiées pour réduire au minimum la résistance des conducteurs.

Dans les fours à résistance solide, l'emploi des rhéostats permet seul de régler la température.

Dans les fours à arc et dans tous ceux où il se produit des réactions chimiques, il se développe une force contre-électromotrice, ou force de polarisation ε, et on a la relation : $e = ri + \varepsilon$. La détermination exacte en est souvent difficile. La résistance r varie avec la température et avec l'intensité. Si on néglige ces variations, en faisant deux expériences avec des intensités différentes, on aura deux équations permettant de calculer r et ε. On n'aura ainsi qu'une approximation.

Si on fait plusieurs expériences, en les combinant deux à deux, on obtiendra autant de valeurs différentes de la constante ε. On fera alors des essais en introduisant, dans toute la série des équations qui traduisent chaque expérience isolée, une même valeur de ε. Chaque équation donnera ainsi une valeur de r correspondant à une valeur de i. On pourra construire la courbe des variations de r en fonction de i : on cherchera par tâtonnements quelle est la valeur de ε qui donne la courbe la plus régulière. Toutefois, il ne faut pas oublier que ε peut varier un peu avec la température.

Si on fait varier la distance d et la section s des électrodes, on peut poser approximativement $r = r_0 \times \dfrac{d}{s}$, r_0 étant la résistance spécifique du bain : on pourra la déterminer en faisant plusieurs expériences dans des conditions variables.

La recherche du régime le plus avantageux sera délicate. Il y a presque toujours avantage à réduire le potentiel et la température, autant que le permet l'opération à réaliser. Toutefois il y aura dans cette voie une limite pratique à chercher par tâtonnements. En effet, quand on diminue la température, la résistance du bain augmente, ce qui est un inconvénient. D'autre part, quand on diminue le potentiel et l'intensité, le rendement électrique s'améliore, mais la production décroît et les frais généraux deviennent plus lourds. Il y a donc un moyen terme à rechercher, et le régime qui donnera le moindre prix de revient dépendra souvent des circonstances locales.

Il sera toujours avantageux de réduire le potentiel et la température nécessaire, en cherchant la composition du bain qui correspondra au minimum de résistance et au maximum de fluidité.

Il sera bon, dans les fours à électrolyse, d'observer la température extérieure des cuves et celle de la surface du bain : il est toujours utile de les réduire dans la mesure du possible. Ces observations détermineront les dimensions les meilleures à donner aux cuves et la hauteur à donner au bain. En effet, la température extérieure baissera quand on augmentera ces dimensions par rapport à la section des électrodes.

Notons que dans la conduite pratique de ces fours, il est très important de surveiller et d'entretenir avec soin tous les contacts entre les différentes pièces qui composent le circuit, notamment entre les électrodes et les câbles. La propreté et la perfection de ces contacts sont indispensables pour éviter des augmentations de résistance et des pertes d'énergie.

320. Aluminothermie. — L'aluminothermie est un procédé qui permet de réaliser des températures élevées, et de préparer divers métaux à l'état pur; la chaleur est fournie par l'oxydation de l'aluminium.

L'aluminium ne brûle pas directement à l'air, mais il peut brûler indirectement en décomposant les oxydes des autres métaux. Sauf les métaux alcalins et alcalino-terreux, tous les métaux peuvent être déplacés de leurs oxydes par l'aluminium : cette réaction donne lieu à un grand dégagement de chaleur, et se produit très rapidement quand les deux corps sont intimement mélangés ; elle peut même se faire avec explosion pour les oxydes faciles à réduire.

Ce principe a d'abord été utilisé pour la réduction du manganèse ; puis M. Goldsmidt en a fait un procédé général de chauffage et de réduction des métaux, sans intervention du carbone.

L'aluminium est pris en poudre fine, ou de préférence sous
forme de sciure ou de grains fins réguliers, et mélangé avec le
sel à réduire dans les proportions théoriques définies par l'équation chimique, et qui, pour le chrome, par exemple, est la suivante :

$$Cr^2O^3 + Al^2 = Al^2O^3 + Cr^2$$

Au début, M. Goldschmidt effectuait l'amorçage de la réaction, en un point donné de la masse, en y produisant une température élevée par un jet de flamme approprié ; cette réaction se
propageait ensuite rapidement des divers côtés du point d'inflammation. Depuis, M. Goldschmidt a rendu l'opération plus
facile en employant, pour mettre la réaction en train, un mélange formé de poudre d'aluminium et de poudre de bioxyde de
barium : une simple allumette approchée d'un fil de magnésium
enfoncé dans cette amorce suffit à provoquer la réaction, l'un
sur l'autre, des deux corps qui la composent ; la chaleur dégagée
devient tout de suite considérable et détermine une réaction rapide dans toute la masse.

De grandes précautions doivent être prises dans la préparation
du mélange de l'aluminium et de l'oxyde métallique à réduire,
afin que ce mélange soit bien homogène ; l'aluminium ayant
une grande affinité pour les métaux, M. Goldschmidt conseille
d'employer un léger excès d'oxyde pour assurer l'oxydation
complète et empêcher la formation d'alliage d'aluminium.

Dans la préparation de l'amorce d'allumage, il faut employer
de l'aluminium réduit en poudre impalpable, le mélange avec le
bioxyde de barium devant être aussi intime que possible : les
proportions de matières employées sont de 0 gr. 5 d'aluminium
pour 2 gr. 5 de bioxyde de barium.

Le creuset dans lequel s'effectue l'opération doit être de préférence en plombagine, et garni intérieurement de magnésie
comprimée à la presse hydraulique. On y place une certaine
quantité du mélange à traiter jusqu'au quart environ de la hauteur du creuset, puis on projette sur ce mélange quelques grammes de poudre d'allumage qu'on enflamme avec une allumette : la
chaleur dégagée amorce aussitôt l'oxydation, et la masse commence rapidement à entrer en fusion. Lorsque la surface du
mélange est devenue liquide, on projette petit à petit dans le
bain de nouvelles quantités du mélange d'oxyde métallique et

d'aluminium préparé, jusqu'à épuisement de la préparation ; M. Goldschmidt dit pouvoir obtenir par cette méthode 100 kg. de chrome pur en 25 minutes : dans la préparation de ce métal, la température des matières en réaction dépasserait d'après l'inventeur 3.000 degrés. Le chrome et le manganèse sont obtenus à un grand degré de pureté à l'usine de la société d'électrochimie de Saint-Jean-de-Maurienne, et à celle d'Essen, par ce procédé.

M. Goldschmidt utilise aussi les températures élevées qu'il obtient de la façon que nous venons d'indiquer pour braser et souder les métaux. A cet effet il prépare un mélange, qu'il nomme « thermite », composé d'aluminium en grains assez fins et d'oxyde de fer bien pulvérisé, et il l'enflamme dans un creuset au moyen de poudre d'allumage ; les pièces à braser ayant été bien nettoyées, puis rapprochées au moyen de tirants à vis, on coule le métal fondu dans une sorte de moule formé d'une enveloppe en tôle garnie de terre réfractaire et embrassant les extrémités des tuyaux. Il coule d'abord du creuset un peu de corindon liquide, qui se solidifie au contact du métal froid et protège ce dernier contre une température trop élevée ; le métal coule ensuite et la chaleur qu'il dégage amène la fusion, et par suite le soudage des bouts de tuyaux en contact.

Le mélange réducteur et la couche de corindon s'enlèvent facilement lorsqu'on retire le moule.

Ce procédé a été aussi appliqué avec succès au soudage des rails de tramways.

L'aluminothermie peut être considérée comme un moyen indirect d'utiliser l'énergie électrique, puisque l'aluminium se prépare par l'électrolyse par fusion ignée. Il est donc évident, *a priori*, que le système sera plus coûteux que le chauffage électrique ; mais, dans certains cas, il pourra être plus commode parce qu'il n'exige ni fours ni appareils, et, pour la préparation des métaux réfractaires, il offre l'avantage de les réduire par l'aluminium, sans y introduire de carbone.

CHAPITRE IV

MATÉRIAUX RÉFRACTAIRES

§ 1. — BRIQUES RÉFRACTAIRES

Les revêtements intérieurs des fourneaux sont le plus souvent en briques réfractaires. Il faut, pour faire ces briques, une substance à la fois plastique, et infusible aux températures élevées. L'argile réfractaire remplit ces conditions.

321. Argiles réfractaires. — L'argile pure se compose de silicate d'alumine, allié à une proportion d'eau variable. Les silicates d'alumine ne sont jamais entièrement fusibles aux températures ordinaires des foyers ; ils se ramollissent seulement, lorsque la proportion relative des deux éléments est comprise entre certaines limites. Les moins réfractaires sont ceux qui se rapprochent de la formule du trisilicate, c'est-à-dire ceux où le rapport du poids de la silice à celui de l'alumine est compris entre 2,50 et 3.

Lorsqu'un des deux corps sera en plus forte proportion, la terre deviendra plus réfractaire. La plasticité tient surtout à la présence de l'hydrate d'alumine, les terres les plus alumineuses seront donc les plus plastiques : les terres très siliceuses sont celles qui résistent le mieux à la fusion, mais elles sont peu plastiques.

Les terres les plus employées contiennent en général de 25 à 30 0/0 d'alumine et de 55 à 65 0/0 de silice. Les terres alumineuses, contenant moins de 50 0/0 de silice, sont recherchées lorsque les briques doivent résister à l'action corrosive des scories ; les terres siliceuses, contenant plus de 80 0/0 de silice, sont employées lorsque les briques doivent supporter des températures extrêmement élevées.

19

322. Influence des corps étrangers. — Les argiles natu-relles contiennent toujours des traces d'autres bases, notamment de la chaux et du sexquioxyde de fer, parfois aussi des alcalis et de la magnésie. La présence de ces bases augmente la fusibilité : les meilleures argiles seront donc les plus pures. Les alcalis sont les corps les plus nuisibles par leur action fondante : aussi les argiles très blanches ne sont pas toujours réfractaires, parce qu'elles en contiennent souvent. La chaux et la magnésie augmentent aussi la fusibilité, mais sont moins nuisibles, surtout la magnésie. Leur proportion ne doit pas dépasser 1 à 2 0/0, et dans les meilleures argiles elle n'est que de quelques millièmes. Le protoxyde de fer est un fondant énergique, mais s'il n'est pas en trop grande quantité il peut se transformer en sesquioxyde à la cuisson. Le sesquioxyde, qui se rencontre souvent dans l'argile et la colore en rouge, a à peu près les propriétés de l'alumine ; il n'est pas très nuisible, à moins que les briques ne soient exposées à des actions réductrices qui le transforment en protoxyde. Certaines argiles contiennent des matières organiques qui, en se décomposant au feu, diminueraient la solidité de la brique ; elles se détruisent spontanément par une exposition prolongée à l'air. Les terres riches en matières organiques sont grises, ou même noires comme les argiles bitumineuses.

On essaie la résistance de l'argile en en façonnant de petits cubes qu'on place dans des creusets, et qu'on chauffe à un violent feu de forge. La surface peut se vitrifier, mais il faut que les angles restent vifs, et que l'intérieur ne soit pas altéré.

On essaie la plasticité en cherchant quelle est la proportion maxima de sable qu'on peut ajouter à l'argile sans lui ôter la propriété de se mouler. Pour cela on en forme des mélanges avec des quantités croissantes de sable, ou de quartz pilé, et on observe s'ils peuvent se pétrir sans s'écraser.

323. Retrait. — L'argile, lorsqu'on la chauffe à une haute température, se contracte d'autant plus qu'elle est plus plastique. Des briques faites d'argile pure se fendraient au feu. Pour éviter cet inconvénient, il faut amaigrir l'argile, c'est-à-dire la mélanger à des matières non plastiques, qui se dilatent au feu et dont le gonflement compense le retrait de l'argile.

324. Ciments. — Ces matières prennent dans la fabrication le nom général de ciment ; elles doivent être infusibles et ne contenir aucun des éléments qui peuvent nuire aux qualités de l'argile. On emploie surtout le quartz broyé, les sables maigres c'est-à-dire siliceux, l'argile calcinée, les débris de creusets ou de vieilles briques réfractaires : l'argile calcinée effectue son retrait une fois pour toutes et se comporte ensuite comme une matière maigre, toutefois le retrait n'est tout à fait complet qu'après une calcination prolongée et à très haute température. Pour certaines fabrications spéciales, on prend pour ciment de la plombagine, du graphite ou du poussier de coke ; ces corps doivent être aussi purs que possible, et surtout avoir des cendres infusibles, et non calcaires.

La fabrication des briques réfractaires comprend plusieurs phases : 1° la préparation des matières premières ; 2° le broyage et le pétrissage de la pâte ; 3° le moulage ; 4° la dessiccation et la cuisson.

325. Préparation des terres. — 1° Les matières premières se divisent en deux groupes ; les terres et les ciments.

La terre doit sécher plusieurs mois à l'air ; puis, lorsqu'elle est sèche et peut se diviser, on la trie. On enlève les gros noyaux ferrugineux ou pyriteux, les gros fragments de sable. On met à part les portions d'argile bien pure, qui ne présentent pas de taches, et qui constituent le premier choix.

Lorsque l'argile est pyriteuse, on prolonge l'exposition à l'air jusqu'à 2 ou 3 ans, pour laisser les pyrites s'effleurir et se dissoudre. On fait de même lorsqu'il y a beaucoup de matières organiques, c'est ce qu'on appelle le *pourrissage*. Parfois on lave l'argile pour enlever les fragments de sable ou les sels solubles. Pour certains produits spéciaux, on la lévige, afin de n'employer que les parties les plus fines : cette opération n'est pas nécessaire pour les produits destinés à la métallurgie.

326. Préparation des ciments. — Les matières destinées à servir de ciment doivent être triées, afin d'enlever les parties calcaires ou ferrugineuses. Si on emploie de vieilles briques ou des débris de creusets, il faut écarter les fragments auxquels ont adhéré des scories. Quand on emploie comme ciment de la terre calcinée, il faut la cuire avant de la broyer ; elle prend par cette opération une plus grande dureté, et le broyage devient un peu plus difficile : mais la cuisson d'une matière en gros fragments est bien moins coûteuse que celle d'une substance pulvérulente. Le quartz doit être étonné, c'est-à-dire qu'on le plonge dans l'eau après l'avoir chauffé au rouge : cette opération le rend plus fragile et facilite le broyage.

327. Cuisson de l'argile. — L'argile se cuit le plus souvent dans des fours à chauffe distincte, car le mélange des cendres du combustible altèrerait ses qualités. D'après ce qui a été dit dans l'étude des fours, l'appareil qui conviendra le mieux sera le four à cuve à chauffes latérales ; en effet il s'agit de calciner une matière en assez gros fragments et qui ne craint pas les chocs, puisqu'elle est destinée à être broyée.

Nous donnons ci-dessous (fig. 161-162) le croquis d'un four employé à cet usage. La cuve est à section circulaire, évasée de haut en bas pour faciliter la descente. Il y a trois chauffes latérales entre lesquelles sont placés les ouvreaux de déchargement. La hauteur est de 5 à 6 mètres. Le diamètre varie de 2 à 3 mètres. Le volume est donc de 20 à 25 mètres cubes. On y passe de 5 à 6 tonnes d'argile par 24 heures, soit une tonne pour 4 à 5 mètres cubes de volume. On brûle 10 à 15 0/0 de houille. La température doit atteindre au moins le rouge vif.

On pourrait aussi chauffer ces fours au gaz si l'opération se faisait près d'une usine donnant un excès de gaz combustibles perdus et qu'il n'y eût pas de meilleur usage à en faire. Dans certaines usines, on emploie des fours discontinus : ils sont beaucoup moins économiques, et il n'y a aucune raison pour les adopter pour chauffer une matière dont la manipulation ne réclame aucun soin. On pourrait à la rigueur employer les fours annulaires si le combustible était très cher. Mais l'économie qu'ils procureraient serait faible, sinon illusoire : leur construction serait très coûteuse, parce que, marchant à haute température, il faudrait construire toutes les parois en briques réfractaires ; il faudrait toujours les chauffer avec des grilles spéciales, ou bien au gaz, et les frais de main-d'œuvre y seraient bien plus élevés que dans les fours à cuve.

Lorsque l'argile est en poudre on est forcé de la calciner dans des fours à réverbère. On l'étend en couche mince sur la sole, où elle doit séjourner une dizaine d'heures pour se chauffer bien régulièrement.

Les frais de calcination de l'argile peuvent se monter à **3 fr.** par tonne dans les fours à cuve, 7 fr. dans les fours à réverbère.

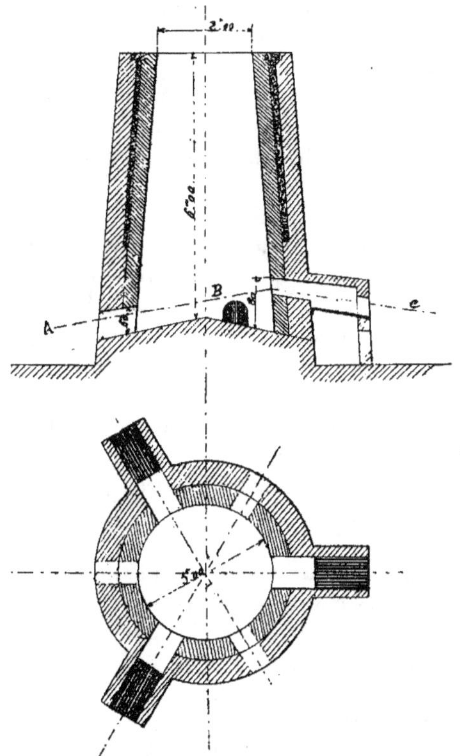

Fig. 161 et 162. — Four à cuire l'argile.

328. Préparation du quartz. — Le quartz peut être chauffé dans des fours analogues, mais plus petits, car la température ne doit pas dépasser le rouge. Devant les ouvreaux de déchargement se trouve une bâche pleine d'eau où tombe le quartz encore chaud. Puis on le retire de la bâche, et des ouvriers armés de marteaux le trient : ils rejettent les fragments qui présentent des taches d'oxydes métalliques, ou ils les brisent, de manière à éliminer la partie impure. Les frais de chauffage et de triage du quartz peuvent atteindre 4 ou 5 fr. par tonne.

329. Broyage. — Les matières ainsi préparées passent au broyage. Cette opération se fait sous des meules verticales en fonte. Elles peuvent peser de 1.500 à 2.000 kilogrammes et font environ 15 tours par minute. En Allemagne on emploie souvent des meules dont l'arbre est fixe et l'auge mobile. Plus rarement on emploie des cylindres ou des bocards. Lorsque la matière première est en gros fragments, il ne faut pas l'envoyer directement aux meules, il vaut mieux la préparer en la faisant passer d'abord dans une paire de cylindres broyeurs.

330. Blutage. — La matière doit être blutée, c'est-à-dire tamisée sur des toiles métalliques ou des grilles de dimensions convenables. Pour les briques de bonne qualité, les éléments doivent passer par des mailles de 1 à 2 millimètres de côté : pour les produits supérieurs, comme les moufles et les creusets, on les fait passer par des mailles de 1 millimètre au plus : pour les briques ordinaires, on blute sur des grilles dont les barreaux ont 4 à 5 millimètres d'écartement. Enfin, pour les briques siliceuses, le quartz est bluté sur des toiles dont les mailles ont au plus un demi-millimètre ; parfois on le réduit presque en farine impalpable.

331. Blutage automatique. — Le blutage peut se faire mécaniquement ; les matières, relevées par une noria, tombent sur des grilles inclinées dont le refus glisse naturellement jusqu'aux trémies de chargement des broyeurs. Dans certaines meules le centre de l'auge est creux et couvert par une toile conique : la meule est suivie par une petite noria oblique, portée sur le même arbre, dont la partie inférieure traine sur l'auge. Cette noria relève la poussière et la jette sur la toile : le refus glisse et retombe dans l'auge : le reste passe au travers et se rend dans une fosse.

Une meule de ce système peut broyer environ 15 tonnes d'argile fraîche, 8 à 10 d'argile cuite ou de débris de briques, 5 à 10 de quartz, dans les dimensions ordinaires, à peine une lorsqu'il faut réduire le quartz en farine. Les frais de broyage de l'argile peuvent varier de 1 à 2 fr., ceux du quartz seront de 3 à 5 fr. dans les cas ordinaires, ils atteindront 10 fr. et plus lorsqu'on voudra broyer très fin : la poussière de quartz use les mécanismes et occasionne des frais d'entretien considérables.

332. Mélanges. — Une fois les matières broyées, il faut les mélanger dans des proportions convenables. Dans les briques de bonne qualité il entre en général 2/3 de ciment et 1/3 d'argile : la proportion de ciment peut être d'autant plus forte que l'argile est plus plastique.

333. Composition des diverses qualités. — En général, pourvu qu'il y ait assez d'argile pour permettre un bon moulage, les briques se comporteront d'autant mieux au feu qu'elles contiendront plus de ciment : celles qui en auront trop peu se fendront : mais comme les ciments de bonne qualité reviennent en général plus cher que l'argile, on cherche à en réduire la proportion dans les briques ordinaires, ou bien on le compose en tout ou en partie de vieux débris broyés. Dans les briques de bonne qualité, on n'emploie que le quartz. Dans les briques extra on emploie comme ciment la terre grillée qui donne plus de cohésion ; ces briques sont réservées pour les parties qui doivent résister à des chocs, on y introduit d'autant plus de terre grillée qu'elles doivent être exposées à de plus hautes températures.

Les briques alumineuses, destinées à supporter le contact des scories, se feront aussi avec de la terre seulement : on choisira les terres les plus alumineuses. On introduira dans le ciment le plus possible d'écailles de creuset bien triées. Les creusets de verrerie ou de fusion de l'acier sont en terre très réfractaire et ont subi par l'usage une calcination énergique et prolongée ; leurs débris donnent donc un excellent ciment.

Les briques siliceuses se feront avec des terres maigres et du quartz : ce sont celles qui résistent le mieux aux hautes températures, mais elles sont un peu faibles et ne supportent pas les chocs.

Dans les creusets ou les moufles destinés à supporter à la fois de hautes températures et le contact de scories corrosives, on emploie avantageusement le graphite ou le poussier de coke ; on en introduit de 10 à 30 ou 40 0/0 dans la pâte.

334. Malaxage. — Les terres sont mesurées au volume, dans des caisses en bois. Puis on les mélange à la pelle, ou dans des malaxeurs. On peut employer un cylindre en tôle, incliné de 5° sur l'horizon, à parois hérissées de dents disposées en hélice, tournant à raison de **12** tours par minute, et long de **2 à 3** mètres.

Le mélange fait, il faut lui incorporer, pour le rendre plastique, une proportion d'eau qui varie de **7** à **10** 0/0. On l'arrose, on le laisse s'imbiber plusieurs heures, puis on le pétrit.

335. Pétrissage. — Le pétrissage doit être fait avec soin, afin de réduire autant que possible la proportion d'eau nécessaire. Quand on le fait à la pelle, un homme peut pétrir à peu près trois mètres cubes par jour. En général, il se fait mécaniquement : on charge la pâte dans des cylindres verticaux, où tourne un arbre muni de couteaux (fig. **163**). A la base se trouve un petit orifice de **10** centimètres de diamètre, par lequel la pâte sort sous forme de boudin. Une fois le fond rempli de pâte bien pétrie, on peut laisser cet orifice ouvert, et charger d'une manière continue au sommet du cylindre. Un appareil pourra passer environ **1** tonne par heure. Les dimensions devront être suffisantes pour que la pâte y séjourne au moins trois heures : ainsi, pour la production que nous venons d'indiquer, il faudra qu'il contienne trois tonnes de pâte ; il suffira d'une capacité d'un mètre cube et demi à deux mètres. Si le diamètre est d'un mètre, la hauteur sera de **1** m. **50** à **2** mètres. La hauteur doit être d'autant plus restreinte que les terres sont plus fortes et opposent plus de résistance à la rotation. Elle ne doit pas dépasser **2** m. **50**.

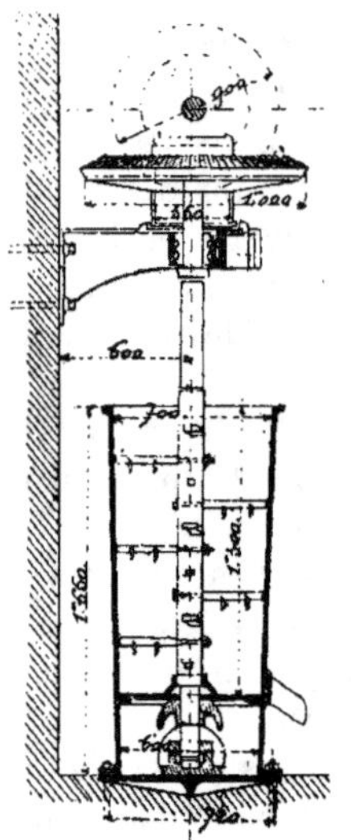

Fig. 163.

Les frais du pétrissage mécanique peuvent monter à **1** franc par tonne.

Le pétrissage et le broyage se font dans le même atelier. Un atelier comprenant deux meules avec leurs accessoires et un malaxeur pourra fournir **10** à **15** tonnes par journée de travail. Il exigera **20** chevaux de force environ, et consommera de **600** à **1.000** kilos de houille, il occupera un chauffeur et deux ou trois ouvriers aidés de quelques gamins. Les dépenses pourront monter à **30** ou **40** francs par jour.

Pour les produits très fins, on pratique encore le marchage. On étend la pâte sur une aire où des hommes la piétinent en cercle pendant plusieurs heures.

Pour voir si la pâte est bien pétrie on en forme un boudin qu'on brise en le tirant. Il doit être solide, et casser sec sans adhérer aux doigts.

En général, on moule les briques immédiatement après le pétrissage. Mais pour les creusets qui doivent supporter de hautes températures, ou pour les briques très réfractaires de grandes dimensions, il convient de laisser encore le mélange pourrir pendant plusieurs mois.

336. Moulage. — Les briques réfractaires doivent être fortement comprimées. Souvent on les moule à la main, l'ouvrier tasse la terre dans des moules en bois et la bat soigneusement avec une masse. On peut rendre le travail plus rapide en se servant pour la compression d'une presse à vis ou à genou. Un ouvrier fait en moyenne de 500 à 1.000 briques suivant la difficulté du travail : sa production peut monter à 1.500, lorsqu'on fait des briques de qualités inférieures, et s'abaisser à 150 quand le travail est délicat, par exemple, quand on moule des pâtes maigres et friables.

On emploie aussi des machines analogues à celles qui servent pour les agglomérés. Les pressions brusques donnent peu de solidité. Il vaut mieux recourir à la presse hydraulique : on s'en sert maintenant dans plusieurs usines à zinc, pour la confection des moufles.

Le moulage se donne en général à l'entreprise, à des prix qui peuvent varier de 2 à 4 francs par tonne suivant la difficulté pour les briques ordinaires, de 5 à 6 francs pour les briques de forme spéciale et de grandes dimensions. Ces prix peuvent être réduits à peu près de moitié par l'emploi des machines.

337. Séchage. — Les briques moulées doivent être séchées progressivement, assez lentement pour ne pas se gercer. En général, on les entasse à claire-voie sous des hangars où passent des conduits parcourus par les gaz d'un foyer, de manière à y entretenir une température de 20 à 30°. La dessiccation prend plusieurs jours, au moins trois ou quatre : elle en dure 10 ou 15 quand on la fait à basse température. Il faut un temps beaucoup plus long pour les briques spéciales qui ont de grandes dimensions. Les briques peuvent être entassées sur une hauteur de 2 m. à 2 m. 50. On en fait de longs massifs étroits, entre lesquels il faut ménager des passages pour le chargement : aussi elles n'occupent guère que le tiers ou le quart du volume du séchoir.

La dépense de combustible pour le séchage est minime, et ne dépasse guère 0 fr. 50 par tonne. On peut la réduire en utilisant les flammes perdues des fours de cuisson. Mais la main-d'œuvre est assez considérable : on peut compter à peu près 1 franc pour l'approchage et le chargement dans le séchoir, 0 fr. 50 pour l'enlèvement des briques séchées. On facilite parfois ce travail par l'emploi de grands chariots portant les briques rangées sur plusieurs étages (fig. 164).

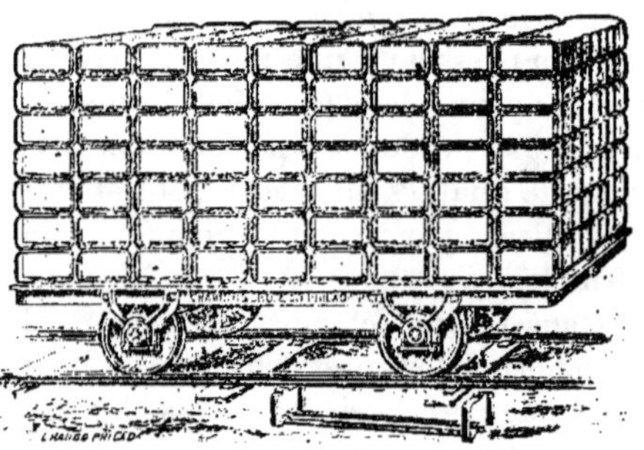

Fig. 164.

338. Cuisson. — Les briques sont parfois employées telles quelles à la construction des fours. On agit ainsi pour des appareils dont la construction doit être très soignée. Les briques fraîches sont faciles à tailler, on peut les retoucher à mesure qu'on les place et obtenir des joints parfaitement dressés. Il faut alors mettre le four en feu très lentement et la cuisson des briques s'opère en même temps que le chauffage du four.

Lorsque les briques sont destinées à être employées fraîches, il faut étudier la composition du mélange avec grand soin, de manière qu'elles ne prennent pas de retrait au feu ; il faut, par suite, y introduire beaucoup de matières maigres.

Le plus souvent les briques sont cuites dans des fours spé-

ciaux, avant d'être utilisés. La calcination les rend plus dures
et plus cassantes ; elles ne peuvent plus se tailler, et on est
obligé de garnir les joints avec du mortier. Mais elles résistent
mieux au transport et ne prennent plus de retrait au feu.

339. Fours employés. — La cuisson doit se faire dans des
fours à chauffe spéciale ; au contact du combustible, les cendres
adhèreraient aux briques et rendraient la surface fusible. Pour
ne pas briser les briques, il faut les charger à la main, et par
suite on est obligé d'employer des fours discontinus. Ce sont,
en général, des fours à dôme, avec des chauffes latérales ou
placées sous la sole. Les chauffes latérales sont d'une construction et d'un entretien plus faciles : mais les dimensions des fours
doivent être assez restreintes, sinon le centre serait mal chauffé ;
la distance entre la bouche des carneaux d'entrée des flammes
et les points de la sole les plus éloignés ne doit guère excéder
1 mètre. Les chauffes placées sous la voûte permettent d'employer des fours plus grands, ce qui économise le combustible
et diminue les frais de toute nature.

340. Fours rectangulaires. — Les fours sont rectangulaires ou cylindriques. Les premiers sont plus facile à construire.

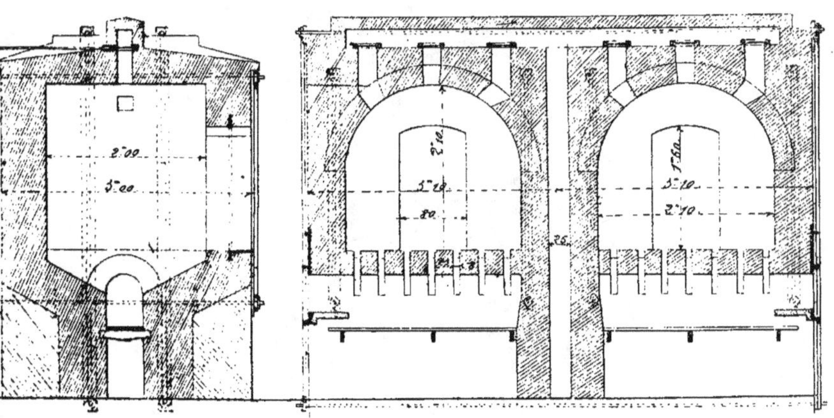

Fig. 165 et 166.

Les dimensions maxima qu'on puisse leur donner sont à peu
près 6 mètres de longueur sur 3 mètres de largeur et 3 mètres

de hauteur. Il y a alors deux grilles, une de chaque côté, et les flammes débouchent par des fentes percées sur presque toute la longueur de la sole. Les portes de chargement sont aux deux extrémités. La cheminée est au centre de la voûte ; souvent on perce en outre des cheminées aux quatre angles ; elles sont munies chacune d'un registre, ce qui permet de régler la répartition des flammes et d'égaliser la température.

La charge des grands fours dont nous venons de parler est de 50 tonnes environ. On emploie souvent des fours rectangulaires plus petits, à une seule grille, où l'on traite de 15 à 20 tonnes à la fois (fig. 165 et 166).

341. Fours à dôme. — Les fours employés à Bollène ont la forme d'un cylindre surmonté d'une calotte sphérique. Dans les

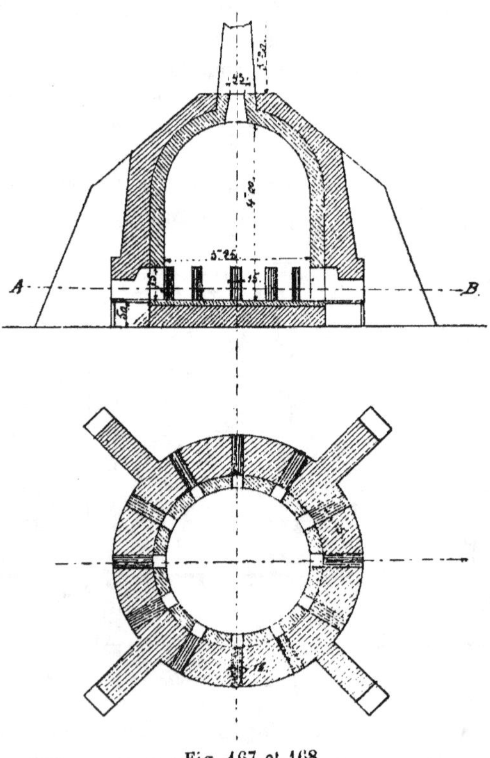

Fig. 167 et 168

anciens fours (fig. 167 et 168), les chauffes étaient placées extérieurement, tout autour de la sole. Le diamètre était de 3 m. 25
et la hauteur de 3 m. 20 ; la charge de 30 tonnes. La consommation de combustible atteignait de 30 à 35 0/0. Le grand four
construit plus récemment a 5 mètres de diamètre intérieur et
3 mètres de hauteur jusqu'à la naissance de la voûte (fig. 169
et 170) ; il y a six grilles disposées sous la sole ; la charge est de

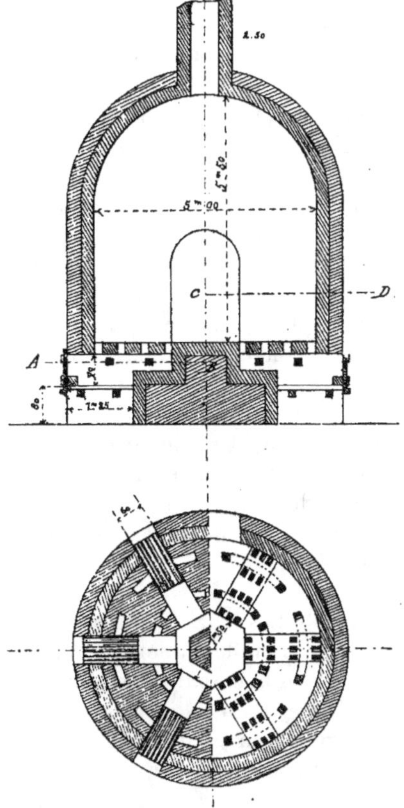

Fig. 169 et 170.

90 tonnes, et on ne brûle que 20 0/0 de houille. Ces fours n'ont
qu'une cheminée placée au sommet de la voûte : le rapport
entre la section de la cheminée et la section totale de grilles est

de 1/16, ce qui est peut-être trop faible ; dans les fours belges à plusieurs cheminées, ce rapport atteint 1/5, ce qui vaut mieux.

En somme, on peut donner sur ces fours les règles suivantes. La plus forte dimension ne doit pas excéder 5 à 6 mètres, avec deux grilles opposées, soit **2 m. 50** à **3** mètres pour une grille. Le volume peut varier de **10** à **20** mètres cubes par mètre carré de surface de grille. La charge est d'un peu plus d'une tonne par mètre cube. La consommation de combustible peut varier entre **20** et **30 0/0** ; elle est d'autant plus faible que le volume est plus grand, pourvu que les dimensions ne deviennent pas exagérées.

Si l'on voulait faire des fours encore plus considérables que le grand four de Bollène, il faudrait leur donner la forme rectangulaire, et disposer les chauffes perpendiculairement à la longueur du rectangle, au lieu de les placer parallèlement. On mettrait alors sur chacun des longs côtés autant de grilles qu'on voudrait. La largeur du four serait de 5 à 6 mètres, sa longueur pourrait augmenter proportionnellement au nombre des chauffes. En mettant, par exemple, quatre ou cinq chauffes de chaque côté, on pourrait sans inconvénient donner au four **8** à **10** mètres de longueur, et réaliser des volumes de plus de **150** mètres cubes. Il faudrait aussi disposer plusieurs portes de chaque côté pour faciliter le changement, et plusieurs cheminées pour régler le tirage. De pareils fours ne seraient avantageux que dans des usines à très forte production ; leur conduite réclamerait des chauffeurs très habiles ; mais, dans ces conditions, leur emploi pourrait être économique.

342. Fours à gaz. — Les fours de grand volume ne peuvent se chauffer qu'avec des houilles à longue flamme. On peut y mélanger du bois, mais le bois seul donnerait difficilement une température assez élevée. Pour utiliser des combustibles inférieurs, comme les lignites, on peut chauffer ces fours au gaz. Leur construction et leur forme ne seront pas modifiées : seulement les chauffes seront remplacées par des chambres de combustion, comme celle que nous avons décrite page **234**, où l'on amènera les produits des gazogènes. Les flammes s'élèveront directement à travers la sole, qui reposera sur les voûtes mêmes des chambres de combustion. Avec ce système, on réaliserait sans doute la calcination en brûlant **30** à **40 0/0** de lignite qui équivalent à peu près à **20** ou **25** de houille.

On peut se rendre comptè de la proportion de chaleur utilisée dans la cuisson des briques réfractaires. En effet, la température est à peu près celle du rouge orange, soit 1200 à 1300° ; d'ailleurs la chaleur spécifique de la brique est de 0,23 environ ; ainsi une tonne de briques absorbe au plus 300 calories ; d'autre part, 200 kil. de bonne houille pourraient en dégager 1.600 à 1.800. Ainsi le rendement calorifique est inférieur à 20 0/0.

343. Fours à flammes renversées. — On renverse souvent la circulation des flammes dans ces fours : les foyers sont alors placés de côté, et les flammes, entrant près de la voûte, reviennent sortir dans la sole.

Les couches inférieures de la charge s'échauffent les dernières,

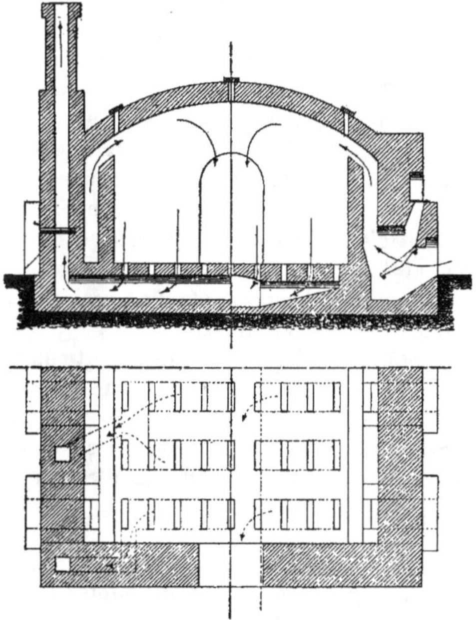

Fig. 171. — Four à flammes renversées.

ce qui est avantageux surtout pour les briques sujettes à prendre un grand retrait, comme les briques basiques dont nous parlerons plus loin, car le retrait commençant par le bas pourrait amener l'écroulement de l'empilage.

Cette disposition n'est pas favorable à l'utilisation de la chaleur, du moins si l'on emploie des foyers ordinaires. Elle fonctionnera mieux avec des gazogènes : les gaz s'allumeront près de la voûte, où de petits orifices laisseront passer l'air nécessaire.

344. Conduite de l'opération. — Pour charger un four à briques, les ouvriers entrent dans le four et y entassent les briques à claire-voie, en plaçant à la partie inférieure celles qui doivent être le plus fortement calcinées. Puis on mure la porte. On élève la température très progressivement jusqu'au rouge orange, on maintient cette température **2** ou **3** jours, puis on laisse refroidir le four en bouchant d'abord toutes les ouvertures ; au bout de quelques jours on peut ouvrir les portes, pour accélérer le refroidissement ; quand il est complet, on rentre dans le four et on décharge les briques.

Dans le grand four de Bollène, le petit feu dure de **5** à **6** jours, le grand feu **3** jours, l'étouffage **2** jours, le refroidissement **3** ou **4**. Dans les fours plus petits, ou pour la cuisson des briques de qualité inférieure, l'opération peut durer moins, **5** à **6** jours par exemple. Parfois, au contraire, le refroidissement se fait plus lentement et dure **10** à **15** jours ; c'est lorsqu'on veut conserver aux produits un bel aspect, et qu'on prolonge la période d'étouffage pour éviter les gerçures.

Un four occupe un chauffeur ; le chargement est fait par un chef ouvrier aidé de plusieurs manœuvres : il dure un jour. Le défournement dure autant et peut être fait par des ouvriers ordinaires. Les frais de calcination peuvent se monter à **6** ou **8** francs environ, dont **4** à **5** francs de houille, **1** à **2** francs de main d'œuvre, et **1** franc d'entretien.

345. Fours annulaires. — On diminuerait peut-être ces frais en se servant du four annulaire. Il faudra le chauffer au gaz, par suite son usage serait indiqué surtout dans le cas où on voudrait brûler des lignites ou des houilles à courte flamme, qui ne pourraient servir au chauffage direct des grands fours. Chaque compartiment sera disposé avec des carneaux d'entrée de gaz sous la sole, comme nous l'avons indiqué page **236**. Il faudra environ 24 compartiments, dont 9 pour l'enfumage et 15 pour le refroidissement, en admettant qu'on en défourne un tous les jours. Le chargement se fera comme dans un four ordinaire, et la marche sera continue.

Les fours à tuiles ordinaires, marchant aux lignites, brûlent à peu près 10 0/0 de combustible, mais la température ne dépasse pas le rouge cerise soit 900°. Pour la brique réfractaire il faut 1300°, et la consommation atteindrait sans doute 15 à 20 0/0. Ce résultat représenterait une économie de 50 0/0 sur les fours ordinaires ; c'est à peu près ce que procure en général la substitution du four annulaire aux fours discontinus. Avec la houille ordinaire, l'économie serait sans doute plus faible. à cause des pertes dues à la transformation du gaz.

346. Prix de revient. — Le prix de fabrication d'une tonne de briques peut monter à 20 ou 30 fr. suivant la valeur du combustible, en y comprenant les frais généraux. Il faut employer à peu près 1.200 kil. de matières premières, dont la valeur est très variable avec l'importance des transports : elle peut être de 15 à 20 fr. dans des conditions ordinaires, ce qui ferait revenir la tonne de briques à 40 à 50 fr.

§ 2. — BRIQUES SPÉCIALES

347. Briques de silice. — Les briques de silice sont employées pour résister aux températures les plus élevées, par exemple pour faire les voûtes des fours Siemens. Elles sont un peu friables : elles ont aussi l'inconvénient de se gonfler au feu, mais elles supportent des températures où l'argile la plus réfractaire se ramollit.

348. Matières premières. — On les a fabriquées d'abord à Dinas, en Angleterre, avec une terre qui contient plus de 90 0/0 de silice, mélangée à des proportions très faibles de bases : cette matière s'agglomère sans se fondre par une calcination à très haute température qui provoque la formation d'un peu de silicate. Maintenant on fabrique les mêmes produits avec du

quartz réduit en farine et mélangé avec **1** ou **2** 0/0 de chaux ;
parfois on a remplacé une partie de la chaux par des traces de
soude ; mais ce mélange, qui rend la fabrication plus facile,
donne des produits moins réfractaires. Le quartz de filon est le
plus employé : celui des sables et des grès est presque toujours
trop feldspathique. Les silex de la craie conviennent très bien :
la chaux les attaque plus facilement que le quartz. Les meilleurs sont ceux qui sont gris et translucides : ceux qui sont blancs
ou jaunes et opaques contiennent souvent des alcalis. La silice
pulvérulente ou hydratée serait très bonne si elle était pure ;
mais les dépôts importants en sont rares. En tous cas les matières
doivent être triées avec soin, pour éliminer les fragments qui
contiennent des oxydes métalliques.

349. Broyage. -- Le broyage doit être poussé aussi loin que
possible, car la cohésion n'est obtenue que par une réaction
chimique entre la silice et les bases, qui sont à l'état solide : il
faut un mélange très intime, sans quoi on serait obligé d'augmenter la proportion des bases. Pour avoir des briques solides
avec le moins de bases possible, il faut un mélange de poudre
très fine avec des fragments de diverses grosseurs allant jusqu'à
2 millimètres de diamètre, et même plus. La poussière impalpable, s'attaquant par la chaux à la cuisson, sert à réunir les
fragments. On peut employer un mélange de fragments de
quartz ou de silex calcinés, avec de la poudre très fine de silex
cru, qui sert de liant. La poudre siliceuse doit être malaxée
longtemps avec la chaux pour donner une pâte homogène. Il va
sans dire que l'addition de chaux est inutile quand la silice employée contient naturellement assez de bases pour s'agglomérer au feu. On peut admettre que le mélange doit contenir au
moins 1/3 de poussière impalpable passant au tamis 150, ou
même au 180 : sinon la cuisson ne lui donne pas une solidité
suffisante, même avec une proportion de chaux de 5 0/0. Avec
un bon broyage et un bon malaxage, cette proportion peut descendre à 1 0/0 ; mais au-dessous, les briques, tout en se moulant encore, restent trop friables après la cuisson

350. Moulage. — La pâte ainsi obtenue est très friable et
peu plastique : il faut la mouler très doucement, un ouvrier ne
fait guère que 150 briques par jour. Il faut ensuite les manœu-

vrer avec de grandes précautions, tant qu'elles ne sont pas
cuites. On peut faciliter ces manipulations par l'artifice indiqué
pour l'agglomération des minerais, en moulant chaque brique
sur une plaquette mobile qui l'accompagne jusqu'au séchoir. On
peut alors mouler à la machine. Souvent encore, pour augmenter la cohésion, on ajoute à l'eau un peu de colle ou de farine ;
mais cet artifice n'est pas indispensable si la pulvérisation a été
poussée assez loin et si on moule avec précaution.

351. Cuisson. — Après la dessiccation, ces briques sont un
peu plus solides, par suite du durcissement de la chaux On les
charge doucement dans le four, et il faut les cuire plus fortement que les briques ordinaires. La température doit atteindre
le blanc. Il se fait alors une combinaison entre la chaux et la
silice ; les grains s'entourent d'une croûte de silicate de chaux
qui cimente la masse et lui donne assez de solidité. La silice
paraît avoir une conductibilité plus grande et une chaleur spécifique plus faible que l'argile : en tout cas elle s'échauffe plus
vite. Aussi, malgré la température plus élevée, la consommation
de houille n'est pas beaucoup plus grande à la cuisson. Du
reste, on ne cuit pas souvent les briques de silice à part : on les
charge avec les autres, mais dans les parties les plus chaudes
des fours.

Les briques de silice résistent aux plus hautes températures
des fours Siemens, qui peuvent aller jusqu'à la fusion du fer
doux : mais il ne faut pas les exposer à l'action des oxydes métalliques, qui les rongent très vite.

Elles coûtent à peu près deux fois plus cher que les briques
réfractaires ordinaires, mais guère plus que les bonnes briques
alumineuses.

352. Briques basiques. — Pour certaines opérations, les
briques doivent être de composition tout à fait basique, afin de
ne pas se ronger et de ne pas céder de silice aux scories.

353. Matières premières. — La chaux et la magnésie sont
les seuls corps complètement infusibles et inattaquables par les
oxydes métalliques. A l'état de pureté, ils ne sont pas susceptibles de s'agglomérer. Mais avec de faibles proportions de silice
ou d'alumine, ils deviennent frittables à très haute température

et prennent alors une cohésion suffisante. Les calcaires plus ou moins magnésiens qu'on emploie pour faire des revêtements réfractaires contiennent de 4 à 8 0/0 de matières étrangères. La silice donne trop de fusibilité : sa proportion ne doit pas dépasser 2 0/0, tout au plus 4 quand il n'y a en présence qu'une seule base. L'alumine exerce une action meilleure. Les dolomies les plus convenables peuvent contenir 4 à 6 0/0 d'alumine et d'oxyde de fer. La présence simultanée de la chaux et de la magnésie favorise la formation de composés fusibles : de sorte que les dolomies se frittent mieux avec une faible proportion de silice et d'alumine que les calcaires. Ce sont donc les matières les plus propres à donner des produits solides et très basiques. Le carbonate de magnésie, beaucoup plus rare, donne aussi de bons résultats : la magnésie peut s'agglomérer par suite de la présence d'un peu d'alumine et de chaux.

354. Fabrication. — Les carbonates doivent être calcinés préalablement parce qu'ils prennent un retrait trop grand pour pouvoir être employés crus. Cette calcination dépense beaucoup de combustible, parce qu'il faut la pousser très loin et la prolonger pour donner tout le retrait, et que ces matières ont peu de conductibilité et s'échauffent lentement.

La chaux caustique fuse rapidement à l'air humide : la magnésie ne fuse pas quand elle a été calcinée jusqu'au blanc. La calcination des dolomies donne des chaux toujours fusantes, mais d'autant moins qu'elles contiennent plus de magnésie. Les matières fusantes ne peuvent pas être malaxées avec l'eau : on doit remplacer ce liquide par le goudron, qu'on a fait bouillir pour chasser l'eau complètement. On obtient ainsi une pâte que l'on peut mouler ; une cuisson à haute température lui donnera de la cohésion, tout en faisant disparaître le goudron.

355. Briques de magnésie. — La magnésie paraît être la matière qui, jusqu'à présent, donne les meilleures briques basiques. On ne connaît que deux gisements importants de carbonate de magnésie, ceux d'Eubée et de Styrie. Ce dernier, moins pur, noircit à la calcination ; celui d'Eubée reste blanc : il est un peu moins facile à agglomérer, mais donne peut-être de meilleurs produits.

Pour en faire des briques, il faut d'abord la calciner au rouge blanc : le rouge suffirait pour chasser l'acide carbonique, mais une température très forte est nécessaire pour que la magnésie ne prenne plus de retrait et supporte le contact de l'eau sans se déliter. La cuisson se fait au cubilot, quand le carbonate est en gros fragments et solide comme celui d'Eubée ; au four Siemens, quand il est en poussière ou friable comme celui de Styrie. La calcination est longue : ces matières se chauffent beaucoup moins vite que la silice et même que l'argile ; elle peut consommer 1.500 à 2.000 kil. de houille par tonne. Au cubilot, la consommation de coke peut être de 600 à 1.000 kil. Les fours doivent avoir des revêtements en magnésie.

La magnésie est ensuite broyée, malaxée avec un peu d'eau, et peut se mouler seule avec les mêmes précautions que la silice. On peut aussi faciliter le moulage en ajoutant 3 à 4 0/0 d'argile, si l'on a affaire à de la magnésie très pure, ou dans le cas contraire 10 0/0 de magnésie cuite seulement au rouge.

Les briques sont ensuite séchées et cuites à haute température dans des fours ordinaires.

Le carbonate revient à 50 ou 60 fr. la tonne en France et les briques à plus de 200 fr. Ce prix pourra s'abaisser un peu par la réduction des frais de transport, quand on fera la calcination sur place.

On a fait aussi des briques avec de la magnésie fabriquée artificiellement et extraite du chlorure de magnésium ; mais ces produits, moins coûteux, sont souvent altérés par la présence de traces d'alcalis, qui les rendent trop fusibles.

La brique de magnésie doit être conservée à l'abri de l'humidité, dans des caisses en tôle : on recouvre le tas de chaux, quand on doit le garder longtemps en magasin.

356. Dolomie. — La dolomie doit se calciner à peu près comme la magnésie. La cuisson peut durer de 3 à 4 jours. La chaleur blanche doit être maintenue pendant 24 heures après le départ complet de l'acide carbonique. Puis on broie le résidu et on le conserve à l'abri de l'air avec plus de soin que pour la magnésie. Au moment de s'en servir, on malaxe avec le goudron anhydre. On obtient ainsi une pâte qu'on peut employer comme pisé, ou mouler en briques. Les briques peuvent être employées crues et se cuire dans les fours ; mais elles sont peu solides, et leur maniement exige beaucoup de soin : si on ne les emploie pas sur place, il faut les cuire pour qu'elles supportent les transports. Cette cuisson se fait à haute température comme pour les briques de silice, mais sur des soles en dolomie ou en magnésie, et en évitant le contact des briques avec les piédroits du four, qui sont le plus souvent siliceux. La brique de dolomie n'est pas aussi résistante en général que celle de magnésie. On peut traiter de même le carbonate de chaux : mais il donne un produit encore plus difficile à agglomérer et plus sensible à l'action de l'air.

Voici le prix de revient approximatif de la pâte et des briques de dolomie :

	Francs
Dolomie à 6 fr., 2.000 kil...............	12 »
Houille à 15 fr., 1.100 kil...............	16,50
Broyage	3 »
Goudron anhydre à 40 fr., 100 kil.........	4 »
Main-d'œuvre	5 »
Frais généraux et entretien.............	5 »
Prix de la pâte.........	45,50
Moulage............................	5 »
Houille pour la cuisson, 800 kil..........	12 »
Main-d'œuvre	5 »
Prix des briques.........	67,50

Ces prix supposent le voisinage de carrières de dolomie.

357. Emploi. — Les briques basiques ne sont employées que pour les parties des fours qui touchent aux scories, c'est-à-dire pour la sole, les piédroits, les autels. La voûte et le reste se font toujours en briques de silice, pour les hautes températures. Le contact de la silice avec la magnésie n'a pas d'inconvénient : mais elle se fond en présence de la dolomie ou de la chaux. Dans ce cas, le raccord des deux espèces de maçonnerie doit se faire par une matière qui n'attaque ni la chaux ni la silice. On peut intercaler une assise de briques de magnésie ou de fer chromé. On a aussi essayé la bauxite, mais elle convient moins bien.

358. Bauxite. — Pour avoir des briques très alumineuses, ou emploie parfois la bauxite. La bauxite rouge est composée principalement d'alumine et d'oxyde de fer, avec fort peu de silice ; la bauxite blanche, plus rare, contient beaucoup moins

d'oxyde de fer et plus de silice. Ces matières sont assez chères ;
elles ne sont pas plastiques comme l'argile : elles prennent un
retrait considérable, et il faut les calciner avant de les mouler.
On les agglomère en mélangeant à la bauxite calcinée 5 à
10 0/0 d'argile ou de bauxite crue. Les briques ainsi obtenues
sont coûteuses, moins solides que les briques ordinaires, moins
infusibles que celles de silice ou de magnésie : elles se ramollissent un peu à la température de fusion de l'acier doux ;
enfin, pour résister à la corrosion des scories basiques, l'alumine
ne vaut pas la chaux et la magnésie. Aussi l'emploi de la bauxite
est-il restreint.

359. Briques graphiteuses. — Nous avons déjà signalé
l'emploi du graphite dans certains produits. On se sert pour les
creusets de hauts fourneaux de briques contenant 60 à 70 0/0
de graphite mélangé à de l'argile ; elles sont très faciles à tailler et résistent bien aux scories.

On peut même faire des briques de graphite pur. On broie le
graphite ou le coke de cornues à gaz : on le malaxe avec 10 0/0
de goudron sur des plaques de fonte chauffées à 80°. On tasse et
on bat ce mélange dans des moules en fonte, que l'on ferme
ensuite avec un couvercle maintenu par des frettés. On introduit
ces moules dans un four à réverbère chauffé au rouge : le goudron se volatilise et brûle autour des joints des moules. Lorsqu'il est entièrement éliminé, le moule commence à rougir. On
le retire immédiatement, on le laisse refroidir et on démoule.
Il faut 5 à 6 heures de cuisson. L'emploi des moules en fonte
augmente de 5 à 6 fr. par tonne le prix de fabrication des
briques.

Ces briques sont très réfractaires ; elles n'exercent et ne subissent à peu près aucune action chimique au contact des métaux ou des scories. Elles conviennent très bien pour les fours
où l'on veut fondre ou réduire à haute température des métaux
réfractaires, comme les alliages riches de manganèse, de chrome
ou de tungstène, pour les creusets des hauts fourneaux, où l'on
marche en allure très chaude. — Le graphite sert aussi à fabriquer des creusets de fusion et des cornues.

On peut remplacer le graphite par des poussiers d'anthracites
purs.

§ 3. — MATÉRIAUX NATURELS

360. Pierres siliceuses. — On emploie parfois dans les fours certaines pierres infusibles, surtout dans les parties où il y a intérêt à ne pas multiplier les joints. Les grès siliceux, les poudingues, sont très réfractaires lorsque leur ciment ne contient pas trop de bases. On s'en servait autrefois pour les creusets de hauts fourneaux. Ils ont l'inconvénient de se tailler mal et de donner des joints trop larges : du reste leur richesse en silice ne leur permet pas de résister à l'action chimique de certaines scories. On leur préfère les grosses briques, depuis qu'on sait mieux les fabriquer. La gaize, qui contient plus de 70 0/0 de silice amorphe, est facile à tailler et très réfractaire quand elle ne contient pas de grains de chlorite. Dans ce cas, il faut la broyer et la laver pour séparer la chlorite ; elle ne peut donc plus servir que comme sable.

361. Pierres calcaires. — La chaux et la magnésie sont les corps les moins fusibles, et pourraient rendre de grands services. La chaux sert à faire les fours à fondre le platine, c'est-à-dire ceux où se produisent les températures les plus élevées qu'on réalise dans l'industrie. On a parfois fait des creusets de hauts fourneaux en pierres de taille calcaires : elles se cuisent sur place et tiennent bien tant que le four est en feu, mais lorsqu'on arrête, elles se délitent sous l'action de l'humidité. La magnésie tient mieux, mais elle est trop rare. On utilise encore parfois les silicates de magnésie naturels, les stéatites et les serpentines, qui se taillent facilement.

362. Fer chromé. — On emploie dans certains cas, sous forme de bloc, le fer chromé, qui rendrait de grands services s'il était moins cher. Il constitue un garnissage très réfractaire, et à peu près neutre. Il est tout à fait infusible ; il ne s'attaque que sous une action réductrice très énergique ou par oxydation en présence des alcalis qui le transforme en chromates : la chaux détermine aussi son oxydation, mais sans le rendre fusible, de sorte que l'action reste superficielle. — On peut faire les soles des fours de fusion de l'acier avec des blocs de fer chromé, cimenté par un coulis de fer chromé en poudre malaxé avec un peu de chaux et de goudron : ce coulis adhère bien aux blocs et se prend en masse par suite de l'attaque légère que produit la chaux. Ces soles permettent de faire les opérations où les soles en silice sont nuisibles : elles remplaceraient peut-être avec avantage les soles en brasques usitées pour les fours à cuivre, à plomb, etc.

§ 4. — MORTIERS ET PISÉS

383. Mortier. — Pour garnir les joints des briques, on emploie des mortiers fabriqués avec du sable et de l'argile réfractaire : on en compose des mélanges un peu plus fusibles que la pâte des briques auxquelles ils adhéreront, en se vitrifiant.

Pour chaque espèce de briques, on emploie de même un mortier composé d'une pâte analogue à celle de la brique, mais un peu plus plastique et moins réfractaire. Ainsi, pour les briques basiques, on fera le mortier avec de la dolomie calcinée, malaxée avec 15 ou 20 0/0 de goudron anhydre.

384. Pisés réfractaires. — Pour garnir les soles des fours sans y laisser de joints, on fait des pisés réfractaires où entrent de 10 à 20 0/0 d'argile plastique avec du sable ou de la terre grillée. On les étend par couches minces qu'on dame avec soin et qu'on superpose de façon à avoir une épaisseur convenable. Mieux le pilonnage est fait, plus le mélange peut être maigre. Pour les fours à température très élevée, on peut faire les soles en silice pure, bien damée.

385. Brasque. — Dans les fours de fusion, surtout dans les fours à cuve, on fait souvent les soles en brasque, c'est-à-dire en mélanges d'argile avec 30 à 60 0/0 de poussier de charbon La brasque lourde, c'est-à-dire riche en argile, qui est plus plastique, sert à faire la masse de la sole : la surface se fait en brasque légère, riche en carbone, qui résiste mieux aux actions chimiques.

366. Pisés basiques. — Pour résister aux scories corrosives, ou pour certaines opérations où la silice serait nuisible, il faut des soles basiques. On emploie la chaux ou la marne pour les soles de coupelles qui doivent être poreuses. Lorsque la sole doit être solide, et très infusible, on emploie la dolomie fortement calcinée, ou la magnésie, qu'on pilonne avec des dames de fonte rougie après l'avoir mélangée d'un peu de goudron anhydre (4 à 10 0 0) ; ce goudron se volatilise lors de la mise en feu du four. — La magnésie donne des pisés peu solides : la dolomie se fritte mieux et coûte moins cher. Elle est donc préférable pour la construction des soles en pisés, tandis que la magnésie convient mieux pour les briques. On arrive ainsi à faire des pisés assez résistants, au moins pour les soles de fours à réverbère, avec la chaux mélangée d'un peu de minerai de fer ou d'argile. L'emploi du goudron n'est même pas indispensable dans ce cas, parce que la matière peut être pilonnée à l'état de sable et s'agglomérer par la cuisson sur place. Mais si le pisé doit se tenir sur des parois verticales, comme dans le revêtement des cornues Bessemer, il faut malaxer avec du goudron, et la dolomie est la matière la plus convenable.

367. Minerais. — Dans les fours à puddler et dans quelques autres cas, on emploie l'oxyde de fer ou la bauxite parfois mélangés de chaux. Les soles ainsi faites ont peu de cohésion et se rongent par la réduction de l'oxyde de fer : il faut les réparer à chaque instant.

368. Scories. — Quand la sole doit être bien unie, on la garnit de matières un peu fusibles, par exemple de scories ; on les ramollit par un coup de feu et on les dame bien. On peut obtenir une surface très lisse. Cet artifice s'emploie dans les fours à réverbère de fusion pour mattes ou métaux dans lesquels la matière fondue doit couler sur la sole et se rassembler en un point donné. Mais il ne peut réussir que si la température n'est pas trop élevée, et la sole a besoin d'être refaite à chaque opération.

§ 5. REVÊTEMENTS MÉTALLIQUES

369. — On forme souvent l'ouvrage des fours à cuve ou la sole des fours à reverbère avec des plaques de fonte ou de tôle. Ces plaques ne résisteraient pas à la température intérieure des fourneaux, mais à cause de la conductibilité du métal l'air extérieur les refroidit suffisamment. Souvent on assure un refroidissement plus énergique en faisant circuler de l'eau sur leur surface extérieure. Ces plaques peuvent être nues à l'intérieur ; dans ce cas elles s'y recouvrent d'une mince couche de matières figées qui constitue une sorte de fausse sole. Le plus souvent on les garnit d'un revêtement peu épais en briques ou en pisé réfractaire : elles ne servent alors qu'à soutenir la véritable sole en l'empêchant de s'échauffer. Le refroidissement par l'eau est souvent le seul moyen de maintenir les parties les plus exposées des fours. Mais il ne faut pas en abuser quand il n'est pas réellement nécessaire pour la conservation de l'appareil, car il augmente certainement les déperditions de chaleur.

CHAPITRE V

ORGANISATION D'UNE USINE MÉTALLURGIQUE

370. Emplacement. — La prospérité d'une usine dépend en grande partie de sa situation, et, lorsqu'il s'agit de construire un établissement un peu important, il faut étudier avec soin le choix de l'emplacement. Bien des circonstances peuvent influer sur la détermination à prendre Le but principal qu'on doit se proposer, c'est de réduire les transports.

371. Transports. — Ces transports sont de deux natures : 1° transport à l'usine des matières premières, combustible et minerai ou produits bruts ; 2° transport des produits finis de l'usine aux lieux de consommation Si on ne considère que les premiers, la situation la plus avantageuse à choisir pour une usine peut être déterminée mathématiquement, dès que l'on connaît les mines destinées à l'alimenter et la nature des minerais.

372. Matières premières. — Nous donnons ci-dessous un tableau indiquant la consommation de matières premières pour une tonne de produits, dans chacune des principales industries métallurgiques : ces chiffres varient nécessairement avec la nature et la richesse des minerais, avec les procédés de traitement, etc. — Nous avons donné pour chaque cas deux limites extrêmes qui ne seront que rarement dépassées.

373. Influence du voisinage des mines. — On voit que l'élaboration des minerais (exemples I, V et VII) exige un poids de combustible généralement inférieur à celui du minerai mis en œuvre : elle devra donc se faire plutôt près des gisements métalliques ; il y a exception pour l'extraction du zinc. Au contraire, dans l'élaboration des produits bruts (exemples II et V), c'est souvent la consommation de combustible qui l'emporte :

Nature de l'industrie	Nature des produits	Nature des matières premières	Consommation (en tonnes) pour une tonne de produits
I. — Fabrication de la fonte de fer	Fonte	Minerai coke	3,5 à 1,6 1,8 à 0,9
II.— Transformation de la fonte en fer ou en acier	Fer ou acier forgés	Fonte houille	2 à 1,2 3 à 1,5
III. — Fabrication du fer en partant du minerai	id.	Minerai houille	6 à 2 5 à 2,5
IV. — Fabrication des mattes de cuivre	Mattes	Minerai charbon	6 à 2 2 à 5
V. — Transformation des mattes en cuivre	Cuivre pur en lingots	Mattes charbon	5 à 3 8 à 5
VI. —Fabrication du cuivre en partant du minerai	id.	Minerai charbon	30 à 7 18 à 10
VII. — Extraction du plomb	Plomb en lingots	Minerai houille et coke	3,3 à 1,3 1,8 à 0,5
VIII. — Désargentation du plomb	Plomb (1) pauvre	Plomb d'œuvre houille	1,1 à 1,05 0,3 à 0,15
IX. — Extraction du zinc	Zinc laminé	Minerai charbon	5 à 3 12 à 6

(1) L'argent produit par cette opération est important comme valeur, mais insignifiant comme poids.

on devra donc se placer près des mines de houille. Pour les industries qui comportent deux stades (exemples III et VI), on pourra hésiter si on ne considère que la question d'alimentation de l'usine : d'autres considérations inviteront en général à la placer plutôt près d'un bassin houiller ; mais il vaudra mieux, si l'entreprise est importante, diviser les opérations et établir près des mines métalliques une usine pour l'élaboration du minerai, près des mines de houille une usine qui recevra de la première le produit brut à transformer en produit commercial.

374. Transports des produits finis. — Les règles précédentes seraient très simples ; mais il faut tenir compte en outre des transports des métaux jusqu'aux lieux de consommation : c'est la somme de ces transports et de ceux des matières premières qu'il faut tâcher de réduire au minimum ; en effet, un métal n'acquiert sa valeur commerciale que quand il est amené sur un marché offrant un écoulement suffisant, ou bien à portée d'un gros consommateur : c'est donc dans ces conditions qu'il importe de réaliser un prix de revient satisfaisant

L'évaluation à priori des frais qu'entraîneront les transports de cette nature comporte une grande incertitude. Cependant, si on connaît bien la situation du commerce et de l'industrie dans les régions voisines, on peut déterminer à peu près quels sont les places ou les établissements qui pourront absorber la production d'une usine construite en lieu donné : on fixera d'après cela les limites présumées entre lesquelles pourra varier la distance moyenne à laquelle on devra expédier les produits. On fera la somme de tous les transports, calculés d'après ces différentes hypothèses, et on cherchera l'emplacement pour lequel cette somme sera minima. En général, ces dernières considérations engageront à placer les usines près des centres industriels et par suite près des bassins houillers.

375. Influence du voisinage des marchés. — Ainsi, d'après les chiffres donnés au tableau ci-dessus, la désargentation du plomb devrait se faire près des usines qui fournissent le plomb en lingot, puisqu'il n'y aurait à amener à l'usine que 300 kil. de houille pour une tonne de plomb. Or ces usines sont situées près des mines. Mais souvent ces dernières se trouvent dans des pays où l'industrie générale est fort peu développée, et où on ne trouverait pas d'acheteurs : dès lors il faudrait transporter encore le plomb produit dans un centre de consommation, et si ce centre est près d'une usine de houille, il y aura avantage à y porter le plomb brut et à y faire la désargentation.

De même, pour une usine à fer complète (ex. III), le poids de combustible consommé peut être inférieur à celui du minerai, et cependant, si les gisements métalliques sont très loin des gisements houillers, c'est rarement près des premiers qu'on placera une pareille usine ; en effet, dans ces circonstances, la région où se trouve les mines de fer aura le plus souvent peu d'industries, et l'usine qui s'y fonderait devrait non seulement apporter son combustible, mais réexpédier son fer très loin : elle aura intérêt à envoyer plutôt son minerai dans un pays où elle trouvera à sa portée à la fois le combustible et les acheteurs. Dans ce cas, cependant, la meilleur solution sera presque toujours d'établir deux usines, une pour les premières opérations, l'autre pour l'élaboration des produits

376. Variations des tarifs de transport. — Ce n'est pas seulement de la distance, mais de la facilité et du prix des transports qu'il faut tenir compte. Le combustible se prête moins bien au transport que les minerais, et surtout que les métaux ; il tient en effet beaucoup plus de place, les manipulations le brisent et lui font perdre de sa valeur. Les frais dépendent de la nature et de l'état des voies de communication : ils sont en général plus faibles par eau que par terre ; les tarifs varient beaucoup avec les localités : ils sont faibles lorsqu'il y a un trafic dans un double sens, et lorsque plusieurs entreprises de transport peuvent se faire concurrence ; ils sont forts dans les régions qui ne sont desservies que par une seule compagnie de chemins de fer, dans les localités pour lesquelles le trafic n'existe que dans un sens et où, par suite, le matériel doit faire un voyage sur deux à vide. Une usine aura intérêt à se placer dans une région offrant des moyens de communication variés, et souvent même à créer ces moyens là où ils n'existent pas.

Ajoutons enfin que tous ces éléments peuvent changer avec le temps. Les tarifs sont variables, le commerce et l'industrie se déplacent, les mines s'épuisent. Une usine importante ne doit pas en général compter sur un seul gisement pour l'alimenter. Les établissements auxquels on peut prédire la prospérité la plus durable sont ceux auxquels la facilité des transports permet de s'approvisionner et d'écouler leurs produits dans un rayon très étendu : tels sont notamment ceux qui sont situés près d'un grand port de mer.

377. Districts industriels. -- Ainsi, trois circonstances contribuent à la prospérité d'un district métallurgique : le voisinage des mines métalliques, celui des gisements houillers, et la facilité des transports, assurée par la multiplicité des chemins de fer et des canaux, ainsi que par la proximité de la mer. Dans certaines régions exceptionnellement favorisées, comme le pays de Galles, le Cleveland en Angleterre, la Belgique sur le continent, ces trois avantages sont réunis. Le plus souvent on doit s'estimer heureux si on en réunit deux, comme en Silésie, en Westphalie, dans la Moselle, où on possède à la fois le minerai et le combustible, ou encore dans le Nord de la France et dans la Belgique, où les bassins houillers jouissent de moyens de transport peu coûteux. Si on ne le peut pas, il vaut mieux se placer dans une situation moyenne, et rechercher la facilité des transports, comme le font les usines qui se construisent près des ports de mer. Les centres industriels situés dans l'intérieur, et ne possédant qu'un seul élément de richesse, que ce soit le voisinage du combustible comme dans les bassins du centre de la France, ou celui du minerai comme au Hartz et dans la plupart des districts miniers, sont de beaucoup les moins favorisés, et à moins de circonstances commerciales toutes spéciales, on peut dire qu'ils sont réduits le plus souvent à lutter péniblement pour l'existence.

378. Installation intérieure. — Une fois l'emplacement de l'usine déterminé, le plan devra être étudié de manière à réduire et à faciliter le plus possible les transports intérieurs. Il importe de se ménager des raccordements faciles avec les grandes voies de communication. Lorsque l'usine est importante, toutes circulations entre les différents ateliers sont assurés par de petits chemins de fer : on devra combiner l'ensemble de manière à ce que les plus gros transports aient lieu dans le sens où la traction est le plus facile. Lorsque la configuration le permet, l'idéal est de placer l'usine entre deux voies dont la plus élevée sert à la réception des matières et l'inférieure à l'expédition, les ateliers étant étagés sur plusieurs niveaux, de manière que la circulation se fasse toujours en descendant. Si ce n'est pas possible, on cherchera du moins à ne faire remonter que les produits finis. dont le poids est moins considérable. Quand l'usine ne peut être placée au-dessous des voies d'accès, comme cela arrive dans les pays de plaine, ou quand l'alimentation se fait par eau, il faut forcément remonter les matières premières : il y aura souvent intérêt à les remonter d'un coup à une hauteur assez grande pour simplifier toutes les manipulations suivantes, car les transports qui se font au cours de la fabrication étant multiples et portant sur de petites quantités, se feront dans des conditions plus onéreuses ; il vaudra mieux concentrer le travail de relevage en un point unique, où il se fera avec une activité régulière.

C'est par l'étude détaillée des moyens de transport et de tous les services accessoires qu'on arrivera à réduire au minimum les frais de main-d'œuvre. On réalisera plus facilement des économies sur cette partie du prix de revient que sur la fabrication proprement dite.

Il ne faudra pas chercher à trop réduire l'espace occupé. Il vaudra mieux augmenter au début la dépense à faire en achats de terrains que de s'exposer à être gêné par la suite, faute de place. Il convient donc de prévoir les aggrandissements possibles, de ne pas trop presser les bàtiments les uns contre les autres, de ménager de grands emplacements pour les magasins, et surtout pour le dépôt des scories, qui deviennent à la longue un grand embarras.

L'alimentation d'eau est aussi une question importante et doit être assurée largement.

Dans l'installation de chaque atelier on cherchera : 1° à simplifier les transports par un groupement logique des divers appareils ; 2° à faciliter la surveillance en rapprochant les appareils de même nature et en adoptant une disposition d'ensemble régulière et simple ; 3° à rendre le travail moins pénible en faisant des halles élevées, bien aérées et bien éclairées. Il sera bon encore de ne pas épargner l'espace, et de faire chaque atelier assez vaste pour qu'on ne soit pas obligé de le reconstruire si les conditions de la fabrication viennent à se modifier.

879. Travail à prix fait. — Dans beaucoup de fabrications, le zèle et les soins de l'ouvrier ont une influence capitale sur le prix de revient, sur la production, et même sur la qualité des produits. Il est donc important d'intéresser l'ouvrier à travailler le plus activement et le mieux possible. Le meilleur moyen est d'organiser le travail à prix fait. On paye à l'ouvrier une somme proportionnelle à la quantité de produits finis qu'il livre ; souvent on y ajoute une prime progressive, pour les quantités dépassant la moyenne prévue. On peut aussi donner des primes pour les économies réalisées soit sur le déchet, soit sur les fournitures ; on impose, au contraire, des amendes quand les consommations ou les déchets dépassent une certaine limite.

Les tarifs doivent être calculés de manière qu'un ouvrier ordinaire puisse gagner une journée raisonnable. Leur fixation est le point délicat du système. Il faut étudier de près l'opération qu'il s'agit de tarifer, en la faisant exécuter par de bons ouvriers sous la surveillance d'un contre-maître exercé. On arrivera ainsi à savoir à peu près quels sont les résultats qu'on peut demander d'une manière courante, sans exagération. Malgré tous les soins qu'on prendra, l'expérience démontrera souvent que les tarifs sont trop onéreux ou trop avantageux pour les ouvriers. Dans ce dernier cas, le remaniement sera toujours difficile à faire accepter ; il faudra donc étudier sûrement un tarif avant de le promulguer, et éviter autant que possible les modifications ultérieures. Il sera bon aussi, pour prévenir les contestations, de tenir continuellement les comptes à jour, et de faire connaître aux ouvriers leur gain au bout de peu de temps, par exemple chaque semaine, et même, s'il est possible, chaque jour.

Avec de bons tarifs, on arrive à obtenir un travail intensif, qui permet, tout en augmentant le salaire journalier moyen, de diminuer le prix relatif de la main-d'œuvre, parce que la production croît plus vite que le salaire. L'augmentation de la production procure en outre une économie sur les frais fixes, et on réalise ainsi le problème de faire gagner davantage à la fois à l'ouvrier et au patron.

Ce mode de règlement exige une surveillance attentive, car dans bien des cas l'ouvrier peut être tenté d'augmenter son gain par des fraudes difficiles à découvrir. Mais le surveillant peut porter toute son attention sur ce point, et il n'a pas à stimuler l'ouvrier, à lutter contre sa paresse, comme cela arriverait s'il était payé à la journée.

Le travail à prix fait peut être collectif, c'est-à-dire qu'un groupe d'ouvriers concourant à la même opération est réuni et se partage, suivant des proportions réglées d'avance, le prix du produit.

380. Travail à l'entreprise. — Dans certaines régions, on emploie beaucoup le travail à l'entreprise. La fabrication d'une certaine quantité de produits est donnée à forfait à un tâcheron, qui se charge de régler les ouvriers. Au premier abord, ce système ne diffère pas beaucoup du travail à prix fait collectif : il a cependant des effets tout différents. Ici, le patron n'intervient pas dans la distribution du salaire entre les ouvriers : ceux-ci seront souvent exploités par l'entrepreneur, et n'auront aucun intérêt à la bonne et prompte exécution du travail. L'entrepreneur lui-même cherchera surtout à fabriquer à bon marché, mais pas toujours à fabriquer vite et bien ; ses intérêts seront en somme essentiellement différents de ceux des patrons et des ouvriers : ils pourront même leur être opposés, tandis qu'avec le travail à prix fait les intérêts des ouvriers et des patrons deviennent semblables. Ce dernier mode est donc celui qui procurera le plus d'avantages à tout le monde, et qui, une fois accepté, sera le plus propre à éviter les conflits, sauf dans le cas des remaniements de tarifs. L'entreprise n'a que l'avantage d'être commode, et de simplifier le rôle de l'administration.

381. Travail à la journée. — Le règlement à la journée est employé pour les manœuvres, pour les ouvriers chargés des transports, en général pour les travaux qui n'exigent ni intelligence ni habileté, ou encore pour ceux qui ne se font pas d'une manière régulière et continue, par exemple pour les travaux d'entretien, où il serait difficile d'établir des tarifs à prix fait. On doit restreindre le plus possible ce mode de règlement, qui n'offre aucun stimulant à l'ouvrier et ne procure jamais qu'un rendement faible. Lorsque le manœuvre concourt à une fabrication importante, on l'associera aux autres ouvriers dans un prix collectif. Les travaux simples et bien définis, comme les transports, parfois certains entretiens, peuvent être donnés à l'entreprise.

On peut améliorer le rendement du travail à la journée en fixant une tâche : mais ce procédé, vexatoire pour les ouvriers, est loin d'offrir les avantages du prix fait, et ne doit s'adopter que dans les circonstances où l'on ne peut faire mieux et où la nature du travail s'y prête particulièrement.

382. Prix de revient. — Le prix de revient se compose d'éléments multiples, qui peuvent se classer dans trois grandes catégories, la main-d'œuvre, les fournitures, les frais fixes.

383. Main-d'œuvre. — La main-d'œuvre faisait autrefois la plus grosse part des dépenses : son importance a beaucoup diminué depuis que les machines ont été perfectionnées et appliquées sur une large échelle. Ainsi dans les forges elle ne dépasse pas 15 à 25 0/0 de l'ensemble des dépenses : elle est plus faible dans les industries où les minerais ont une valeur plus grande ; elle atteint rarement 30 0/0 des frais de fabrication.

Pour diminuer les frais de main-d'œuvre, il faut d'abord obtenir de l'ouvrier le rendement maximum, en étudiant bien, comme nous venons de le dire, le mode de rémunération. Il faut aussi simplifier et faciliter le travail par des installations commodes bien combinées pour éviter toute fausse manœuvre et toute fatigue inutile. Il faut porter chaque appareil à son maximum de production pour que le travail de chaque homme soit bien utilisé. Souvent l'application de procédés mécaniques permet de diminuer le rôle de l'ouvrier, d'augmenter la production, et d'employer des ouvriers ordinaires là où il fallait auparavant des hommes d'une force ou d'une habileté peu communes. Cependant il ne faut pas pousser trop loin dans cette voie : les appareils automatiques sont coûteux, ne se prêtent pas aux modifications dans la marche, et on ne doit les adopter que lorsqu'ils sont simples, robustes, et qu'on est assuré d'une production régulière pendant un assez long temps.

384. Fournitures. — Les fournitures sont peut-être le point sur lequel il est le plus difficile de réaliser des économies. C'est le prix des matières premières, plutôt que les quantités consommées, qui feront varier cet élément d'une usine à l'autre : c'est donc la position de l'usine et sa gestion commerciale qui auront à ce point de vue la plus grande influence. A moins de découvertes qui modifient profondément un procédé, ou qui permettent d'utiliser une matière première à vil prix négligée jusqu'alors, la dépense en fournitures ne pourra pas varier beaucoup pour une usine donnée. On réduira au minimum la dépense de combustible en augmentant dans les limites convenables les dimensions et la production des appareils : parfois de petites modifications permettront d'utiliser des combustibles inférieurs. L'habileté et les soins de l'ouvrier auront aussi une certaine influence sur les consommations et les déchets.

Ces petites économies sont souvent négligées quand il s'agit de produits ayant une grande valeur, parce que leur portée paraît insignifiante auprès de celle des questions commerciales. Mais la concurrence toujours croissante tend à rapprocher de plus en plus les prix de vente des prix de revient et donne de l'importance à tous les détails de fabrication.

385. Déchets. — Quand on traite des minerais de grande valeur, il importe de tout faire pour diminuer le déchet. Aucun produit ne doit être jeté s'il n'est pas absolument inutilisable : les balayures, les rognures de toute sorte, les matériaux des vieux fours doivent être recueillis, triés et retraités ; la condensation des matières volatiles et des poussières entraînées doit être l'objet des plus grands soins, etc.

386. Frais fixes. — Les frais fixes sont ceux qui, pour une usine donnée, sont à peu près indépendants de la production, comme les frais d'administration, l'intérêt du capital, etc. C'est surtout en augmentant la production qu'on les restreindra. Aussi voit-on, à mesure que la concurrence augmente, les petits établissements disparaître, et l'industrie se concentrer dans de puissantes usines. Pour augmenter la production, il faut stimuler, comme nous l'avons vu, l'activité des ouvriers : il faut avoir des appareils aussi grands que la nature du travail le permet : il faut enfin assurer largement tous les services accessoires. Les arrêts, les dérangements, seront parmi les causes principales qui pourront diminuer la production : on doit donc avoir des machines robustes et puissantes : on doit prendre toutes les mesures nécessaires pour être en état de faire vite les réparations : toutes les fois qu'il y a de gros fardeaux à manier, on doit étudier avec soin l'installation de grues, de chariots, de ponts roulants, multiplier ces appareils et leur donner un excès de force. Ces questions de machinerie sont peut-être celles qui ont le plus d'influence sur la bonne marche d'une usine, toutes les fois qu'il y a à produire un fort tonnage, et surtout à fabriquer de grosses pièces. Dans les frais fixes, on compte en général l'intérêt à 5 0/0 du fonds de roulement, et l'amortissement à 10 ou 15 0/0 des dépenses d'installation. L'ensemble des frais fixes a souvent une importance voisine de celle de la main-d'œuvre, parfois même supérieure.

DONNÉES NUMÉRIQUES

Evaluation des températures par la coloration du fer.

Rouge naissant........	525	Orangé ....,...	1100
Rouge sombre.........	700	Jaune.................	1200
Cerise naissant........	800	Blanc................,...	1300
Cerise ou rouge vif.....	900	Blanc soudant..........	1400
Cerise clair	1000	Blanc éblouissant...,...	1500

Alliages pour l'évaluation des températures élevées.
Points de fusion déterminés par Ehrard et Schertel.

Argent	Or	Points de fusion	Or	Platine	Points de fusion	
100	—	954	60	40	1320	Il se produit
60	40	995	50	50	1385	des liquations
40	60	1020	40	60	1460	et les indica-
—	100	1075	30	70	1535	tions devien-
Or	Platine		20	80	1610	nent douteu-
90	10	1130	10	90	1690	ses quand il y
80	20	1190	—	100	1775	a plus de 15 %/$_0$
70	30	1255				de platine.

Montres fusibles de Segers, obtenues en moulant des mélanges intimes de feldspath orthose avec du quartz, du kaolin et du carbonate de chaux avec de l'oxyde de fer pour les températures basses. La première fond un peu plus haut que l'alliage d'or à 10 0/0 de platine ; la dernière, plus bas que le platine ; les deux points extrèmes de l'échelle étant évalués d'après cela à

1150° et 1700°, on a calculé les autres par interpolation, ce qui est fort incertain. Les poids de feldspath et de marbre restent fixes pour tous ces mélanges : les poids des autres matières varient seuls ; nous donnons les principaux types ; les numéros intermédiaires peuvent s'en déduire en faisant varier les deux éléments suivant une progression arithmétique.

Numéros	Composition : Feldspath, 83.55 ; Marbre, 35, avec :			Température de fusion
	Quartz	Oxyde de fer	Kaolin	
1	66	16		1150
2	60	8	12,95	1179
3	57	4	19,43	1208
4	54		25,90	1237
5	84		25,90	1266
10	204		90,65	1410
11	252		116,55	1439
14	396		194,25	1526
17	612		310,80	1613
18	708		362	1642
20	900		466,20	1700

Tableau des points fixes servant au repérage indirect des diverses échelles thermométriques (1).

	Naphtaline	Sn	Zn	S	Sb	Al	Zn	Ag	Au	Pt
Fusion ..	»	232	420	»	630	655	»	962	1065	1780
Ebullition	218	»	»	445	»	»	930	»	»	»

(1) Ces températures, dit M. Le Chatelier (*Mesure des températures élevées*. Carré et Naud, éditeurs), peuvent être considérées comme connues avec une incertitude inférieure à :

<pre>
        Entre 200 et   500°..................   1°
          —   500 et   800°.. ....   5°
          —   800 et 1100°..................   10°
        Au-dessus de 1100°..................   50°
</pre>

Tableau des chaleurs d'échauffement, de zéro degré (glace fondante) à $t = \mathrm{T} - 273$, des volumes moléculaires (22 l. 32) des gaz.

La chaleur totale d'échauffement, Q, des gaz, à pression constante, du zéro absolu (-273° C) à une température $\mathrm{T} = 273 + t$, peut s'exprimer par la formule parabolique à deux termes :

$$Q = a\,\frac{\mathrm{T}}{1000} + b\,\frac{\mathrm{T}^2}{1000^2},$$

dans laquelle a est une constante égale à 6,5 commune à tous les gaz, et b une constante variable avec les différents gaz :

pour les gaz parfaits : Az, H, O, CO............ $b = 0,6$
pour l'eau .... $b = 2,9$
pour l'acide carbonique .... $b = 3,7$
pour le formène............................ $b = 6$

Les chaleurs d'échauffement du volume molléculaire : 22 l. 32 de ces différents gaz, entre deux températures : $t_0 = \mathrm{T}_0 - 273$ et $t = \mathrm{T} - 273$ s'exprimeront alors par les formules suivantes, qui permettent de calculer les chaleurs d'échauffement entre deux températures données :

$$(1) \qquad Q = 6,5\,\frac{\mathrm{T} - \mathrm{T}_0}{1000} + 0,6\,\frac{\mathrm{T}^2 - \mathrm{T}_0^2}{1000^2} \quad \text{(gaz parfaits)}.$$

$$(2) \qquad Q = 6,5\,\frac{\mathrm{T} - \mathrm{T}_0}{1000} + 2,9\,\frac{\mathrm{T}^2 - \mathrm{T}_0^2}{1000^2} \quad (\mathrm{H^2O})$$

$$(3) \qquad Q = 6,5\,\frac{\mathrm{T} - \mathrm{T}_0}{1000} + 3,7\,\frac{\mathrm{T}^2 - \mathrm{T}_0^2}{1000^2} \quad (\mathrm{CO^2})$$

$$(4) \qquad Q = 6,5\,\frac{\mathrm{T} - \mathrm{T}_0}{1000} + 6\,\frac{\mathrm{T}^2 - \mathrm{T}_0^2}{1000^2} \quad (\mathrm{CH^4})$$

Le tableau ci-après donne, de 200 en 200°, les chaleurs d'échauffement des volumes molléculaires des gaz ci-dessus de 0° à $t = \mathrm{T} - 273$.

Gaz	0°	200°	400°	600°	800°	1000°	1200°	1400°	1600°	1800°	2000°	2200°	2400°	2600°
Gaz parfaits (1).	0	1.39	2.82	4.31	5.82	7.43	9.05	10.73	12.46	14.21	16.05	17.91	19.84	21.81
H²O (18 gr.).	0	1 73	3.69	5.87	8.23	10.98	13.87	17 »	20.35	23.86	27.76	31.82	36.10	40.62
CO² (44 gr.).	0	1.85	3.99	6.44	9.07	12.42	15.55	19.18	23.10	27.21	31.84	36.65	41.76	47.16
CH⁴ (16 gr.).	0	2.19	4.85	8.02	11.46	15.77	20.37	25.44	30.99	36.86	43.55	50.54	58.02	66.04

(1) On comprendra dans la formule des gaz parfaits : l'azote Az² = 14 grammes, l'oxygène O = 16 gr., l'hydrogène H² = 2 gr., l'oxyde de carbone CO = 28 gr.

Chaleur totale d'échauffement

Températures	Platine	Nickel	Fer
100	3 cal 23	11	11
200	6 , 58	22 , 5	22 , 5
300	9 , 75	42	36 , 5
400	13 , 64	52	41 , 5
500	17 , 35	65 , 5	68 , 5
600	21 , 48	78 , 5	87 , 5
700	25 , 13	92 , 5	111 , 5
800	29 , 20	107	137
900	33 , 39	123	157 , 5
1000	37 , 7	138 , 5	179
1200	46 , 65		
1400	56 , 14		
1600	66 , 08		

Chaleurs absorbées par différents produits métallurgiques fondus
(d'après Grüner).

		Calories par kilogramme	Température de l'essai
I.... Mattes cuivreuses..........	a	230 à 240	rouge cerise
	b	270 à 280	orange
II... Mattes ferreuses et plombeuses (1)	b	240	
III... Scories siliceuses des fours Martin....................	a	410 à 420	blanc
IV... Scories très siliceuses des fours à cuivre...........	a	400 à 410	
V ... Scories bisilicatées à plusieurs (1)	a	355	
bases des fours à cuivre.	b	400	
VI... Scories ferrugineuses et plombeuses moins acides....... (1)	a	320 à 330	rouge orange
VII.. Scories basiques.......... (2)	b	275 à 300	rouge orange
VIII. Laitiers de fonte grise	a	400 à 420	
	b	500 à 450	blanc
IX... Laitiers de fonte blanche....	b	450 à 400	»
Verre blanc .... (1)	a	400	
	b	420	

		Calories par kilogramme	Température de l'essai
Verre à bouteilles...... (1)	a	380	
	b	400	
Fonte grise...........	a	245	1.200
	b	280 à 285	1.350 à 1.450
	c	300 à 310	
Fonte blanche.........	a	225	1.100
	b	260	1.250 à 1.300
Acier.................	b	300	1.400 à 1.500
	d	330	1.500 à 1.600
Cuivre................		160	1.200
Plomb................		50	1.100 à 1.200

(1) Peu fluides.

(2) Très fluides — *a* à une température *peu supérieure à celle de la fusion* — *b* à la coulée, température pouvant excéder de 100° environ celle de la fusion — *c* dans le creuset du haut-fourneau — *d* dans la cornue Bessemer.

Composition des produits mentionnés dans le tableau précédent.

	S.	Cu.	Fe.	Zn.	Pb.
I.... Matte d'Atvida...............	26	20 à 22	44	7 à 8	
Matte bronze de Swansea.....	29 à 30	30 à 35	35		
II... Matte plombeuse de Freyberg.	25	4	54 à 57	2 à 3	5 à 7

	SiO^2	Al^2O^3	CaO +MgO	FeO	MnO	PbO	ZnO	CuaO
III... Scories des fours Martin de Firminy.....	54	3,30	?	12	26			
IV... Scories d'Atvida....	42			45			6	
Scorie de Swansea (La silice n'est pas entièrement combinée)............	60			29				
V ... Scorie de fonte crue du Mansfeld, pierreuse............	50 à 55	10 à 15	25 à 30	8				
VI... Scorie de four à plomb de la Pise.	30 à 36		15 à 20	35 à 40		2 à 3		
Scorie de réchauffage du fer...........	30 à 35			?				
VII.. Scorie de Freyberg, noire (fonte de concentration des mattes plombeuses)...	28 à 32		4	60 à 55		2,5 à 3		
Scorie d'Holzappel..	27,4		10	48		2,4	11,7	0,9
VIII. Laitier de fonte Bessemer de Givors..	35 à 36	?	45 à 50					
IX... Laitier de fonte de forge de Givors...	47,5	?	31,5	?				

Consommation de combustible pour la fusion de divers métaux.

Opérations	Consommation de combustible par tonne	Calories absorbées par tonne	Température	Rendement calorifique brut
Fusion de l'acier :				
I... En creusets : chauffés :		350	blanc	
— dans des fours à vent au coke.	3.000 kil.			1,7 0/0
— dans des réverbères à la houille.	2.800 à 2.600			2 —
— dans des fours Siemens......	1.800 à 1.300			3 à 4 0/0
II... Sur sole :				
— dans des réverbères ordinaires.				
— dans des Ponsard...........	700			7
— dans des Siemens...........	500			10
Fusion de la fonte :			jaune	
I... En creusets chauffés dans des fours de galère (à la houille).....	2.500	280 à 300		2
II... Sur sole :				
— au réverbère ordinaire........	6 à 800			5 à 7
— aux fours à 2 soles...........	500			10
— au Ponsard ou au Siemens...	200			20
— aux cubilots de petites dimensions...................	200			18
— aux cubilots de grandes dimensions...................	70			48 0/0
Fusion des mattes de cuivre.......		280	rouge cerise clair	
— au réverbère	400			9 0/0
— au cubilot.................	100			35 0/0
Fusion du cuivre au réverbère	200 à 300	180	—	12 0/0
— du zinc — ...	40	80	600	25 0/0
— du plomb en chaudrons.....	10	32	400	40 —

Propriétés des métaux

Métaux	Températures de fusion		de volatilisation
Mercure	— 40		358
Potassium	62		rouge
Sodium	97		rouge vif
Etain	230		C
Bismuth	260		rouge ?
Cadmium	320		860
Plomb	325		orangé
Zinc	415 à 430		1040 à 930 (1)
Antimoine	430	Fusibles dans les fourneaux ordinaires	rouge vif
Arsenic	? (2)		500
Aluminium	625		F ?
Argent	950 à 962		1500 à 2000
Cuivre	(1050-1170)		C (4)
Or	(1040-1380)		C
Fonte de fer	1000 à 1200		
Acier	1300 à 1400	Fusibles dans	
Fer		un feu de forge	
Nickel	1500 à 1600	très vif ou aux	F
Cobalt		fours Siemens	
Manganèse			
Palladium	1500		C
Platine	1775	Fusibles au	(5)
Chrome		chalumeau	
Rhodium	2500 à 2525	oxyhydrique	F
Iridium			
Ruthénium			
Osmium			
Molybdène	(3)	Infusibles	C
Tungstène			

OBSERVATIONS

Les métaux sont rangés par ordre de fusibilité.

(1) Variable avec la pression.

(2) Ne fond que sous pression, sinon se volatilise vers 500°.

(3) L'osmium se volatilise à la température de fusion du ruthénium ; les deux autres n'ont été fondus qu'en alliage avec le charbon.

(4) Emet des vapeurs au rouge blanc.

(5) Un peu volatil aux plus hautes températures du chalumeau oxyhydrique.

F. Métaux fixes ou ne donnant que des traces de volatilisation au chalumeau.

C. Métaux entièrement volatils au chalumeau oxyhydrique.

Propriétés de divers matériaux

	Poids spécifique	Poids du m³	Chaleur spécifique
Quartz calciné	2,4	1540	
Silice	2,2		0,19
Alumine naturelle.	3,9		0,20
Sable siliceux sec.		1400 à 1500	
Sable argileux		1700 à 1800	
Terres réfractaires.		1300 à 1400	
Argile humide	2,8	1650	
Argile grasse	2 à 2,2	à	
Argile maigre.	1,5	1750	
Briques		1500 à 1700	0,19 à 0,24
Briques réfractaires		1800 à 1900	0,23
Briques de silice.		1800	
Briques de magnésie.		2320	
Calcaire.	2,4 à 2,5	1700 à	0,20
Dolomie.	2,8 à 2,9	2200	
Magnésie carbonatée.	3 à 3.1		
Chaux.	2,3	800	0,22
Magnésie.	2,8		0,24
Verre	2,4 à 2,7		0,18
Graphite.	2,2		0,20

Propriétés mécaniques des métaux usuels

Ordre de ténacité	Charge de rupture par millimètre²	Ordre de ductilité	Ordre de malléabilité
Cobalt.	108	Or.	Or.
Nickel.	80	Argent.	Argent.
Acier.	50 à 80	Platine.	Aluminium
Fer	35 à 50	Aluminium.	Cuivre.
Cuivre	35	Fer.	Etain.
Platine.	31	Cuivre.	Platine.
Argent.	21	Zinc.	Plomb.
Or.	16	Etain.	Zinc.
Zinc.	12	Plomb.	Fer.
Etain	4		Nickel.
Plomb	2,5		

Propriétés physiques

Corps	Dilatation linéaire de 0° à 100°	Conducti- bilité pour la chaleur	Capacité calorifique	Densité	Conductibil. électrique à 0 degré	Résistance en ohms de 1 mètre de fil de 1 mm. de diamètre
Cuivre.....	0.0017	73.6	0.0951	8.93	92	0.02057
Fer.......	0.0011 à 0.00124	119	0.1138	7.25	14.44	0.1251
Argent.....	0.0019	100	0.0570	10.57	100	0.01937
Mercure ...	—	53.3	0.03247	13.59	1.63	1.2247
Zinc......	0.0029	193	0.0955	7.00	27.40	0.07244
Plomb.....	0.0028	287	0.0314	11.40	7.70	0.2526
Nickel.....	—	—	0.1108	8.27	13.11	0.1604
Etain......	0.0019	14.5	0.05623	7.285	11.45	0.1701
Or........	0.0014	98.1	0.0298	19.250	73	0.02650
Aluminium.	—	100	0.2181	2.55	100	0.03751
Cobalt.....	—	—	0.10696	8.60	—	—
Platine.....	0.0010	84	0.324	21.45	11	0.1166
Magnésium.	—	—	0.2499	1.75	25.45	—

Poids spécifique des combustibles

POIDS				
	du mètre³		du stère (3)	
Charbon de sapin blanc.	125 à 140ᵏ	Chêne	450 à 500ᵏ	
Charbon de sapin rouge.	140 à 180	Chêne en branchag.	350	bois durs
Charbon de bois blancs.	140 à 200	Hêtre...........	480	
Charbon de bois durs..	200 à 240	Hêtre en branchag.	300 à 340	
Coke poreux (1).......	350 à 400	Erable, frêne, ormeau	350 à 400	
Coke dense	400 à 450	Sapin rouge......	300 à 340	rési-
Lignites et houill. sèches	700	Pin.............	300 à 380	neux
Houilles grasses.......	700 à 800	Bouleau.........		
Houilles maigres	850	Saule...........	300 à 350	blancs
Anthracites..........	900	Tremble...... ...		ou ten-
Tourbe mousseuse (2)..	250	Peupliers.........	200 à 220	dres
Tourbe noire.........	350 à 400	Fagots mêlés.....	125	

(1) Ce poids et les suivants s'appliquent à des combustibles purs, contenant moins de 10 0/0 de cendres.
(2) Avec 30 0/0 d'eau environ.
(3) A 25 0/0 d'eau, en rondins, sauf indication contraire.

Propriétés des gaz

	Densité (par rapport à l'air)	Chaleur spécifique entre 0 et 100	Poids du m³	Volume du kilogramme
CO^2.................	1,529	0,216	1,97	0,506
O	1,106	0,218	1,403	0,70
Air..................	1 »	0,237	1,293	0,775
Az..................	0,972	0,244	1,256	0,79
CO	0,967	0,248	1,250	0,80
C^4H^4..............	0,978	—	1,265	0,78
C^2H^4..............	0,559	—	0,724	1,40
H	0,0692	3,405	0,089	11,20
Gaz d'éclairage	0,480 à 0,570	—	0,63 à 0,73	1,50
— des gazogènes	0,92	—	1,119	0,84
— des hauts-fourneaux.	1 à 1,07	—	1,293 à 1,380	0,77 à 0,72
Vapeur d'eau	0,620	} 0,48	—	—
— — à 100°....	0,470		—	—

Le coefficient de dilatation sous pression constante est considéré comme invariable et égal à 0,00366, ou $\frac{1}{273}$ pour tous les gaz.

Tableau des chaleurs de combinaison des principaux métaux avec 1 atome (16 grammes) d'oxygène (1)

Magnésium.	145,5 cal.	Bore	90,9 cal.	Cobalt.....	64,5 cal.
Lithium ...	143,0	Manganèse.	90,0	Nickel.....	61,5
Calcium ...	145,0	Zinc.......	84,8	Plomb(PbO)	50,8
Aluminium.	131,2	Etain (SnO).	70,7	Bismuth ...	46,4
Sodium....	100,9	Cadmium..	66,3	Cuivre(Cu^2O)	42,8
Potassium..	98,2	Fer........	65,9	Mercure....	21,5
Silicium ...	90,9	Tungstène..	65,7	Argent.....	7,0

(1) D'après une étude de M. MATIGNON, maître de conférences à la Sorbonne

Tableau des températures de combustion des combustibles et gaz le plus fréquemment rencontrés en industrie (d'après DAMOUR : *le chauffage industriel et les fours à gaz*).

Température de combustion de l'oxyde de carbone dans l'air froid.	2100°
— — du gaz à l'eau théorique ($CO + H^2$) dans l'air froid.. ...	2030
Température de combustion du carbone dans l'air froid	2040
— — d'une houille à l'air froid........	2000
— — de gaz de gazogène théorique ($CO + 2Az^2$) à 1000°, avec de l'air à 1000°	2280
Température de combustion de gaz de gazogène théorique ($CO + 2Az^2$) à 500°, avec de l'air à 500°................ ...	1860
Température de combustion de gaz de gazogène théorique ($CO + 2Az^2$) froid, avec de l'air à froid...................	1500

Equivalents électro-chimiques

Noms des corps	Poids dégagé par 1 ampère pendant 1 heure	Noms des corps	Poids dégagé par 1 ampère pendant 1 heure
	grammes		grammes
Hydrogène...............	0,0375	Etain...................	2,2125
Aluminium..............	0,5137	Fer....................	1,05
Antimoine...............	4,575	Manganèse	1,0312
Argent..................	4,05	Mercure................	3,75
Arsenic.................	2,8125	Or.....................	3,6862
Bismuth	7,875	Platine................	3,6975
Cadmium	2,095	Plomb..................	3,8812
Chlore..................	1,3312	Zinc...................	1,2262
Cuivre..................	1,1925		

Tableau des chaleurs de combustion moléculaires des gaz

Nom du corps brûlé	Formule correspondant au volume moléculaire	Poids de la molécule	Volume correspondant	Réaction de combustion	Calories dégagées	Observations
		gr.	lit.			
Hydrogène..........	H^2	2	22.32	$H^2 + O = H^2O$	58,2 / 69,0	Eau vapeur / Eau liquide
Oxyde de carbone....	CO	28	»	$CO + O = CO^2$	68,2	»
Formène	CH^4	16	»	$CH^4 + 4O = CO^2 + 2H^2O$	195,2 / 213,5	Eau vapeur / 3 vol. moléc.
Acétylène...........	C^2H^2	26	»	$C^2H^2 + 5O = 2CO^2 + H^2O$	315,7	Eau liquide
Carbone amorphe.....	C^2	24	»	$C^2 + 4O = 2CO^2$	$2 \times 97,6$	
— —	C^2	24	»	$C^2 + 2O = 2CO$	$2 \times 29,4$	2 volumes moléculaires

Pouvoir calorifique de quelques combustibles rapporté au kilogramme

Corps	Produits	Pouvoir calorifique	Corps	Produits	Pouvoir calorifique
Carbone........	CO	2.473	Fer............	FeO	1.352
Charbon de bois .	CO^2	8.080	—	Fe^3O^4	1.582
Graphite........	CO^2	7.800	—	Fe^2O^3	1.887
Hydrogène	HO	34.462	Phosphore	PhO^5	5.747
Silicium........	SiO^2	7.830	Arsenic	AsO^3	1.030
Soufre..........	SO^2	2.300	—	AsO^5	1.460

Composition et puissance calorifique de divers combustibles
(d'après Mahler).

Désignation des combustibles	Analyse élémentaire						Matières volatiles. Abstraction faite de l'eau	Analyse élémentaire, abstraction faite de l'eau et des cendres				Pouvoir calorifique	
	Carbone	Hydrogène	Oxygène	Azote	Eau hygroscopique	Cendres		Carbone	Hydrogène	Oxygène et soufre	Azote	Observé directement	Abstraction faite des cendres et de l'eau
												Calories	Calories
Houille flambante du puits Sainte-Marie (Blanzy)	79.378	4.967	8.725	1.13	3.90	1.90	30.10	84.265	5.273	9.262	1.20	7.865,8	8.350,1
Houille à gaz de Commentry	80.182	5.245	7.193	0.98	3.00	3.40	37.40	85.664	5.604	7.682	1.05	7.870,4	8.408,5
Houille à gaz de Lens	83.727	5.216	6.007	1.00	1.05	3.00	29.55	87.261	5.436	6.263	1.04	8.395	8.744,7
Houille grasse du Treuil (Saint-Etienne)	84.546	4.772	4.592	0.84	1.25	4.00	19.75	89.231	5.026	4.856	0.887	8.391,7	8.856,7
Houille demi-grasse du puits Saint-Marc (Anzin)	88.473	4.139	3.158	1.18	1.35	1.70	13.65	91.256	4.269	3.255	1.22	8.392,5	8.656,5
Houille anthraciteuse de Kébao (Tonkin)	85.746	2.733	2 671	0.60	2.80	5.45	4.56	93.456	3.065	2.825	0.65	7.828,1	8.532
Anthracite de Pensylvanie	86.456	1.995	1.449	0.75	4.45	5.90	2.75	95.373	2.204	1.596	0.83	7.484,4	8.256,4
Huile de pétrole d'Amérique	97.855	0.489	1.196	0.26	»	0.20	»	98.051	0.490	1.198	0.264	8.057,2	8.073.3
Huile lourde de pétrole d'Amérique	86.894	13.107	»	»	»	»	»	86.894	13.107	»	»	10.912,7	10.912,7
Pétrole raffiné d'Amérique	85.491	14.216	0.293	»	?	»	»	?	?	?	?	11.045,7	»
Essence de pétrole d'Amérique	80.583	15.101	4.316	»	?	»	»	?	?	?	?	11.086	?
Pétrole brut d'Amérique	83.012	13.889	3.099	»	?	»	»	?	?	?	?	11.094,1	?
Huile lourde de Bakou (Russie)	86.700	12.944	»	»	»	0.35	»	87.905	12.989	»	»	10.804,6	10.842,6
Pétrole de Novorossick (Caucase)	84.906	11.636	3.458	›	?	»	»	»	?	?	?	10.328	?
Ozokérite de Boryslaw	83.510	14.440	»	»	»	»	»	»	»	»	»	11.163	»

Composition des combustibles naturels purs séchés à 110 degrés.

Noms des combustibles	Composition élémentaire			Rapport de $\frac{O}{H}$ ou plutôt de $\frac{O + Az}{H}$	l'ar 100 de combustible pur. Proportion de matières volatiles	Proportion de carbone fixe 0/0	Pouvoir calorifique	
	C	H	$O^1 + Az$				réel	industriel. Eau à 0° vaporisée à 112° par kil. brûlé
								kilog.
Bois....................	30 à 51,75	6 à 6,30	41 à 41,95	7	70 à 65	30 à 35	3,400	3,67
Tourbes....................	58 à 63	6 à 5,5	36 à 31,5	6 à 5	65 à 60	35 à 40	3,300	3,2 (2)
Lignites	65 à 75	6 à 4	29 à 21	5	60 à 50	40 à 50	6,480 à 7,000	4 à 5
Houilles sèches..............	75 à 80	5,5 à 4,5	19,5 à 15	4 à 3	45 à 40	50 à 60	8,000 à 8,500	6,7 à 7,50
Houilles grasses à longue flamme .	80 à 85	5,8 à 5	14,2 à 10	3 à 2	40 à 32	60 à 68	8,500 à 8,800	7,6 à 8,3
Houilles grasses ordinaires.......	84 à 89	5 à 5,5	11 à 5,5	2 à 1	32 à 26	68 à 74	8,800 à 9,300	8,4 à 9,2
Houilles grasses à courte flamme.	88 à 91	5,5 à 4,5	6,5 à 4,5	1	26 à 18	74 à 82	9,300 à 9,600	9,2 à 10
Houilles maigres..............	90 à 93	4,5 à 4	5,5 à 3	1	18 à 10	82 à 90	9,200 à 9,500	9,0 à 9,50
Anthracites....................	93 à 95	4 à 2	3 à 3	1 à 0,75	10 à 8	90 à 92	9,300 à 9,500	9
Pétroles	80 à 85	15 à 14	3 à 1	0,20 à 0,10	90 à 100	»	11,000	»

La proportion d'azote dépasse rarement 1 pour 100 du poids du combustible. Les pétroles ne renferment pas d'azote.

Produits de la distillation des combustibles.

	Charbon ou coke	Eaux acides	Huiles et goudrons	Gaz
Bois......................	24 à 28	50 à 45	6 à 8	20
Tourbe....................	35 à 40	35	5	20
		eaux ammoniacales		
Lignites secs...............	40 à 50	20 à 15	16 à 14	24 à 21
Lignites bitumineux.......	45 à 30	20 à 35	15 à 25	
Houilles sèches, 700 kil.........	50 à 60	12 à 5	18 à 15	20
Houilles grasses à longue flamme, 700 à 750...................	60 à 68	5 à 3	15 à 12	20 à 17
Houilles moyennes, 750 à 800....	68 à 74	3 à 1	13 à 10	16 à 15
— à courte flamme, 800....	74 à 82	1	10 à 5	15 à 12
— maigres, 850...........	82 à 90	1	5 à 2	12 à 8
Anthracites, 850 à 900..........	90 à 92	»	»	10 à 8

Propriétés des combustibles solides.

(Ce tableau et les 5 suivants sont extraits de l'ouvrage de M. Lencauchez
sur les combustibles).

Combustibles solides	Pouvoir calorifique	Air nécessaire pour la combustion de 1 kil.	
		Volumes	Poids
Carbone pur produisant oxyde de carbone.	2.473	4,5	5,8
» » acide carbonique.	8.080	9	11,6
Anthracites d'Angleterre (pays de Galles).	7.500	8,670	11,20
Houilles sèches du continent à 13 0/0 de cendres, et donnant un coke pulvérulent à la carbonisation..............	7.500	7,430	9,6
Houille grasse à 6 0/0 de cendres, 1re qualité................................	8.000	8,750	11,3
Houille grasse à 12 0/0 de cendres, 2e qualité............................	6.600	8,220	10,6
Houille demi-grasse donnant encore du coke, bien aggloméré au four à coke, 1re qualité........................	7.650	8,350	10,8
Même houille que la précédente, 2e qualité.................	6.600	7,150	9,25
Coke métallurgique à 8 0/0 de cendres..	7.000	7,446	9,65
Coke d'usine à gaz d'éclairage..........	6.400	6,800	8,8
Lignite commun { étuvé à l'air à 200° ..	5.625	6,250	8,1
séché au soleil	4.500	5,000	6,45
sortant de la mine...	3.375	3,750	4,85
Tourbe { étuvée à l'air à 100°	3.900	5,100	6,60
séchée au soleil..............	3.250	4,100	5,30
Bois { étuvé à l'air chaud à 220°.....	3.700	5,160	6,65
séché au soleil en 6 mois d'été..	3.300	4,600	5,95
Bois d'hiver ou vert de six semaines de coupe...............................	2.900	4,150	5,35

REMARQUE. — Ce tableau porte les volumes de gaz théoriquement nécessaires : dans la pratique on devra compter sur un excès d'au moins 20 0/0, parfois de 50 0/0.

Pouvoir calorifique des gaz combustibles purs (gaz de laboratoire).

Noms des gaz	Volume des produits de la combustion	Poids de 1 mètre cube	Pouvoir calorifique		Volume d'air nécessaire à la combustion de 1 m³	Poids d'air nécessaire à la combustion de 1 kil.
			au kilo-gramme	au mètre cube		
Hydrogène..........	2,90	0ᵏ089	29.000	2.580	2ᵐ338	34,8k.
Oxyde de carbone....	2,90	1,263	2.403	3.030	2 , 38	2,48
Hydro-gène { protocarboné.	10,5	0,727	11.700	8.500	9 , 5	17,4
Hydro-gène { bicarboné....	11,30	1,275	10.077	13.700	14 , 3	14,7

Tableau comparatif des différents combustibles traités au gazogène.

Noms des combustibles	Gaz fourni par 1 k. de combustible solide		Chaleur dégagée par la combustion du gaz fourni par 1 kil.	Pouvoir calorifique du combustible solide	Perte due à la gazéification	Valeur relative des combustibles traités au gazogène com-paré à la houille à gaz
	au poids	en vo-lume à 0° et à 0,760				
	kil.	m³	cal.	cal.	0/0	
Coke traité au haut-fourneau..	»	5,000	4.500	7.000	36	0,927
Coke de gaz d'éclairage.......	5,325	4,260	4.260	6.400	33	0,878
Anthracites et houilles maigres.	6,330	5,075	5.075	7.500	32	1,046
Houilles à coke et à gaz au gazo-gène distillateur..........	4,116	3,520	4.850	6.600	27	1,000
Lignite commun à 40 0/0 d'eau.	1,669	1,460	2.090	3.375	38	0,431
Tourbe moyenne à 18 0/0 d'eau.	2,110	1,770	2.375	3.250	28	0,490
Bois à 25 0/0 d'eau hygromé-trique..................	1,930	1,615	2.390	2.900	18	0,493

Tableau comparatif du pouvoir calorifique des gaz de gazogènes privés ou non de leurs goudrons par le refroidissement.

Noms des combustibles	Volume fourni par 1 kil. de combustible non séché	Poids de 1 m. du gaz obtenu épuré	Pouvoir calorifique du m³		Différence de pouvoir calorifique en centièmes
			Gaz refroidi sans goudron	Gaz chaud et chargé de goudron	
	m³	kil.	cal.	cal.	0/0
Coke de gaz d'éclairage	4,260	1,250	1.000	1.000	+ 0
Anthracites et houilles maigres......	5,076	1,260	1.000	1.050	+ 5
Houille { demi-grasse...............	4,000	1,212	1.146	1.270	» 10
Houille { grasse....................	3,520	1,186	1.380	1.590	» 15
Lignite commun....................	1,463	1,137	1.430	1.630	» 13
Tourbe moyenne...................	1,768	1,192	1.346	1.662	» 19
Bois	1,615	1,196	1.663	2.000	». 25

Tableau comparatif des différents gaz de gazogène pris à 0⁰ et sous la pression de 0ᵐ760.

Noms des gaz	Pouvoir calorifique de 1 mètre cube	Volume d'air nécessaire à la combustion de 1 m. cube	Températures produites théoriquement	Rapport des températures
		m³	degrés	
Gaz { de haut-fourneau.............	900	1,050	1.250	0,735
Gaz { de coke et de gaz............	1.000	0,700	1.500	0,882
Gaz { d'anthracite ou houille maigre.	1.000	0,970	1.470	0,865
Gaz { de houille demi-grasse........	1.146	1,110	1.590	0,940
Gaz { de houille grasse.....	1.380	1,320	1.700	1,000
Gaz { de lignite commun...........	1.430	1,107	1.950	1,147
Gaz { de tourbe moyenne...........	1.346	1,126	1.830	1,076
Gaz { de bois.....................	1.480	1.260	1.900	1,117

Composition en poids de divers gaz.

	H	CO	C^2H^4	C^4H^4	CO^2	Az	Pouvoir calorifique	Poids d'eau nécessaire à la combustion
Gaz de gazogènes au charbon de bois...........	0,2	34			0,8	65	826	0,85
Gaz de gazogènes au coke.	0,1	33,8			1	65	826	
Gaz de gazogènes au gaz au bois................	0,7	34,5			11,6	53,2	1.070	1,1
Gaz à l'eau au charbon de bois..................	1	30			10	59	1.107	1,1
Gaz de tourbe (1).........	0,5	22,4			14	63,1	710	0,75
Gazogène Lundin (2)	0,9	20,8		2,4	19,6	56,3	1.040	0,85
Gazogène à flamme renversée au bois.........	1,3	21,2			22	55,5	954	0,97
Gazogènes à la houille (3)	0,6	26	1,4		7	61	945	1,1
Gazogènes ordinaires (St-Gobain)...............								
Gazogènes ordinaires (analyses de Seger)........	0,2	23,6	4,5		5,7	65,5	1.067	1,5
Gaz de hauts-fourneaux..	0,1 à 0,4	25 à 30			15 à 20	55 à 60	600 à 700	0,60 à 0,75
Gaz d'éclairage...........	9 à 7	17 à 27	50 à 50	9 à 10	5 à 6		11.500	15

(1) Ces cinq gaz ont été obtenus dans le gazogène d'Ebelmen, soufflé.
(2) A la sciure de bois résineux : il abandonne par le refroidissement 33 0/0 d'eau.
(3) Analyse donnée par Gillon.

Composition en volume de divers gaz.

	H	CO	C_2H_4	C_4H_4	CO_2	Az	Poids du m^3	Pouvoir calorifique du m^3
Gazogènes à la tourbe......	5,7	34	1	0,5	2	57	1,2	1.348
— au lignite.......	4,3	33	2,6	0,7	2,1	57	1,14	1.427
— au coke.........	2,5	23			3,5	70,5	1,25	1.000
Gazogènes à la houille (gaz ordinaire)...............	8	23,5	2,5		4,1	61,5		1.146
Gazogènes à la houille (gazogène distillateur).........	2,4	21,4	6,5	1	3,8	64	1,18	1.590
Gaz de hauts-fourneaux....	2,1	24	2,4		12	64		903
Gaz d'éclairage	20	6,25	58	10	15	3,5	0,65	6.000
Gazogène Dowson (soufflé à la vapeur surchauffée)...	20	30			3	47		1.500
Gazogène Strong (marchant alternativement à l'eau et à l'air).................								
Gazogène, gaz à l'eau......	46	46			4	5		2.400
Gazogène, moyenne des deux gaz......................								1.500

Prix de revient de la force motrice

	Machines de 10 chevaux sans condensation	Machine ordinaire de 50 chevaux	Machines perfectionnées	
			de 150 chev.	de 400 chev.
Dépenses de 1er établissement ...	18.000 f.	52.500 f.	117.000 f.	247.000 f.
Consommation de charbon par cheval heure...............	3 kil.	2 kil.	1 kil. 75	1 kil. 50
Dépenses annuelles :				
en combustible.................	1.500	5.500	15.000	34.000
en main-d'œuvre	1.700	2.550	3.400	6.800
entretien.....................	1.000	2.000	3.000	5.000
amortissement.................	1.700	5.000	10.000	22.000
Total...............	5.900	15.050	31.400	67.800
Prix du cheval heure...........	0f 18	0f 09	0f 06	0f 04

Devis (matériaux) d'un four Appolt de 12 cornues.

Nature des matériaux	Quantités
Maçonneries	m. c.
Maçonnerie en pierre de taille	8,05
»　　　en briques réfractaires...........................	61,27
»　　　en briques rouges ordinaires.........................	167,29
»　　　ordinaire de remplissage.........................	54,35
Charpente	m. c.
Charpente pour les échaffaudages	3,36
Escaliers et planchers de ces échaffaudages.....................	48,35
Gabarits pour la construction des compartiments (pouvant resservir).	140,45
Châssis à l'intérieur de ces gabarits............................	1,52
Fonte	kil.
Pièces coulées en châssis et estimées (fin 1857) à 0ʳ 30 le kil.........	5.935
»　　» sur couche de sable　　»　　»　» 0,25　　»	2.000
Ferrures	kil.
Pièces estimées (fin 1857) à 0ʳ 40 le kil............................	884
»　　»　　»　　» 0,50　»	393
»　　»　　»　　» 0,60　»	1.168
»　　»　　»　　» 0,80　»	271
»　　»　　»　　» 1,00　»	378
»　　»　　»　　» 1,25　»	82
»　　»　　»　　» 1,50　»	84

Frais de fabrication du coke métallurgique.

	Four à boulanger	Fours Belges		Four Apolt	Fours de distillation — Four Belge transformé
		Four Smet	Fours Coppée		
Frais de premier établissement par 1.000 kil. de houille carbonisée en 24 heures.	500 à 900f compris voies et accessoires qui représentent $\frac{1}{5}$ de la dépense	600 à 700f pour le four, 150 à 175f pour voies et broyeurs, 250 à 275f pour atelier de lavage	1.000 à 1.100f pour le four, 125 à 165f pour le matériel, sans broyeur ni atelier de lavage	2.000 à 2.500f avec atelier de lavage par compartiment	2.500 à 3.500f sans ateliers de lavage ni de broyage, mais avec l'atelier d'élaboration des sous-produits.
Frais journaliers — Main-d'œuvre { lavage....	»	0f35 à 0f45	Frais analogues à ceux du four Smet	0	0
broyage...	»	0,25 à 0,30		0	0
carbonisat.		1 » à 1,10		1f10 à 1f90	1f65 à 2f10
Entretien, main-d'œuvre et fournitures............	»	0,45 à 0,70		0,20 à 0,75	0,45 à 2,10
Divers...............	»	0,20 à 0,30			0,50 à 0,50
Totaux...............	1f75 à 2f25	2,25 à 2,85	2f25 à 2f85	2,25 à 2,65	2,60 à 3,20

par 1.000 k. de coke produit

Devis approximatif de l'installation d'une usine à agglomérer pour briquettes de 5 kil. (machine à double compression, système J. Couffinhal).

Production 90 à 100 tonnes par poste de 12 heures.

L'installation complète sera composée d'après la récapitulation suivante :

1° Machine à agglomérer à double compression.	16.000 k.	35.000 fr.
2° Four malaxeur de 5 m. 600 de diamètre.....	17.000	12.000	»
3° Cheminée du four........................	1.400	700	»
4° Malaxeur et vis mélangeuse à enveloppe de vapeur...............................	8.100	8.910	»
5° Norias, fonds de trémies, soles distributrices, vis d'entraînement du charbon et du brai..	6.200	7.440	»
6° Elévateur et traîne à brai..........	600	900	»
7° Broyeurs à charbon et à brai.............	2.500	5.000	»
8° Transmissions..........................	6.500	6.500	»
9° Machine motrice (de 70 à 80 chevaux)......	9 000	12.500	»
10° Chaudière (de 70 m² de surface de chauffe).	14.000	7.500	»
11° Tuyautage.............................	1.200	1.305	»
12° Injecteurs et tuyaux...................	60	500	»
Total général........		98.255 fr.

Personnel employé dans une batterie de fours belges.

(74 fours dont 70 en marche : durée de l'opération 48 heures, charge 3 tonnes, production journalière 105 tonnes de coke).

Payé à forfait
1 f 30 la tonne
de coke marchand
{
1 entrepreneur.
6 chargeurs de wagonnets.
2 rouleurs de vagonnets (jusqu'au monte-charge).
3 hommes sur les fours pour le roulage et le chargement.
1 égaliseur.
2 hommes pour l'entretien des portes. etc.
1 machiniste pour la défourneuse.
4 hommes à l'extinction.
7 pour le chargement du gros coke.
2 pour le chargement du petit coke.
29 hommes.

0 f 30 la tonne   7 ouvriers pour le déchargement des wagons de menu.

à la journée   3 ouvriers pour le nettoyage et l'entretien.

Force de la défourneuse : 12 chevaux.

Dépense de combustible par jour : 400 kil.

Prix de construction des fours à coke de la Péronnière.

(Système belge : 6 m. de long. 1 m. 25 de haut jusqu'à la naissance des voûtes, 0,70 de large : charge 2.000 kil., carbonisés en 48 heures).

Fournitures et main-d'œuvre pour 44 fours

Briques réfractaires

Briques galeries...	237.095 k.	à 6 f.50 =	15.411 f.15
» spéciales..	315.157	à 5,00 =	15.757,85
» ordinaires.	95.626	à 3,75 =	3.587,45
Coulis 1er qualité..	73.620	à 2,75 =	2.023,80
» 2e »	71.940	à 1,25 =	899,10

—————— 37.679 f.35

Fer et fonte (1)

88 armatures (cadres et portes).	88.433	à 36, » =	30.835,88
4 têtes de four....	800	à 36. » =	288,00
88 tampons.......	3.960	à 33. » =	1.206,80
176 cornières pour cheminées......	2.466	à 34. » =	738,44
cercles pour cheminées...........	200	» 32, » =	64,00
façon et pose de cercles....................			176,00
fer pour tirants (carrés de 0 m. 037).	3.628	à 32. » =	1.161,00
façon et pose des dits....................			800,35

—————— 35.670 f.47

Fournitures div.

Briques rouges....	31.850	à 31. » =	987,35
Chaux, 80 bennes..........		à 0,95 =	76,00

—————— 1.063 f.35

Main-d'œuvre

Façon de 44 fours à 200 fr. l'un................	8.800,00
Garnitures de 176 portes à 1.50....................	264,00
Têtes des fours (maçonnerie) 57 mc. 800 à 8 fr....................	460,80

—————— 9.524 f.80

83.937 f.97

(1) Prix du fer et de la fonte en 1873.

Fours Carvès de Bessèges (extrait d'une note de M. Jouguet).

Main-d'œuvre de fabrication rapportée à la tonne de coke

Atelier de 53 fours		Atelier de 85 fours	
Production journalière par four...	1104 k.	....	1101 k.
Production par 24 heures..	58353 k.	....	93585 k.
1 garde.........	0j.017	....	0j.011
1 basculeur......	0,017	....	0,011
1 surveillant.....	0,017	....	0,011
3 machinistes....	0,053	4 machinistes....	0,044
1 manœuvre.....	0,017	....	0,011
2 chefs d'équipe..	0,034	3 chefs d'équipe..	0,033
2 chargeurs......	0,034	3 chargeurs.....	0,033
4 régaleurs	0,068	6 régaleurs	0,066
4 chauffeurs. ...	0,068	6 chauffeurs.....	0,066
2 luteurs de portes	0,034	3 luteurs de portes	0,033
2 manœuvres.....	0,034	3 manœuvres....	0,033
Allumage........	0,010	....	0,010
Chargement, roulage.........	0,160	....	0,160
	0j.563		**0j.523 à 3f.45 = 1f.802**

Journées d'entretien :

Réparations diverses............	0j.0074		
Maçons..........	0,0712		
Charpentiers	0,0090		
Manœuvres	0,0200		
	0j.1076 à 3 fr. 50 =.....................		**0f.374**
	Total de la main-d'œuvre.....		**2f.176**

Fournitures diverses :

Moulages........	0k199	à	0f.25 le k⁰...	0f.050
Fers	0,957	»	0,25 »	0,250
Fers ouvrés......	0,097	»	0,70 »	0,007
Chaux..........	0,561	»	0,007 »	0,0035
Sable	1,541	»	0,0015 »	0,000225
Briques, la brique.	0,095	»	0,04 »	0,0038
Briques réfractaires............	3,348	»	0,03 »	0,900
Mortier réfractaire.	1,770	»	0,03 »	0,05
Bois divers.......	0,007	»	0,03 »	0,00021
Provisions diverses huiles, etc				0,314
	Total...	0,878	ci	0,878
	Prix de revient total......			3f.054

Dépenses de construction par four

Massif au-dessus du sol :

Fouille................	38 m³ 358	à	2 f » le m³........	76 f,716
Béton................	6, 833		10 »...............	68,330
Maçonnerie..........	13, 779		8,50	117,121
Briques rouges.......	5, 431		26,50	143,921
Briques réfractaires....	0, 564		130 »	
» » ...	0, 727		130 »	
» » ...	1, 291			167,830
			Total fr..	573,918

Elévation :

Maçonnerie en briques réfractaires appareillées...............	4 m³ 421	à	150 f » le m³........	633 f,150
Maçonnerie en briques rouges. 1.624)				
Maçonnerie en contreforts. 1.030)	2, 654		26,50	70,331
Maçonnerie ordinaire...	1, 554		8,50	13,149
Pavage..............	7, 543		2,50	18,857
Cheminée d'appel......	1, 512		25 »	37,800
Briques réfractaires....	5, 882		150 »	882,450
Maçonneries	6, 237		8,50	49,890
			Total fr..	1.735,527

Armature :

Fonte................	146 k. 410	à	0,25	36,60
Fer.................	75, 600		0.50	37,80
			Total fr..	74,40

Pièces faisant partie intégrante du four :

Fonte................	689 k.030	à	0,25 ....,......	172 f.25
Fer.................	53, 262		0,50	26,63
			Total fr..	198,88

Tuyautage et appareils de distillation :

Fer.................	3 k.372	à	0,50	1 f,686
Fonte	1764,764		0,25	441,191
Maçonnerie pour serpentins...............	0 m³ 838		8,50	7,123
			Total fr..	450,000

Matériel pour une batterie de 28 fours

				Pour 1 four.
4 colonnes à coke (fer et fonte)...........	8.396 kil	5.860 fr.	....	209 f,90
Extracteur (fonte)......	860 »	1.760 »	....	62,84
Transmissions.........	923 »	1.440 »	....	51,50
Pompes..............	908 »	1.360 »	....	48,55
Chaudières.. { fer.... fonte..	6.327 » 7.536 »	{ 9.700 »	....	346,60
Conduite de vapeur (fonte)	2.303 »	2.300 »	....	82,25
Treuil à défourner.....	7.820 »	5.450 »	....	195,50
Conduite de vapeur...	2.124 »	2.120 »	....	75,85
Voie et matériel roulant...........(fr.)	3.621 »	905 »	....	32,43
				1 105 f 42

23

Matériel pour 3 batteries

Machine à vapeur de 12 chevaux	8.531 kil	9.400	»
Plaque de fondation (fonte).............	490 »	121	»
Cinq cuves à goudron et eaux ammoniacales, de 300 m³ (fer)....	22.227 »		
(fonte)..	241 »		
Bâches à eau pour l'alimentation 125 m³		22.200	»
(fer)....	6.460 »		
Conduites (fonte)... ...	6.050 »	4.530	»
Usine pour fabrication du sulfate d'ammoniaque...............		65.000	»

... 431 , 60

765   »

Prix total d'un four.... 5.334 f. 845

Produit annuel : coke............... 390 tonnes

goudron.... 10,600

sulfate d'ammoniaque. 2,132

Composition de diverses terres réfractaires.

	SiO²	Az²O³	Fe²O³	CaO	MgO	Alcalis	Perte au feu
Kaolin.....................	46 à 48	36 à 40	1 à 3	0,5 à 1	»	0,5	14
Bollène cuite...............	56,25	33,50	6,29	1,17	1,68	»	»
Terre à creusets (Dordogne).	47,50	35,46	3,21	0,70	traces	»	13,67
Terres alumineuses du Gard (Bagnols)................	44,86	34,14	1,52	1,37	»	»	17
Andennes (Belgique) (2).....	56	26	2	»	2	»	14
Stourbridge (Angleterre) (3) .	45	29	7,7	0,05	»	»	18
Argile de Forges-les-Eaux...	65	24	»	»	»	»	11
— Vorreppe.........	84	8		2	»	»	1
Bauxite rouge	»	52	27	»	»	»	20
— blanche	20	60	»	»	»	»	»
Poudingue de Hug (1).......	89	8,3	»	»	»	»	1,7
Quartz en rognons trié......	98	2		»	»	»	»
— en filon (Monistrol)..	95	1,4	4	1,5	traces	»	1
— de Dinas	97,5	1,4	0,5	0,3	»	0,2	

(1) Employé pour creusets de H. F.
(2) En poches dans le terrain carbonifère.
(3) En couches dans le terrain houiller.

Composition de divers calcaires et dolomies (1).

	M. volatiles	CaO	MgO	SiO²	Az²O³	Fe²O³	
Magnésies :							
d'Eubée, crue....	51	2	45	0,6	»	»	Ces compositions sont très variab.
— calcinée.	»	3 à 5	86 à 95	1 à 8	0,5 à 2		
de Styrie	50	1 à 2	42 à 35	0,5	4 à 10		Avec proportion sensible de manganèse.
— calcinée.	»	4 à 5	92 à 94	1 à 2	2 à 3		
Brique d'Eubée ..	»	3	89	4	2,5		
Brique de Styrie.	»	0,5	82	8	8		

(1) D'après M. Valrand.

Prix des briques réfractaires dans la Loire.

Briques ordinaires..................	35 fr. la tonne.	
» 1ʳᵉ qualité....................	55	»
Briques de silice...................	60	»
Briques alumineuses.....	60	»
Briques spéciales pour fours de verrerie	80 à 150	»

suivant les dimensions.

Formules relatives aux cheminées.

Le volume des produits de la combustion est égal à celui de l'air employé quand il se forme de l'acide carbonique, à ce même volume multiplié par 1,20 quand il se forme de l'oxyde de carbone ou de la vapeur d'eau.

Une houille ordinaire donnera par kil. de 20 à 25 m³ de produits de la combustion à la température de 300°. — Pour les gaz de gazogène, le volume des produits sera à peu près double du volume des gaz.

$$h = \frac{L\alpha\,(t'-t)}{1+\alpha t.}$$

$$V = \sqrt{2g\alpha L\,(t'-t).}$$

$$Q = \frac{sd\sqrt{2g\alpha L\,(t'-t).}}{1+\alpha t'.}$$

- L. — hauteur de la cheminée.
- s. — section libre de la grille.
- t. — température ambiante.
- t'. — température intérieure.
- α. = 0,00366.
- d. — (densité de l'air) = 0,001293.
- Q. — poids d'air passant par seconde.

Pertes de charge dans les conduites

$$\frac{h'}{h} = \frac{D}{D+\dfrac{L}{42}}$$

$$v - p' = \delta \times \frac{0,0012}{13.599} \frac{L}{D} V.$$

- V. — vitesse près de la sortie.
- δ. — poids du mètre cube d'air au même point
$$= 1.293 \times \frac{P'}{P} \times \frac{(1+\alpha t)}{(1+\alpha t)}$$
- L. — longueur.
- D. — diamètre.
- h. — hauteur de charge initiale }
- h'. — » finale } en col. d'air.
- p. — pression initiale }
- v'. — » finale } en col. de mercure.

Débit d'une buse.

$$M = 402\, d^2 \frac{\sqrt{p\,(P+p)}}{1 + \alpha t.}$$

M. — poids d'air en kilogrammes, débité par seconde.
d. — diamètre.
P. — pression atmosphérique.
p. — excès de pression dans le porte vent.

ERRATA

Page 233, le titre : *Fours à température modérée* devrait être précédé de § 8.
Page 244, le titre : *Fours Siemens* devrait être précédé de § 10.

TABLE DES MATIÈRES

PREMIÈRE PARTIE

Etude technique de la chaleur

CHAPITRE PREMIER

COMBUSTIBLES SOLIDES

DESCRIPTION DES COMBUSTIBLES

COMBUSTIBLES ARTIFICIELS

CHAPITRE II

EMPLOI DES COMBUSTIBLES

§ 1. — *Etude des différents systèmes de fours*

§ 2. — *Fours à foyers séparés*

Numéros
d'articles   Pages

§ 7. — *Fours à gaz*

§ 8. — *Fours à température modérée*

§ 9. — *Fours à haute température*

§ 10. — *Fours Siemens*

§ 11. — *Etude du rendement calorifique d'un four.*

CHAPITRE III

CHAUFFAGE PAR L'ÉLECTRICITÉ

CHAPITRE IV

MATÉRIAUX RÉFRACTAIRES

§ 1. — *Briques réfractaires.*

§ 2. — *Briques spéciales.*

§ 3. — *Matériaux naturels.*

§ 4. — *Mortiers et pisés.*

§ 5. — *Revêtements métalliques.*

CHAPITRE V

ORGANISATION D'UNE USINE MÉTALLURGIQUE

APPENDICE

DONNÉES NUMÉRIQUES

ENCYCLOPÉDIE DES TRAVAUX PUBLICS (*suite*)

OUVRAGES DE DIVERS AUTEURS

M. Emile Bourry, ingénieur des Arts et Manufactures, *Traité des Industries céramiques*, 1 vol. Voir *Encyclopédie industrielle*.. 20 fr.

M. Charpentier de Cossigny, ingénieur civil des mines, lauréat de la Société des agriculteurs de France. *Hydraulique agricole*. 2e édit., 1 vol., avec 160 figures..... 15 fr.

M. Degrand, inspecteur général honoraire des ponts et chaussées. *Ponts en maçonnerie* (Voir ci-dessus : *J. Résal*).

M. Derôme, *Chimie appliquée* (Voir ci-dessus *Durand-Claye*). -

M. Doniol, inspecteur général des ponts et chaussées en retraite. *Réglementation des chemins de fer d'intérêt local, des tramways et des automobiles* 1 vol. avec figures.. 10 fr.

M. le Dr Duchesne, ancien président de la Société de médecine pratique. *Hygiène générale et Hygiène industrielle*, ouvrage rédigé conformément au programme du *Cours d'hygiène industrielle* de l'Ecole centrale. 1 vol. de 740 pages, avec figures..... 15 fr.

M. Feret. *Chimie appliquée* (Voir ci-dessus *Durand-Claye*).

M. Henry (Ernest), Inspecteur général des ponts et chaussées. *Théorie et pratique du mouvement des terres, d'après le procédé Bruckner*. 1 vol., 2 fr. 50. — *Ponts métalliques à travées indépendantes : formules, barèmes et tableaux*. 1 vol. de 639 pages, avec 267 figures, 20 fr.— *Traité pratique des chemins vicinaux*, volume de près de 800 pages (1). 20 fr.

M. Maurice Koechlin, ingénieur. *Applications de la statique graphique*. 1 vol., avec 311 figures et 1 atlas de 34 planches, seconde édition, revue et très augmentée.... 30 fr.

M. Lallemand, ingénieur en chef des mines. *Nivellement de précision* (Voir ci-dessus *Durand-Claye*).

M. Lavoinne. *La Seine maritime et son estuaire*, 1 vol., avec 49 figures......... 10 fr.

M. Lechalas père, inspecteur général des ponts et chaussées. *Hydraulique fluviale*. 1 vol., avec 78 figures. 17 fr. 50. — *Des conditions générales d'établissement des ouvrages dans les vallées* (Voir ci-dessus : *J. Résal et Degrand*; c'est l'introduction à leur *Traité des Ponts en maçonnerie*).

M. Lechalas fils, ingénieur en chef des ponts et chaussées. *Manuel de droit administratif*. Tome I, 20 fr.; tome II, 1re partie, 10 fr. ; tome II, 2e partie................. 10 fr.

M. Lévy-Lambert, ingénieur civil, inspecteur de l'exploitation à la Compagnie du Nord. *Chemins de fer à crémaillère*. 1 vol., avec 79 figures. 15 fr. — *Chemins de fer funiculaires, Transports aériens*. 1 vol., avec 130 figures........................... 15 fr.

M. Leygue, ancien ingénieur auxiliaire des travaux de l'Etat, agent-voyer en chef de la province d'Oran. *Chemins de fer. Notions générales et économiques*. 1 vol. de 617 pages, avec figures... 15 fr.

M. E. Pontzen, ingénieur civil (l'un des auteurs de *Les chemins de fer en Amérique*) : *Procédés généraux de construction : Terrassements, tunnels, dragages et dérochements*. 1 vol. de 572 pages, avec 234 figures (médaille d'or à l'Exposition de 1900).... 25 fr.

M. Tarbé de Saint-Hardouin, inspecteur général des ponts et chaussées, ancien directeur de l'Ecole de ce corps. *Notices biographiques sur les ingénieurs des ponts et chaussées*, un vol.. 5 fr.

(1) Le second de ces ouvrages rend très faciles et d'une rapidité inespérée les calculs relatifs aux ponts métalliques. — Le troisième élucide toutes les questions concernant les chemins vicinaux.

Chaque ouvrage se vend séparément (et quelquefois aussi chaque volume des ouvrages qui en comprennent plusieurs). Il n'y a pas de numérotage général des volumes formant la collection.

Les ouvrages entrant dans l'*Encyclopédie des Travaux publics* sont en vente chez Ch. Béranger, chez Gauthier-Villars, etc.

LIBRAIRIE POLYTECHNIQUE CH. BÉRANGER
15, RUE DES SAINTS-PÈRES

CHIMIE ÉLÉMENTAIRE (P.C.N.)

POUR LES CANDIDATS AU CERTIFICAT D'ÉTUDES PHYSIQUES, CHIMIQUES ET NATURELLES

DEUXIÈME ÉDITION

Par A. JOANNIS

Professeur à la Faculté des Sciences de Paris

Premier fascicule, in-16 de 300 pages avec 95 figures, 3 fr 50 ; 2e fascicule, 148 pages avec 29 fig., 1 fr. 50 ; 3e fascicule, 264 pages avec 34 fig., 3 fr. 50 ; 4e fascicule, 150 pages avec 23 fig., 1 fr. 50. — Les quatre fascicules ont été réunis en un volume relié de 10 fr. — On continuera *provisoirement* à vendre les fascicules brochés, séparément : 1er, généralités, mécanique chimique, métalloïdes : 2e, sels, métaux ; 3e, chimie organique ; 4e, analyse chimique. — Ouvrage complet en un volume, relié............................... 10 fr.

(*Voir ci-après l'Encyc. indust. et l'Encyc. agricole*).

www.ingramcontent.com/pod-product-compliance
Lightning Source LLC
LaVergne TN
LVHW011954170726
843503LV00001B/101